추천사

우리가 초연결 세계에서 왜 그렇게 고립감을 느끼는지, 그리고 우리가 어떻게 외로움의 위기를 해결할 수 있을지 밝힌다.

_ 애덤 그랜트(펜실베이니아대 와튼스쿨 조직심리학 교수)

거대한 변화와 혼란의 시기, 어떻게 이 분열을 메울 수 있는지 설득력 있는 비전을 제시한다. 더 건강하고 연결된 세상을 만들고자 하는 모든 사람을 위한 책.

_ 아리아나 허핑턴(쓰라이브글로벌 CEO)

우리 시대 위기의 핵심을 집중 조명하는 놀랍고 시기적절하며 중요한 책. 이 책을 읽고 꼭 친구들에게 권해주길 바란다. 단, 찾을 수 있다면 말이다.

_ 찰리 브루커(넷플릭스 시리즈 〈블랙 미러〉 각본가·제작자)

외로움이라는 전염병과의 싸움에서 전환점을 마련할 수 있는 방법을 보여준다.

_ 마리아나 마추카토(유니버시티칼리지 런던 경제학 교수)

지금, 그리고 향후 몇 년 동안 울려 퍼질 메시지.　　**_ 이언 브레머(유라시아그룹 회장)**

우리가 향하고 있는 복잡한 시대의 의미를 이해하기 위한 필독서. 고전이 될 운명을 타고난 책!　　**_ 누리엘 루비니(뉴욕대 스턴 경영대학원 교수)**

엄밀한 연구와 강력한 통찰력의 드문 조합. 강력 추천한다.

_ 에릭 브린욜프슨(MIT 슬론 경영대학원 교수)

커져가는 글로벌 위기, 외로움에 대해 명확하고 설득력 있는 비전을 제시한다.
_ 대니얼 서스킨드(옥스퍼드대 경제학과 선임연구원, 『노동의 시대는 끝났다』 저자)

두려운 현실과, 눈길을 사로잡는 이야기, 대담한 아이디어로 가득한 책. 코로나19
이후의 세계를 염려한다면 필독하라.
_ 칼 프레이(옥스퍼드 신경제사고연구소 선임연구원)

우리 삶 속 연결의 힘에 대한 매혹적인 이야기들로 가득하다.
_ 브라이언 그레이저(영화 제작자, 2002 아카데미 최우수작품상 수상자)

우리가 어떻게 다시 하나가 될 수 있을지에 대한 강력한 비전을 담았다. 궁극적으
로 이보다 더 중요하거나 시의적절할 수 없는 희망적인 책.
_ 필리파 페리(심리치료사, 『나의 부모님이 이 책을 읽었더라면』 저자)

팬데믹 이후 정부가 더 나은 방향으로 재건할 기회를 제공하는 책이다. 영국 총리
에게 필독서 목록을 보낸다면 이 책을 제일 먼저 권할 것이다. _《가디언》

코로나19가 악화시킨 외로움 문제를 다룬 중요한 책. _《이코노미스트》

외로움을 개인의 불행에서 사회적인 질병으로 전환하며 사회적 해법을 요구한
다. 로버트 퍼트넘의 고전 『나 홀로 볼링』을 업데이트한 책. _《보스턴 글로브》

노리나 허츠는 세계를 이끄는 가장 위대한 지성 중 한 명이다. _《옵서버》

올해 최고의 책. 폭발적이고 시의적절하며 다급하다. _《데일리 텔레그래프》

외로움과 정치가 밀접하게 연결되어 있는 이유를 설득력 있게 설명한다. 가치 있
는 반향을 일으키는 책. _《파이낸셜 타임스》

다음의 중요한 사회적 질문을 던지는 매혹적인 책이다. 우리를 하나로 묶는 기술
은 우리를 어떻게 갈라놓는가? _《와이어드》

일러두기

- 이 책은 국립국어원 표준국어대사전의 표기법을 따랐다.
- 용어의 원어는 첨자로 병기하였으며, 독자의 이해를 돕기 위한 옮긴이 주는 괄호에 '―옮긴이'로 표기하였다.
- 국내 번역 출간된 책은 한국어판 제목으로 표기하였으며, 미출간 도서는 원어를 병기하였다.

초연결 세계에 격리된 우리들

고립의 시대

The
Lonely
Century

노리나 허츠 지음 | 홍정인 옮김

웅진 지식하우스

차례

1장

지금은
외로운
세기다

코로나19 이전에도 우리는
이미 '사회적 불황' 상태였다.
단지 소외된 기분에 그치지 않고
개인과 사회를 뿌리부터 뒤흔들고 있는
21세기 외로움 위기의 실태를 추적한다.

그의 등에 내 가슴을 밀착하고 그에게 기댄 채 몸을 둥글게 말면 우리의 숨소리는 하나가 되고 우리 발은 뒤엉킨다. 이것이 5,000번의 밤이 넘도록 그와 내가 함께 잠들어온 방식이다.

하지만 이제 우리는 각자 다른 방에서 자고, 낮에는 2미터 간격을 유지하려 지그재그 춤을 춘다. 우리가 일상적으로 나누던 포옹, 쓰다듬기, 입맞춤 같은 짧은 애정표현은 이제 금지되고 '내게서 떨어져'가 새로운 사랑의 언어가 되었다. 끊이지 않는 기침에 아프고 힘든 상태가 계속되자 나는 남편에게 가까이 갔다가 혹시 그까지 감염시킬까 잔뜩 겁이 난다. 그래서 나는 남편과 거리를 유지한다.

오늘은 2020년 3월 31일, 세계 인구의 3분의 1에 달하는 다른 25억 명처럼 우리도 집이 봉쇄 상태다.[1]

이토록 많은 사람이 집에만 묶여 원격 근무를 하는 처지(그러니까 여전히 직장이 있다면)에 친구나 다른 사랑하는 사람들을 찾아다닐 수도 없고, 하루 한 번이라도 바깥에 겨우 나가본들 '사회적 거리두기'와 '검역'과 '자가 격리'를 준수해야 하니 적이 외롭고 고독한 기분이 밀려드는 걸 피할 수 없다.

봉쇄 조치가 내려지고 겨우 이틀째, 내 가장 가까운 친구는 "격리 때문에 미치기 일보 직전"이라고 문자를 보내왔다. 나흘째 되던 날, 올해 여든둘의 아버지는 "구름처럼 외로이 떠돌아다녔지"라는 톡을 왓츠앱WhatsApp으로 보내셨다. 전 세계에서 정신 건강 관련 전화상담 서비스에 종사하는 사람들은 의무적인 사회적 거리두기가 시행되고 처음 며칠간 상담 건수가 현저히 증가했을 뿐만 아니라 내담자 상당수가 외로움을 호소한다고 보고했다.[2] "엄마가 날 안아주지 않고 가까이 오지도 않아요." 영국의 전화상담 서비스 차일드라인 자원봉사자에게 한 어린이가 힘겹게 털어놓은 말이다.[3] 3월 중순 전화상담 건수가 평소보다 50%나 증가한 독일에서 한 심리상담사는 "전화를 걸어온 대부분의 사람이 감염보다는 외로움을 더 두려워한다"고 말했다.[4]

하지만 '외로운 세기'는 2020년 1분기에 갑자기 시작되지 않았다. 코로나19가 닥칠 즈음 우리 대다수는 이미 상당히 오래전부터 외롭고 고립되고 원자화된 기분을 느끼고 있었다.

나는 이 책에서 우리가 왜 이렇게 외로워졌는지, 우리가 다시 연결되려면 무엇을 해야 할지 이야기하고자 한다.

❖ **프리티 인 핑크**Pretty in Pink

(덧없고 피상적인 연애를 주제로 한 미국 록밴드 사이키델릭 퍼스의 1981년 곡 제목―옮긴이)

2019년 9월 24일, 나는 핑크색이 어울리는 벽에 등을 기대고 창가에 앉아 기다린다.

휴대전화가 울린다. 브리트니가 몇 분 늦을 것 같다고 문자를 보냈다. "걱정하지 말아요." 나는 답문을 보낸다. "장소 선정이 탁월하군요." 실제로 그렇다. 겨드랑이에 패션모델 포트폴리오를 낀, 꾸미지 않은 듯하면서도 아름답고 늘씬한 손님들을 보고 있노라니 이곳 미국 뉴욕시 맨해튼 노호지구의 말차 전문점 차차마차^{Cha Cha Matcha}가 얼마나 힙한 곳인지 충분히 알겠다.

브리트니가 잠시 후 도착한다. 팔다리가 길고 몸매가 탄탄한 브리트니는 안을 둘러보더니 나를 발견하고 밝게 웃는다. "안녕하세요. 원피스가 예뻐요." 브리트니가 말한다.

나는 시간당 딱 40달러어치만큼을 기대하고 있다. 브리트니는 렌트어프렌드^{Rent-a-Friend}라는 회사를 통해 오후 동안 빌린 '친구'니까. 뉴저지 사업가 스콧 로젠바움^{Scott Rosenbaum}이 일본에서 이런 사업이 활황인 것을 보고 설립한 렌트어프렌드는 현재 전 세계 수십 개국에서 영업 중이고, 이 회사 웹사이트에는 플라토닉한 친구로 고용되려는 이들이 62만 명 넘게 올라 있다.

스물세 살의 플로리다주 소도시 출신 브리트니는 브라운대에 합격했을 때 자신이 이런 직업을 갖게 될 거라고는 생각하지 못했다. 하지만 전공인 환경과학 분야에서 직장을 구하지 못하자 학자금 융자 때문에 불안해졌고 결국 이러한 감정 노동, 그러니까 의뢰인과 친구처럼 함께 시간을 보내는 일을 그냥 또 다른 돈벌이 수단으로 생각하기로 했다. 그녀는 자기 자신을 임대하지 않을 때는—이 일은 일주일에 평균 두서너 번 정도 한다—스타트업의 소셜 미디어에 글을 게시하는 일을 하거나 태스크래빗^{TaskRabbit}(프리랜서 일감 연결 앱—옮긴이)을 플랫폼 삼아 임원의 비서 일을 한다.

이 만남이 이루어지기 전까지 나는 퍽 긴장했었다. 혹시 '친구'가 성적인 파트너를 암시하는 말은 아닐까 싶었고, 나중에는 내가 프로필 사진으로만 본 그녀를 알아보지 못하면 어쩌나 싶기도 했다. 하지만 만난 지 몇 분 지나지 않아 나는 이것이 성적인 색채가 전혀 없는 만남임을 확신하고 마음을 놓았다. 이어지는 몇 시간 동안 우리는 맨해튼 중심가를 돌면서 최근의 미투 운동은 물론, 브리트니가 존경하는 여성 영웅 루스 베이더 긴즈버그^{Ruth Bader Ginsberg}에 관해 수다를 떤다. 맥널리즈^{McNallys} 서점에서는 우리가 좋아하는 책에 관해 이야기한다. 나는 내가 브리트니와 같이 있기 위해 돈을 지불했다는 사실을 깜빡 잊기도 한다. 오래된 친구까지는 아니어도 마치 그런 친구가 될 것만 같은 새로운 사람을 만난 기분이다.

브리트니의 매력은 브로드웨이의 어번 아웃피터스 의류매장에서 최고조에 달한다. 이제 만남의 시간은 끝을 향해 간다. 브리트니는 입가에서 미소가 떠나지 않고 우스갯소리가 점점 늘어간다. 티셔츠 더미를 뒤적이며 농담을 건네고, 나를 따라 크레욜라 크레용 같은 원색의 벙거지를 써본다. 모자가 나한테 정말 잘 어울리는 것 같다. 정말로 그런지는 브리트니가 말해줄 것이다.

나는 브리트니에게 지금까지 그녀를 고용한 다른 사람들, 그러니까 나같이 돈으로 우정을 산 사람들에 관해 묻는다. 브리트니는 파티에 혼자 가기 싫었던 부드러운 목소리의 여자, 인도 델리에서 일 때문에 맨해튼으로 이사 와서 아는 사람이 없지만 누군가와 저녁 식사를 함께하고 싶었던 기술 전문가, 아플 때 치킨수프를 가져다 달라고 했던 여성 은행원에 관해 이야기한다. "전형적인 고객 이미지를 떠올려 본다면요?" 내가 묻는다. "서른에서 마흔 살 정도의 외로운 전문직 종사자. 장시간 업무 때문에 친구를 많이 사귈 시간이 없는 사람들." 브리트니가 대답한다.

휴대전화 화면을 몇 차례 두드리면 손쉽게 치즈버거를 주문하듯 우정을 주문할 수 있다는 것, 외로움을 타는 사람을 지원하기 위해(때로 이용하기 위해) 내가 '외로움 경제'라고 부르는 것이 나타났다는 사실은 우리 시대의 징후다. 하지만 우리가 알고 있는 가장 외로운 세기인 이 21세기에는 비단 브리트니가 만난 과로하는 전문직 종사자만 고통받고 있는 것은 아니다. 외로움의 촉수는 훨씬 더 멀리까지 뻗어 있다.

코로나바이러스가 대면 접촉을 건강에 위협적인 것으로 만들어 '사회적 불황(사람들 사이의 교류 부족으로 행복감이 전반적으로 낮아지는 현상—옮긴이)'을 촉발하기 전에도 이미 미국 성인 다섯 명 중 세 명이 스스로 외롭다고 여겼다.[5]

유럽에서도 사정은 비슷했다. 독일은 인구의 3분의 2 정도가 외로움이 심각한 문제라고 생각했다.[6] 네덜란드 국민의 거의 3분의 1이 자신이 외롭다고 인정했고, 열 명 중 한 명은 심각하게 외롭다고 했다.[7] 스웨덴에서는 인구의 최대 4분의 1이 자주 외롭다고 했다.[8] 스위스에서는 다섯 명 중 두 명이 가끔, 자주 또는 항상 외로움을 느낀다고 응답했다.[9]

영국에서는 이 문제가 너무나 중요해져서 2018년에는 마침내 총리가 외로움부 장관Minister for Loneliness을 임명하기에 이르렀다.[10] 영국인 여덟 명 중 한 명은 의지할 수 있는 가까운 친구가 단 한 명도 없다고 답했는데, 이는 겨우 5년 전의 열 명 중 한 명보다 높아진 수치다.[11] 영국 시민 4분의 3이 이웃의 이름을 몰랐고, 영국 직장인의 60%가 직장에서 외로움을 느낀다고 응답했다.[12] 아시아, 호주, 남아메리카, 아프리카의 상황 역시 별로 다르지 않았다.[13]

몇 달에 걸친 봉쇄 조치, 자가 격리, 사회적 거리두기는 이 문제를 더욱 심화시킬 수밖에 없었다. 젊은이든 노인이든, 남자든 여자든, 비혼이든 기혼이든, 부유하든 가난하든 똑같다.[14] 전 세계 사람들이 외롭고 단절되었고 소외되었다고 느낀다. 우리는 세계적인 외로움 위기의 한가운데에 있다. 우리 가운데 이 위기에 면역이 된 사람은 그 어디에도 없다.

맨해튼 노호지구에서 9,600여 킬로미터 떨어진 곳에서 사이토 씨가 잠에서 깨어난다. 통통한 볼에 몸집이 아담하고 눈빛이 다정한 사이토 씨는 남편과 사별하고 외로움이 무엇인지 누구보다 잘 알게 되었다. 게다가 사이토 씨는 돈 문제로 걱정이 많았다. 연금만으로는 생활이 어려웠지만 도움을 구할 곳은 없었다. 바쁜 두 자식들은 어머니에게 신경 쓸 겨를이 없었다. 사이토 씨는 자주 혼자라고 느꼈다. 그리고 그녀는 상당히 과격한 행동을 하기에 이르렀다.

지금 사이토 씨는 여성 재소자 시설인 도치기 교도소에 수감되어 있다. 그녀는 적극적으로 교도소를 선택한 수많은 일본 노인 가운데 한 명이다. 일본에서는 지난 20년 동안 65세 이상 노령층의 범죄 건수가 4배로 급증했다.[15] 이들은 5년 내에 재범을 저지를 확률이 70%다. 도치기 교도소 소장 준코 아게노는 이런 현상을 불러온 핵심 요인이 외로움이라고 믿어 의심치 않는다. 교도소 소장으로 일하면서 그런 확신을 갖게 되었다.[16] 고령 수감자가 증가하는 현상을 연구한 류코쿠 대 교수 고이치 하마이도 여기에 동의한다. 하마이는 상당수의 노령 여성이 사회적 고립감에서 벗어나기 위해 감옥을 선택한다고 생각한다.[17] 매장에서의 소소한 절도 행위 같은 경범죄(감옥에 가는 것이 목적일 때 저지르기 가장 쉬운 범죄다)로 수감된 재소자의 40%가 가족과 거의 대화하지 않거나 가족이 아예 없다. 최근 몇 년간 절도 행위로 수감된 노인의 절반이 수감 전까지 혼자 살았던 것으로 조사되었다.

그들 가운데 다수가 감옥을 "집에서는 찾지 못하는 공동체"를 경험할 수 있는 장소로 묘사한다. 어느 80대 재소자의 말처럼 감옥은 "항상 주변에 사람이 있어 외롭지 않은 곳"이었다.[18] 동료 여성 재소자인 78세의 O 씨는 감옥을 "이야기 나눌 사람이 많은", "오아시스"로 묘사했다. 그들에게 감옥은 친구뿐만 아니라 도움과 돌봄까지 제공되는 안식처였다.[19]

노년층은 우리 가운데 가장 외로운 사람들을 떠올릴 때 가장 먼저 생각나는 집단이다. 실제로 이 집단은 평균보다 더 외롭다.

2010년에 이미 미국 요양원 거주자의 60%가 방문객이 아무도 없다고 대답했다.[20] 2014년 영국에서는 전체 노년 인구의 5분의 2가 텔레비전이 주된 친구라고 응답했다.[21] 2017년 중국 톈진에서는 85세 할아버지가 동네 버스정류장에 광고문을 붙이고 세계적으로 유명해졌다. 그 내용은 이랬다. "80대 외로운 남성입니다. 어느 마음씨 좋은 분이나 가족이 저를 받아주시길 희망합니다." 비극적이게도 이 노인은 3개월 안에 사망했다. 이웃 주민들은 2주가 지나서야 노인이 더는 보이지 않는다는 사실을 알아챘다.[22]

읽기 힘든 이야기들이다. 그리고 우리가 사회적 차원에서 고령의 시민을 어떻게 돌봐야 할지 중대한 질문을 제기하는 이야기들이기도 하다. 하지만 놀랍게도 우리 가운데 가장 외로운 집단은 가장 젊은 층이다.

나는 몇 년 전 대학원생을 지도하면서 이런 사실을 알게 되었다.[23] 학생들이 조별과제를 하는 모습을 보면 이전 세대에 비해 면대면 상호작용을 훨씬 힘들어하는 것이 확실하게 느껴졌다. 게다가 학업이나 취업 문제로 내 사무실에 찾아온 학생들 가운데 상당수가 극심한 외로움과 고립감을 호소했다. 매우 놀라웠다.

하지만 이는 내 학생들만의 예외적인 사례가 아니었다.

미국에서는 밀레니얼세대 다섯 명 중 한 명을 살짝 넘는 수가 친구가 한 명도 없다고 한다.[24] 영국에서는 18세에서 34세까지 연령층은 다섯 명 중 세 명 그리고 10세에서 15세까지의 아동과 청소년은 거의 절반이 자주 또는 이따금 외로움을 느낀다고 말한다.[25]

이 충격적인 양상은 세계적인 현상이며 최근 몇 년간 점진적으로 악화되었다. 2003년에서 2005년 사이 거의 모든 OECD 국가(유럽 대부분의 국가, 미국, 캐나다, 호주 포함)에서 학교에서 외롭다고 응답한 15세 인구의 비율이 증가했다.[26] 코로나19의 여파로 이 수치는 더욱 크게 증가했을 가능성이 크다.

외로움은 그저 정신 건강상의 위기만이 아니다. 외로움은 우리의 신체 건강까지 위협한다. 연구 결과 외로움은 운동을 전혀 하지 않는 것보다 더 우리 몸에 해를 끼쳤다. 또한 알코올의존증과는 비슷한 수준으로, 비만보다는 2배나 더 우리 몸에 해로운 것으로 나타났다.[27] 외로움은 담배를 매일 15개비씩 피우는 것만큼이나 해롭다.[28] 소득수준, 젠더, 연령, 국적에 상관없이 말이다.[29]

외로움은 또한 경제적 위기이기도 하다. 심지어 코로나19 이전에도 미국에서는 사회적 고립으로 인한 메디케어(미국의 65세 이상 노인과 장애인을 대상으로 하는 공공 의료보험 제도—옮긴이) 지출이 매년 70억 달러에 이르는 것으로 추산되었다. 관절염으로 인한 지출보다 많고 고혈압으로 인한 지출과는 맞먹는 액수다. 게다가 이것은 그저 고령층에게만 지출된 금액이다.[30] 영국 국민보건서비스의 경우 외로움을 느끼는 50대 이상 연령층을 위해 매년 18억 파운드(한화 약 2조 6,000억 원)를 지출하는 것으로 추산된다. 주택 및 지방자치부의 연간 지출과 거의 같은 금액이다.[31] 영국 고용주들은 매년 외로움 관련 병가 때문에 8억 파운드(한화 약 1조 1,800억 원)의 손실을 보고 있다. 생산성 손실까지 고려한다면 액수는 훨씬 더 커질 것이다.[32]

외로움은 또한 정치적 위기이기도 하다. 외로움은 미국과 유럽은 물론이고 전 세계에서 분열을 조장하고 극단주의를 부채질한다. 곧 보게 되겠지만 외로움과 우파 포퓰리즘은 의외로 긴밀한 관계를 맺고 있다.

특히 심각한 것은 이 문제가 얼마나 광범위한지 과소평가되기 쉽다는 점이다. 부분적으로 이는 외로움에 따라붙는 사회적 낙인 때문이다. 일부 사람들은 외로움을 인정하는 것을 무척 힘들어한다. 일터에서 외롭다고 느끼는 영국 직장인의 3분의 1은 누구에게도 그 사실을 말한 적이 없다.[33] 일부 사람들은 자기가 외롭다는 사실을 스스로에게조차 인정하기 힘겨워한다. 외로움은 개인이 통제할 수 없는 일체의 사회적·문화적·경제적 요인에 의한 결과라기보다 개인적인 실패를 암시한다고 믿기 때문이다.

하지만 외로움이 과소평가되는 진짜 이유는 그 정의에 있다. 외로움은 혼자 있는 것과 동의어가 아닐뿐더러(주변에 사람이 아무리 많아도 외로울 수 있고 혼자 있어도 외롭지 않을 수도 있다) 일반적인 외로움의 정의는 지나치게 협소하다. 우리가 21세기에 경험하고 있는 외로움은 전통적인 외로움의 정의보다 훨씬 범위가 넓다.

❖   **외로움의 새로운 정의**

1978년 세 명의 연구자가 개발한 UCLA 외로움 척도(21~22쪽 참조)는 외로움이라는 주관적 감정을 측정하는 정량적 도구다. 이 척도는 20개의 질문을 통해 응답자가 얼마나 남과 연결되고 남에게 지지와 관심을 받는다고 느끼는지, 또 얼마나 남에게 배제되고 고립되고 오해받는다고 느끼는지 확인해준다. 오늘날에도 이 척도는 외로움 연구에서 중요한 역할을 한다.[34] 이 책에 소개되는 대부분의 외로움 연구는 이 척도나 이 척도를 조금 변형한 것을 주로 사용했다.

독자 여러분도 잠깐 시간을 내서 응답지를 직접 완성해보길 바란다. 각 질문에 대한 자신의 대답에 동그라미를 치고 마지막에 점수를

UCLA 외로움 척도

	전혀 그렇지 않다	거의 그렇지 않다	이따금 그렇다	자주 그렇다
1. 얼마나 자주 내 주변 사람과 '마음이 잘 맞는 다'고 느낍니까?	4	3	2	1
2. 얼마나 자주 내 주변에 사람이 별로 없다고 느 낍니까?	1	2	3	4
3. 얼마나 자주 내가 의지할 사람이 아무도 없다 고 느낍니까?	1	2	3	4
4. 얼마나 자주 혼자라고 느낍니까?	1	2	3	4
5. 얼마나 자주 내가 친구들 무리에 끼어 있다고 느낍니까?	4	3	2	1
6. 얼마나 자주 주변 사람과 공통점이 많다고 느 낍니까?	4	3	2	1
7. 얼마나 자주 이제 어느 누구와도 가깝지 않은 것 같다고 느낍니까?	1	2	3	4
8. 얼마나 자주 내가 사교적이고 친근한 사람이 라고 느낍니까?	1	2	3	4
9. 얼마나 자주 내 관심사와 생각을 주변 사람들 과 나누고 있다고 느낍니까?	4	3	2	1
10. 얼마나 자주 사람들이 나와 가깝게 느껴집니 까?	4	3	2	1
11. 얼마나 자주 내가 외톨이 같다고 느낍니까?	1	2	3	4
12. 얼마나 자주 내가 다른 사람들과 의미 있는 관 계를 맺고 있다고 느낍니까?	1	2	3	4

13. 얼마나 자주 나를 정말로 잘 아는 사람은 아무도 없다고 느낍니까?	1	2	3	4
14. 얼마나 자주 내가 다른 사람들로부터 고립되어 있다고 느낍니까?	1	2	3	4
15. 얼마나 자주 내게 누군가 필요할 때 언제나 함께 있어줄 사람이 있다고 느낍니까?	4	3	2	1
16. 얼마나 자주 나를 진정으로 이해해주는 사람들이 있다고 느낍니까?	4	3	2	1
17. 얼마나 자주 수줍음을 느낍니까?	1	2	3	4
18. 얼마나 자주 내 주변 사람들이 나와 함께 있지 않은 것 같습니까?	1	2	3	4
19. 얼마나 자주 내가 함께 대화를 나눌 사람들이 있다고 느낍니까?	4	3	2	1
20. 얼마나 자주 내가 의지할 수 있는 사람들이 있다고 느낍니까?	4	3	2	1

합산한다.[35]

어떤 결과가 나왔는가? 43점 이상이면 외로운 것으로 간주된다.[36] 하지만 외로움에 대한 넓은 정의(UCLA 척도에서 일반적으로 대상으로 삼는 친구, 가족, 직장 동료, 이웃과의 관계뿐만 아니라 고용주, 동료 시민, 정치인, 국가와의 관계까지 아우르는 정의)를 적용해 다시 응답한다면 어떨까? 새로운 정의가 여러분의 점수에 어떤 영향을 미칠까?

나는 이 책에서 외로움을 새롭게 정의내리고자 한다. 전통적인 정의와는 달리 나는 외로움을 애정, 동반자, 친밀감을 상실한 느낌으로만 정의하지 않는다. 외로움은 파트너, 가족, 친구, 이웃 등 우리가 일상적으로 교류하는 사람들이 우리를 무시하거나 보지 못하거나 보살피지 않는 것 같은 기분만이 아니다. 외로움은 우리의 동료 시민, 고용주, 마을 공동체, 정부로부터 지지와 관심을 제대로 받지 못하는 것 같은 기분이기도 하다. 외로움은 우리가 친밀하게 느껴야 하는 사람들과 단절된 기분이면서 우리 자신과 단절된 느낌이기도 하다. 외로움은 사회와 가족이라는 맥락에서 제대로 지지받지 못하는 느낌일 뿐만 아니라 정치적으로나 경제적으로 배제된 느낌이다.

나는 외로움을 내면적 상태인 동시에(개인적, 사회적, 경제적 그리고 정치적인) 실존적 상태로 정의한다.

외로움을 나와 비슷하게 정의한 사람들 중에는 사상가 카를 마르크스, 에밀 뒤르켐, 칼 융, 한나 아렌트, 작가 아이작 아시모프, 올더스 헉슬리, 조지 엘리엇, 그리고 최근에는 미국 드라마 〈블랙 미러〉의 작가 찰리 브루커Charlie Brooker가 있다.[37]

세계화, 도시화, 불평등 심화, 권력 비대칭에 의해, 인구구조의 변화, 이동성 증가, 기술 발달로 인한 혼란, 긴축정책에 의해 그리고 이제는 코로나바이러스가 불러일으킨 변화에 의해 외로움은 그 형태가 달라졌다. 나는 우리 시대 외로움의 징후는 주변 사람들과 물리적으로 연결되고자 하는 열망, 사랑하고 사랑받고 싶은 갈망, 친구가 없다고 느껴질 때의 쓸쓸한 기분에만 국한되지 않는다고 믿는다. 우리 시대 외로움의 징후는 우리가 정치인과 정치로부터 단절되어 있다는 느낌, 우리의 일과 일터에서 소외되어 있다는 느낌, 사회의 소득에서 배제되어 있다는 느낌, 스스로가 힘이 없고 무시당하는 존재라는 느낌까지 아우른다. 내가 정의하는 외로움은 단순히 남과 가까워지고 싶은 소망 이상을 의미한다. 그것은 누군가 내 말을 들어주고 나를 봐주고 나에게 관심을 가져주기를 바라는 욕구, 힘을 갖고 싶은 욕구, 공정하고 다정하게 인격적으로 대우받고 싶은 욕구의 표현이다. 외로움에 대한 전통적인 척도는 이 가운데 일부만 포착할 뿐이다.

외로움에 대한 새로운 정의를 염두에 두고 자신에게 질문해보자. 최근에 가족이든 친구든 이웃이든 동료 시민이든 당신 주변 사람과 단절되었다고 느꼈던 때는 언제인가? 최근에 당신이 투표한 정치인이 당신에게 관심이 없고 당신 목소리에 귀 기울이지 않는다고 느낀 때는 언제인가? 최근에 권력을 가진 자들이 당신의 고군분투에 아무런 관심을 보이지 않는다고 느꼈던 때는 언제인가? 최근에 일터에서 당신이 힘없는 또는 눈에 띄지 않는 사람이라고 느꼈던 때는 언제인가?

당신만 그렇게 느끼는 것이 아니다.

코로나바이러스 감염증이 유행하기 이미 수년 전부터 민주 사회에 사는 사람들의 3분의 2가 더는 정부가 자신들의 이익을 위해 움직이지 않는다고 생각했다.[38] 전 세계 피고용자의 85%가 자기 회사 그리고 자기 일과 단절되어 있다고 느꼈다.[39] 겨우 30%의 미국인만이 다른 사람들을 신뢰할 수 있다고 생각했다(1984년에는 50%였다).[40] 우리가 서로에게 느끼는 단절감에 관해서라면 당신은 세계가 지금처럼 양극화되고 파열되고 분열되었다고 느낀 때가 있었는가?

이 세태는 우연이 아니다. 하룻밤 새 나타나지도 않았다. 우리가 개인적으로나 사회적으로 이렇게 외로워지고 원자화된 이유를 설명해주는 원인과 사건들, 즉 역사적 배경이 있다.

이미 짐작하고 있을지 모르지만, 우리가 사용하는 스마트폰 그리고 특히 소셜 미디어가 주요한 역할을 해왔다. 스마트폰과 소셜 미디어는 주변 사람들을 향한 우리의 관심을 빼앗고 우리 내면에 자리한 최악의 것들을 부채질함으로써 분노와 종족주의로 우리를 몰아넣는다. 또한 우리가 '좋아요'와 '리트윗'과 '팔로'를 쫓느라 보이는 것을 중시하고 강박적으로 행동하게 한다. 이 모든 것은 우리가 효과적이고 공감적으로 의사소통하는 능력을 갉아먹는다. 코로나바이러스로 봉쇄 조치가 내려진 와중에도 상황은 마찬가지였다. 교황이 페이스북을 통해 평일 미사를 생중계했고, DJ 디나이스D-Nice가 인스타그램에서 연 댄스파티에 10만 명 이상이 참가했으며, 전에는 서로 한 번도 대화를 나눠본 적 없는 이웃들이 페이스북에서 지역 모임을 만들어 '미치지 않고 버티는 법'이나 와이파이 비밀번호를 공유하고 분유를 나누어주었다. 한편 소셜 미디어에서는 인종주의적 공격과 혐오 발언도 증가했고 온갖 음모론이 급속히 유통되었다. 휴대전화에 빠진 파트너 때문에 결혼 생활 상담사들에게 외로움을 호소하는 사람들도 급격히 늘었다.[41]

하지만 스마트폰과 소셜 미디어는 수많은 퍼즐 조각 가운데 단 두 개에 지나지 않는다. 오늘날 외로움의 원인은 수없이 다양하다.

구조적이고 제도적인 차별이 여전히 요인으로 작용하고 있는 것은 확실한 사실이다. 2019년 영국에서 1,000여 명을 대상으로 조사한 결과 직장이나 마을에서 인종 차별, 민족 차별, 외국인 혐오를 경험한 경우 외로움을 느낄 확률이 21% 증가하는 것으로 밝혀졌다. 한편 2020년 1만여 명의 미국인을 대상으로 조사한 결과 직장에서 흑인과 히스패닉이 백인보다 외로움을 더 많이 경험할뿐더러 소외감도 유의미한 수준으로 더 많이 느끼는 것으로 드러났다. 성차별의 피해자가 되는 것 역시 외로움을 증가시켰다.[42]

하지만 이처럼 오래된 구조적 결함에 더해 새로 등장한 또 다른 요인들이 있다. 도시로의 대규모 이주, 업무 환경의 급격한 재편성, 근본적인 생활 방식의 변화 역시 외로움을 심화시키는 중대한 요소들이다. 미국인의 일상을 주제로 한 정치학자 로버트 퍼트넘의 획기적 저작이 세상에 나온 2000년과 비교해 우리는 '나 홀로 볼링'을 치는 일이 더 잦아졌다. 그뿐만 아니라 이제는 우리가 전통적인 방식으로 소통하는 시간 자체가 날로 줄고 있다. 불과 10년 전과 비교해도 세계 대다수 지역에서 전보다 교회나 유대교 회당에 덜 가고, 학부모 단체나 노동조합에 덜 가입하며, 남과 같이 식사하거나 거주하는 일이 더 드물어지고, 친한 친구가 한 명도 없다고 말하는 사람이 더 늘었다.[43] 전보다 사람 간의 신체 접촉도 줄었고 성관계도 적게 한다.[44]

최근 사람들은 누군가와 무언가를 '함께'할 때조차도 한 공간에 머물지 않는다. 우리는 요가 수업에 앱으로 '참석'하고 판매사원 대신 고객서비스 챗봇에게 '말하고' 자기 집 거실에서 생방송 예배에 참석하고 거대 기술기업 아마존의 새로운 슈퍼마켓 체인점 아마존 고

Amazon Go에서 사람과의 접촉 없이 장을 본다. 코로나바이러스의 습격
이 있기 전에 이미 언택트는 우리의 생활 방식이자 능동적인 선택으
로 자리 잡아가고 있었다.

아울러 공동체 기반 시설(다양한 유형의 사람들이 교류하고 유대를 맺
을 수 있는 물리적인 공유 공간)이 좋게 표현하면 심각하게 등한시되었고
나쁘게 표현하면 적극적으로 파괴되었다. 이러한 변화는 이미 2008
년 금융 위기 이전에 여러 지역에서 시작되었고 이제는 전 세계 대
다수 지역에서 정부의 긴축재정과 더불어 도서관, 공원, 놀이터, 청
년 센터, 커뮤니티센터에 타격을 입히며 더욱 가속화되었다. 이를테
면 영국에서는 2008년에서 2018년 사이 3분의 1의 청년 센터와 거
의 800곳의 공공 도서관이 폐쇄됐고 미국에서는 2008년에서 2019
년 사이 도서관에 대한 연방 지원금이 40% 이상 삭감됐다.[45] 매우 심
각한 문제다. 왜냐하면 이러한 장소들은 우리가 단지 함께하는 장소
가 아니라 우리가 함께할 방법을 배우는 장소이기 때문이다. 이러한
장소들에서 우리는 다른 사람과 평화롭게 공존하고 다양한 관점을
수용하는 방법을 배움으로써 시민성과 포용적 민주주의를 연습한다.
우리를 하나로 모으는 이러한 공간이 없다면 우리는 갈수록 더 흩어
질 수밖에 없다.

❖   **'자유'가 불러온 잔인한 변화**

삶의 방식, 일의 근본적 변화, 관계의 근본적 변화, 도시의 건설 방식,

사무실의 설계 방식, 우리가 서로를 대하는 방식, 정부가 국민을 대하는 방식, 스마트폰 중독, 심지어 우리가 사랑하는 방식, 이 모두가 우리의 외로움에 영향을 미친다. 하지만 우리가 어떻게 이렇게까지 단절되고 봉쇄되고 고립되었는지를 충분히 이해하려면 반드시 과거를 돌아봐야 한다. 21세기 외로움 위기를 떠받치는 이념적 토대는 디지털 기술의 발전이나 최근 극심해진 도시화 현상, 이번 세기에 일터에서 일어난 의미심장한 변화나 2008년의 금융 위기 그리고 당연히 코로나바이러스 감염병 사태보다 훨씬 앞서 형성되었다.

21세기 외로움 위기의 이념적 토대가 형성된 것은 유난히 가혹한 형태의 자본주의, 즉 자유가 최우선시되는 신자유주의 이념이 득세한 1980년대로 거슬러 올라간다. '자유로운' 선택, '자유로운' 시장, 정부나 노동조합의 간섭으로부터의 '자유'. 신자유주의 이념은 이상화된 자립, 작은 정부, 이기심이 공동체와 공동선보다 우선하는 잔인하리만치 경쟁적인 사고방식을 높이 평가한다. 마거릿 대처와 로널드 레이건이 주창한 이후 '제3의 길'을 표방한 토니 블레어, 빌 클린턴, 게르하르트 슈뢰더가 옹호한 신자유주의는 지난 몇십 년간 정치와 경제를 지배해왔다.

신자유주의 이념이 오늘날 외로움 위기에서 핵심적인 역할을 하는 까닭은 첫째, 전 세계에서 신자유주의 이념이 소득과 부의 불평등을 심화했기 때문이다.[46] 미국의 CEO들은 1989년 직장인의 평균 연봉의 58배를 벌었지만 2018년에는 무려 278배를 벌었다.[47] 영국에서는 소득수준이 최상위 1%에 속하는 가계에 돌아가는 소득이 지난 40년간 3배로 증가해 지금은 소득수준이 하위 50%인 가계보다 5배나 많은 재산을 소유한다.[48] 그 결과, 오로지 승자만을 위한 이 사회에서 상당히 많은 사람들이 아주 오래전부터 자신은 남에게 뒤처진 패자라고, 결국에는 우리 모두 각자도생해야 한다고 느끼고 있다. 이제는 전통적으로 일과 공동체를 단단히 묶어주던 밧줄이 썩어가고 있고 사회안전망이 잠식되어 사회적 중요성이 축소되고 있다. 고소득층도 외로울 수는 있지만 저소득층의 외로움에는 비할 바가 아니다.[49] 현재의 실업률과 경기 침체를 고려하면 특히 신경 써야 할 사실이다.

둘째, 신자유주의는 거대 기업과 거대 금융에 그 어느 때보다 큰 권력과 재량권을 부여함으로써 주주와 금융시장이 게임의 규칙과 고용 조건을 재편하도록 허용했다. 심지어 노동자와 사회가 과도한 희생을 치러야 할 때도 마찬가지였다. 2019년 말, 전 세계에서 엄청나게 많은 사람들이 지금의 자본주의는 인류에 이득보다 해악을 끼친다고 생각했다. 독일, 영국, 미국, 캐나다에서 대략 인구의 절반에 달하는 사람들이 그렇게 생각했다. 그들 다수는 국가가 시장에 속박되어 국민을 돌보지도, 국민의 요구를 살피지도 않는다고 여겼다.[50] 이렇게 누군가의 보살핌을 받지 못한다고 느낄 때, 아무도 우리를 봐주지 않는다고 느낄 때, 우리에게 아무 힘이 없다고 느낄 때 우리는 외롭다. 2020년 정부가 국민을 지원하기 위해 단행한 대규모 개입 조치들은 이전 40년간의 경제적 에토스와 결이 완전히 달랐다. 과거의 경제적 에토스는 1986년 로널드 레이건이 했던 말로 대변된다. "영어에서 가장 무시무시한 아홉 개 단어는 '저는 정부에서 나왔습니다. 여러분을 돕고자 제가 여기 왔습니다I'm from the government, and I'm here to help'입니다." 코로나바이러스가 촉발한 다양한 자극 덕분에 새로운 접근 방식이 시작될 징후가 보이지만 신자유주의가 우리 사회와 경제에 장기간 미친 영향을 되돌리기까지는 분명히 오랜 시간이 필요할 것이다.

셋째, 신자유주의는 경제적 관계뿐만 아니라 인간관계에도 중대한 변화를 일으켰다. 신자유주의적 자본주의는 절대 단순한 경제정책 기조로만 그친 적이 없다. 이 점은 1982년 마거릿 대처가《선데이 타임스》와의 인터뷰에서 한 말에 분명하게 드러난다. "경제학은 방법이며, 그 목적은 마음과 영혼을 변화시키는 것이다."[51] 신자유주의는 여러 방식으로 이 목적을 달성했다. 초경쟁과 이기심 추구 같은 자질을 앞세워서 우리가 서로를 보는 방식과 서로 간의 의무를 근본적으로 바꾸어놓았고 그로 인해 더욱 광범위한 차원에서 초래될 결과는 개의치 않았다.

진화생물학의 연구 결과가 분명히 보여주듯이[52] 인간은 근본적으로 이기적인 존재가 아니다. 그러나 먹고 먹히는 생존경쟁을 강조하는 이기적인 사고방식을 적극 옹호하는 정치인들 그리고 '탐욕은 좋은 것(1987년 영화 〈월스트리트〉에서 고든 게코가 남긴 유명한 금언)'이라는 신자유주의자의 자동차에 붙어 있을 만한 구호 때문에 연대와 친절과 돌봄 같은 자질이 저평가되었고 심지어 인간적인 특성이 아니라고까지 여겨졌다. 신자유주의 아래에서 우리는 호모 에코노미쿠스 homo economicus, 즉 오로지 이기심에 의해 소모되는 합리적인 인간으로 축소된다.

신자유주의는 심지어 언어에도 영향을 미쳤다. '소속', '의무', '나눔', '더불어'와 같은 공동체주의적 어휘가 1960년대 이래 '성취', '소유', '개인적', '특별함'과 같은 개인주의적 어휘로 점차 대체되었다.[53] 심지어 지난 40년간 대중가요 가사도 개인주의적인 색채가 점점 강해져서 요즘 세대는 가사를 떠올릴 때 '우리$^{we,\,us}$' 같은 대명사보다는 '나$^{I,\,me}$'를 더 자주 떠올린다.[54] 1977년 퀸은 "우리는 챔피언"이라고 했고 데이비드 보위는 "우리는 영웅이 될 수 있다"고 노래했다. 2013년 카니예 웨스트는 "나는 신"이라고 노래했고, 2018년 엄청나게 히트한 아리아나 그란데의 노래 〈생큐, 넥스트$^{Thank\,u,\,next}$〉는 자기 자신에게 보내는 연가다.

이런 현상이 비단 서양에서만 나타난 것은 아니다. 중국 과학 아카데미와 싱가포르의 난양 경영대학원은 1970년에서 2010년 사이 매년 가장 인기가 높았던 대중가요 열 곡을 분석했다. 그 결과 1인칭 대명사 중 단수형인 '나는', '나를', '나의' 등의 사용은 현저히 증가한 반면 복수형인 '우리가', '우리를', '우리의' 등의 사용은 줄어든 것으로 나타났다.[55] 전통적으로 대중의 연대와 공동체주의가 강하고 국가의 통제가 견고한 이들 지역에서조차 초개인주의적이고 신자유주의적 사고방식이 단단히 자리 잡은 것이다.

신자유주의는 우리가 우리 자신을 협력자가 아닌 경쟁자로, 시민이 아닌 소비자로, 공유하는 사람이 아닌 축적하는 사람으로, 돕는 사람이 아닌 투쟁하는 사람으로 여기게 했다. 우리는 지나치게 바빠서 이웃과 함께할 시간이 없을뿐더러 이웃의 이름조차 모른다. 그리고 우리 모두는 이런 사태를 방치했다. 여러 면에서 합리적인 반응이었다. 신자유주의적 자본주의 아래에서 내가 '나'를 위하지 않으면 누가 날 위해줄까? 시장이? 국가가? 고용주가? 이웃이? 그렇지 않을 것이다. 하지만 문제는 '자기 본위'의 이기적인 사회, 내가 아니면 어느 누구도 나를 돌봐주지 않으리라고 느껴지는 사회는 필연적으로 외로운 사회일 수밖에 없다는 점이다.

아울러 이것은 곧바로 끝없는 악순환을 낳는다. 우리는 외로움을 느끼지 않기 위해 받기도 하지만 주기도 해야 하고, 돌보아지기 위해 돌보기도 해야 하며, 친절하고 인격적인 대접을 받기 위해 남을 친절하고 인격적으로 대접해야 하기 때문이다.

모래알처럼 흩어지는 이 세계를 다시 하나로 모으려면 우리는 자본주의를 공동선과 다시 연결하고 자본주의의 심장부에 돌봄과 온정과 협력을 놓아야 한다. 그리고 이러한 행동이 우리와 다른 사람들에게까지 뻗어나가게 해야 한다. 우리와 비슷한 사람뿐만 아니라 우리가 궁극적으로 소속된 훨씬 더 넓은 공동체와 다시 연결된다는 것, 이것은 진정으로 커다란 도전이다. 이것은 코로나19 이후이기에 더욱 긴급해진 동시에 코로나19 이후이기에 더욱 가능해진 일이다.

이 책의 목적은 21세기 외로움 위기의 규모를 명확히 짚어내고, 우리가 어떻게 여기에 이르게 되었는지 그리고 우리가 아무것도 하지 않으면 최악의 경우 어떤 상황이 벌어질지 보여주는 것이다. 이 책은 행동을 촉구할 것이다. 당연히 정부와 기업이 행동을 취해야 한다. 외로움에는 분명한 구조적 원인이 있고 이는 반드시 정부와 기업이 다루어야 하기 때문이다. 하지만 우리가 개인으로서 해야 할 행동도 있다.

사회만 우리에게 무언가를 하는 게 아니라 우리도 사회에 무언가를 '하기' 때문이다. 우리는 사회에 참여해, 사회를 형성한다. 이 파괴적인 외로움의 여정을 중지시키고 상실된 공동체 의식과 통합의 감각을 회복하고자 한다면 우리가 반드시 취해야 할 단계들이 있으며 그 과정에서 절충(개인주의냐 공동체주의냐, 개인의 이익이냐 사회적 선이냐, 익명성이냐 익숙함이냐, 편의냐 돌봄이냐, 자기에게 옳은 것이냐 공동체에 최선인 것이냐, 자유냐 동지애냐)을 피할 수 없다는 사실을 인정해야 한다. 이 선택이 서로 배타적인 것만은 아니다. 하지만 신자유주의가 아무 대가 없이 얻을 수 있다고 거짓되게 약속해온 자유의 일부는 포기해야 한다.

외로움 위기를 극복하기 위해서는 각자의 역할을 알아야 한다는 것이 이 책의 핵심이다. 사회를 다시 연결하는 일은 정부, 기관, 대기업이 주도하는 하향식 접근만으로 가능하지 않다. 비록 사회를 광범위하게 단절시키는 과정은 하향식이었더라도 말이다.

그러므로 이 책에서 지금의 분열주의와 고립과 외로움에 맞서기 위한 구상과 생각과 사례를 다룰 때는 정치적 차원과 경제적 차원뿐만 아니라 개인적인 차원을 함께 고려하려 한다.

지금은 '외로운 세기'다. 하지만 그렇지 않을 수 있다.

미래는 우리의 손안에 있다.

2장

죽음에
이르는 병,
외로움

지속적인 외로움은 물론
단 2주 정도의 짧은 고립도
개인의 몸과 마음에 깊은 상흔을 남긴다.
외로움, 그것은 죽음에 이르는 병이다.

"목이 아프다. 타는 것 같다. 진짜 아프다. 학교에도 못 간다."

때는 1975년. 라디오에서 〈보헤미안 랩소디〉가 흘러나오고, 마거릿 대처가 최근 야당 당수가 되었으며, 베트남전이 막 끝났고, 나는 올해 들어 여섯 번째 편도선염을 앓고 있다.

이번에도 어머니는 나를 의사에게 데려간다. 이번에도 내게 솜사탕과 아니스 씨앗 맛이 나는 지나치게 달달한 항생제 펜브리신을 먹인다. 이번에도 어머니는 바나나를 으깨고 사과를 강판에 갈아주신다—내가 타는 듯한 목으로 넘길 수 있는 건 그게 전부니까. 이번에도 나는 학교에 가지 않는다.

1975년은 내게 늘 목이 붓고 콧물이 났으며 수차례 독감에 걸렸던 해다. 그해 나는 가장 고립되고 따돌림당하고 혼자라고 느꼈었다. 날마다 쉬는 시간이면 내 자리에 앉아 다른 아이들이 운동장에서 줄넘기나 사방치기 하는 모습을 구경하며 나도 놀이에 끼워주길 바랐다. 하지만 그런 일은 단 한 번도 없었다.

부은 편도선과 까끌까끌한 목을 지난날 내가 겪었던 외로움과 연결시키는 것은 언뜻 비약으로 보일지 모른다. 하지만 외로움은 신체적 증상으로 발현된다는 것은 사실로 밝혀졌다. 이번 장에서 살펴보겠지만 외로운 몸은 건강한 몸이 아니다.

❖   **외로운 신체들**

당신이 마지막으로 외로웠던 때를 떠올려보자. 외로웠던 기간은 짧았을 수도 있다. 외로움이 신체에서 어떻게 느껴졌는가? 신체의 어디에 자리했는가?

　우리는 흔히 외로운 사람은 수동적이고 조용하며 침묵한다고 상상한다. 우리 대다수는 살면서 심장이 쿵쾅거리거나 사고 속도가 빨라지는 등 스트레스가 높을 때 나타날 법한 징후가 가장 외로운 시기에 나타날 것이라고 짐작조차 하지 못한다. 오히려 외로움은 정적인 것을 연상시키기 때문이다. 그러나 외로움이 우리 몸에서 일으키는 화학적 반응(몸은 외로움이 머무는 장소이며, 외로움이 보낸 호르몬은 우리 혈관을 흘러다닌다)은 본질적으로 우리가 공격받을 때의 반응인 '맞서 싸우거나 달아나거나' 반응과 동일하다.[1] 외로움은 때로 건강에 굉장히 은밀하고 해로운 영향을 끼치는데 바로 이 스트레스 반응이 여기에 기름을 끼얹는다.[2] 이러한 영향은 여파가 매우 커서 심할 경우 생명까지 위협한다. 그래서 외로움에 관해 이야기할 때 우리는 단순히 외로운 마음뿐만 아니라 외로운 몸에 관해서도 이야기하는 것이다. 당연히 이 둘은 밀접히 연관되어 있다.

　스트레스 반응이 우리 신체에 낯선 것은 아니다. 우리는 스트레스 반응을 꽤 빈번히 경험한다. 업무 중 중요한 발표, 사이클링 도중에 겪는 위험한 순간, 내가 응원하는 축구팀이 페널티를 받는 광경, 이 모두가 흔한 스트레스 자극이다. 하지만 일단 '위협'이 사라지면 일반적으로 우리의 생체 반응(맥박, 혈압, 호흡)은 기준치로 돌아간다. 이제 우리는 안전하다. 그러나 외로운 신체에서는 스트레스 반응이, 특히 리셋 반응이 정상적으로 일어나지 않는다.

스트레스를 경험할 때 외로운 신체는 외롭지 않은 신체보다 콜레스테롤 수치가 빨리 증가한다. 혈압 상승도 가파르다. '스트레스 호르몬'인 코르티솔 수치가 순식간에 오른다.[3] 더욱이 만성적으로 외로운 몸은 장기간에 걸쳐 혈압과 콜레스테롤의 순간적 증가분이 축적되어, 편도체(뇌에서 '맞서 싸우거나 달아나거나' 반응을 관장하는 부분)가 '위험' 신호를 훨씬 오래 보낸다.[4] 이는 백혈구를 증가시키고 염증을 초래하여 극심한 스트레스 상황에서 순간적으로 강력한 힘을 낼 수 있게 한다. 하지만 이 상태가 장기간 유지되면 부작용으로 몸이 많이 상한다.[5] 외로움으로 인해 만성적인 염증을 앓는 신체는 면역계가 과로에 시달리는 바람에 제대로 기능하지 못한다. 그 결과 정상적인 상태였더라면 예사롭게 이겨냈을 질병, 이를테면 감기나 독감이나 편도선염(1975년부터 내 숙적이었다) 따위에 취약하다.[6]

외로운 신체는 심각한 질병에도 취약해서 관상동맥질환에 걸릴 확률은 29%, 뇌졸중에 걸릴 확률은 32%, 임상적 치매로 진단될 확률은 64% 높다.[7] 외롭다거나 사회적으로 고립되었다고 느끼면 그렇지 않은 경우보다 조기 사망의 위험이 거의 30%나 높다.[8]

외로운 기간이 길면 길수록 건강에 해롭지만 상대적으로 짧은 기간 지속된 외로움도 우리의 웰빙에 부정적인 영향을 미친다.[9] 미국 존스홉킨스대학에서 1960년대와 1970년대 의대생이었던 사람들을 16년간 추적 조사한 결과 의미심장한 패턴이 발견됐다. 차갑고 냉담한 부모 밑에서 외로운 아동기를 보낸 학생은 나중에 각종 암이 발병할 확률이 더 높았다.[10] 2010년에는 배우자와 사별하거나 새로운 도시로 이사하는 등 특정 사건으로 인해 외로움을 경험한 사람들을 연구한 결과 이들의 외로움은 한정된 기간에 국한되었음에도(이 경우에는 지속 기간이 2년 미만) 기대수명이 감소했다.[11] 2020년을 사는 우리 대다수에게 강제된 고립 기간을 고려할 때 우리에게 경종을 울리는 연구 결과다.

외로움이 어째서 이토록 우리 몸에 해로운지는 나중에 살펴볼 것이다. 그전에 여러 면에서 외로움과는 상반된 것(공동체)과 그것이 우리 건강에 끼치는 영향을 살펴보기로 한다. 외로움이 우리를 아프게 한다면 남들과 연결된 느낌은 우리를 건강하게 할까?

✛   **하레디의 건강 수수께끼**

풍성한 버터와 크림, 달콤하고 짭짤한 맛. '루겔라흐' 쿠키가 입안에서 살살 녹는다. 초콜릿, 호두, 살구 잼을 층층이 쌓은 유대계 헝가리인들의 전통 케이크 '제르보'를 한입 베어 물어도 마찬가지다. 나는 이스라엘 브네이브락에 위치한 카츠 베이커리에 와 있다. 하레디 먹거리 투어에서 손꼽히는 맛집이다.

초정통 유대교 지파인 하레디의 기원은 19세기 후반으로 거슬러 올라간다.[12] 검은 모자와 흰 셔츠를 단정하게 차려입는 하레디 공동체는 현재 이스라엘 전체 인구의 대략 12%를 차지하며 이 비중은 2030년까지 16%로 증가할 것으로 보인다.[13] 카츠 베이커리에서 맛본 페이스트리는 죄다 기막히게 맛있었다. 하지만 이 별미가 절대 몸에 좋을 리는 없다. 하레디 사람이 세속 유대계 이스라엘인보다 비만이 될 위험이 7배나 높은 것도 과도한 버터와 설탕과 지방 섭취에 원인이 있을 것이다.[14] 입담 좋은 투어 가이드인 하레디 유대인 피니에게 전통 하레디 식단에서 채소와 섬유질이 차지하는 비중이 얼마나 되느냐고 묻는다. 그는 얼마 되지 않는다고 대답한다.

하레디의 생활 습관 가운데 건강에 해로운 것은 비단 음식만이 아니다. 햇볕을 쬘 수 있는 날이 연평균 288일인 나라에서 사는데도 하레디 사람들은 비타민D 결핍이 심각하다. 복장 규칙을 지키면 햇빛에 조금이라도 노출되는 부분은 고작 손목이 전부이기 때문이다. 신체 운동은 어떨까? 하레디 사람들은 격렬한 활동은 대체로 피한다.[15] 현대적인 기준에 비추어 보면, 피니와 그의 공동체는 분명히 건강에 좋은 생활을 하지 않는 것이다.

경제적 안정을 누리는 것도 아니다. 대부분의 하레디 남성은 직장을 다니지 않고 율법을 공부하는 삶을 택한다. 대신 여성의 63%가 직장을 다니면서 가족을 부양하지만 비정통파 이스라엘 여성보다는 적은 시간을 일한다. 가정에서 져야 하는 의무가 상당하기 때문이다 (하레디 여성은 평균 6.7명의 자식을 낳는데 이는 이스라엘 국가 평균보다 세 명 더 많은 수치다).[16] 또한 하레디 여성은 전통적으로 교직처럼 급여가 상대적으로 적은 일에 종사한다.[17] 그 결과 비#하레디 유대인 가운데 빈곤선 이하로 사는 사람의 비율은 9%지만 하레디 사람은 54%가 빈곤선 이하로 산다. 하레디 사람의 1인당 월 소득(3,500세겔)은 덜 종교적인 유대인의 1인당 월 소득의 절반 정도다.[18]

이 모든 지표로 미루어 누군가는 하레디 사람이 전체 이스라엘 인구에 비해 기대수명이 낮으리라고 짐작할 것이다. 전 세계에서 실시된 수많은 연구에서 식단과 수명, 신체 활동과 수명, 사회경제적 지위와 수명 사이에 분명하고 확실한 연관 관계가 있음이 밝혀졌으니 말이다.

하지만 놀랍게도 하레디 공동체는 이러한 추세에 맞서는 것처럼 보인다. 하레디 사람의 73.6%가 자신의 건강 상태를 '매우 좋음'으로 묘사한 반면 다른 집단은 겨우 50%만 같은 대답을 했다.[19] 이것은 그냥 그들의 희망 사항을 수치화한 것일 뿐이라고 무시하고 싶을지도 모르지만 실제로도 하레디 사람의 기대수명은 평균보다 높다.[20] 인구 대다수가 하레디 사람으로 구성된 세 도시, 즉 벳세메스, 브네이브락, 예루살렘 모두 기대수명이 높다.[21] 전체 인구의 96%가 하레디 사람인 브네이브락에서 태어나는 아기의 기대수명은 이 도시의 사회경제적 순위를 기준으로 예측되는 기대수명보다 만 4년이 더 길다.[22] 전반적으로 하레디 남자는 3년 더 오래 살고 여자는 대략 18개월 더 오래 산다. 다른 연구에서는 세속적이거나 종교적 믿음이 중간 수준인 이스라엘 내의 나머지 유대인이나 아랍인에 비해 하레디 사람의 삶의 만족도가 높은 것으로 나타났다.[23]

여기서 우리는 하레디 공동체는 구성원 다수가 폴란드와 러시아의 유대인 마을 출신이며 이들 대부분은 근친혼을 하므로 애초에 특별한 건강 유전자를 공유하고 있을 가능성을 생각해볼 수도 있다. 그러나 장기간 제한적인 유전자 풀을 유지하는 것은 장수 가능성보다는 유전질환에 걸릴 가능성을 현격히 증가시킬 뿐이다.

누군가는 종교가 건강에 이롭다는 다수의 연구 결과를 근거로 하레디 사람이 건강한 것은 신앙 때문이라고 추정할지 모른다. 하지만 이러한 연구 결과를 낳은 요인은 종교적 신념 그 자체라기보다는 해당 종교와 연관된 공동체 활동인 것으로 짐작된다.[24] 특히 자주 인용되는 연구 결과에 따르면 기대수명을 무려 7년이나 높인 요인은 단순히 신앙심 그 자체가 아니라 예배 활동인 것으로 보인다.[25]

공동체는 개인주의와 이기심을 강조하는 신자유주의에 의해 가치가 부정되어왔지만 직접적인 건강상 이점이 있는 것으로 보인다. 그리고 하레디 사람들에게 공동체는 그들의 전부나 다름없다.

하레디 공동체는 긴밀한 관계 속에서 깨어 있는 거의 모든 시간을 함께 기도하고, 봉사활동에 참여하고, 공부하고, 일을 하며 보낸다. 하레디 공동체는 연간 이어지는 성일聖日과 축제를 기점으로 하나로 뭉친다. 초막절에는 가족이 야자나무 잎으로 지붕을 얹은 임시 초막에 손님을 초대해 일주일간 잠을 자고 음식을 먹는다. 특별한 의상을 입은 사람들이 길에 모여드는 퓨림제는 마르디 그라(기독교 사육제의 마지막 날이자 재의 수요일 전날―옮긴이)나 핼러윈 축제를 결합한 분위기를 띤다. 하누카 축제에는 친구와 이웃과 이웃의 친구까지 함께 모여 메노라(유대교 제식에서 쓰이는 일곱 갈래 촛대―옮긴이)에 촛불을 밝히고 잼을 바른 도넛을 먹는다. 결혼식, 바르미츠바(13세가 된 소년이 치르는 성인식—옮긴이), 장례식 등이 있으면 사람들은 며칠간 함께 지낸다. 그리고 당연히 매주 금요일 저녁이면 손자와 손녀, 사촌과 육촌에 인척까지 식탁에 둘러앉아 저녁을 들고 함께 안식일(유대교의 안식일은 금요일 일몰에서 토요일 일몰까지다—옮긴이)을 맞는다.

하레디 사람들이 함께 기도하고 놀기만 하는 것은 아니다. 비상시나 힘들 때는 서로 실질적인 도움과 지원을 제공한다. 아이를 돌보는 것이든 식사를 준비하는 것이든 의료기관으로 데려가는 것이든 조언을 들려주는 것이든 심지어 금전적 도움이든, 삶이 힘들고 고달플 때 서로 곁을 지켜준다. 그러니 하레디 사람들 가운데 11%만이 외롭다고 응답한 것은 조금도 놀라운 일이 아니다. 전체 이스라엘 인구 가운데는 23%가 외롭다고 응답했다.[26]

이스라엘 벤구리온대 보건경제정책학 교수 도브 체르니코브스키Dov Chernichovsky는 수년째 하레디 공동체를 연구하고 있다. 체르니코브스키는 하레디 사람의 높은 기대수명에 신앙이 일정 역할을 하는 것은 사실이지만 가족과 공동체의 강한 유대가 핵심적인 역할을 한다고 생각한다.[27] "외로움은 수명을 줄이고 우정은 압박감을 줄입니다." 그는 간단하게 말한다. 하레디 사람들이 서로에게 제공하는 돌봄과 지지가 그들이 길고 건강한 삶을 사는 비결이다.

❖   **공동체의 건강상 이점**

하레디 공동체는 예외적인 사례가 아니다. 공동체가 건강상 이점이 있다는 사실은 1950년대 미국 펜실베이니아주 소도시 로세토에서 처음 확인되었다. 로세토시 의사들은 이웃한 도시의 주민에 비해 로세토시 주민은 심장질환에 훨씬 덜 걸린다는 사실을 발견했다. 특히 65세 이상 남성은 사망률이 미국 전국 평균의 절반에 머물렀다. 심지어 인근 채석장에서 고된 노동을 하고 필터 없는 담배를 피우며 매일 돼지기름 범벅인 미트볼에 포도주를 들이켜는데도 그랬다.[28] 어째서였을까? 연구자들은 이탈리아계 미국인이 절대 다수를 차지하는 공동체의 지지와 가족 간의 유대가 건강상 큰 이점으로 작용했다고 결론지었다.

1992년 후속 연구에서는 무려 50년에 걸친, 로세토 주민의 건강과 사회성 기록을 들여다본 결과 이런 결론을 강력히 뒷받침하는 증거를 발견했다. 1960년대 후반부터 "전통적으로 응집력이 높았던 가족과 공동체 관계가 쇠퇴"하면서 로세토의 사망률이 평균치까지 상승한 것이다.[29] 부유층이 재산을 더더욱 노골적으로 과시하기 시작했고, 교외에 대형 할인 매장이 늘어나면서 지역 매장이 문을 닫았으며, 마당에 울타리를 친 1가구용 주택이 여러 세대가 모여 살기 적합한 기존 주택을 대체하자 로세토 사람들을 보호해주던 공동체의 건강상 이점이 사라진 것이다.[30]

구성원의 건강을 지켜주는 응집력 높은 공동체의 또 다른 사례로는 한 지역에서 평생 사는 이탈리아 사르데냐섬과 일본 오키나와섬의 주민, 미국 캘리포니아주 로마린다의 제7안식일예수재림교인이 있다. 식습관뿐만 아니라 강하고 지속적인 사회적 유대 덕분에 이들 지역은 '블루 존Blue Zone'이라 불린다.[31] 이 용어를 만든 《내셔널지오그

래픽》의 댄 뷰에트너^{Dan Buettner}가 말했듯 브네이브락이나 1950년대의
로세토 같은 지역에서는 "대문 밖으로 한 발짝만 걸어 나가도 반드시
아는 사람을 만난다."³²

물론 공동체를 지나치게 낭만적으로 묘사하는 것은 좋지 않다. 정
의상 공동체는 배타적이다. 따라서 지나치게 편협하고 외부인에게 적
대적이다. 다름이나 반항을 허용하지 않을 때도 많다. 서로 다른 이해
관계에 대해서, 전통적이지 않은 가족 구조에 대해서, 대안적인 신념
이나 생활 방식에 대해서 그럴 수 있다. 가령 하레디 공동체와 제7일
안식일예수재림교인의 경우 공동체의 규범을 준수하지 않는 구성원
은 처벌이 잔인하다는 것을, 또 그만큼 신속하다는 것을 알게 된다.

그렇지만 공동체는 폐쇄된 집단 내에 머무르는 이들에게만큼은
확실한 건강상의 이점을 준다. 그 원천은 일단 공동체가 제공하는 실
질적인 지원이기도 하고 누군가가 내 뒤를 지켜봐주고 있음을 아는
데에서 오는 안도감이기도 하다. 그뿐만 아니라 우리의 뿌리 깊은 진
화적 과거에서 기원하는 한층 더 근본적인 어떤 것이기도 하다. 바로
우리 인간은 혼자 있지 않도록 구조화되어 있다는 사실이다.

❖ **외로움이라는 진화적 특성**

다른 모든 유인원과 마찬가지로 인간은 사회적 동물이다. 우리는 긴
밀하게 결합된 여러 집단에 의지해 제 기능을 한다. 이러한 집단은 어
머니와 아기의 원초적이고 화학적 유대부터 시작해서 더 큰 단위의

가족을 지나 오늘날 대규모 민족국가에 이르기까지 다양하다. 실제로 인간이 지구라는 행성에서 먹이사슬의 최상부에 오를 수 있었던 이유는 더불어 살기를 열정적으로 채택한 덕분이었다. 우리는 식량을 구하기 위해 복잡한 집단 사냥과 채집 기술을 발달시켰고 우리 스스로를 보호하기 위해 집단적 방어 전략을 세웠다.[33] 우리 종의 역사에서 아주 최근까지도 세계에 혼자 남겨진 인간은 더없이 취약한 존재였고 문자 그대로 죽음의 위기에 처했다. 남들과 연결된 상태는 우리의 자연적 상태이며 사실 우리가 욕망하는 상태다. 우리가 이 욕망을 의식하든 하지 않든.

우리가 서로 연결되어 있지 않은 상태가 우리 건강에 그토록 심대하고 부정적인 영향을 미치는 이유는 바로 이것이다. 진화는 우리가 생존에 근본적으로 방해되는 상태에서 벗어나게 할 유인책으로서 우리 몸에 특정한 생물학적 반응을 심어주었다. 우리는 혼자 있을 때 경계심이 높아지고 생리적으로나 심리적으로 불쾌감을 느낀다. 이 생물학적 반응은 우리에게 그 상태를 최대한 빨리 종결지으려는 동기로 작용한다.

우리가 외로움을 느끼는 능력, 그러니까 타인에게 거리감을 느낄 때 겪는 고통과 불안은 탁월한 진화적 특성이다. "외로움이라는 촉발 기제를 꺼버릴 수는 없습니다." 외로움 연구의 선구자로 손꼽히는 시카고대 존 카치오포John Cacioppo 교수는 말했다. "그건 마치 허기를 느끼지 못하게 되는 것과 같습니다. 먹으라는 신호가 없는 것이죠."[34]

그러나 오늘날의 세계는 우리 조상들이 이 촉발 기제를 발달시킨 환경과 아주 다르다. 따라서 현대인이 보기에 이 기제는 긍정적인 설계상 특성이라기보다 오류에 가까워 보일 수 있다. 런던에 소재한 유니버시티칼리지 병원의 앤턴 이매뉴얼^Anton Emmanuel 교수는 외로움으로 촉발된 스트레스 반응은 자동차에 1단 기어를 넣는 것과 같다고 설명한다. 1단 기어는 속도를 올리기에 가장 효과적이다. 그런데 계속 기어를 1단에 두고 이동한다면, 최악의 경우 이런 일이 수차례 반복된다면 회전 속도가 지나치게 자주 올라가 엔진에 부담이 가고 손상을 입는다. 우리 몸이 외로움을 반복적으로 느끼도록 설계되지 않았듯이 자동차도 1단 기어로만 작동하도록 설계되지 않았다. 그렇다면 이런 스트레스에 자꾸 노출된 신체가 물리적인 손상의 징후를 보이는 것이 놀라운 일일까?

저명한 스코틀랜드 의사 윌리엄 컬런^William Cullen은 이미 18세기에 외로움과 질병의 연관성을 주장했다. 정체 불명의 병을 앓는 여성 환자 '래 씨'에게 컬런이 처방한 것은 코코아, 승마, 화성 팅크처(고대로부터 내려오는 제조법에 따른 허브 농축액. 태양계 행성의 이름을 딴 여러 농축액이 있다—옮긴이), 그리고 친구(우리의 주제를 생각하면 가장 의미심장한 치료제)였다. "그 환자는 아무리 싫어도 집에서든 밖에서든 친구들을 만나야 합니다." 컬런은 조언했다. "정적과 고독은 피해야 합니다."[35]

좋은 인간관계가 주는 건강상 이점은 이제 수많은 연구 프로젝트를 통해 확고한 사실로 확인되었다. 유명한 '하버드 성인발달연구'는 하버드대 2학년 남학생 238명을 1938년부터 80년 넘게 추적 조사한 것이다. 연구자들은 피험자의 운동량, 결혼 생활, 직업 양상, 수명을 수치화했다.[36] (피험자 중에는 미래의 미국 대통령 존 F. 케네디와 최근 영화 〈더 포스트〉에서 톰 행크스의 연기로 불후의 명성을 얻은《워싱턴 포스트》편집자 벤 브래들리Ben Braddlee도 있었다.) 연구 결과 80세에 가장 건강한 사람들은 30년 전에 인간관계 만족도가 가장 높았던 사람들이었다. 1930년대에 하버드대를 다닌 특권층만 이러한 이득을 누린 것은 아니다. 보스턴 도심에 사는 다양한 집단의 주민을 대상으로 장기간 수행한 추적 조사에서도 동일한 결과를 얻었다. 하버드 성인발달연구 책임자 로버트 월딩어Robert Waldinger는 이렇게 말했다. "신체를 돌보는 것은 중요합니다. 하지만 사람들과의 관계를 돌보는 것 역시 자신을 돌보는 한 가지 형태입니다. 저는 이것이 아주 놀라운 발견이라고 봅니다."[37]

물론 빈약한 인간관계와 외로움은 다르다. 그리고 앞서 강조했듯 외로움은 단지 우리가 다른 개인과 연결되어 있다고 느끼는 정도만이 아니라 여러 사람으로 구성된 집단, 즉 제도와 사회 전체에 연결되어 있다고 느끼는 정도에도 영향받는다. 거기에다 수백 건의 의학 연구를 통해, 공동체 그리고 연결된 느낌은 건강상 이점을 제공하지만 외로움은 가장 좁게 정의되었을 때조차 위험한 대가를 요구한다는 점이 밝혀졌다.

그러므로 이렇게 물을 수밖에 없다. 외로움은 우리의 신체적 건강을 쇠퇴시키는 우리 삶의 수많은 스트레스 원인 가운데 하나일 뿐일까, 아니면 외로움에 의한 스트레스에는 장기적으로 중대한 건강상의 문제를 일으키는 어떤 특별한 것이 있는 걸까? 답은 둘 사이 어딘가에 있는 것처럼 보인다.

일단 외로운 몸은 그 자체로 스트레스를 받은 몸이다. 쉽게 지치고 지나친 염증 반응이 일어난다. 염증은 그 자체로 나쁜 것은 아니다. 사실 적정한 양이면 몸에 이롭다. 감염이나 상처가 발생했을 때 손상을 국소화하고 치유를 돕는 신체 방어 메커니즘으로 작용하기도 한다. 실제로 염증(부어오르고 붉어지는 것이 대표적인 증상이다) 없이 자가 치유란 불가능하다.[38] 그런데 위협이 진정되거나 상처가 치유되면 염증은 가라앉아야 정상이다. 하지만 외로움, 특히 만성적인 외로움을 겪는 신체에는 이제는 진정하라고 알려줄 '오프 스위치'가 없다. 따라서 외로움이 초래한 염증은 만성적인 것이 될 수 있다. 그 상태 그대로 '뉴 노멀new normal(새로운 정상)'이 되는 것이다.[39] 그리고 만성 염증은 동맥경화, 심장질환, 뇌졸중, 우울증, 관절염, 알츠하이머병, 암 등 수많은 질병과 관련성이 제기되어왔다. 실제로 2012년 이 주제를 다룬 의학 문헌들을 살펴본 결과 오랫동안 전염성 질환과 연관성이 있다고 알려져온 만성 염증이 "광범위한 비감염성 질환과도 긴밀한 연관성"이 있음이 밝혀졌고 놀랍게도 "모든 질환과 연관성이 있을 가능성"이 발견되었다.[40]

한편 외로움은 다른 스트레스의 효과를 막대하게 증폭시킬 수 있는 스트레스다. 면역계를 예로 들어보자. 건강한 신체는 다양한 메커니즘을 활용해 병원균(박테리아나 바이러스)이나 암세포 같은 유해 세력과 싸운다. 외로움은 신체가 이 두 종류의 위협에 맞설 힘을 악화시키는 것으로 보인다. 외로움은 우리를 약하게 만들고 병에 잘 걸리게 만든다. 특히 바이러스에 더 잘 감염되게 한다.[41]

더 나아가, 외로움이 우리의 면역계를 해치는 이유는 우리 몸이 '높은 각성' 상태(1단 기어로 여덟 시간을 달린 차와 같은 상태)에 오래 머물게 하기 때문만은 아니다. 외로움은 세포와 호르몬 수준에도 영향을 준다. 한 영향력 있는 연구는 외로움이 여러 내분비샘의 기능을 손상시킨다고 암시했다. 내분비샘은 우리 몸 전체에 호르몬을 분비하며 면역 반응과 연결되어 있다.[42] UCLA 의학과 및 정신과 교수 스티브 콜Steve Cole은 외로운 사람의 혈액은 노르에피네프린 호르몬 수치가 유의미하게 높다는 사실을 발견했다. 노르에피네프린 호르몬은 생명이 위협받을 때 바이러스에 대한 방어 기능을 끈다. 이러한 면역계 약화는 암으로 확대된다. 신체는 암으로부터 스스로를 방어하기 위한 수단으로 종양과 바이러스에 감염된 세포를 파괴하는 '자연살해natural killer, NK' 세포를 이용한다. 그런데 의대 1학년생을 대상으로 수행한 연구에서 더 외로운 피험자는 이 자연살해 세포의 활동성이 훨씬 낮은 것으로 나타났다.[43]

외로움은 다양한 상태를 유발하는 원인인 동시에 몸의 회복을 방해하는 것으로도 보인다. 이매뉴얼 교수는 내게 말했다. "나는 외로움이 건강과 회복에 영향을 미친다고 100% 확신합니다. 외로운 환자와 외롭지 않은 환자가 동일한 치료를 받으면 외롭지 않은 환자의 병세가 더 빨리 호전될 겁니다. 크론병 치료를 받는 흡연자는 비흡연자보다 호전이 더딘 것처럼, 외로운 환자와 외롭지 않은 환자도 마찬가지일 겁니다."

이 말을 뒷받침하는 자료가 있다. 이를테면 사회적으로 고립된 환자는 스트레스를 유발하는 사건을 경험한 후 혈압(남성의 경우 콜레스테롤 수치)이 정상 수치를 되찾기까지 더 오래 걸린다. 고립된 고령자는 사회적 접촉이 잦은 고령자들보다 평균적으로 기대수명이 낮다. 외로운 사람은 뇌졸중, 심근경색, 수술과 같은 사건을 겪은 후에 신체

가 염증 수준을 '리셋'하는 능력이 저하되는 것이 주요 원인이다.[44]

영국 왕립지역보건의협회 의장 헬렌 스토크스-램퍼드[Helen Stokes-Lampard]는 이 협회에서 주최한 2017년 연례 학회에서 이렇게 말했다. "사회적 고립과 외로움이 환자들의 건강과 웰빙에 미치는 영향은 장기적인 만성질환에 맞먹습니다."[45]

✥ ## 홀로, 홀로, 오롯이, 오롯이 홀로

외로움은 우리의 몸만 황폐하게 만들지 않는다. 새뮤얼 테일러 콜리지(영국 시인이자 비평가—옮긴이)의 작품에 등장하는 어느 고대 뱃사람은 "홀로, 홀로, 오롯이, 오롯이 홀로/ 넓디넓은 바다에 홀로!"인 기분을 묘사하며 "고뇌하는 내 영혼"이라 말했다. 외로움은 심각한 정신적 괴로움과 고통을 초래할 수 있다.

문학작품에는 우울하거나 정신적으로 아픈 외로운 사람들이 등장한다. 샬럿 퍼킨스 길먼의 1892년 단편 「누런 벽지」의 이름 없는 주인공은 "가벼운 히스테리 경향"(현재 이 증상은 '질병'으로 취급되지 않는다[46])을 보인다는 이유로 독방에 갇혀서 서서히 환각적 망상을 키우고, 코스타상을 받은 게일 허니먼의 2017년 소설 『엘리너 올리펀트는 완전 괜찮아』의 주인공 올리펀트는 점점 더해가는 외로움이 트라우마에서 회복되는 것을 방해한다.

하지만 다소 놀랍게도 정신의학 분야에서 외로움이 독립적인 심리 상태로서 광범위하게 연구되기 시작한 것은 겨우 10년 정도밖에

되지 않았다. 그 자체로 정신 건강상의 문제로 분류되지는 않지만 외로움은 불안증과 우울증을 아우르는 다수의 정신질환과 연관이 있는 것으로 확인되었다. 이 연관성은 양방향으로 나타난다. 2012년 영국에서 7,000명 이상의 성인을 대상으로 진행된 연구에서는 우울증을 앓는 사람이 그렇지 않은 사람보다 외로울 확률이 10배 높은 것으로 나타났다.[47] 한편 미국에서 수행된 획기적인 연구에서는 참가자들을 5년간 추적 관찰한 결과 처음에 외로움을 보고한 참가자는 5년 뒤에 우울해질 가능성이 그렇지 않은 사람보다 높았다.[48]

외로움과 정신질환의 관계는 최근에야 밝혀지기 시작한 복잡한 주제다. 거기다 외로움과 고립은 부분적으로는 그 자체가 지닌 생리학적 영향력 때문에 유전적 또는 환경적으로 우울증이 유발되기 쉬운 성향을 부추기는 것으로 보인다. 가령 우리는 외로울 때 잠을 잘 자지 못하는데 수면 부족은 우울증 증상을 촉발할 수 있다. 역으로 우울증 증상은 주변 사람들과의 교류를 힘들게 만들어 외로움을 심화할 수 있다. 외로움이 닭인 동시에 달걀인 것이다.

불안 장애와 관련해서도 고립은 불안 장애의 증상이자 원인이다. 불안 장애를 앓는 영국의 10대 알렉스는 "불안 장애 때문에 제 세계가 좁아졌어요"라고 말한다. "불안증이 심해질수록 저는 섬이 되어가요. 증상이 강렬해질수록 더 외롭고 고립된 느낌이 들어요. […] 사람이 많은 혼잡한 시간대에는 가게에 가거나 버스 타는 걸 피해요. […] 불안증이 길어지니까 일이나 가까운 관계, 친구들과의 사이에도 영향을 주더라고요. […] 그래서 제 삶에서 사회적 관계는 […] 뭐랄까, 그냥 아예 없어요."[49]

코로나바이러스 대유행 기간 동안 우리가 집단적으로 겪고 있는 짧은 기간의 고립도 정신 건강에 뚜렷한 영향을 미칠 수 있다.[50] 가끔은 수년이 지난 뒤에도 영향력이 여전한 경우도 있다. 연구 결과 2003년 베이징에서 사스가 유행했을 때 격리 조치된 의료계 종사자는 그렇지 않았던 의료계 종사자보다 3년 뒤 중증 우울증을 겪을 확률이 높았다. 당시 격리 기간은 보통 한 달 이내였고 대개는 2주보다 짧았음에도 그랬다.[51] 다른 연구에서도 사스가 유행할 당시 격리 조치되었던 의료계 종사자들이 그렇지 않았던 의료계 종사자보다 3년 뒤에 알코올의존증을 더 많이 겪었고, 그중 상당수가 과도한 각성상태, 악몽, 재연 현상flashback 같은 외상 후 스트레스 증후군에 시달리는 것으로 나타났다.[52]

코로나19 대유행 이후에도 이러한 연구 결과들을 매우 심각하게 고려해야 한다. 개인과 정부 차원에서 코로나로 인한 강제 격리 조치가 정신 건강에 미칠 장기적인 영향을 염두에 두고 이에 대비해 충분한 자원이 투입되도록 노력해야 한다.

극단적인 경우 외로움은 자살로 이어질 수 있다.[53]

프랜시 하트 브로그해머Francie Hart Broghammer는 미국 UC어바인 의료센터 정신의학과 수석 레지던트다. 브로그해머는 최근 발표한 논문에서 외로움으로 살 만한 가치가 없다고 느끼게 된 환자 두 명의 가슴 아픈 사연을 전했다. 한 명은 젊은 여성으로 "길이 20센티미터가 넘는 부엌칼로 자신의 기도와 척수를 절단"했다. 브로그해머는 "아픈 할머니를 돌보면서 이런 어려움에 관해 의미 있는 대화를 나눌 사람이 별로 없었던 것, 즉 고립감"을 자살 이유로 들었다.[54]

다른 한 사람은 자살과 관련된 상상을 자주 떠올리는 38세 남성 '화이트 씨'다. 최근 부모가 사망하고 실업과 금전 문제로 어려움을 겪는 화이트 씨는 형제자매에게 거부당한 채 가까운 친구도 집도 없이 지낸다. 그를 벼랑 끝으로 내몬 것은 아마도 반려견(그에게 남은 유일한 친구)을 잃은 일이었던 것 같다.

화이트 씨는 반려견에 대해 이렇게 말했다. "이 세상에서 나를 사랑할 만한 가치가 있는 누군가로 보는 유일한 존재였습니다. 나는 공원에서 잠을 잡니다. 지나가는 사람들 모두 나를 주인 없는 개만도 못하게 생각하지요. 나는 인간 이하예요. 제 처지가 돼보시면 알겠지만 아무도 제게 신경 쓰지 않아요. 제가 키우던 개만큼은 예외였죠. […] 녀석은 나를 좋아했어요. 제 평생 목표가 그 사랑에 보답하는 거였어요. 이제 녀석이 세상을 떴으니 내게 남은 것은 아무것도 없습니다."

안타깝게도 브로그해머 박사는 치료 현장에서 이런 환자를 굉장히 자주 만난다. 그녀가 경험 속에서 통찰한 외로움과 자살의 연관성은 연구 결과에서도 증명되었다. 130건 이상의 연구에서 외로움이 자살, 자살 관련 상상, 자해와 연관성이 있는 것으로 드러났다.[55] 이러한 연관성은 청년층을 포함한 전 연령 집단에서 나타난다. 미국 중학생 5,000명을 대상으로 설문 조사를 실시한 결과 높은 수준의 외로움을 겪는다고 응답한 청소년은 그렇지 않은 청소년보다 자살과 관련된 이미지를 상상할 가능성이 2배 높았다.[56] 이러한 결과는 영국, 케냐, 키리바시, 솔로몬제도, 바누아투에서 청소년을 대상으로 수행한 조사 결과에서도 확인되었다. 외로움은 고소득 국가에 국한된 현상이 아닌 것이다.[57] 더욱이 이로 인한 영향은 수년 뒤에야 나타날 수도 있다. 한 연구에서는 7세에 외롭다고 했던 아이는 15세가 되었을 때 자살 관련 상상을 하는 경향이 있는 것으로 드러났다.[58] 아동과 청소년이 겪는 외로움 수준이 높다는 사실을 고려하면 이 연구 결과는 특히 우려스럽다.

그런데 이렇게 깊은 절망을 불러일으키는 외로움은 아주 다양한 조건에서 발생한다. 그것은 놀이터나 소셜 미디어에서 따돌림당한 아이가 겪는 사회적으로 배제된 느낌일 수 있고, 한 달이 다 되도록 자기 집을 방문해주는 사람이 하나도 없는 노인이 경험하는 물리적 고립감일 수도 있으며, 기존에 속해 있던 공동체가 허물어지면서 지지 체계가 붕괴되어버린 성인이 느끼는 사회적 고립감일 수도 있다. 화이트 씨의 예가 그렇다.

실제로 미국에서 (그리고 정도는 덜하지만 영국에서도) 최근 몇 년간 노동자 계층 중년 남성의 약물 남용, 알코올의존증, 자살로 인한 사망(절망사deaths of despair라 부른다) 건수가 가파르게 증가한 지역을 조사한 결과 전통적인 사회적 지원 구조가 붕괴한 곳이라는 공통점이 있었다. 이 남성들은 이혼했거나 교회에 다니지 않거나 직장이 없거나 직장이 있더라도 안정적이지 않고 노조가 없는 단기직에 종사하기 때문에 노조나 직장에서 형제애를 다질 기회가 없는 경우가 많았다.[59]

이러한 이유에서 초대형 제약 회사들은 외로움 약 개발에 열중하고 있다(실제로 외로움에 둔감해지게 하는 약물과 외로움으로 인한 생리적 영향을 일부 중화시키는 다양한 화학적 혼합물이 현재 시험 단계에 있다). 그렇다고 외로움의 증상만 다루어서는 안 된다. 심지어 단순히 증상만 둔화시켜서는 더더욱 안 된다.[60] 약물에만 의존한 해결책이 아닌 정치적, 경제적 그리고 물론 사회적 해결책이 필요함을 이해하고 외로움의 근본 원인을 다루어야 한다.

그리고 해법을 찾을 수 있다는 사실에서 희망과 용기를 얻어야 한다. 공동체 붕괴는 외롭고 잠재적으로 불건강한 삶으로 이어질 수 있지만 정반대의 경우도 가능하다.

셰익스피어의 희곡 「리어 왕」에서 궁지에 몰린 신하 에드가는 "슬픔을 나눌 동료가 있고 함께 견딜 친구가 있다면 마음은 많은 고통을 쉽게 극복해낼 것"이라고 말한다. 아주 잠깐 동안 경험한 다른 사람들과의 긍정적 연결도 건강에 유의미한 영향을 미친다. 스트레스 상황에서 친구가 그저 곁에 있어주는 것도 혈압과 코르티솔 수치를 낮춘다.[61] 사랑하는 사람과 손을 잡는 것은 진통제와 같은 진정 효과가 있다.[62] 최근 연구 결과 노년기에 다른 사람들과 비교적 약한 유대 관계를 유지하는 것(브리지 게임 모임 참석, 명절의 카드 교환, 우체부와의 담소)도 기억력 감퇴나 치매를 예방해주는 것으로 나타났다.[63]

그런데 공동체나 다른 사람들과 연결되어 있다는 느낌뿐만 아니라 친절한 행동도 우리의 건강에 영향을 미치는 것 같다. 친구, 가족, 동료, 고용주, 이웃의 친절은 물론 낯선 사람이 보여주는 친절도 그렇다. 코로나19 이후 세계를 재건할 때 우리는 이 점을 기억할 필요가 있다. 그리고 어떻게 신자유주의적 자본주의 아래에서 친절이 평가절하되었는지도.

다른 사람이 우리에게 친절과 돌봄을 베풀면 우리가 외로움을 덜 느끼고 건강상 이점을 누리는 것은 당연한 일이다.[64] 하지만 아무런 대가를 기대하지 않고 남을 위해 친절과 돌봄과 작은 선행을 베푸는 것역시 유사한 효과를 발휘한다는 것은 그렇게까지 당연해 보이지 않는다.

상당히 많은 연구 결과 남을 돕는 행위는 우리 건강에 좋은 것으로 밝혀졌다. 특히 돕는 대상과 직접 접촉할 때 더더욱 그렇다.[65] 2000년대 초반 연구자들은 미국 전역의 장로교 신자 2,016명을 대상으로 설문 조사를 했다.[66] 종교 관련 습관, 신체 및 정신 건강, 도움을 주고받은 경험 등을 질문한 결과, 응답자의 젠더, 스트레스 경험, 전반적인 건강 상태를 고려하더라도, 자원봉사나 공동체 활동을 하거나 사랑하는 사람을 돌보는 등 평소 꾸준히 남을 도운 사람들은 더 나은 정신 건강을 유지했다.

수많은 다른 연구에서도 남을 직접 돕는 행위가 정신과 신체 모두에 건강상 이점을 가져다준다는 비슷한 결론이 나왔다. 외상 후 스트레스 장애를 겪는 퇴역군인들은 손주를 돌보면서 증상이 완화되었다.[67] 보육 시설에서 아이들을 돌본 고령의 자원봉사자들은 침에 함유된 코르티솔과 에피네프린(역시 스트레스 호르몬이다) 수치가 감소했다.[68] 남에게 도움을 주는 성인은 우울증에 걸리는 비율이 대개 줄어든다.[69] 반면, 미시간대 사회조사연구소의 조사 결과 남에게 물질적으로나 정서적으로 아무런 도움도 주지 않는 사람은 파트너, 친척, 이웃, 친구 등 남을 돌보는 역할을 맡은 사람에 비해 5년 내에 사망할 확률이 2배 이상 높았다.[70] 찰스 디킨스의 소설 『크리스마스 캐럴』의 주인공 에베네저 스크루지를 생각해보자. 이야기가 끝날 무렵 인색한 구두쇠에서 마음씨 넓은 독지가로 개심한 스크루지는 행복과 건강 둘 다를 얻는다.

행동의 동기가 분노나 의무감이 아니기에 다른 사람을 도우면 긍정적인 생리적 반응이 나타난다.[71] 그래서 남을 돕는 사람은 종종 '헬퍼스 하이helper's high'라고 알려진 기분, 즉 에너지와 힘, 따뜻함과 차분함이 혼합된 느낌을 경험한다. 이렇듯 외로운 세기에는 사람들이 돌봄을 받는 기분을 느끼고 실제로 돌봄을 받는 것만큼이나 남을 돌볼 기회를 얻는 것 역시 중요하다.

그렇다면 모든 사람이 도움과 보살핌을 주고받는 능력을 갖추게 하려면 어떻게 해야 할까? 우선 구조적인 해결책이 필요하다. 그 이유는 항상 일에 지쳐 있다거나 남을 돕기 쉽지 않다거나 여러 가지 일을 동시에 처리해야 한다거나 고용주가 그럴 만한 시간을 주지 않는다면 봉사 활동을 하기 쉽지 않기 때문이다. 바로 이러한 측면에서 국가와 고용주들이 해야만 하는 단계적 역할이 있다. 아울러 우리는 지금의 경제 환경이 이 과정을 방해하게 해서는 안 된다. 미국은 대공황 이후 그리고 영국은 2차 대전 이후 노동자에게 더 많은 권리를 보장하고 시민의 복지를 확보하겠다고 굳게 약속했던 것처럼,[72] 우리는 코로나바이러스 전염병 사태를, 서로를 도울 새로운 구조와 행동 방식을 개발하는 기회로 삼아야 한다.

문화에도 변화가 필요하다. 우리는 돌봄과 친절과 온정 같은 덕목을 실천하도록 서로를 적극적으로 격려하고 분명히 보상해야 한다. 이들 덕목은 최근 몇십 년간 제대로 된 평가나 인정을 받지 못했다. 2020년 1월 주요 구직 사이트에서 조사한 결과 직무 기술에 친절이 명시된 경우 보수는 평균 임금의 절반 수준에 머물렀다.[73] 앞으로는 친절과 온정이 마땅한 가치를 인정받아야 한다. 그 가치를 오로지 시장이 결정하도록 내버려두어서는 안 된다. 2020년 봄, 전 세계에서 메아리친 '의료진에게 박수를'과 같은 캠페인을 실재적이고 영구적인 것으로 만들어야 한다.[74] 신체와 정신의 건강을 위해 그리고 앞으로 보겠지만 미래의 안전을 위해 우리는 응집력 있는 공동체로 하나가 되고 우리에게 이로운 사회적 접촉을 계속 유지해야 한다.

3장

그들은 왜 히틀러와 트럼프를 지지했는가

오랫동안 고립된 생쥐들이 새로운 생쥐를 물어뜯듯이
외로움은 우리의 정치를 극단주의와 포퓰리즘으로 몰아간다.
"우리가 설 자리는 아무데도 없었다.
나의 조국에서조차 아무도 나를 원하지 않는다면….
바로 그때 나는 히틀러를 만났다."

흰 털. 분홍 코. 꼬리. 태어난 지 3개월 된 생쥐. 생쥐는 우리 안에서 4주 동안 고독을 강요받았다. 하지만 오늘 방문자가 있을 것이다.

새로운 생쥐가 우리 안으로 들어간다. '우리' 생쥐가 새로운 생쥐를 가늠해본다. 연구자들의 표현대로 녀석은 "초기의 탐색 활동 패턴"을 보인다. 그러다 갑자기 놀라운 행동을 보인다. 뒷다리로 서서 꼬리를 세우더니 '침입자'를 난폭하게 물어뜯어 바닥으로 넘어뜨린 것이다. 연구자들은 단순히 다른 생쥐의 등장만으로 촉발된 난폭하고 맹렬한 이 싸움을 영상에 담았다. 연구자들은 전에도 이런 장면을 본 적이 있었다. 거의 모든 사례에서 생쥐는 고립 기간이 길어질수록 새로운 생쥐에게 더 공격적으로 굴었다.[1]

이렇듯 생쥐들은 고립되면 서로를 공격한다. 그렇다면 인간은 어떨까? 수주, 수개월에 걸친 사회적 격리와 봉쇄 조치로 깊어진 오늘날의 외로움 위기 속에서 우리는 우리 자신을 공격하는 데서 그치지 않고 서로를 공격하게 될까? 외로움이 우리 건강을 해치는 데서 그치지 않고 이 세계를 더 공격적이고 성난 장소로까지 만들 수 있을까?

인간의 외로움과 타인을 향한 적대감의 연관성을 밝힌 과학적 연구는 매우 많다.[2] 하버드대 정신의학과 교수 재클린 올즈Jacqueline Olds가 설명하듯 이러한 적대감은 초기 방어 행동인 '뒷걸음질 치기'에서 나온다. 외로운 사람은 종종 인간적 온기에 대한 욕구와 다른 사람과 함께 있고 싶은 욕구를 부정하면서 자기 자신을 보호해줄 고치를 만든다. 그러면서 의식적으로 또는 무의식적으로 "날 혼자 내버려둬. 난 당신이 필요하지 않아, 저리 가'라는, 대개는 비언어적인 신호를 남들에게 보내기 시작"한다.[3]

이때 외로움은 뇌에서 다른 일을 벌인다. 몇몇 연구자들은 외로움과 공감 능력의 감소 사이에 연관성이 있음을 발견했다. 공감 능력이란 다른 사람의 입장이 되어보는 능력, 다른 사람의 관점이나 고통을 이해하는 능력이다. 이러한 공감 능력은 행동뿐만 아니라 두뇌 활동에서도 나타난다.[4]

우리는 보통 타인의 고통과 마주했을 때 공감 능력과 가장 밀접하게 연관된 뇌 부위인 측두정엽이 활성화된다. 하지만 여러 연구를 통해 외로운 사람의 뇌는 측두정엽의 활성도가 오히려 감소하는 것으로 밝혀졌다. 그 대신 일반적으로 경계심, 주의력, 시각과 관련된 뇌 부위인 시각피질이 활성화된다.[5] 그러니까 외로운 사람은 일반적으로 타인의 고통에 빨리 반응하지만(실제로 몇 밀리세컨드밖에 걸리지 않는다) 반응의 무게중심은 관점이 아닌 주의력에 있다. 외로운 신체가 스트레스 반응을 증폭시키듯이, 주변을 몹시 경계하는 불안하고 외로운 정신도 자기 보존 차원에서 작동한다. 따라서 그는 고통받는 사람의 관점에서 이해하려고 노력하기보다 혹시 모를 위협 요소를 찾아 주변을 살핀다.[6] "숲속을 걷다 바닥에 떨어진 나뭇가지를 뱀으로 착각하고 흠칫 놀라 물러선 적이 있습니까?" 시카고대 두뇌역학실험실 책임자 스테파니 카치오포^{Stephanie Cacioppo} 박사는 묻는다. "외로운 정신은 언제나 뱀을 봅니다."[7]

최근 연구자들은 외로움이 우리가 세계를 어떻게 보는가뿐만 아니라 세계를 어떻게 유형화하는가에도 영향을 미친다는 사실을 발견했다. 2019년 킹스칼리지런던 연구진은 2,000명의 18세 청소년에게 이웃이 얼마나 가깝게 느껴지는지 물었다. 이어 그들의 형제자매에게도 똑같은 질문을 했다. 결론을 요약하면 외로운 형제자매일수록 이웃을 덜 친근하고 덜 가깝고 덜 믿음직스러운 사람들로 인식했다.[8] 그렇다면 외로움은 단순히 개인의 내면 상태가 아니다. 존 카치오포 교수에 따르면 외로움은 "부분적으로 타인에 대한 기대와 생각을 형성함으로써 작동한다."

분노, 적의, 주변 환경을 위협적이고 매몰찬 것으로 인식하는 경향, 저하된 공감 능력 등 외로움은 위험한 정서 조합을 낳고 이는 우리 모두에게 중대한 영향을 끼친다. 외로움 위기는 병원에서뿐만 아니라 투표소에서도 그 모습을 드러낸다. 그리하여 결속과 포용과 관용의 사회적 가치를 믿는 사람이라면 누구나 깊이 우려할 만한 영향을 민주주의에 미친다.

민주주의가 제대로 기능하려면(모든 시민의 요구와 불만이 원활히 전달되어 다양한 집단의 이익이 서로 조화를 이룬다는 뜻이다) 두 가지 유대가 강력해야 한다. 하나는 국가와 시민 간의 유대이고 다른 하나는 시민들 간의 유대다. 이러한 연결성의 유대가 무너지면, 그래서 사람들이 정서적으로, 경제적으로, 사회적으로, 문화적으로 서로 신뢰하거나 의지하지 못하고 단절감을 느낀다면, 그래서 국가가 자신을 보살피지 않는다고, 자신이 주변화되었다거나 버림받았다고 느낀다면 사회는 분열되고 양극화되며 사람들은 정치에 대한 신뢰를 잃는다.

오늘날의 상황이 이렇다. 이 외로운 세기에는 우리를 서로 연결해주고 우리를 국가에 연결해주던 유대가 실낱처럼 가늘어지고 있다. 동료 시민이 자신을 고립시키고 소외시키고 단절시키고 있다고, 그리고 주류 정치인들이 자신을 고립시키고 소외시키고 단절시키고 있다고 느끼는 사람들이 점점 늘고 있다. 그들은 정치인들이 자신에게 귀를 기울이거나 자신을 보살펴주지 않는다고 느낀다.

이러한 추세는 한참 전에 시작되었지만, 지금의 전 세계적인 감염병 사태가 이를 더욱 악화시킬 위험이 크다. 경제적 위기는 정치 지도자에 대한 깊은 환멸을 낳기 때문이다. 특히나 우리가 그 짐을 공평하게 나누어 지고 있지 않다는 인식이 늘면 더더욱 그러할 것이다. 또한 코로나19 감염을 걱정하는 많은 사람이 동료 시민을 본능적이고 물리적인 방식으로 두려워하게 될 것이기 때문에 더욱 그렇다.

이 문제는 우리 모두의 관심을 요한다. 왜냐하면 우리가 최근 목격했듯이 이러한 환경은 극단주의 정치인, 즉 포퓰리스트가 악용하기 좋은 토양을 제공하기 때문이다. 그들의 귀는 사람들의 반감을 섬세하게 포착하여, 호시탐탐 이를 정치적으로 악용할 기회를 노린다.

'포퓰리스트'라는 말은 다음과 같이 정의할 수 있다. 자신이 '국민'을 대표하며 오로지 자신만이 그럴 능력이 있다고 외치면서 국민과 경제·정치·문화 '엘리트' 사이에 반목을 조장하는 정치인이 바로 포퓰리스트라고 말이다. 포퓰리스트들이 악당으로 묘사하는 '엘리트'란 국회, 법원, 자유 언론 등 합법적이고 관용적인 사회를 지탱하는 핵심 제도다.[9] 흔히 극우 포퓰리스트는 문화적 차이와 국가 정체성의 중요성을 강조한다. 포퓰리스트들은 흔히 이민자나 다른 민족이나 종교의 '습격'으로 마치 국가의 존립이 위협받고 있는 듯이 묘사한다. 그러면서 우리를 결속시켜주는 제도와 규범을 존중하는 화합된 사회 그리고 관용과 이해와 공정성의 문화에 아주 심각한 위협을 제기한다. 그들은 사회의 결속이 아닌 분열을 추구하고 자신의 목적에만 부합한다면 주저 없이 인종적·종교적·민족적 긴장을 부추긴다. 외로운 사람들, 불안하고 남을 신뢰하며 어딘가 소속되길 갈망하지만 항상 '뱀을 보는' 이들은 포퓰리스트에게 이상적인(그리고 가장 취약한) 목표물이다.

❖   **외로운 나치와 전체주의**

외로움과 불관용 정치의 연관성에 처음으로 주목한 저자는 한나 아렌트였다. 21세기 지적 사유의 거두로 손꼽히는 한나 아렌트는 이마누엘 칸트의 도시 독일 쾨니히스베르크(현 러시아 칼리닌그라드)에서 성장하면서 그에게서 지대한 철학적 영향을 받았다. 칸트는 극단적으로 한곳에 정주하는 삶을 살았던 반면 아렌트는 망명과 피탈避脫의 삶을 살았다(칸트는 고향을 단 한 번도 떠나지 않았다. 쾨니히스베르크 사람들은 오차 없이 규칙적인 칸트의 산책 시간에 따라 시계를 맞췄다는 일화가 유명하다).

아렌트의 부모는 동화된 유대인이었다. "집에서 아무도 '유대인'이라는 말을 쓰지 않았다"고 아렌트는 훗날 회상했지만 독일에서 유대인 박해가 심해지자 이내 자신의 종교적 정체성을 의식하게 되었다.[10] 그러다 아렌트는 1933년 전환점을 맞이한다. 독일 제국의회 의사당에 화재 사건이 발생하고 히틀러가 집권한 해였다. 당시 베를린에 살던 아렌트는 자기 아파트를 히틀러의 반대 세력에게 은신처로 제공하고 독일 시오니즘 기구를 위해 독일 내의 공식적인 반유대주의 활동에 관한 불법 연구를 수행했다. 이를 알아챈 독일의 비밀 국가경찰 게슈타포는 아렌트를 어머니와 함께 8일간 감금했다. 석방되어 재판을 기다리던 두 사람은 여행 허가증 없이 독일을 탈출했다. 처음에는 에르츠산맥을 통과한 뒤, 국경선을 따라 집을 십자 모양으로 지은 어느 인정 많은 독일 가족의 도움으로 프라하로 건너갔다. 이후 사회주의자로 국제연맹에서 근무하던 친구를 통해 제네바로 갔다. 이제 나라를 잃은 아렌트는 파리로 가서 '밀입국 망명자' 신분으로 7년간 머물렀다.[11]

1940년 나치가 프랑스를 침공했을 때 아렌트는 남편(하인리히 블뤼허Heinrich Blücher도 히틀러가 집권한 독일에서 망명한 처지였다)과 헤어졌고, 프랑스 남부의 악명 높은 구르스 포로수용소로 보내졌다. 프랑스의 패배로 혼란스러운 틈을 타 아렌트는 수용소에서 탈출해 소도시 몽토방에서 남편과 다시 만났다. 응급 미국 비자를 가까스로 구한 두 사람은 피레네산맥을 통해 스페인 국경을 넘어 포르투갈 리스본행 열차를 탔고, 석 달 뒤인 1941년 4월 마침내 뉴욕행 배에 올랐다.[12]

상당히 운 좋은 탈출이었다. 1941년 여름, 미국 국무부가 비자 발급을 중단함으로써 나치로부터 도망치려는 유대인들의 또 다른 탈출구를 닫아버렸기 때문이다.[13] 아렌트가 도망자의 삶(단지 유대인이라는 이유만으로 좁은 탈출구를 찾아다녀야 했던 뿌리 없는 삶)을 살았던 8년 동안 독일인들은 나치의 전체주의 주술에 사로잡혀 있었다.

전후 뉘른베르크 재판에 제시된 증거문건을 통해 나치가 인종 말살을 위해 동원한 끔찍한 수법들이 백일하에 드러났다. 어떻게 이런 일이 벌어질 수 있었을까? 아렌트는 알고 싶었다. 무엇이 평범한 사람을 집단 대학살에 가담하도록, 아니면 최소한 이를 용인하도록 만들었을까?[14] 아렌트는 "나치즘의 핵심 구성원들을 찾아내고 그들을 추적해 근원적인 정치적 문제들을 발견하고자 했다."[15] 1951년 아렌트는 이 주제에 대해 시대의 상징이 된 논쟁적 저작 『전체주의의 기원』을 발표했다. 이 책은 반시오니즘의 대두, 선전(프로파간다)의 역할, 인종주의와 관료주의가 결합한 제국주의 등 광범위한 주제를 아우른다. 그런데 아렌트는 이 책 후반부에서 놀랍게도 외로움이라는 요소에 주목한다. 아렌트가 보기에 전체주의는 "외로움을 기반으로 삼는다. […] 이것은 인간에게 가장 근본적이고 절망적인 경험에 속한다."[16] 나치즘을 추종한 사람들의 "주요 특성은 […] 야만과 퇴보가 아닌 고립과 정상적 사회관계의 결여"임을 발견한 아렌트는 "사회에 자기 자리가 없다고 느끼는 사람들은 이데올로기에 개인적 자아를 투항함으로써 목적의식과 자긍심을 되찾으려 한다"고 주장한다.[17] 외로움 또는 "세상에 전혀 속하지 않은 존재가 되는 경험"이 "전체주의 정부의 본질"이며 이것이 "전체주의의 집행인과 희생자를 준비"하는 것이라고 아렌트는 쓴다.[18]

아렌트가 말하는 외로움은 내가 내린 외로움의 정의와 공명한다. 주변화되고 무력해진 느낌, 고립되고 배제되고 자기 자리와 지원을 빼앗긴 느낌. 이러한 차원의 외로움이, 여기 그리고 21세기인 지금 날로 확대되고 있는 위험이다.

✣   **새로운 포퓰리즘의 시대**

분명 오늘날의 세계는 1930년대 독일과 다르다. 몇 년 전부터 세계적으로 포퓰리즘이 득세하고 있고, 헝가리의 빅토르 오르반, 필리핀의 로드리고 두테르테, 중국의 시진핑, 터키의 레제프 타이이프 에르도안 등 수많은 권위주의적인 지도자가 코로나19 사태를 이용해 권력을 굳히고 시민의 자유를 억압하고 있다. 그럼에도 전체주의가 광범위하게 득세하고 있다고 하기는 어렵다.[19]

하지만 우리는 역사가 주는 경고를 무시해서는 안 된다. 많은 사람이 코로나19가 미치는 영향에 주목하면서 실업과 빈곤이 급증한 1930년대 대공황 시대를 오늘날과 비교한다. 외로움과 경제 사정 악화는 종종 맞물려 나타난다. 연구자들은 일자리가 있는 사람보다 실업자가 더 외롭고 가난이 사회적으로 고립될 위험을 높인다는 두 가지 사실을 모두 입증했다.[20] 더욱이 코로나바이러스의 습격이 있기 전에도 이미 외로움은, 아렌트가 전쟁 전 독일 상황에 관해 묘사했듯, "갈수록 더 많은 대중의 일상적 경험"이 되었다.[21] 우파 포퓰리스트 지도자들과 극단주의 세력은 지난 수년간 자신들의 정치적 이득을 위해 민주주의의 언저리에서 이 현상을 적극적으로 악용해왔다.

물론 외로움은 포퓰리즘을 불러일으키는 유일한 동인은 아니다. 오늘날 포퓰리즘의 부상에는 경제적 원인뿐만 아니라 문화적·사회적·기술적 측면에서 이미 사건들이 있었다. 가짜 뉴스의 급속한 전파와 소셜 미디어에서의 편 가르기, 진보주의와 보수주의, 즉 진보적 가치와 전통적 가치의 충돌, 인구구조의 변화 등이 그것이다.[22] 나라마다 각기 다른 원인이 결합하여 포퓰리즘이 나타난 것이다. 나아가 외로운 사람은 반드시 병에 걸린다고 말할 수 없는 것처럼, 외롭거나 주변화되었다고 느끼는 사람이 반드시 우파 또는 좌파 포퓰리스트에게 표를 주는 것도 아니다. 사회적으로, 정치적으로 또는 경제적으로 주변화되었다고 느끼는 사람들 가운데 상당수가 주류 정당이 자신들의 요구에 응답하리라는 희망을 잃지 않는 반면 일부는 아예 투표소에 가지도 않는다.

하지만 어째서 그렇게 많은 사람이 최근 몇 년간 포퓰리스트 지도자, 특히 우파 포퓰리스트에게 표를 주었는지를 설명해주는 가장 주요하면서도 종종 간과되는 동인은 바로 외로움이다. 앞으로 보겠지만 우리의 정치적 풍경을 변화시키는 데 고립감과 소외감이 중요한 역할을 했음을 보여주는 자료가 점점 더 늘어나고 있다. 그리고 이것은 충격적일 만큼 아렌트의 결론과 일치한다.

1992년에 프랑스 극우 정당인 국민전선 장-마리 르 펜의 득표와 사회적 고립의 상관관계에 관한 연구가 이루어졌다.[23] 네덜란드에서는 2008년에 참가자 5,000명으로부터 모은 중요한 자료를 토대로, 주변 사람이 내 이득을 챙겨주고 내게 일부러 해를 끼치지는 않으리라는 신뢰가 줄어들수록, 네덜란드 민족주의 우파 포퓰리스트 정당인 자유당에 투표할 가능성이 커진다는 사실이 드러났다.[24]

한편 2016년 미국 선거와 민주주의 연구 센터는 미국인 3,000명에게 육아, 금전적 지원, 관계에 대한 조언, 차 얻어 타기 등 다양한 도움이 필요할 때 누구에게 가장 의지하느냐고 질문했다. 결과는 의미심장했다. 도널드 트럼프에게 투표한 유권자는 힐러리 클린턴이나 버니 샌더스에게 투표한 유권자에 비해 이웃이나 공동체, 친구를 언급하지 않고 '그냥 스스로 해결한다'고 응답한 비율이 더 높았다.[25] 또한 도널드 트럼프의 지지층은 가까운 친구나 지인이 더 적다고 응답하거나 일주일간 그들과 보내는 시간이 더 짧다고 응답한 비율이 높았다. 공공종교연구소는 2016년 공화당 예비선거에서 나타난 공화당 지지자의 특성을 조사했다. 그 결과 도널드 트럼프 지지자는 당시 경쟁 후보 테드 크루즈의 지지자에 비해 운동팀이나 독서회, 학부모회 같은 공동체 활동에 좀처럼 또는 전혀 참여하지 않는다고 답한 비율이 2배나 많았다.[26]

다른 지역에서도 동일한 결과가 나왔다. 15년간 17개 유럽 국가의 6만 명을 관찰한 연구 결과에서도 자원 활동가 집단이나 마을조합

등 '시민 모임'의 회원은 그렇지 않은 사람보다 우파 포퓰리스트 정당에 투표할 가능성이 낮았다. 연구자들은 라틴아메리카 지역에서도 비슷한 결과를 얻었다.[27]

그러니까 우리는 더 넓은 공동체에 얽혀 있을수록, 주변에 의지할 사람이 있다고 느끼며 우파 포퓰리스트가 들려주는 세이렌(그리스 신화에 나오는 바다의 요정. 아름다운 노랫소리로 뱃사람들을 홀려 죽게 했다고 전해진다—옮긴이)의 노래에 덜 현혹되는 듯하다. 물론 상관관계가 곧장 인과관계를 의미하지는 않지만 이러한 현상이 나타나는 이유를 논리적으로 설명해볼 수 있다. 그것은 우리가 지역 모임에 가입하고, 봉사 활동을 하고, 공동체를 이끌거나 단순히 참여하고, 친목을 다지는 과정에서 포용적 민주주의를 연습할 기회를 얻기 때문이다. 이러한 활동을 통해 우리는 단지 함께하는 방법뿐만 아니라 서로의 차이를 적절히 조율하고 조화시킬 방법을 배운다.[28] 반대로 우리는 사회적으로 덜 연결되어 있을수록 고립되어 있다고 느끼고, 차이를 적절히 조율하고 서로를 시민답게 협력적으로 대하는 연습이 부족해지며, 동료 시민을 좀처럼 신뢰하지 못하고, 그 결과 포퓰리스트가 제시하는 배타적이고 분열적인 형태의 공동체에 매력을 느낀다.

❖ 왜 그들은 트럼프를 지지하는가

그러나 외로움은 사회적 고립이나 공동체적 유대의 결핍으로만 초래되지 않는다. 남들이 내 말을 들어주거나 이해해주지 않을 때도 우리는 외로움을 느낀다. 스위스의 정신과 의사 칼 융의 통찰처럼 말이다. "외로움은 주변에 사람이 없어서가 아니라 자기 자신에게 중요해 보이는 것을 남과 소통하지 못하거나 자신의 관점을 남들이 인정해주지 않을 때 느낀다."[29]

포퓰리스트 지지자들은 특히 더 간절히 그들이 겪는 경제적 고통과 그에 따른 주변화되고 고립된 느낌을 정치 권력자들이 알아봐주기를 바랐다. 그리고 현실은 그렇지 못하다는 강력한 인상을 받았다. 2016년 미국 대선 전에 철도 노동자들의 증언을 보면 도널드 트럼프가 어떻게 이 문제에 적극적으로 뛰어들었는지, 경제적으로 버림받고 남들이 자신의 말을 들어주지 않는다고 느낀 사람들(특히 예전에는 그렇게 느끼지 않았던 사람들)이 이제는 그들의 말을 들어주는 사람이 있다고 느끼게 만듦으로써 정치 지형을 어떻게 개편했는지 알 수 있다. 2020년 대선에서도 대다수 미국 유권자 사이에서 이러한 정서가 지속됐다.

러스티는 테네시주 동부 맥민카운티 에토와 출신의 40대 열차 기관사다. 조부와 부친 모두 철도 일에 종사했고 평생 민주당에 표를 주었다. 러스티도 그랬다. 그러니까 2016년까지는. "앞으로 노조원이 될 거면, 블루칼라 노동자가 될 거면 그리고 저기로 내려가서 손에 기름을 묻히며 살 거면 민주당원이 되어야 한다고, 어릴 때부터 그렇게 배웠습니다." 러스티는 말했다. 하지만 "솔직히 말해서 열심히 하면 할수록 오히려 더 나빠지는 것 같습니다. 뭐가 조금이라도 나아지는 것 같지가 않아요." 러스티와 그의 동료들은 매년 석탄 수십억 톤을 수송하는 매우 중요한 역할을 하지만 오바마 시대에 생겨난 여러 규제로 인해 이제 돈 한 푼이 아쉬운 처지가 되었다. 새로 도입된 규제들은 철도 노동자들에게 일종의 배신이었다. "그냥 오바마가 청정석탄법Clean Coal Act이랑 정책 몇 개를 들고 와서 나한테 상처를 준 것 같은 기분이에요." 러스티의 목소리가 높아졌다. "오바마는 내게 개인적으로 상처를 줬습니다." 오바마가 그를 '고난'으로 밀어 넣은 것이다. 대조적으로 도널드 트럼프는 "사실을 있는 그대로 말하는" 유일한 후보였다. 트럼프는 러스티가 느끼는 감정에 관심을 보이고 그의 문제에 관해 듣고자 하는 유일한 후보였다.

동료 철도 노동자이면서 이전까지 민주당원이었던 개리도 트럼프에게 비슷한 믿음을 보여주었다. "트럼프가 우리의 일자리를 다시 미국으로 가져오겠다고, 무역협정을 재협상하겠다고 하니까 '와, 그러면 나는 트럼프한테 표를 줘야겠군' 하고 생각했습니다." 개리는 이렇게 덧붙였다. "트럼프는 빈민층과 중산층을 위하는 유일한 후보입니다. 노동자에게 관심 있는 후보는 트럼프밖에 없어요. 트럼프는 우리의 유일한 희망입니다."

또 다른 변심한 민주당원 테리도 여기에 동의했다.[30] 테네시주 동부 출신으로 여덟 아이의 아버지인 테리는 20년째 철도 일에 종사해왔다. 하지만 예전과 달리 "꽤 괜찮은 생활"을 하지 못했고 지금은 "날마다 근근이" 버티고 있다. 테리도 개리, 러스티와 비슷한 표현을 썼다. "트럼프는 국민을 보살필 겁니다." 테리가 생각하기에, 예전 정치 지도자들은 철도 노동자의 일자리를 보호하고 품위 있는 생활 수준을 보장해달라는 그들의 요구를 무시했다.

한때는 민주당이 또는 적어도 노동조합이 희망을 주었을 지역에서 스스로 주변화되었다고 느끼는 사람들 다수, 특히 백인 노동자 계층이 2016년과 2020년에 모든 믿음을 오롯이 트럼프에게 쏟아부었다. 이러한 움직임은 공동체 인프라가 약하고 사회적 유대가 무너졌으며 시민들이 경제적인 불안을 느끼는 지역에서 더욱 분명하게 나타났다.[31] 테리와 러스티의 고향인 테네시주 동부는 지난 10년간 탄광이 계속 폐쇄되어왔다.[32] 2008년 금융 위기가 남긴 상처가 채 아물지 않은 지역이었다. 이 모든 상황이 워싱턴의 권력자들은 평범한 노동자들의 요구에 관심이 없다고 믿게 만들었다.

다른 정치인들과 달리 트럼프만큼은 그들의 절규와 경제적으로 황폐해진 공동체들의 요구에 귀를 기울이는 것처럼 보였다는 사실은 트럼프의 정책이 실제로 그들의 삶을 개선해줄지 여부보다 더 중요했다. 트럼프는 재선을 위한 선거운동에서도 '여러분을 진심으로 보살피는 후보는 나뿐이다' 전략에 집중했다. "낸시 펠로시는 그간 엉망으로 운영되고 범죄가 만연한 민주당 지지 도시와 주를 되살리는 데만 관심이 있습니다. 관심이 오로지 거기에만 쏠려 있죠. 국민을 돕는데는 관심이 없습니다." 트럼프는 2020년 유세 영상에서 주장했다. 바이든은 이 주장에 맞서 일자리를 되살리겠다고 공약하고, 노동자 계층 유권자에게 자신이 과거에 노동조합원이었음을 상기시켰으며, 자기가 노동자 계층 출신임을 강조했지만, 다수의 트럼프 지지자들에게 이것은 충분치 않았다.[33]

경제적 불안은 사람을 외롭게 한다. 하지만 이러한 고군분투를 아무도, 특히 우리에게 도움과 지원을 주어야 할 권력자들이 알아주지 않는 것 같을 때 우리는 더욱 외로움을 느낀다. 트럼프만큼은 마음을 쓰고 있다고 그토록 많은 사람에게 확신을 준 것은 분명 트럼프가 거둔 대단한 성취였다.

포퓰리스트가 많은 사람들에게 믿음을 준 것은 비단 미국에서만이 아니다. 에릭은 스코틀랜드 전통 춤, 랩, 비디오게임을 좋아하는 파리의 젊은 제빵사다. 2019년에 에릭과 대화를 나누면서 나는 그가 진솔하고 직선적이며 아주 예의 바른 청년이라고 생각했다. 에릭은 열심히 일하는데도 여전히 최저 임금을 조금 넘는 소득으로 생활하는 것이 얼마나 고통스럽고 절망스러운지 아주 솔직하게 이야기했다. 다른 청년들처럼 에릭도 이 사회의 운동장이 그에게 심히 불리하게 기울어져 있다고 느꼈다. "경제체제가 불공정해요. 그냥 열심히만 해서는 안 되고, 더 열심히 해야 해요. 그냥 잘하는 것만으론 안 돼요. 아주 잘해야 하고, 끌어주는 사람도 있어야 해요. 안 그러면 먹고살 만큼 벌지 못합니다." 에릭은 설명했다. 슬픔과 분노가 동시에 묻어나는 목소리로 자신이 고통스러울 만큼 '버림받은' 기분을 느낀다고 말했다. 에릭은 아프거나 늙으면 국가가 자신을 돌봐줄 거란 믿음이 없었다. 그리고 이런 기분이 자신을 얼마나 외롭게 하는지에 관해서도 이야기했다.

에릭은 프랑스 국민연합당에서 주목받는 청년 당원이다. 국민연합당의 전신은 외국인 혐오의 긴 역사를 지닌 우파 포퓰리스트 정당 국민전선당이다. 2018년에 당명을 바꾼 뒤 지금은 프랑스에서 가장 인기 있는 정당이 되었다. 그전에는 홀로코스트의 참혹한 진상을 덮으려 하는 정당이라는 인식이 있었다. 가령 국민전선을 창당한 장-마리 르 펜은 나치의 가스실에 대해 "2차 대전의 전체 역사에서 작은 부분에 지나지 않는다"고 말했다.[34] 르 펜의 딸 마린이 정당 대표를 맡은 근래에는 프랑스의 무슬림 공동체를 향해 이민자 차별 발언을 일삼고 있다. 마린 르 펜은 프랑스 안의 무슬림 공동체를 급진적 이슬람교도의 숙주이자 "이민자 마을, 조직, 스포츠클럽 등 어디에나 촉수를 뻗는 문어"[35]라고 칭했다. 2015년 한 인권 단체는 무슬림이 거리에서 기도하는 모습을 나치 점령에 비유한 마린 르 펜을 고발했다. 혐오를 조장했다는 혐의였다. 최종적으로 무죄선고를 받았고 이후에도 마린 르 펜의 화법은 크게 달라지지 않았다.[36]

에릭은 과거였다면 프랑스의 좌파 사회당을 지지했겠지만, 오늘날에는 민족주의적 포퓰리즘을 내세우는 급진적 우파 정당을 지지한다. 민주당원이었다가 2016년 트럼프에게 돌아선 철도 노동자들과 마찬가지로 에릭은 "소시민을 보호하는" 정당은 국민연합당뿐이라고 믿으며, 스스로 이 정당의 일원임을 자랑스럽게 여긴다. 에릭은 다른 정당들은 소시민들을 "저버렸다"고 생각한다. 좌파의 실패는 "망각되고", "버림받은" 사람들의 이익을 진정으로 생각하는 정치 집단이라는 믿음을 더는 주지 못한다는 것이다.

이렇게 버림받은 느낌은 유럽에서 광범위하게 수행된 연구 조사에서도 공명하고 있다. 연구자들은 프랑스와 독일에서 확고한 우파지지 지역의 주민 면담 500건을 분석했다. 면담 지역은 2017년 선거에서 이민에 반대하는 극우 정당 '독일을 위한 대안^(AfD)'이 총 득표 수의 3분의 1(전국 득표 비율의 3배)을 차지한 독일 에센 동북부 겔젱키르헨-오스트(실업률이 높은 빈곤한 도시), 그리고 2017년 프랑스 대선에서 유권자 42.5%가 마린 르 펜을 선택한 프랑스 북부 룬플라주의 레캄페 마을이었다.[37] 이들 지역에는 '버림받은' 느낌이 만연해 있었다. 주민들은 면담에서 주로 이 주제를 되풀이해 이야기했다.

전 세계에서 사회적·경제적으로 주변화되었다고 느끼는 사람들, 한때 지지했던 정당이 이제 자신들을 버렸으며 자신들에게 관심을 보이거나 고충을 해결해주지 않는다고 느끼는 사람들이 21세기 들어 수십 년째 극단주의적인 정당으로 몰려들고 있다. 그 이유를 충분히 이해할 수 있다. 주변화되고 무시당한다고 느끼는 사람 앞에 그를 바라봐주고 그에게 귀 기울여주겠다고 약속하는 누군가가 나타난다면 어찌 매혹적이지 않겠는가. "그동안 기억되지 않은 미국의 남녀를 내가 반드시 기억하겠습니다!"라는 트럼프의 선거 구호와 "기억되지 않는 프랑스, 엘리트라 자칭하는 저들이 버린 프랑스"를 섬기겠다는 마린 르 펜의 맹세를 보자. 이토록 신중하게 선택된 메시지는 당연히 유혹적일 수밖에 없다.[38] 그리고 신자유주의의 득세와 공업의 쇠퇴에다 2008년 금융 위기와 경기 침체와 긴축정책이 이어지면서 지난 수십 년간 실제로 많은 사람이 기억되지 못했다. 결국 비대칭적인 경제적 희생이 초래되었고 가장 크게 고통받은 사람들은 주로 비숙련직 노동자들이었다. 그렇게 그들은 우파 포퓰리스트의 표적이 되었다.[39]

✜ 사회적 지위와 자긍심의 상실

많은 포퓰리스트 지도자가 잘 아는 사실이 또 하나 있다. 외로움은 기억되지 않거나 사회적으로 고립되거나 목소리가 박탈된 느낌만이 아니다. 외로움은 또한 상실감이다. 물론 상실된 것은 공동체다. 경제적 안정의 상실이기도 하지만 매우 중요하게는 사회적 지위의 상실이다. 외로운 사람들을 "사회에 자기 자리가 없는" 사람들로 규정한 아렌트의 정의를 기억하는가? 그리고 사회적 지위는 동료애, 자부심, 신분과 연결되어 있다. 특히 남성에게 그렇다. 단지 일자리가 있는 것만으로는 충분하지 않다. 유서와 연대와 목적이 있는 품위 있는 일자리가 있어야 한다.[40] 사실 트럼프는 "미국을 다시 위대하게 만들자"고 말함으로써 구세계의 질서를 복원하겠다고 약속했다. 구세계에서는 마을의 심장부에 일자리를 제공하는 전통 산업이 있었고, 사람들은 일을 통해 자신이 가치 있는 존재라는 강인한 감각과 강력한 공동체 정신을 경험할 수 있었다. 트럼프가 재차 반복했던 "우리의 위대한 탄광 노동자들이 다시 일하게 하겠다"는 약속을 기억해보라.[41] "나는 생산한다, 고로 나는 존재한다"가 상식이 된 세상에서, 고용되지 않았거나 지위가 낮은 직업에 종사하는 것이 수치심을 불러일으키는 세상에서 활기찬 공동체와 새로운 사회적 지위에 대한 약속은 특별한 환영을 받는다.

그러니 트럼프의 약속이 테리 같은 철도 노동자들에게 그토록 호소력이 있었던 것도 전혀 놀라운 일이 아니다. "우리는 한때 철도에서 일하는 것이 자랑스러웠지만, 지금은 아무도 그렇게 느끼지 않습니다." 테리는 탄식했다. 자기가 사는 지역에서 한때는 제품을 생산해냈지만 최근 몇 해 동안 문을 닫은 수많은 공장(리비-오웬스-포드 유리 공장, 유니언 카바이드, 고향 사우스찰스턴 인근의 네이블 오드넌스 플랜트 등)을 열거한 개리에게도 마찬가지였다. 개리는 말했다. "다른 일자리를 구할 수는 있지만 […] 패스트푸드점이나 식품점이나 월마트 같은 저임금 일자리지요."

이런 일자리가 예전 공장의 일자리보다 임금이 꼭 적으리라는 법은 없다. 그러나 이러한 '새' 일자리의 문제점은 임금이 적은 것만이 아니다. 그보다 이러한 일자리의 문제점은 사회적 지위와 신분이 더 낮게 여겨진다는 점, 이 일을 하는 사람이 자부심을 느끼기 힘들다는 점에 있다. 심지어 코로나바이러스 감염증으로 실업률이 급증하기 이전에도 이런 '낮은 지위의 일자리'가 유일한 선택지인 사람들이 갈수록 늘어나고 있었다. 이 현상은 한때 제조업 중심지였으나 현재 탈공업화한 지역에서 특히 두드러졌다. 낮은 실업률 수치는 이 문제를 은폐함으로써 통계 수치 아래 도사린 불만과 적의를 감춘다.

사회학자 노엄 기드론과 피터 A. 홀은 개리, 러스티, 테리, 에릭 같은 수많은 노동자계층 백인 남성이 최근 몇 해 동안 우파 포퓰리스트들에게 돌아선 것은 소득 그 자체보다 사회적 지위가 낮아진 느낌 때문이라고 믿는다. 기드론과 홀은 1987년에서 2013년 사이 12개 선진국을 대상으로 사회적 지위에 대한 상실감과 투표 선호도의 관계를 분석한 2017년 논문에서 대학 졸업장이 없고 사회적 지위가 낮다고 느끼는 백인 남성들은 (구할 수 있는 일자리의 질이 낮거나 직업이 없어서, 또는 대졸자와 유색 인종과 여성의 지위가 상승함으로써 상대적으로 자신들의 지위가 낮아진 것 같아서) 그렇지 않은 사람들보다 우파 포퓰리스트 정당에 투표할 가능성이 높다는 사실을 발견했다.[42] 우파 포퓰리스트 정당들은 그들에게 존중과 지위의 회복을 약속했기 때문이다.

도널드 트럼프는 2016년 선거 유세에서 이렇게 말했다. "나의 적

들은 여러분이 한심하고 구제 불능이라고 비난하지만 나는 여러분이
나라를 사랑하고 우리 국민 모두가 더 나은 미래를 갖기를 바라는 미
국의 근면한 애국자라고 생각합니다. 여러분은 […] 군인이고 선원
이고 목수이고 용접공입니다. […] 여러분은 미국인입니다. 여러분은
여러분을 존경하고 아끼고 지켜주는 지도자들을 둘 권리가 있습니
다. 모든 미국인은 존엄하고 존경스러운 존재로 대접받을 권리가 있
습니다."[43] 2020년 트럼프는 이 화법을 반복함으로써 지위와 자기 존
중감을 되찾으려는 욕구에 다시 한 번 호소했다. "여러분 같은 자랑
스러운 시민들이 이 나라의 건설을 도왔습니다. 그리고 우리는 함께
우리나라를 되찾고 있습니다. 우리는 미국의 국민인 여러분에게 권
력을 돌려드리고 있습니다." 2020년 10월 당시 트럼프 미국 대통령
이 트위터에 남긴 글이다.[44]

❖　　　　　　　　　　　　　　　**트럼프는 '우리'를 판다**

포퓰리스트들이 내세우는 것이 하나 더 있다. 바로 소속감이다. 일터
와 노동조합에서 제공해주던 지위와 공동체를 모두 상실한 뒤 더욱
고립되고 사회적 유대가 부족해진 이들에게 소속감은 굉장히 중요했
다.[45] '형제애'는 상실되었고 이제 기술자 동료들은 줄어든 일자리를
두고 서로 다투는 사이가 되었다. 다른 사람들보다 러스티가 유독 이
점을 안타까워했다.

　트럼프 같은 포퓰리스트들은 바로 이 공동체의 공백을 비집고

들어가 그들 특유의 명료하고 활기찬 방식으로 소속감을 공략했다. 그들의 공략은 성공적이고 또 단호했다.

트럼프의 집회를 떠올려보자. 트럼프의 정치 이력에서 가장 중요한 활동은 바로 집회다. 대권을 잡기 전에도 그랬고 잡은 후에도 마찬가지였다. 트럼프는 집권하고 첫 3년 동안 집회를 거의 70번이나 열었으며, 이러한 추세는 심지어 코로나바이러스 감염증이 정점에 달한 기간에도 계속되었다.[46] 다른 미국 정치인도 집회를 열지만 트럼프의 집회는 질적으로 달랐다. 정치인의 보여주기식 행사를 넘어 집회 참가자에게 유대감을 주는 공동체의 대규모 의례 같기도 했다. 트럼프의 집회는 종종 어머니와 아들, 할머니와 할아버지 등 삼대가 함께 참석하는 가족 행사였다. 트럼프의 정치적 라이벌이 여는 집회에는 참가자들이 일상복을 입고 나타나지만, 트럼프의 집회에는 "미국을 다시 위대하게 만들자"라는 글이 쓰인 모자를 쓰고 핀을 꽂고 티셔츠를 입은 붉은 옷차림의 참가자들이 인산인해를 이루었다.[47] 애국심을 고취하는 만트라처럼 몇 개 노래가 반복 재생되어(가끔 〈우리는 자랑스러운 미국인Proud to Be an American〉이 무한 반복된다) 집회 공간을 가득 채우고 사람들은 귀에 익은 곡을 따라 불렀다.[48] 청중은 함께 노래하고 손뼉 치며 수천 명의 다른 사람들과 한마음이 되었다고 느꼈다.[49] 힐러리 클린턴의 선거 집회는 분위기가 진지했고 일부는 다소 지루하다고 느낄 만했다. 바이든의 집회 역시 코로나 관련 안전 수칙을 따르느라 제약이 많았지만 트럼프의 집회는 코로나가 한창일 때조차도 '월드 레슬링 엔터테인먼트'의 극적인 연출과 팬덤을 연상시켰다.[50]

어휘 선택도 빠뜨릴 수 없었다. 트럼프가 사용하는 수사는 함께

하고 있다는 의식과 결속감을 고취시켰다. 트럼프는 주로 1인칭 복수로 말했다. 물론 트럼프는 그의 지지층 대다수와 거의 공통점이 없지만 재차 '우리가we'와 '우리를us'을 외치며 결속감을 다졌다.[51] 덕분에 "사람들은 현장에서 일어나는 일에 자신들도 속해 있다고 느끼게 됩니다." 한 집회 참가자가 말했다. 참가자들끼리 그리고 트럼프에게 연결된 기분을 들게 한 것이다.[52] 그뿐만 아니라 트럼프는 반복해서 '국민people'을 언급했다. "아름다운 국민", "경이로운 국민", "위대한 국민". '국민'은 트럼프가 연설에서 가장 흔하게 사용하는 단어였다.[53]

이러한 기법들(브랜드화된 복장, 노래, '우리' 화법, 공동체주의에 대한 줄기찬 호소)이 특징을 이루는 정치적 쇼맨십은 거의 틀림없이 미국의 대형 교회, 더 나아가 19세기 부흥 운동에 뿌리가 있다. 그렇기 때문에 트럼프의 집회는 단순한 선거 연설과 악수, 그 이상이었다. 저술가 조니 드와이어는 트럼프의 집회가 "일종의 성찬식"이라고 말했다.[54] 트럼프 역시 자신이 여는 집회의 열띤 유사 종교적 분위기에 관해 언급한 적이 있다. 트럼프는 2017년 8월 21일 첫 집회의 개회사에서 청중을 향해 밝게 미소 지으며 미국 역사상 가장 유명한 전도사를 언급했다. "너무나 아름답군요. 저 위대한 빌리 그레이엄의 기분이 어땠는지 이제야 알겠습니다."[55]

트럼프는 사람들이 스스로 중요하다고 느끼게 만들 줄도 아는 정치인이었다. 그가 사용하는 방법은 미국 정치에서 유례를 찾아보기가 매우 힘들다. 과거에 일터를 비롯한 공동체에서 느끼던 전통적 유대감을 상실한 이들은 어딘가에 소속되기를, 무언가의 일부이기를 갈망한다. 트럼프는 이 갈망을 충족시켜주었다. 우리 자신보다 더 큰 무언가의 일부이고 싶은 소망은 진화적 관점에서 기본적인 욕구다. 트럼프는 바로 이 욕구에 직접 말을 걸었다.[56]

유럽에서도 매우 비슷한 역학이 작동했다. 포퓰리스트 정당과 지도자들은 사람들을 끌어모으기 위해 트럼프처럼 집회 겸 사교 모임이라는 형식을 효과적으로 활용했다. 벨기에의 우파 포퓰리스트 정당 플람스 벨랑Vlaams Belang('플랑드르의 이익', 반이민을 주요 정강으로 삼는 민족주의 정당[57])이 후원한 축제에서 지지자들은 "이민 반대를 주제로 하는 실내 연설회는 물론, 페이스 페인팅 이벤트와 에어바운스와 『유럽 납치The Kidnapping Europe』 도서 전시회가 준비된 야외 축제에 참가했다."[58] 한편 독일 정당인 '독일을 위한 대안'이 여는 집회는 도널드 트럼프의 집회와 공통점이 많다. 가족의 손에는 풍선이 들려 있고 참석자들은 피크닉 탁자에서 함께 음료를 마시며, "비외른 회케Björn Höcke, 따뜻한 심장을 지닌 수상"(독일의 극우 정치인—옮긴이)이라고 집에서 직접 써온 팻말이 여기저기 눈에 띈다.[59] 한편 스페인에서는 우파 포퓰리스트 정당 '복스Vox(스페인어로 목소리라는 뜻—옮긴이)'가 나이트클럽이나 술집에서 청년층을 대상으로 맥주의 밤을 열어 사람들을 끌어모은다. 26세 이상은 이 행사에 참가할 수 없다.[60]

여기서도 역시 공동체의 언어가 사용된다. 21세기에 다른 어느 곳에서도 찾아볼 수 없었던 소속감을 참가자들의 마음속에 불러일으키려는 의도다. "'동맹당The League'은 하나의 커다란 가족입니다." 이탈리아의 우파 포퓰리스트 정당 동맹당 정치인들은 집회에서 이 구호를 줄기차게 반복한다.[61] 이탈리아 북부를 대표하겠다며 지방 분권주의 정당으로 창당한 동맹당(이전에는 레가 노드였다)은 지난 10년 동안 정치색이 우파로 바뀌었으며 현재 이탈리아 국내 무대에서 유력 정당으로 자리매김하고 있다. 현재는 이탈리아 북부의 분리 운동보다는 이민 반대·EU 반대·성소수자LGBTQ+(레즈비언, 게이, 양성애자, 트랜스젠더, 퀘스처너 등 성소수자를 통칭하는 표현—옮긴이) 권리 반대 운동을 더 활발히 펼치고 있는 동맹당은 상당한 정치 기반을 확보했다.⁶² 2019년 유럽연합 선거에서는 이탈리아 전국에서 총 투표 수의 3분의 1 이상을 차지했다.⁶³ 동맹당 대표 마테오 살비니Matteo Salvini도 트럼프처럼 언어를 검같이 휘두른다. 살비니는 지지자들에게 친근함을 표시하고 공동체 의식을 더욱 강렬하게 전달하기 위해 '엄마', '아빠', '친구들' 같은 어휘를 자주 사용한다.⁶⁴

포퓰리스트 정당들은 대규모 집회를 통해서만 소속감을 조성하지 않는다. 동맹당 지지자인 조르조는 이탈리아 밀라노 출신의 소기업 사장으로 외모가 말쑥한 패들테니스 애호가다. 2019년 조르조는 살비니와 찍은 셀카 사진을 자랑스럽게 보여주면서 당에서 활동을 시작한 뒤 혼자라는 느낌이 덜 든다고 말했다. 동맹당 덕분에 "1년 반 전부터 저녁 식사나 파티에 참석하기 시작했어요. 위원회라고 부르는데, 사적인 모임과 비슷합니다. 아주 괜찮은 자리예요. 사람들을 많이 만날 수 있지요. 함께 노래를 부르면서 어떤 강렬한 전통을 느낍니다. 모두가 노래를 북부 사투리로 불러요. 공동체의 일부라는 의식이 들기 때문에 다들 무척 행복해합니다." 조르조가 말한다.

프랑스 파리의 에릭도 수요일마다 열리는 정치 모임에서 느끼는 즐거움, 모임이 끝나면 같이하는 술자리, 함께 포스터와 전단지를 배포한 경험, "연대나 공동체 의식을 함께 나눌 사람들을 찾기가 얼마나 어려운지"를 이야기했다. 에릭은 바로 그런 느낌을 국민연합당에서 찾았다. 에릭은 혹시 자신이 국민연합당에 가입하지 않았더라면 엄청나게 외로웠을 거라고 단번에 인정했다. 국민연합당은 에릭이 갈망하는 목적의식과 공동체를 주었다. 한때는 노동조합이, 전통 정당이, 교회가, 심지어는 활기찬 지역 커뮤니티센터나 마을 카페가 제공해주던 그런 공동체를.[65]

사회적 거리두기로 지지자들의 대면 모임이 제한된 몇 달 동안 포퓰리스트 정치인에 대한 지지가 감소했는지를 확인하기는 아직 이르다. 결과적으로 2020년에 약 7,000만 명이 트럼프에게 표를 주었고 이는 2016년보다 늘어난 수치다. 포퓰리스트 정치인의 미래는 상당 부분 좋은 시절이 끝났을 때 그들이 어떤 입장을 취할지에 달려 있다(경제 위기는 대개 집권 정당에 불리하게 작용한다). 좋은 시절이 끝나면 어느 나라에서나 일자리를 구하는 일뿐만 아니라 삶을 구하는 일에서도 집권자가 얼마나 유능할 것인가라는 질문이 제기될 것이다.[66] 포퓰리스트 정치인의 인기는 그들이 미디어의 서사를 얼마나 통제할 수 있을지, 그리고 코로나19 위기 이후 그들이 내놓는 분석을 추종자들이 얼마나 잘 수용해줄지에 따라 판가름 날 것이다. 하지만 봉쇄 조치로 인해 대면 교류가 어려워지자 포퓰리스트들은 신속히 온라인 공동체를 확대했다. 실로 놀라울 정도다. 트럼프 대통령은 일일 TV 언론 브리핑에서 직접 중앙 무대에 올라가 자기 '종족'에게 노골적인 메시지를 전달했다('가짜 뉴스' 매체를 비난하고 국제 기구들을 깎아내리는 것도 빠뜨리지 않는다). 트럼프의 선거 운동은 이미 소셜 미디어에서 막대한 지지를 받고 있었지만 페이스북 활동을 더욱 강화하고 디지털로 더 많은 내용을 제공했다. 또한 줌^{Zoom}(화상 회의 서비스—옮긴이)을 통해 자원 활동가를 위한 대규모 훈련과정을 운영하고 있다. 디지털로만 진행된 트럼프의 '가상 집회' 형식의 선거 유세에는 거의 100만 명이 실시간으로 참가했다.[67] 이탈리아 동맹당, 스페인 복스당, 벨기에의 극우 정당인 플람스 벨랑 역시 소셜 미디어를 잘 활용해왔으며 근래 온라인 활동을 늘렸다.[68]

✧   **이민의 무기화**

온라인이든 대면이든 포퓰리스트 정치인이 내세우는 공동체에는 당연히 공통된 특징이 있다. 바로 타자에 대한 노골적인 배제다. 우파 포퓰리스트 정당이 맥주의 밤과 에어바운스를 동원해 소속감을 불러 일으킬 때는 초대받지 않은 사람들을 향한 분명한 메시지가 있다. 이를테면 트럼프의 집회에서 수천 명이 찬송가를 부르듯 외치는 말 '벽을 세우자'를 생각해보자. '함께'를 말하는 우파 포퓰리스트의 메시지에 담긴 속뜻은 사실상 인종적·종교적·민족적 배제다. '우리'와 '그들' 사이. 포퓰리즘의 가장 큰 위험성은 바로 여기에 있다.

　포퓰리스트 지도자들은 외롭고 버려진 느낌을 받는 사람을 모아 민족이나 인종에 기반한 공동체를 조성하면서 종족주의를 무기화하고 타자를 적으로 만든다. 미코 살멜라$^{Mikko\ Salmela}$ 교수와 크리스티안 폰 셰베$^{Christian\ von\ Scheve}$ 교수는 배제되고 뒤처지고 외로운 사람들, 남과의 차이를 조율하는 일에 익숙하지 않으며 전통적인 정체성의 원천

(계급, 일자리, 교회)이 전보다 약하거나 불안정해진 사람들에게 "국적, 민족, 언어, 젠더 같은 사회적 정체성이 삶의 의미나 자긍심을 느끼게 해주는 한층 더 매력적인 원천이 되었다"는 사실을 포퓰리스트 정치인들이 알아챈 것이라고 썼다.[69] 나는 이 '원천'에 소속감이라는 유혹적인 미끼를 덧붙이려고 한다.

외로움과 고립감을 악용하는 포퓰리스트들의 행태는 바로 여기서 가장 추하고 분열주의적인 형태를 띤다. 외로운 사람은 이웃을 적대적이고 위협적으로 인식하는 경향이 있다. 다른 생쥐가 와서 공간을 함께 쓰려고 했을 때 우리 안에 있던 외로운 생쥐가 얼마나 난폭하게 변했는지 떠올려보라. 그리고 우리 뇌의 공감 능력이 외로움에 의해 얼마나 방해받을 수 있는지도. 우파 포퓰리스트들은 추종자들이 경험하는 버려지고 주변화된 느낌을 더욱 부채질하여 타자에 대한 정치적 지지를 배격하게 한다. 공포심을 조장해 추종자들의 불안과 걱정을 부추기고, 그들의 충성과 지지를 얻기 위해 민족적·종교적 차이를 악용한다. 나아가 우파 포퓰리스트들은 지나간 시대, 그러니까 '저 이민자들이 나타나 당신의 일자리와 혜택을 훔치기' 전에는 우리가 더 연결되고 더 행복하고 더 잘 살았다고 호소하면서 추종자들이 느끼는 버려지고 주변화된 느낌을—그들이 말하는 역사 속에서—지나간 시대에 대한 노스탤지아와 결합시킨다.

이제 우파 포퓰리스트들이 여기에 '저 외국인들이 치명적인 바이러스로 여러분을 감염시키기 전에'를 덧붙이는 것은 어쩌면 당연한 일이다. 코로나19 감염병이 발생하자 수많은 포퓰리스트 정치인들은 이 위기를 이용해 인종적·민족적·종교적 긴장을 더욱 부추겼으며 타자를 악마로 취급했다.

미국에서는 도널드 트럼프가 코로나19를 자꾸 '중국 바이러스'라고 부르면서 아시아계 미국인들에 대한 공격적인 분위기를 조장했다.[70] 헝가리에서는 빅토르 오르반 총리가 이란인 학생들을 감염원으로 지목하더니(이 학생들은 격리되었다가 검사 결과 음성 판정을 받았다) 이어 '대학교에 외국인들이 많다'는 이유로 모든 대학교가 바이러스로 오염되어 있다고 선포했다.[71] 이탈리아에서는 마테오 살비니가 북아프리카에서 지중해를 건너 이탈리아로 들어온 망명 신청자들이 감염병을 퍼뜨렸다는 잘못된 주장을 성급히 제기했다. 살비니는 이 주장에 대한 아무런 근거도 내놓지 않았다.[72] 질병을 이용해 인종적 분열주의와 민족주의적 열풍을 조장하는 행태는 역사적으로 유서가 깊다. 유대인들은 14세기에 유럽을 휩쓴 흑사병의 감염원으로 지목되어 수천 명이 학살되었다. 1629년에서 1631년까지 밀라노에서 감염병이 유행했을 때 폭도들이 '외국인'을 공격하면서 특히 스페인 사람들이 위험에 처했다. 1830년대 미국에서는 뉴욕과 보스턴 등에서 콜레라가 발생하자 아일랜드인들이 표적이 되었다.[73] 감염병과 외국인 혐오증은 언제나 연관되어 있었다.

하지만 코로나바이러스 감염증이 타자를 향한 새로운 공격의 빌미가 되기도 전에 이탈리아의 동맹당 지지자 조르조는 이미 적대적 종족주의 메시지를 흡수하고 있었다. "정부는 아프리카에서 건너오는 이민자들을 자국민보다 우선시해왔습니다. 그들이 여기서 휴가를 보내는 동안 우리 본토 이탈리아인들은 아무런 사회적 권익도 보장받지 못하고 밭에서 일하고 있습니다. 정부가 돌봐야 할 사람은 그들의 공동체와 그들 나라에 이미 살고 있는 사람이지 아프리카에서 오는 사람이 아니지 않습니까." 조르조는 말한다.

독일 베를린에 사는 29세의 물류 전문가 마티아스는 예전에는 중도 좌파 유권자였지만 이제는 조르조와 비슷한 이유에서 우파 포퓰리스트 정당 '독일을 위한 대안'을 지지한다.[74] "우리보다 난민에게 혜택이 많다는 것이 현실입니다." 2017년 마티아스가 말했다. 앙겔라 메르켈 독일 총리가 '우리는 할 수 있다'는 친난민 정책의 일환으로 난민 100만 명을 받아들인 이듬해였다.[75] "제게는 여전히 일자리를 구하는 친구들이 많아요. 난민들은 돈을 거저 받지요. 심지어 아파트를 구할 때도 우대를 받아요. 그들에게 모든 비용을 대준다고요."[76]

미국 테네시주 동부 출신의 트럼프 지지자 테리도 목소리를 높였다. "그들은 여기 있어서는 안 될 사람들입니다. 여기서 우리나라를 위해 싸운 사람들에게서 혜택과 자금과 일자리를 뺏어가고 있어요. 집 없는 퇴역군인들도 있는데, 다른 나라에서 난민들을 데려오고 싶어 하다니요. 우리는 우리 사람들을 챙겨야 합니다."

코로나바이러스에 대한 음모론이 그렇듯 이것들도 사실이 아니다. 독일의 난민은 일반 시민보다 많은 복지 급여를 '거저' 받지 않으며, 실제로는 많은 지역에서 주거 차별을 받고 있다. 미국에서 퇴역군인과 시민이 난민과 불법 체류 이민자보다 훨씬 많은 혜택을 누린다. 그러나 자신이 버림받고 무시당한다고 느끼는 외로운 사람들은, 동료 시민이나 국가와 자신 사이에 더는 유대가 없다고 느끼는 사람들은, 자신을 둘러싼 환경이 적대적이고 두렵다고 생각하고, 막대기를 뱀으로 보며, 음모론을 쉽게 받아들이는 사람들(최근 연구에서 사회적으로 배제되거나 배척당했다고 느끼는 사람들이 이런 성향이 있는 것으로 밝혀졌다)은 우파 포퓰리스트들이 퍼뜨리는 이러한 서사에 매혹된다.[77]

실제로 최근 유럽에서 3만 명 이상을 대상으로 실시한 사회조사(많은 사회과학자가 사용하는 집중적인 조사)에서 이민에 대한 극단적인 거부감을 보인 사람의 공통점은 젠더나 연령 같은 기본적인 인구통계학적 특성이 아닌 경제적 불안정, 동료 시민과 정부에 대한 낮은 신뢰, 사회적 고립인 것으로 나타났다.[78] "대체로 정치적으로 힘이 없고 경제적으로 불안정하며 사회적 지원을 받지 못한다고 느끼는 사람이 이민자에게 극단적으로 부정적인 입장을 취할 가능성이 가장 높다."라고 보고서는 결론지었다. 그런데 이 세 가지 특성이 무엇인가? 모두 외로움의 핵심 동인이다.

대신 탓할 수 있는 누군가, 당신과 다르게 묘사되는 누군가, 당신이 사실상 알지 못하는 누군가(반이민 열풍이 가장 거센 곳은 일반적으로 이민자 수가 적은 지역들이다[79])를 희생양으로 바치는 것은 이미 여러 번 증명된 필승 전략이다. 이것은 세계 경제나 신자유주의나 자동화나 공공 지출 삭감이나 정부 지출의 불공정한 우선순위를 탓하는 것보다 더 효과적이었다. 사실 이것들이야말로 사람들이 스스로 주변화되었다고 느끼는 이유들임에도 그렇다. 우파 포퓰리스트들은 감정이 이성과 복잡성을 이기며 두려움이 강력한 도구라는 사실을 누구보다 잘 안다. 그들은 타자를 적으로 만드는 메시지를 끊임없이 반복함으로써 이 사실을 악용한다. 설사 앞으로 몇 년간 우파 포퓰리스트들에 대한 지지가 줄어든다고 해도 포퓰리즘이 끝났다고 말하는 것은 여전히 시기상조일 것이다. 상당히 많은 시민의 상상력과 감정과 투표

성향에 대한 포퓰리스트들의 장악력은 쉽사리 사라지지 않을 것이기 때문이다.

또 하나 우려되는 점은 분열을 조장하고 인종주의적 색채를 띠는 수사는 종종 전염성이 강하다는 것이다. 2017년 포퓰리스트가 아니었던 네덜란드의 중도 우파 총리 마크 뤼터^{Mark Rutte}는 좌파 포퓰리스트 후보 헤이르트 빌더르스^{Geert Wilders}의 도전에 맞서 이민자들에게 "정상인이 되든지, 떠나든지^{Be Normal, or Be Gone}"라는 선정적인 신문 광고를 게재했다.[80] 덴마크의 중도 좌파 사회민주당이 2019년 선거에서 승리한 후 내놓은 성명서는 이민 정책에 관해 놀라우리만치 극우적인 시각을 담고 있었다.[81] 실제로 최근 수년간 포퓰리즘이 득세하면서 대두된 가장 큰 위험은 포퓰리즘이 좌우 가릴 것 없이 모든 전통 정당을 극단으로 밀어붙이면서 분열과 불신과 혐오의 대화를 일상화한다는 것이다.

내가 우려하는 점은 코로나19 이후 이러한 충동들이 더욱 증폭되리라는 것, 그리고 포퓰리스트들이 개별 국가의 건강과 생물학적 안전을 자신들이 악용할 수 있는 비옥한 토양으로 보리라는 것, 더 나아가 중도 정치인이었던 이들마저 벽을 세우고 '타자'를 비난하고 악마로 취급하는 분위기를 조장함으로써 정치적 지지를 얻어내리라는 것이다.

그렇다고 개인의 책임을 무시하는 것은 아니다. 무엇이 먼저인가를 따지기란 사실 어려운 일이다. 인종주의적 정서가 먼저일까, 포퓰리스트 지도자들의 외국인 혐오 메시지(그리고 이 메시지가 소셜 미디어에 미치는 파급 효과)가 먼저일까, 그토록 많은 사람이 자신이 주변화되었고 아무도 자신에게 도움을 주거나 귀를 기울여주지 않는다고 느끼게 만든 경제적·문화적·사회적 변화가 먼저일까. 분명한 것은 세상에 더는 자기 자리가 없다고 느끼는 사람들, 소속감과 연대감을 잃어버린 사람들, 미래가 두렵고 자신이 버려졌으며 혼자라고 느끼는 사람들에게, 타자에 대한 혐오는 나치 치하 독일에서 한나 아렌트가 목격했듯이 "자기규정의 수단"이 될 수 있다는 사실이다. 그들은 타자에 대한 혐오를 통해 혼자라는 기분을 달래면서 "전에는 사회에서 자신들이 하는 역할을 통해 얻었던 […] 자긍심을 어느 정도 회복"한다.[82] 경제적 위기가 닥쳤을 때 특히 그렇다.

아렌트의 통찰은 1930년대 독일에서 21세기의 우리 세계까지, 외롭고 박탈당한 사람들의 정서를 하나로 모은다. 빌헬름이라는 청년이 이 정서를 정확히 대변한다. 빌헬름의 말만 들어본다면 그는 독일 제3제국에 사는 청년으로도 보이고 경제적 고난을 겪는 오늘날의 어느 국가에 사는 청년으로도 보인다. "키 180센티미터 남짓의 호리호리한 체격에 머리칼과 눈동자가 검고 굉장히 지적인 인상의 잘생긴 청년"[83]인 빌헬름은 경기 침체로 수년간 실업자로 지냈다. 빌헬름은 자신의 느낌을 이렇게 설명했다.

"우리 중 어느 누구를 위한 자리도 없었다. 내 세대는 그저 피하고 싶은 끔찍한 고통을 감내하며 열심히 일했다. 하지만 대학을 마치고 나는 1년간 실업자로 지냈다. […] 실업자로 지낸 지 5년째 되어가자 몸도 영혼도 부서졌다. 독일은 나를 원하지 않았다. 그리고 여기서 아무도 나를 원하지 않는다면 세상 그 어디에도 나를 원하는 곳은 없을 터였다. […] 내 인생에는 아무런 희망도 없었다."

빌헬름이 묘사하는 것은 사실 1930년대다. 빌헬름의 이야기는 이렇게 이어진다. "바로 그때 나는 히틀러를 만났다. [⋯] 내 인생은 새로운 의미로 가득 채워졌다. 이후 나는 독일의 부활을 위한 이 움직임에 내 몸과 영혼과 정신을 바쳤다."

외로움의 원인과 결과는 우리 사회가 직면한 가장 큰 정치적·사회적 질문들의 심장부에 위치한다. 최근 이 사실을 가장 잘 이해한 이들은 포퓰리스트 정치인, 특히 우파 쪽 정치인이었다. 그러나 외로운 사람들에게 해결책을 내미는 정치인이 그들만이어서는 안 된다. 그러기에는 너무 위태롭다.

정치색에 상관없이 모든 정치인이 난제들에 대한 답을 찾아야 한다. 어떻게 해야 이 사회의 취약 계층이 주변으로 더 밀려나지 않을 수 있을까? 자원이 날로 더 희소해지는 이 시대에 어떻게 해야 사람들이 지지와 돌봄을 받고 있다고 느낄까? 그리고 중요하게는 어떻게 해야 사람들이 자기와 같은 역사와 문화와 배경을 지닌, 자기와 같아 보이는 사람들에게만이 아니라 자기와 다른 사람들에게도 마음을 쓰게 할 수 있을까? 날로 흩어지는 이 세계에서 어떻게 해야 사람들을 하나로 모을 수 있을까?

아울러 우리의 지도자들은 자신들이 모든 시민에게 관심을 쏟고 있음을 느끼게 해줄 방법을 반드시 찾아야 한다. 그리고 시민들이 일상생활에서 포용과 시민성과 관용을 연습할 기회가 충분한 환경을 조성해야 한다. 이제는 지역적·전국적·세계적 차원에서의 공동체 재건을 핵심 사업으로 삼겠다고 믿음직스럽게 약속하는 정치인이 그 어느 때보다 절실히 필요하다.

　하지만 외로움이라는 파도의 흐름을 효과적으로 뒤바꾸고 시민들의 공동체 의식에 다시 활기를 불어넣고 우리 사이에 생긴 균열을 메울 방법을 이해하려면 우리는 더욱 깊이 파고들어 가야 한다. 우리는 어째서 지금이 '외로운 세기'인지를 한층 더 세밀하게 이해할 필요가 있다. 이것은 포퓰리스트가 부르는 세이렌의 노래에 현혹된 이들뿐만 아니라 우리 모두에게 필요한 일이다. 그리고 이 일은 우리의 도시를 살펴보는 데서 시작된다. 지금 도시는 갈수록 고립의 진원지가 되어가고 있다.

4장

아무도
말을 걸지
않는다

전 세계적 현상이 된 '먹방'.
컴퓨터 화면 속 식사 친구와 맺는 이 우정에는
별풍선이나 '좋아요'와 같은 비용이 따라붙는다.
갈수록 고립의 진원지가 되어가는 이 도시에서,
우리는 사소한 상호작용의 기회마저 박탈당한다.

2019년 뉴욕. 프랭크는 시외로 나갈 때마다 돌아가신 아버지의 사진을 떼어 다른 귀중품과 함께 수납장에 넣고 잠근다. 몇 시간 뒤 그의 침대에서 잠을 청할 에어비앤비 투숙객으로부터 '보호'하기 위해서다.

서른두 살인 프랭크가 몇 년 전 그래픽디자인 분야에서 화려한 경력을 쌓겠다는 꿈을 안고 맨해튼에 왔을 때 그리던 미래는 이런 것이 아니었다. 하지만 디지털 콘텐츠가 인기를 끌면서 인쇄 매체와 광고 예산이 축소되었고 이는 그래픽디자인계의 대량 해고로 이어졌다. 그래서 2018년 프랭크는 썩 내키지 않지만 긱 이코노미gig economy(기업들이 직원을 정규직이 아닌 계약직이나 임시직으로 고용하는 경제 상황을 일컫는 용어. 1920년대 미국에서 재즈 공연의 인기가 높아지자 단기 공연팀gig들이 부쩍 늘어난 데서 유래했다—옮긴이)에 합류해 프리랜서를 위한 구인·구직 앱 업워크Upwork나 파이버Fiverr 그리고 가끔은 입소문을 통해 일거리를 구했다. 에어비앤비를 통해 낯선 사람을 자기 집에 재우는 것은 프랭크가 휴가 비용을 마련할 유일한 방법이다. 그는 불안정한 일거리와 집세에 대한 걱정이 끊이지 않았다.

이러한 경제적 불안정은 누구에게나 견디기 어려울 테지만 프랭크의 삶을 더 힘들게 하는 것은 도시 생활 그 자체였다. 처음에 도심의 고층 건물에 자리한 좁은 원룸 아파트를 구할 때 프랭크는 몹시 자랑스러운 기분을 느꼈다. 하지만 얼마 가지 않아 저녁에 빈집에 돌아오거나 심하게는 일 때문에 온종일 집에만 처박혀 있었던 날이면 집이 아늑하다기보다 마치 관 속처럼 느껴지곤 했다. 특히 하루를 마치고 함께 맥주를 마시며 긴장을 풀 만한 사람은커녕 커피 한잔할 만큼 알고 지내는 사람조차 같은 건물에 한 명도 없어서 더욱 그랬다. 프랭크는 이 건물에 2년째 살고 있지만 "내 이름을 아는 이웃이 한 명도 없을" 뿐만 아니라 "복도나 엘리베이터에서 마주쳐도 다들 처음 보는 것처럼" 굴었다.

프랭크의 아파트 건물에서 느껴지는 차가운 익명성은 그의 대도시 생활의 축소판으로 보였다. "여기서는 아무도 웃지 않아요." 프랭크는 맨해튼에 대해 말한다. 휴대전화에 고정된 시선, 걸음 수를 측정하는 핏빗fitbit, 찡그리거나 결의에 찬 표정. 프랭크에게 이 도시는 무정하고 적대적이고 냉혹하게 느껴졌다. 이따금 노트북을 가져가서 작업을 하는 동네 카페에 친근한 수단 출신 종업원이 없었다면 어떤 날은 종일 누군가와 말 한마디 섞지 못하고 지나갈 터였다.

프랭크는 도시에서 친구를 사귀기 얼마나 어려운지도 말했다. 모두 너무나 바쁘고 급하고 자기계발에 열중해 있어서 새로운 친구를 사귀거나 기존의 관계를 돌보기는커녕 잠깐 수다 떨 시간조차 없는 것 같았다. 프랭크는 결국 "틴더Tinder(소개팅 주선 앱─옮긴이)에서 무작위로 추천받은 여자"와 문자를 주고받으며 저녁 시간을 보내는 일이 잦아졌다. 그 여자를 실제로 만나고 싶은 것은 아니지만(그 정도로 정성을 들이는 건 내키지 않았다) 그저 "대화를 나눌" 누군가가 있었으면 했다. 밀러드는 외로움을 달래기 위해 사람과의 접촉이 필요했다. 프랭크는 전에 살던 중서부 소도시에서 답답함을 느꼈고 지금 하는 일에서 "성공"할 기회를 만나려면 자신이 "있어야 할" 곳은 뉴욕이라고 느꼈다. 하지만 프랭크는 지금 아주 가까이 사는 사람에 관해 아무것도 알지 못하고 매일 인도에서 지나치는 수많은 사람도 그에게 전혀 알은척하지 않는 이곳 뉴욕에서 살고 있기 때문에 상실감을 느끼고 있었다. 프랭크는 "고향에서의 좋은 추억"을 이야기할 때, 특히 지역 청년 모임에서 지도부 역할을 맡은 경험을 회상할 때 목소리에 힘과 열의가 실렸다. 그 때문에 나는 프랭크가 이 도시로 이사 오면서 잃어버린 것, 그리고 지금 사무치게 그리워하는 것이 공동체에 대한 소속감이라는 사실을 알 수 있었다.

✣   **여기서는 아무도 웃지 않아요**

도시가 외로운 장소가 될 수 있다는 것은 결코 새로운 이야기가 아니다. 에세이스트 토머스 드퀸시는 이렇게 썼다. "런던 거리에 한 번이라도 혼자 남겨진 사람은 지금까지 아무도 없었다. 하지만 만일 그런 사람이 있었다면 버려진 느낌과 외로움으로 인해 비애, 당혹 그리고 아마 공포를 느꼈을 것이 분명하다. [⋯] 목소리나 말이 없는, 끝없이 나타나는 얼굴들, 무수한 눈들 [⋯] 그리고 앞으로 뒤로 서둘러 걷는 사람들 [⋯] 흡사 광인의 가면 또는 간혹 유령들의 가장행렬 같은 [⋯]."[1]

19세기 런던에 관한 글이지만 오늘날의 외로운 도시를 묘사한 것이라고 해도 무리가 없을 듯하다. 코로나바이러스 감염증이 습격하고 사회적 거리두기에 마스크를 쓴 만남이 표준이 되기 전에도 이미 런던 시민의 56%가 외로움을 느낀다고 응답했고 뉴욕 시민의 52%가 자신들의 도시가 "살기 외로운 곳"이라고 응답했다.[2] 다른 도시의 경우 '외롭다'는 응답은 두바이가 50%, 홍콩이 46%, 상파울로가 46%였다. 심지어 '도시 지표 조사' 결과 가장 외로운 도시 명단에서 각각 11위와 12위를 차지한 파리와 시드니에서도 도시의 외로움을 느낀다는 응답자의 비율이 약 3분의 1 이상이었다.[3] 해당 도시가 자기 고향이라면서도 말이다.

외로움은 도시만의 문제가 아니다.[4] 도시 거주자가 시골 거주자보다 외로운 경향이 있지만 시골에 사는 사람 역시 나름대로 심각한 외로움을 경험할 수 있다.[5] 대중교통이 상대적으로 부족하다는 것은 차가 없는 사람들이 아주 고립된 느낌을 받을 수 있다는 뜻이다. 또 젊은이들이 가족의 품을 떠나 도시로 이주하면서 상당수의 고령자가 가까이에 도와줄 사람 없이 홀로 남겨진다.[6] 많은 지역에서 정부의 지원이 도심지로 쏠리는 경향이 있다는 사실[7]은 시골 거주자들이 정부의 우선순위에서 밀려나 주변화된 느낌을 받을 가능성이 더 크다는 의미다. 그러나 현대 도시에서 겪는 외로움의 독특한 특성과 원인을 이해하는 것은 지금 그리고 여기에서 특히 중요하다. 전 세계에서 도시화가 진행되는 속도를 생각해보자. 2050년까지 세계 인구의 거의 70%가 도시에서 살 것이며, 열 명 중 한 명 이상이 인구 1,000만 명 이상의 도시에서 살 것으로 예상된다. 어쩌면 코로나19 이전보다는 그 증가세가 주춤할 수도 있겠지만 나날이 더 많은 사람이 밀집된 도시 공간으로 밀려들 것으로 예상되는 지금, 도시가 우리의 정신 건강에 미치는 영향을 이해하는 것은 그 어느 때보다 중요해졌다. 더구나 지금은 코로나19 이후 우리가 어떻게 삶을 살아갈 것인지 선택을 해야 하기에 더욱 그렇다.

❖ 더 무례하고, 더 무뚝뚝하고, 더 차갑다

그렇다면 과연 현대 도시의 어떤 점이 도시를 그토록 차갑고 외로운 장소로 느껴지게 만드는 것일까?

혹시 여러분이 도시에서 살거나 일하는 사람이라면 21세기의 일상적인 통근길을 생각해보자. 사람들이 꽉꽉 들어찬 지하철에 올라타기 위해 힘껏 떠민 몸, 차로 이동한다면 다른 운전자들이 난폭하게 울려대는 경적, 당신의 존재를 의식하지 않고 빠르게 스쳐 지나가는 웃지 않는 익명의 수많은 사람.

무례하고 무뚝뚝하고 자기에게만 몰두하는 도시인의 이미지는 단순한 고정관념이 아니다.[8] 여러 연구에 따르면 도시에서는 사람들이 덜 정중하다. 인구가 밀집한 도시일수록 더욱 그렇다.[9] 이것은 부분적으로 규모의 문제이기도 하다. 우리가 지나가는 사람을 언제라도 다시 볼 거라고 생각하지 않으면 분명 그 사람에게 조금 무례해도 괜찮다고 느낀다(가령 지나가다 부딪혔을 때 사과를 하지 않는다거나 문손잡이를 붙잡고 서서 뒷사람을 기다려주지 않을 수 있다). 익명성은 적대감과 무심함을 낳고, 수백만 명의 낯선 사람들로 채워진 도시는 너무나 익명적인 장소다.

"얼마나 자주 주변 사람들이 당신과 함께 있지 않은 것 같습니까?" UCLA 외로움 척도는 묻는다. 도시에서는 주변에 늘 사람이 있지만 좀처럼 그들이 '나와 함께' 있다고 느껴지지 않는다.

도시의 규모는 무뚝뚝함을 낳을 뿐만 아니라 일종의 적응기제를 일상화한다. 슈퍼마켓에 진열된 잼의 종류가 20가지나 되면 우리는 기본적으로 아무것도 사지 않는 편을 택한다. 마찬가지로 우리는 너무 많은 사람과 마주치면 흔히 자기 안으로 틀어박히는 반응을 보인다.[10] 사실 버거운 느낌을 피하는 것은 합리적인 반응이다. 온전하고 활력 넘치는 인간으로서 남과 교류하는 것은 우리 대다수가 열망하는 모습 또는 스스로 그렇다고 믿는 모습이다. 하지만 현실적으로 우리는 도시 생활에서 너무도 많은 사람과 공간을 공유하기 때문에 우리가 스치는 모든 사람과 충분한 인간애를 나누다가는 우리의 사회적 자원은 고갈되고 말 것이다.[11] 미국의 극작가 섀넌 딥은 뉴욕에서의 경험을 이렇게 적는다. "만일 우리가 스쳐 지나가는 모든 사람에게 인사를 건네면 정오께 목이 쉬어버릴 것이다. 아파트에서 지하철역까지 열 개 블록을 지나며 만나는 75명 모두에게 '친근하게' 굴 수는 없다."[12]

그래서 오히려 우리는 자주 반대되는 행동을 취한다. 도시의 분주함과 부산함, 소음, 끝없이 쏟아지는 시각 자극에 압도된 도시인은 이미 코로나바이러스 감염증 이전에도 심리적으로는 사실상 사회적 거리두기의 성향을 보였다. 우리는 헤드폰으로 귀를 덮고 선글

라스를 쓰고 휴대전화를 보며 고립 상태에 파묻히는 방식으로 자기 자신만의 개인적인 보호막을 치고 길을 걷는다.[13] 애플, 구글, 페이스북, 삼성 덕분에 우리는 우리를 둘러싼 사람과 장소로부터 자신을 차단하고 사회적으로 반(反)생산적인 자기만의 디지털 프라이버시 고치를 만들기가 그 어느 때보다 쉬워졌다. 아이러니한 것은 현실 세계에서는 주변 사람에게 관심을 닫으면서 가상 세계에서는 화면을 두드리고 스크롤을 쓸어내리며 인스타그램 사진과 트위터 글을 훑는다는 사실이다.

일부 사회이론가와 기호론자는 여기서 더 나아가 도시에서 '예의에 부정적인 문화', 다시 말해 지리적이거나 문화적인 차이는 있지만 타인의 물리적 또는 정서적 공간에 이유 없이 침범하는 것을 무례하게 여기는 사회규범이 발달했다고 말한다.[14] 이를테면 런던 지하철에서는 행인이 따뜻하게 인사하면 대부분 이상하게 여기며, 낯선 사람이 말을 걸어오면 흠칫 놀라거나 더러는 성가셔한다. 확립된 사회적 관습은 말없이 신문을 읽거나 휴대전화를 보는 것이다.

나도 프라이버시의 중요성을 안다. 시골의 마을 공동체에서 다른 집 망사 커튼을 홱 열어젖히는 행동 때문에 상당수 사람들이 관계로 인한 불편함 없이 자신들이 원하는 방식대로 살 수 있는 곳으로 떠난다는 것도 잘 알고 있다. 하지만 봉쇄 조치 동안 드러난 도시의 소원한 관계와 관련된 사연은 도시 생활의 익명성이 낳은 결과를 더욱 선명하게 부각했다. 따뜻한 연대와 협동에 관한 사연도 있지만 말이다. 특히 도시의 프라이버시가 만만치 않은 대가를 요구한다는 사실을 분명하게 보여주는 가슴 아픈 사연이 있다. 70세 여성인 헤이즐 펠드먼은 맨해튼 시내의 침실 하나짜리 아파트에 혼자 산다. 펠드먼은 격리 중에 장을 봐달라고 도움을 청할 이웃이 한 명도 없는 것을 문득 깨달았다. "뉴스에서는 계속 '사람들이 하나가 되고 있다'고 해요. 그 사람들은 하나가 되고 있는지 모르겠지만 여기서는 아니에요. 이런 건물에서는 그렇지 않다고요." 프랭크처럼 펠드먼도 복도나 엘리베이터에서 다른 주민과 자주 마주친다. 100세대가 사는 건물이지만 펠드먼은 여기 친구는커녕 '지인'조차 없다.

신자유주의는 자립과 분투에 가치를 두지만 여기에는 상당한 대가가 따른다. 이웃이 낯선 사람이 되고 친절과 연결이 사회적 규범에서 벗어난 것이 된다면 우리에게 공동체가 가장 필요한 순간에 공동체는 이미 없어졌을 위험이 있다.

도시에서 주변 사람과 어떻게 교류할지를 둘러싼 사회적 규범은 그리 유용하지 않았고 한동안은 계속 그럴 것이다. 코로나바이러스 감염증이 장기적으로 우리 행동을 변화시킬지 말지가 드러날 때까지는 말이다. 도시 사람들이 다정하게 접근해오는 타인에게 거부감을 느끼는 '예의에 부정적인 문화'에 감염에 대한 두려움까지 없어지면 과연 무슨 일이 벌어질까? 낯선 사람과 자연스럽게 대화를 나누는 것은 아주 생경한 일이 될까? 나이 든 이웃에게 장을 봐주겠다고 제안하고 장바구니를 문 앞에 두고 가는 사람들이 지금의 위험이 지나간 뒤에도 계속 그들의 안부를 확인해줄까? 아니면 우리는 예전처럼 그들에게 다시 무관심해질까?

다음으로는 도시의 속도가 있다. 도시인은 언제나 빨리 움직였지만 외로운 세기에는 그보다도 빨리 움직인다. 도시에서 걷는 속도는 1990년대 초반보다 평균 10% 빨라졌고, 아시아에서는 더욱 심하다.[15] 전 세계 32개 도시에서 1990년대 초반과 2007년의 걷는 속도를 비교한 연구에서 중국 광저우는 삶의 속도가 20% 이상, 싱가포르는 30% 빨라졌음이 드러났다.[16] 그리고 도시가 부유할수록 우리의 속도도 빨라진다.[17] 세계의 부유한 도시에서 사람들은 덜 부유한 도시에서보다 몇 배나 빨리 걷는다.[18] 시간이 돈인 셈이다. 특히 도시에서. 일반적으로 도시에 사는 사람들은 도시화가 덜 된 지역에 사는 사람들보다 장시간 일한다. 서로 빠르게 지나쳐 걷고, 이동 중에 문자를 보내고, 과로로 시간이 부족하고, 바쁜 일상을 자랑으로 여기는 우리가 주변 사람의 존재를 알아채기란 쉽지 않다. 어느 날 아침 나는 런던 유스턴역에 나가 나를 보지 않고 지나가는 사람들의 수를 세어봤다. 그리고 50명까지 셌을 때 그냥 그만두었다. 머리로는 행인들이 그저 각자 자기 생각에 빠져 있어서 나를 쳐다보지 않는다는 것을 알고 있었다. 그래도 마치 내가 남들에게 보이지 않는 것처럼, 마치 나라는 존재가 전혀 중요하지 않은 것처럼 느껴져 몹시 고통스러웠다.

그런데 도시의 빠른 속도는 우리를 단지 비사회적으로 만드는 데 그치지 않고 반사회적으로도 만든다. 미국 사회학자 존 달리와 대니얼 배슨은 영향력 있는 1973년 연구에서 젊은 목사들에게 선한 사마리아인 이야기 또는 무작위로 고른 다른 성경 구절을 설교 주제로 배정했다.[19] 목사들은 설교하러 가는 길에 도로변에 주저앉아 콜록거리는 남자를 만나게 된다. 그는 연구자들이 몰래 투입한 연기자였다. 달리와 배슨은 선한 사마리아인 설교를 배정받은 목사들이 걸음을 멈추고 도움을 건넬 확률이 더 높으리라고 추측했다. 그러나 실험 결과 목사가 어느 구절을 배정받았는지는 행동에 별다른 영향을 주지 않았다. 해당 목사가 선한 사마리아인이 될 것인지를 예측해주는 가장 유의미한 변수는 그가 지금 약속 시간에 늦었다고 생각하느냐였다. 만일 시간 여유가 있다면 그는 가던 길을 멈출 것이다. 하지만 만일 시간에 쫓기고 있다면 선행은 사치다. 도시에서 살아가는 우리 대부분에게는 반향을 일으킬 결과다. 자기만의 생각에 골몰해 빠르게 걷는 동안 우리는 주변 사람의 안색조차 알아채지 못하고 지나칠 뿐만 아니라 당장 도움이 필요한 사람을 보지 못하고 지나치는 일도 많을 것이다.

나는 이 책을 쓰면서 내가 길에서 스쳐 지나가는 낯선 이에게 미소를 지어 보이는 일이 얼마나 드문지, 개를 산책시키는 누군가와 잠시라도 담소를 나누는 일이 얼마나 적은지 돌아보았다. 런던에 사는 나는 유스턴역에서 나에게 잠깐의 틈도 내주지 않은 사람들과 조금도 다를 바 없이 행동할 것이다. 그게 중요한가? 당연히 그렇다. 의미심장한 증거가 있다.

낯선 이와의 짧은 마주침은 친밀한 대화에서 얻는 것과 같은 정서적 만족을 줄 수는 없지만, 스치듯 지나가는 관계조차도 외로움 같은 감정에 변화를 가져올 수 있다.[20]

2013년 브리티시컬럼비아대 사회학자 질리언 샌드스톰Gillian Sandstorm과 엘리자베스 던Elizabeth Dunn은 '미세 상호작용micro-interactions'이 사람들의 웰빙에 정량화가 가능한 영향을 주는지를 연구했다. 연구자들은 분주한 도심에 위치한 스타벅스 매장 앞에 숨어 있다가 매장에 도착한 손님들에게 실험에 참여해달라고 부탁했다. 그중 절반에게는 바리스타와 잠시 친근하게 담소를 나눠달라고 지시했고, 다른 절반에게는 '효율적인' 태도를 보이고 '불필요한 대화를 피해달라'고 지시했다.[21] 상호작용의 지속 시간은 30초에 지나지 않았지만 '친근한' 집단에 무작위로 배정된 참여자는 대화가 짧았던 참여자보다 대화 후에 더 높은 수준의 행복감과 연결감을 느낀다고 응답했다.

누군가는 이 결과에 냉소적인 반응을 보일지 모른다. 우리가 정말 스타벅스 직원처럼 매뉴얼에 따라 의무적으로 친근한 태도를 보이는 누군가에게 또는 월마트 내부 지침에 따라 "좋은 하루 보내세요"라고 인사하는 누군가에게 연결감을 느낄 수 있을까? 또는 "미국에서 가장 예의 바른 체인점"으로 소문난 패스트푸드 매장 칙필레Chick-fil-A의 점원이 "감사합니다Thank-you" 대신 "도움이 되어서 기쁩니다My pleasure"라고 인사한들 그들이 정말로 기쁜 것일까?[22]

하지만 이처럼 지침화된 상호작용은 생각보다 의미 있는 영향을 미칠 수 있다. 그 이유는 우리가 누군가를 친근하게 대하면 그들도 우리를 친근하게 대할 가능성이 크기 때문만도, 친근하게 구는 행위가 그 자체로 정서적인 고양을 일으키기 때문만도 아니다. 이 두 가지 모두 사실이긴 하지만 말이다. 사실 우리는 친근함이 연출된 것이라도 연기만 좋다면 진짜 친근함과 잘 구분하지 못한다. 미소를 예로 들어보자. 수많은 연구에서 우리가 놀라울 정도로 가짜 미소를 구분해내지 못한다는 사실이 밝혀졌다.[23]

여기에는 필연적으로 그럴 수밖에 없는 또 다른 무언가, 더 중대한 무언가가 있다. 우리가 남을 친근하게 대하거나 남이 우리를 친근하게 대할 때 그 행위가 진정성이 있든 아니면 아주 짧은 순간 연출된 것이든 우리는 우리가 공통으로 지닌 것, 즉 우리가 공유하는 인류애를 상기하게 된다. 그리고 그럴 때는 혼자라는 느낌이 덜 든다.[24]

최근 우리 삶이 이토록 단절되고 고립된 느낌이 드는 것은 바로 이런 이유 때문인지도 모른다. 우리에게 활력을 주는 일상적인 미세 상호작용을 경험할 기회 자체가 훨씬 줄어들었을 뿐만 아니라 그런 기회가 있다 하더라도 우리는 줄곧 마스크를 쓰고 있다. 남이 우리에게 미소를 지어도 알아볼 수 없고 우리가 남에게 미소를 지어도 알아보지 못한다(2미터 거리두기가 시행되면서 마스크 위로 언뜻 보이는 눈인사를 알아채기조차 쉽지 않게 되었다). 우리는 얼굴을 가리고 우리의 온정을 감춘다. 아이러니한 것은 우리가 그렇게 행동하는 동기가 이기심이 아니라 남을 보호하려는 마음이라는 사실이다.

하지만 우리가 어떻게 행동하느냐만 우리의 정서에 영향을 미치는 것은 아니다. 이제까지 본 것처럼 외로움에는 구조적인 요소도 있다. 많은 대도시에서 삶은 단기적이다. 들어오고 나가기의 연속이고 끝 없는 부유浮遊다. 바로 이것이 큰 요인이 되어 이제 주요 대도시에는 주택 보유자보다 세입자가 더 많다. 세입자는 주택 보유자보다 더 자주 이사한다.[25] 예를 들어 런던에서는 2016년 세입자 수가 주택 보유자 수를 따라잡았는데, 평균 임대 기간은 대략 20개월에 지나지 않았다.[26] 세입자가 압도적인 다수를 차지하는 뉴욕에서는 2014년을 기준으로 이전 3년간 인구의 3분의 1에 가까운 수가 집을 옮겼다.[27]

　이 문제는 사회의 응집력 차원에서 중요하다. 항상 옮겨 다니는 사람과 한자리에 머무는 사람 모두 어려움을 겪기 때문이다. 이웃을 잘 모르게 되고 고립감을 더 느끼게 된다. 이름조차 모르는 이웃의 집을 찾아가 문을 두드리고 우유를 빌리거나 격리 기간에 장을 봐주겠다고 제안하기란 쉽지 않다. 조만간 살던 집을 떠나 또다시 새로운 동네로 간다는 생각이 들면 지금의 마을 공동체와 유대를 쌓고 보탬이 되기 위해 시간과 노력을 쏟으려는 마음이 들지 않을 것이다.

　치솟는 임대료와 감당하기 어려운 주택 가격은 도시 거주자가 공동체에 뿌리내리고 정서적 자원을 투입하는 것을 경제적으로 불가능한 선택지가 되게 한다. 다시 말하지만 이것은 우리 모두의 문제다. 마을이란 그저 벽돌과 아스팔트와 보도블록이 다가 아니다. 마을이 활기찬 공동체가 되려면 우리가 마을을 육성하고 무엇보다 마을에 참여해야 한다. 그리고 여기에는 신뢰가 필요하다. 문제는 우리가 이웃을 잘 모르면 신뢰하기 어렵다는 사실이다. 이는 미국에서 집 열쇠를 맡길 만큼 신뢰하는 이웃이 있다고 응답한 도시 거주자가 절반에도 미치지 못하는 이유를 설명해준다. 시골 거주자의 경우 그 비율은 61%였다.[28]

따라서 우리의 마을이 더 연결되어 있고 우리 스스로 덜 외롭다고 느끼기를 바란다면 우선 사람들이 부유하지 않게 도와야 한다. 여기서 중앙정부와 지역 정부가 일정한 역할을 할 수 있다. 가령 임대료를 안정시키는 정책을 펴는 것이다. 실제로 베를린 지방정부는 2019년 10월, 임대료를 5년간 동결하는 조치를 시행했다.[29] 임대료 안정화 조치를 이미 도입했거나 도입을 고려하는 도시로는 파리, 암스테르담, 뉴욕, 로스앤젤레스 등이 있다.[30]

이러한 조치가 과연 기대한 결과를 낳을지 판단하기는 아직 이르다. 경제학 이론에서 임대료 규제는 신규 주택을 지을 인센티브를 감소시키므로 주택 공급 부족을 악화시켜 결국 주택 가격 상승을 초래할 수 있다.[31] 따라서 다른 방식의 개입이 더 나은 결과를 낳을지 모른다. 이를테면 장기 임대나 무기한 임대에 보조금을 지급함으로써 세입자가 마을에 장기적으로 터를 잡게 하는 것이다. 이조차도 제대로 기능하려면 아마도 이와 연계된 임대료 안정화 조치를 함께 시행해야겠지만 말이다. 아울러 여러 도시에서 에어비앤비 같은 단기 임대 플랫폼을 통한 연간 부동산 임대 일수를 규제하는 조치를 도입했다. 단기 거주자를 양산하는 단기 임대 플랫폼에 제동을 걸기 위해서다. 어느 것이 최선의 조치인지 아직 알 수 없다. 하지만 이 모두

는 주택 공급이 공동선을 위해 시장의 힘을 규제할 필요가 있는 영역
이라는 것을 중앙정부와 지방정부가 자각하기 시작했음을 보여주는
사례다.

<h2>독거</h2>

비바람을 막아줄 집은 도시 생활의 외로움에 영향을 미치는 여러 구
조적 요인 가운데 하나일 뿐이다. 도시 생활의 고립감을 구성하는 또
다른 요소는 도시인이 갈수록 혼자 산다는 것이다.

한때 시골 지역이 그랬다. 1950년 미국 알래스카주, 몬태나주, 네
바다주 등 광활한 서부는 독거인이 인구 대다수를 차지했다. 부나 모
험, 고정된 일자리를 찾는 독신 남성이 발전은 더디고 땅은 넓은 이들
주로 몰렸기 때문이다.[32] 그러나 오늘날 독거는 뉴욕시, 워싱턴 D.C.,
피츠버그 같은 대도시에서 흔하다.[33] 맨해튼에서는 절반 이상이 혼자
산다.[34] 도쿄, 뮌헨, 파리, 오슬로 같은 도시[35]에서도 사정이 비슷해 역
시 절반가량이 혼자 산다.[36] 중국의 도시에서는 무려 5,800만여 명의
젊은 미혼 남녀('빈 둥지 청년')가 혼자 살며, 런던에서는 향후 20년간
독거 인구가 30% 증가할 전망이다.[37]

일부에게 혼자 살기란 경제적으로 자급자족할 능력과 독립을 상
징하는 능동적인 선택이다.[38] 상대적으로 최근에 이르러서야 결혼은
더 이상 여성에게 경제적으로 필수적인 선택이 아니게 되었다. 더 많
은 여성이 혼자 살기를 선택할 수 있다는 뜻이다.[39] 나 역시 수년간 혼

자 살기를 선택했다. 하지만 혼자 살기는 흔히 자발적 선택이라기보다는 사별이나 이혼 따위로 인한 수동적 환경이다. 또는 파트너와 같이 살기를 몹시 바라지만 아직 '적당한 사람'을 만나지 못한 경우도 있다. 그 이유는 어쩌면 장시간 노동 때문일 수도, 경제적 불안감이나 디지털 시대에 연애하는 어려움 때문일 수도 있다. 심지어 한집에서 같이 살자고 스스로 나서도 '심사 절차'를 '통과'하지 못하는 경우도 있다. 나이가 많아서, 건강이 나빠서, 내향적이라서, 말하자면 동거인으로 '부적격' 판정을 받는 것이다.

이유가 무엇이 됐든 혼자 사는 사람이 모두 외로운 것은 아니다.[40] 사실 혼자 살면 밖으로 나가 남과 교류하려는 추동력이 생긴다. 누군가와 같이 사는 사람에게는 이런 추동력이 적을 수 있다.[41] 확실히 나는 밤에 친구들과 만나고 싶은 충동을 지금보다는 남편을 만나기 전에 많이 느꼈다. 더욱이 누군가와 같이 산다고 해서 반드시 의미 있는 동반자적 관계를 보장받는 것은 아니다. 남과 함께 살아도 극도의 외로움을 느낄 수 있다. 치매를 앓는 파트너와 함께 살며 고립감을 경험하는 사람이나 학대적인 관계에 붙들린 사람이 이를 증언해줄 것이다.

하지만 자료에는 모호한 구석이 전혀 없다. 유럽연합 집행위원회가 2018년 발표한 외로움에 관한 보고서에 따르면 혼자 사는 사람은 그렇지 않은 사람보다 외로움을 느낄 위험에 훨씬 더 많이 노출되어 있다.[42] 더 나아가 혼자 사는 사람은 외로움을 더 빈번하게 느꼈다. 삶에서 가장 힘들고 상처받기 쉬운 시기에 특히 더 그랬다.[43] 일흔 살의 영국인 이혼 여성 실라는 최근 독감에서 회복한 뒤 눈물을 그렁거리며 이렇게 설명했다. "아플 때 차 한잔 갖다 줄 사람조차 곁에 없다는 건 참 외로운 일이에요."

✣   **혼밥**

때로 차를 혼자 마시면 외롭다. 저녁을 혼자 먹는 것도 그럴 수 있다. 하지만 독거가 늘면 '혼밥'은 필연적이다. 최근 몇 년간 1인분 도시락 판매량이 얼마나 급증했는지 보라.[44] 흔히 식사 시간은 혼자 사는 사람이 하루 중에 고립감과 외로움을 가장 절실하게 느끼는 때다. 어떤 사람들은 이 기분을 달래려고 상당히 놀라운 일까지 한다.

특히 한국에서 그렇다. 한국에서는 '먹방mukbang'이 폭발적 증가세를 보이고 있다. 먹방이란 다른 사람이 (어마어마한 양의) 음식을 먹는 모습을 화면으로 관람하면서 식사하는 것을 말한다.[45] 이런 일이 실제로 있다는 것이 믿기지 않을지 모르지만 지난 10년간 먹방은 전 세계적으로 빠르게 성장해왔으며 현재 일본, 말레이시아, 타이완, 인도, 미국에서 점점 더 인기를 끌고 있다.[46] 2019년 말레이시아에서는 먹방 시청 시간이 150%나 증가했다.[47]

인기 있는 먹방 스타들은 팔로어 수가 200만 명이 넘으며, 영상 시작 전과 영상 중간에 내보내는 광고 수익으로 영국 파운드화 기준 연간 여섯 자릿수(원화 기준 대략 1억 5,000만 원—옮긴이)를 벌어들인다.[48] 가장 성공한 스타들은 기업의 광고 협찬을 유치하기도 한다. 인도네시아의 '먹방 유튜버' 킴 타이Kim Thai는 잘 어울리게도 소화제 펩

토비스몰^{Pepto-Bismol}에서 협찬을 받았고, 미국의 먹방 스타 니코카도 아보카도^{Nikocado Avocado}는 컴퓨터 게임인 쿠킹 다이어리^{Cooking Diary}의 협찬을 받았다.[49]

먹방 시청자는 주로 혼자 사는 사람이다. 서울대 교수 박소정은 그들이 "컴퓨터 화면을 쳐다보면서 먹방을 '식사 친구' 삼아 '담소'하며 식사 시간의 외로움을 달랜다"고 말한다. 2017년 박 교수는 먹방에 관한 보고서를 공동 저술했다.[50] 실제로, 2020년 1월, 먹방의 영향력을 다룬 기사 32건을 검토한 연구 보고서가 발표되었다. 보고서에 따르면 먹방 시청은 외로운 느낌을 감소시켰다.[51]

먹방 유튜버가 식사하는 모습을 시청하는 것은 수동적 경험이 아니다. 오히려 사회성 경험에 가깝다. 아니면 최소한 사회성 경험의 시뮬레이션이다. 시청자는 먹방을 보는 대가로 자기가 좋아하는 먹방 유튜버에게 '별풍선'을 보낼 수 있다. 별풍선은 화면에서 터지는데 모두가 그 모습을 볼 수 있다. 공개 채팅창에 별풍선이 뜰 때마다 먹방 유튜버는 음식을 먹다 말고 풍선 기부자의 아이디를 직접 호명한다. "별풍선 열 개네요. […] 고맙습니다, hbhy815님. […] 뭐부터 먹을까요? 모차렐라 크로켓은 어때요?"[52] 온라인 먹방 스타들은 그들이 팔로어들에게 함께하는 기분을 제공한다는 사실을 인정한다. "나는 그분들에게 친구가 되었어요." 먹방 유튜버 킴 타이는 말한다.[53] 하지만 내가 브리트니라는 친구를 대여했을 때처럼 이 우정에도 비용이 따라붙는다. 별풍선은 페이스북 '좋아요'나 인스타그램 '하트'와 달리 현금으로 구입한다. 핵찌^{Haekjji}라는 이름을 쓰는 어느 먹방 스타는 단일 방송으로 별풍선 120만 개를 받았는데 대략 10만 달러(1억 2,000

만 원—옮긴이)에 해당한다.[54]

킴 타이나 핵찌와 함께 먹는 것이 혼자 먹는 것보다는 틀림없이 낫겠지만 나는 이런 식의 상업화되고 상품화된 관계가 우리 사회에 불러올 결과가 우려스럽다. 돈으로 우정을 사는 것이 어떤 결과를 가져올지 걱정하는 것과 마찬가지다. 내가 우려하는 이유는 이렇게 거래로 이루어진 관계가 외로움을 완화해줄 수 없기 때문이 아니다. 적어도 일부 사람들에게는 상당 수준 외로움을 완화해준다. 거래 기반의 관계가 위험한 이유는 그것이 정서적으로 요구하는 것이 매우 적기(돈으로 산 것이지 힘들여서 얻은 것이 아니므로) 때문에 우리가 결국 이것을 더 선호하게 될 수 있다는 것이다. 지난 수십 년간 인류학이나 경영학 분야의 연구를 보면 인간은 기본적으로 가장 쉬운 방법을 선택한다.[55] 실제로 브리트니의 손님 가운데 몇 명은 "각자 나름의 문제로 각자 나름의 짐을 지고 있을 누군가에게 시간과 노력을 투입하는 것"보다는 그녀를 대여하는 것이 훨씬 만족스럽다고 했다.

아마도 이것이 먹방 팬들이 '현실' 우정을 부담스러워하는 이유일 것이다. 한 여성은 저녁 식사를 준비하다가 대학 시절 룸메이트의 전화를 받고 짜증을 느낀 경험을 이야기했다. "이제 막 식탁에 앉아 유튜브를 보려던 참이었어요. 하지만 그러지 못하고 그 친구와 통화하면서 식사를 해야 했죠. 정말 짜증났어요."[56] 그렇다. 이 젊은 여성은 친구—그녀를 개인적으로 아는 누군가—와 대화하는 것보다 혼자 앉아서 먹방 유튜버 니코카도 아보카도가 4,000칼로리를 섭취하는 것을 보고 싶어 한다.

물론 극단적인 사례일 수도 있다. 하지만 이 사례들을 통해 나는 우리 사회에 영향을 미치는 더 넓은 차원의 이야기를 하고 싶다. 우리가 (가상으로든 개인적으로든) 돈을 내는 관계를 자주 경험하거나 혼자인 시간이 많아질수록, 공동체를 구축하고 포용적 민주주의를 떠받칠 기술을 연습할 기회는 그만큼 줄어든다.[57]

민주주의 기술 연마하기

다른 사람과 같이 살거나 먹는 것이 민주주의를 훈련할 기회를 준다는 말이 지나친 주장으로 들릴지 모른다. 하지만 우리는 커다란 어떤 것의 일부분이 되는 데 필요한 기술을 작은 상호작용을 통해 배운다.

우리는 모두 생활 속에서 어떤 문제에 부딪힌다. 어쩌면 쓰레기통을 누가 비울지 또는 오늘 저녁을 누가 차릴지 하는 사소한 문제가 시작이었을지 모른다. 우리는 다른 사람(대부분 부모와 형제자매로 시작해 나중에 룸메이트, 파트너, 배우자, 자녀로 확대된다)과 함께 살면서 이런 문제를 해결하고 우리의 욕구와 타인의 욕구 사이에서 균형점을 찾고 타협하고 차이를 조율하고 평화롭게 공존하는 법을 배운다. 이런 일을 할 필요가 없다는 것, 즉 우리가 항상 모든 일을 혼자서 처리할 수 있다는 것은 어쩌면 이런 일 가운데 하나를 돈으로 산다는 의미일지 모른다. 20%나 비싼 1인용 원룸 아파트의 값을 치르고 시간당 40달러에 친구를 대여하는 식으로 말이다. 그러면서 우리는 친사회적인 민주적 소질을 연마할 기회를 대가로 치르고 있는 것인지 모른다.

토론이든, 숙의든, 동거인·이웃·파트너와 상호 존중 속에서 이의를 제기하는 방법이든, 우리가 포용적 민주주의의 핵심 원칙, 즉 더 큰 선을 위해 이따금 희생해야 한다는 것을 배우려면 반드시 연습해야 할 중요한 기술들이다.

더욱이 이러한 기술은 직접 대면해서 연습하는 것이 가장 좋다. 고대 민주주의 초창기에 6,000명의 아테네 시민이 도심 근처 언덕에 직접 모였던 것이나 아고라(도시의 중심을 향해 열린 공간)가 민주주의 형성에 그토록 중대한 역할을 한 것은 우연이 아니다.[58] 물리적으로 함께 모여야만 생겨나는 어떤 귀중한 것이 있다. 디지털 관계나 줌 같은 영상 서비스를 통한 대화는 그런 매우 귀중한 것의 빈약한 모사에 그칠 수밖에 없다. 우리가 서로 눈을 보고 몸짓이나 분위기 등 비언어적 단서를 포착할 수 있을 때 비로소 공감을 경험하고 호혜와 협동을 연습할 수 있다. 누군가와 다투다 그 자리에서 걸어 나가버리는 것은 로그오프를 하거나 전화를 끊는 것보다 훨씬 하기 어려운 행동이다. 디지털이 대세가 된 우리의 삶에서 면대면 상호작용을 유지하는 것이 그토록 중요한 이유다. (다음 장에서 보겠지만) 비접촉 시대를 사는 우리에게 특히 더 그렇다.

5장

도시는
어떻게
그들을
배제하는가

노숙자가 누울 수 없는 벤치,
소외계층과 출입문을 분리한 주거 단지의 공공시설,
배회하는 10대를 몰아내는 불쾌한 고음…
이 도시의 구조는
어떻게 '바람직하지 못한 인간'을 배제하며
외로움을 양산하고 있는가.

미국 뉴욕 맨해튼 이스트 53번가. 나는 식료품점에 있다. 형광등 불빛이 색색의 상품으로 채워진 통로를 비춘다. 시리얼과 차가운 음료, 채소와 냉동식품. 일상적인 제품이 모두 여기 있다.

입구의 얄따란 흰색 장벽을 제외하면 모든 것이 평범해 보인다. 도시의 보통 편의점과 다를 바 없다. 하지만 자세히 둘러보면 이 장소에 뭔가 특별한 점이 있음을 알아챌 것이다. 이 매장에는 일하는 사람이 없다. 계산원이 없고 진열대에 상품을 채우는 유니폼 차림의 직원이 없고 짜증나는 셀프 계산대에서 바코드 스캔하는 법을 알려주는 사람도 없다. 고개를 들어 위를 쳐다보면 이유를 이해할 것이다. 머리 위에는 겨우 식별할 수 있는 카메라 수백 대가 점점이 자리해 있다. 당신의 움직임이 항상 모니터링되고 있는 것이다. 그러니 줄을 설 필요도 없다. 비스킷을 집어 주머니에 최대한 은밀하게 넣어보라. 아무리 조심해도 결국 디지털 기기에 포착될 것이다. 매장에서 나갈 때 안전요원이 당신을 따라올 일은 없다. 다만 대금이 자동으로 청구될 것이다.

지금은 2019년 9월이고, 나는 아마존 고가 처음 선보인 편의점에서 물건을 사고 있다. 아마존 고는 2021년까지 전 세계에 매장을 3,000개 이상 여는 것을 목표로 삼고 있다.[1]

이날 나는 매우 기이한 느낌을 받았다. 처음에는 편리함, 그러니까 지체 없이 잠깐 들를 수 있다는 점이 좋았다. 내가 말을 건 다른 손님들도 모두 마음에 든다고 한 요소였다. 하지만 나는 그곳의 정적이 거슬렸다. 그 장소는 흡사 트라피스트회 수도원 분위기를 풍겼다. 나는 계산대에서 나누는 피상적인 대화마저 그리웠다. 그리고 내가 다른 손님에게 그들의 경험에 관해 물어보려고 몇 마디 말을 건네면 마치 내가 그들의 개인 공간을 침범한 것처럼 살짝 불쾌해하는 듯한 기색을 보여서 마음이 편치 않았다.

세상은 참으로 빠르게 변한다. 최근까지만 해도 미래의 일로만 여겨지던 것들이 이제는 코로나19 시대를 사는 삶의 방식이 된 것 같으니 말이다.

현재 아마존 고가 최선두에서 이끄는 비접촉 상거래는 2019년 가을에도 이미 성장세를 보였다. 무인 계산대가 많아졌고, 식료품, 반려동물 관련 상품, 처방약에 이르기까지 모든 제품을 집까지 배달해주는 웹사이트와 앱이 증가했다. 맥도널드 매장에서 점원을 상대하지 않고 커다란 스크린을 몇 번 두드려 빅맥을 주문할 수 있었고, 서점에서 직원과 대화를 나누어야 하는 어색함을 견딜 필요 없이 아마존의 알고리즘이 읽을거리를 '개인별 추천'해주었으며, 아사나 레블Asana Rebel 같은 온라인 요가 앱이나 에이드리언Adriene 같은 유튜버 덕분에 내 집 거실에서 사생활을 지키며 땀 흘릴 수 있었고, 딜리버루Deliveroo, 심리스Seamless, 캐비아Caviar, 포스트메이츠Postmates, 저스트 이트Just Eat, 그러브허브Grubhub의 배달 서비스 덕분에 집에서 식당 음식을 편하게 먹을 수 있었다.

하지만 코로나19가 느리지만 꾸준했던 성장세를 뚜렷하고 가파른 상승세로 바꾸어놓았다. 봉쇄 조치가 내려진 지 단 몇 주 만에 유튜브에서 에이드리언에게 요가를 배우는 사람의 수가 200만 명이나 증가했고, 미국 온라인 식료품 매장의 신규 이용자 수가 40% 늘었으며, 올해 여든둘의 내 아버지는 지역 커뮤니티센터 수업에 줌으로 '참석'했다.[2] 하룻밤 사이 많은 방면에서 비접촉은 우리에게 유일한 선택지가 되었다.

이런 현상이 장기적으로 어떻게 펼쳐질지 확실히 예측하기란 불가능하다. 앞서 봤듯이 인간은 저 깊은 곳으로부터 친밀감과 물리적인 연결을 갈망하며, 나중에 살펴보겠지만 근래 급성장하는 '외로움 경제'가 이 추세를 상쇄하는 동력으로 작용할 수도 있다. 하지만 습관은 일단 형성되면 상당히 오래 유지된다. 예를 들어 대공황 시대 사람들은 많은 경우 검소한 생활 태도를 평생 유지했다.[3] 더 가까운 사례를 들자면 가계 지출을 줄여야 했던 2008년 금융 위기가 한참 지난 뒤에도 대형 할인점이나 자체개발상품PB이나 알디Aldi 내지 달러 제너럴Dollar General 같은 염가 식료품 매장이 유럽과 미국 중산층 소비자에게 많은 인기를 끌었다.[4]

당분간 소비자 사이에서 감염에 대한 우려가 지속될 가능성이 크다는 사실, 그리고 봉쇄 기간에 비접촉 소매와 여가 서비스를 이용한 경험이 대체로 매우 긍정적이었다는 사실(편익과 선택의 다양성 증가라는 두 요소가 결합한 결과다)을 고려할 때 포스트 코로나19 시대에도 최소 몇몇 카테고리에서만큼은 여전히 비접촉 방식이 강세를 누릴 가능성이 크다. 봉쇄 기간에 비접촉 방식을 시험해본 많은 사람이 '다른 사람과의 접촉이 적은 방식'을 이어갈 것이다. 더구나 기업들은 현재 고객과 직원 사이의 상호작용을 제한하는 기술과 업무에 투자하고 있다.

2020년 4월에 벌써 식당 체인점들은 손님이 종업원과 접촉하지 않고 미리 주문·결제하는 기술을 개발하고 있었으며, 주유소에서 운전자가 차 안에서 결제할 수 있는 앱이 인기를 끌고 있었다. 손익 계산에 주도면밀한 기업들은 비용 절감을 위해 이러한 소비자 습관의 변화를 그대로 유지하려 애쓸 것이다. 앞으로도 봉쇄가 계속되리라는 두려움이 상존하고 사회적 거리두기가 여전히 '공식적' 권고 사항인 데다 경제가 불황이라고 인식되는 동안 이러한 추세는 계속 이어질 것이다.

나는 비접촉의 제도화가 진정으로 우려스럽다. 일상적인 거래에서 인간을 쫓아내면 쫓아낼수록 우리는 필연적으로 더 외로워지지 않을까? 계산원과의 담소나 주점 종업원과의 정감 어린 농담이 딱딱한 도시 생활에 틈을 만들어주지 않는다면, 우리에게 샌드위치를 만들어주는 점원의 친근한 표정이나 물구나무서기에 처음 성공한 우리에게 요가 강사가 지어주는 격려의 미소를 볼 수 없다면, 모든 미세 상호작용의 이점(이제 우리는 이것이 우리가 서로 연결되었다는 의식을 더욱 강화해준다는 사실을 안다)을 모두 잃어버린다면, 고립감과 단절감이 필연적으로 커지지 않을까?

게다가 더 많은 일을 비접촉으로 할수록 우리는 사람들과 직접

친해지는 데에 자연스럽고 능숙해지지 못할 위험성이 있다. 적어도 당분간 비접촉 기술의 혁신은 분명히 전보다 안전하고 편리한(기술 용어로 말하면 '마찰 없는frictionless') 생활을 만들어줄 것이다. 하지만 우리는 서로 부대끼면서 서로 연결되어 있다는 기분을 느끼고 서로 연결되는 방법 그을 배운다. 식료품 매장 통로에서 누가 먼저 지나갈지 또는 내 요가 매트를 어디에 깔지를 말없이 협의하는 아주 간단한 일에서도 우리는 타협을 하고 타인의 이익을 고려하게 된다.

덧붙여 여기에는 개인적이거나 개별적인 차원을 넘어서는 파급효과가 있다. 다른 생쥐가 '거슬려서' 공격적으로 행동한 우리 안의 외로운 생쥐를 다시 떠올려보자. 우리가 이웃과 연결되어 있다고 느끼지 못할 때 환경이 얼마나 적대적이고 위협적으로 느껴지는지 생각해보자. 비접촉 시대의 위험성은 우리가 서로에 관해 잘 알지 못하게 되고, 서로 연결되어 있다는 의식이 좀처럼 들지 않게 되고, 서로의 필요와 욕구에 무관심해진다는 점에 있다. 집에서 혼자 딜리버루 배달 음식을 먹으면서 누군가와 함께 식사할 수는 없는 노릇이다.

하지만 비접촉 생활은 단순히 기술적 진보, 편익을 추구하는 소비자의 바람, 코로나바이러스 감염증으로 인한 불가피성, 이 세 가지의 함수관계에서 나온 것만은 아니다. 코로나19가 닥치기 훨씬 이전부터 우리는 이미 분리와 원자화의 세계를 구축해가고 있었다.

첫인상은 그저 보이는 그대로다. 특정한 형태가 없는 기다란 콘크리트 벤치다. 혹시 그냥 잠깐 앉을 데를 찾고 있다면 분할된 벤치의 여러 비스듬한 면 가운데 하나를 골라 걸터앉으면 된다. 하지만 다른 걸 해보려고 하면 그 특유의 형태 없음이 뭔가 방해되기 시작한다. 누우려고 하면 모서리가 여지없이 옆구리를 파고들 것이다. 15분 정도 지나면 그냥 앉아 있는 것조차 불편해진다. 과학 저술가 겸 비평가 프랭크 스웨인은 '캠든 벤치Camden bench'로 알려진 이 물건을 "궁극적인 비非물체"라 부른다. 팟캐스트 '99% 인비저블'은 "매우 세련된 불쾌한 디자인의 작품"이라고 묘사했다.[5]

이 벤치가 앉기 불편하게 느껴지는 것은 우연이 아니다. 바로 그것이 이 벤치의 오롯한 목적이다. 거기서 노숙자가 쉬어가기 힘들게 만들면, 거기서 스케이트보드 묘기를 펼치기 힘들게 만들면, 청년 무리가 거기서 무릎이나 허리 아픈 줄도 모르고 시간을 보내기 힘들게 만들면 사람들은 모여 쉴 만한 다른 장소를 찾아야 할 것이다.

캠든 벤치는 이례적인 물건이 아니다. 우리의 도시는 갈수록 '바람직하지 못한 사람'으로 여겨지는 이들을 몰아내는 방향으로 설계되고 있다. 이것은 본질적으로 '적대적 건축물'이다. 배제에 초점을 둔 도시 설계, 공동체를 해치면서까지 누가 환영받고 누가 그렇지 않은지를 우리에게 말해주는 도시 설계.

당신이 사는 곳에서도 주변을 둘러보면 적대적 건축물을 여럿 찾을 수 있을 것이다. 엉덩이를 살짝 걸칠 정도의 넓이밖에 되지 않는

버스 정류장 '좌석', 팔걸이가 여러 개 달린 공공 벤치, 매장 바깥 도로를 덮은 쇠살대에서 밤이면 솟아오르는 뾰족한 못들, 성채를 방불케 하는 공공 공원 울타리의 방어물. 누군가는 팔걸이 따위가 무슨 문제냐고 물을지 모른다. 맞다, 이따금 기댈 수 있는 무언가가 있는 것은 나쁘지 않다. 하지만 이처럼 벤치를 분할하는 팔걸이가 부착된 실제 이유는 그보다 음험하다. 이 벤치는 팔걸이 때문에 노숙자가 누울 수 없는 곳이 된다.

외로운 세기에 나타나는 여러 추세가 그렇듯 이것은 전 세계적인 문제다. 가나 아크라에서는 다리 밑에 커다란 바위들을 가져다 놓아 노숙자가 쉬지 못하게 했다. 미국 시애틀에서는 노숙자가 쉬는 평지에 매끈한 자전거 거치대를 설치했다. 나중에 시애틀 시정부는 이 조치가 자전거 이용자에 대한 배려라기보다 "노숙 행위를 막으려는 비상 대응의 일환"으로 "해당 구역이 다시 야영지가 되는 것을 방지"하기 위한 것이었음을 인정했다.[6] 노숙 인구가 2004년 이래 3배로 늘어난 홍콩에서는 노숙자나 부랑자를 쫓아내기 위해 공공장소에 앉을 만한 자리를 의도적으로 거의 만들지 않았다.[7] 아마도 가장 사악한 사례는 2015년 미국 샌프란시스코 성모마리아 대성당에서 스프링클러를 설치해 성당 입구에서 자고 있던 노숙자들에게 물을 뿌린 굉장히 비기독교적인 행동일 것이다(당연히 대중의 거센 반발을 낳았다).[8]

적대적 건축물은 반노숙자 전략만 구사하지 않는다. 필라델피아를 비롯한 미국의 20개 대도시 권역에서는 레크리에이션 센터 바깥쪽 가로등에 소형 기기를 장착했다. 모스키토(모기―옮긴이)라는 상당히 잘 어울리는 이름이 붙은 이 기기는 청년층에게만 들리는 불쾌한 고음을 송출한다. 해당 주파수는 고령자에게 들리지 않는다(귀의 특정 세포가 서서히 죽는 노인성 난청으로 나타나는 현상이다).[9] 모스키토 기기를 제조한 기업의 사장에 따르면 이 기기의 목적은 제멋대로 굴며 "배회하는" 10대를 "쫓는" 한편 이 장소를 성인에게 쾌적한 공간으로 유지하려는 것이었다.[10] 영국 전역의 공공장소에 여드름과 거친 피부결이 두드러져 보이게 분홍빛 조명을 설치한 것도 비슷한 의도에서였다. 여드름과 잡티가 노출되면 허영에 들뜬 10대들이 자리를 피할 거라는 기대로 설계된 "반反배회 전략"이다.[11] 처음에는 이 발상에 "반신반의"했던 한 노팅엄 주민은 이 전략이 "효과를 발휘했다"고 말했다.[12]

누군가는 적대적 건축물이 새로운 현상이 아니라고 주장할지 모른다. 성 주변의 해자나 고대 도시의 방벽을 떠올려보자. 그러나 현대의 적대적 건축물은 1980년대 미국의 '깨진 유리창' 치안 활동에 뿌리를 두고 있다. 이때 미국에서는 서 있고 기다리고 자는 것과 같은 일상적인 활동이 (특히 유색 인종이 "저질렀을" 때는) "무질서"하고 "반사회적"인 범죄로 취급되기 시작했다.[13] 이런 행동을 근절하면 공간을 "질서 정연"하게 만들 수 있으며, 지역 주민에게 "공공장소가 그들의 것"이라는 확신을 줌으로써 범죄를 예방할 수 있으리라는 논리였다.[14] 그리하여 이때부터 사람들이 어울려 다니는 것은 "배회"가 되고, 거리에서 자는 것은 "부적절한 노숙 행위"가 되었으며, 거리를 어슬렁거리는 것은 "방황"이 되고, 사람들을 주시하는 것은 "훔쳐보기"가 되었다.[15] 깨진 유리창 이론은 오류가 많다는 사실이 드러났음에도(이 이론은 소수자에 대한 과잉 대응을 초래했으며[16] 중범죄를 예방하는 효과가 없다) 여전히 여러 도시에서 채택되고 있다.[17] 그 결과 지난 15년간 전 세계 도시에서 뾰족한 못이 갈수록 늘고 있다.

어떻게 보면 이것은 의외의 현상이다. 도시는 시골에 비해 사회적으로 자유주의 정책을 압도적으로 선호한다. 역사적으로 도시의 지방정부는 빈곤이 그리 만연하지 않은 지역에서도 복지와 식비 지원 등 사회복지 프로그램에 1인당 더 많은 금액을 지출하고,[18] 선출직 관리들이 일반적으로 좌파 성향을 띤다.[19] 이 모든 것을 고려하면 도시에서 더 높은 수준의 공감 능력을 기대할 수 있다. 아무튼 (좌파의 사회복지 아젠다를 통해) 빈곤층을 적극적으로 지원하는 쪽에 던진 표는, 짐작건대 그 동기가 돌봄과 온정, 그러니까 어려운 계층을 사회가 도와야 한다는 인식에 있을 것이다. 그러나 이러한 공감 어린 신념이 그토록 열렬히 옹호된다고 해도 이것이 반드시 현실에서 우리와 공공장소를 공유하는 사람들을 향한 공감 능력으로 이어지지는 않는다.[20]

오히려 사회복지 프로그램을 지지하는 쪽에 표를 준 도시 거주자 가운데 일부는 진보적인 사회복지 프로그램을 전폭 지지하는 것처럼 보이는 정부에 그들의 온정을 위탁하는 셈이다. 단, 자기 삶의 질이 위협받고 있다는 느낌이 들기 전까지만 말이다. 역사적으로 봐도 이른바 자유주의적이라는 도시 거주자 다수가 실은 '님비[NIMBY, not in my back yard]'식 사고방식을 지니고 있었다.[21] 더욱이 정치학자 메리 T. 롱은 미국 민주당원은 "진심에서 우러나오는 투표 행위"를 할 가능성이 크지만, 그렇다고 그들이 일상생활에서 더 온정적으로 행동한다는 증거는 없음을 보여주었다.[22] 그러한 까닭에 샌프란시스코는 1964년 이래 민주당 소속 시장을 연이어 당선시켜온 도시이자 민주당 하원의장 낸시 펠로시의 지역구이면서도 노숙에 적대적 건축물을 미국

내에서 주도적으로 지어왔다.[23]

적대적 환경은 단지 노숙자처럼 우리가 벤치에서 쫓아내기보다는 도움을 주어야 하는, 이미 주변화된 집단이 느끼는 외로움을 심화시키는 것으로 그치지 않는다.[24] 이러한 배제적 건축물에 대한 대가는 우리 모두 치른다. 노숙을 막기 위한 바로 그 벤치에서 친구와 편안하게 담소를 나눌 가능성도 줄어들기 때문이다. 버스 정류장의 비스듬한 좌석은 '배회하는 사람'에게만 비우호적인 것이 아니라 장을 보거나 친구들을 만나기 위해 지팡이를 짚고 버스를 타는 다발성 경화증 환자에게도 몹시 불편하다. 캠든 벤치는 스케이트보드 애호가들만 쫓아내는 게 아니라 점심시간에 잠깐 쉬는 상점 주인, 지나가는 아이들과 담소를 나누거나 햇볕을 쬐며 기분 좋은 오후를 보냈을 노인들까지 쫓아낸다. 이 노인들은 도시계획 운동가 제인 제이콥스가 "거리의 눈들"이라고 부르는 공동체의 충직한 일꾼들이다.[25]

'바람직하지 못한 사람'으로부터 마을을 지킨다는, 도덕적으로 미심쩍은 과제를 떠맡은 적대적 건축물은 우리가 함께 앉고 함께 시간을 보내고 함께 모이는 공동의 공간을 우리에게 내주길 거부한다. 공동체 보호를 목적으로 삼은 전략이 정확히 반대되는 일을 하고 있다는 것이 참으로 아이러니하다.

❖   **은밀한 배제**

쇼핑몰에서 사람들을 떠나게 만드는 특정 주파수의 소음, 벤치를 가장한 콘크리트 석판, 교회 밖의 노숙자들을 공격하는 스프링클러는 누가 초대받았고 누가 그렇지 않은지에 관한 아주 분명한 메시지를 던진다. 하지만 우리 도시에서 불편, 소외 그리고 궁극적으로 외로움을 불러일으키는 배제의 방식이 언제나 그렇게 분명하지는 않다.

뉴엄 런던 특별구에 자리한 고급스럽고 우아한 로열 워프 개발지구는 "우리를 둘러싼 강, 도시 경관, 열린 공간을 활용하며, 탁월하게 설계된 주택과 아파트가 개성과 변화를 보여준다"고 주장한다.[26] 반질반질하게 광택이 나는 마케팅 책자는 수영장, 사우나, 클럽하우스, 개인 트레이너가 있는 "테크노짐"이 갖춰졌다면서 이러한 생활 편의 시설이 "사람들을 하나로 모으는 완벽한 플랫폼"이라고 홍보한다.

외부에서 보기에, 초록이 싱그럽고 "삶이 안팎으로 잘 기능하도록 설계된" 이 강변 마을은 확실히 사치스러운 천국처럼 보인다. 개발사 발리모어Ballymore는 공동체 공간 창출에 분명한 강조점을 두었다. 예스러운 분위기의 번화가 구역('코린토스 광장')과 템스강을 따라 널빤지를 깔아 조성한 산책로가 그 예다. 문제는 이 공동체가 모두에게 제공되는 것은 아니라는 점이다. 발리모어는 공공 지원 주택 계획에 참여한 저소득층 세입자들을 이 주택단지에 통합했고, 그들에게 분리라는 문제는 고통스러우리만치 노골적이다.

2018년 아데 에로스는 두 아들을 데리고 방 세 개짜리 아파트에 입주했다. 그는 로열 워프 수영장에서 아들들에게 수영을 가르칠 날을 무척이나 고대했다. 하지만 얼마 지나지 않아 에로스는 임대료 보조금을 수령하는 다른 17%의 세입자와 마찬가지로 자신의 가족은 클럽하우스나 부속 편의 시설에 입장이 제한된다는 사실을 알게 되었다.[27] "우리는 가난한 친척 같은 거죠." 다른 주민이 말했다.

사우스 런던에 위치한 베일리스 올드 스쿨 단지에서도 비슷한 형태의 분리가 일어나고 있다. 여기서 저소득층 주민의 입장이 거부된 곳은 놀이터다. 통과할 수 없는 빽빽한 산울타리가 '공동' 놀이 공간과 공공 지원 주택을 분리하고 있다. 공공 지원 주택에 사는 살바토레 레아는 자기 자식에게는 금지된 공간에서 다른 아이들이 노는 모습을 바라보며 괴로워했다. "내 아이들은 여기 사는 다른 아이들과 친구인데도 같이 놀 수 없어요." 레아는 설명했다.[28]

이 두 사례에서 분리 정책은 공개적으로 거센 반발에 부딪혀 뒤집혔다.[29] 하지만 많은 경우 어린이까지 포함해 특정 주민을 보이지 않게 배제하는 조치들이 계속해서 굳건히 유지되고 있다.

이 글을 쓰고 있는 지금도 런던의 웨스트본 플레이스 주택단지에서는 보조금을 받는 세입자(일부는 비극적인 그렌펠 타워 화재 사건의 생존자다)는 자기 아파트에서 내다보이는 공동 정원에 입장이 금지되어 있다.[30] "일곱 살짜리 우리 아이와 반에서 제일 친한 친구가 건너편 사유 주택 구역에 살아요." 주민 아흐메드 알리가 말한다. "학교에서는 나란히 앉지만 이곳에서는 같이 못 놀아요. 사유 주택 주민은 어디든 들어가고 모든 출입구를 이용할 수 있어서 우리 쪽 구역을 아무 때나 지나다니고 여기서 개 훈련도 시킵니다. 이건 노골적인 차별입니다. 우리는 일을 하고 관리비를 내고 임대료도 냅니다. 우리가 이런 대접을 받을 이유가 없어요."

이것은 영국에서만 나타나는 현상이 아니다. '빈민층 출입문'(부유한 주택단지 내에 설치된 공공 주택 주민용 출입구)은 런던뿐만 아니라 뉴욕과 워싱턴에도 있다.[31] 이 두 도시의 부동산 개발업자들은 세입자들은 분리하면서도 2015년까지 민영 아파트의 일정 비율을 임대주택으로 공급하는 대가로 사실상 세금 감면이나 규제 완화 혜택을 받았다. 심지어 개발 사업의 목표가 이른바 통합과 포용이었음에도 그랬다.[32] 북아메리카에서 주택 가격이 두 번째로 높은 도시인 캐나다 밴쿠버에서도 민영 주택 주민과 공공 주택 주민이 별개의 놀이터를 이용하는 주택단지를 찾아볼 수 있다.[33] 밴쿠버의 경우 거센 반발에 직면한 개발업자는 놀이터를 통합하지는 못하지만(개발업자들은 이것이 "실현 가능성이 없는 일"이라고 주장했다) 대신 두 놀이터를 이용하는 아이들이 서로를 보지 못하게 공간을 분리하겠다고 밝혔다.[34]

함께 노는 것이 금지된 아이들을 보는 것은 특히 충격적이다. 사실 과거나 현대나 이것은 매우 불편한 이미지들을 불러일으킨다. 남아프리카공화국의 인종차별 정책인 아파르트헤이트부터 미국과 멕시코 국경선을 가운데 두고 설치된 시소를 타며 노는 아이들의 모습까지.[35] 문제는 이런 행위를 명시적으로 금지하거나 단속하지 않는다면 시장은 자꾸 분리를 시도하는 방향으로 움직이리라는 것이다. 사립학교, 사립대학, 사유지, 전용 리무진, 놀이공원의 '프리패스', 식당과 호텔의 특별 고객 전용 구역, 비행기 일등석, 클럽의 VIP 구역의 식지 않는 인기를 생각해보라. 흔히 부유층은 스스로를 대중에게서 분리하기 위해 할증료를 지불하는 것이 현실이다. 언제나 그래왔다.

이제 이런 질문이 제기된다. 어떤 환경을 조성해야 이러한 배제 조치가 용인되지 않을까? 도덕적인 접근도 필요하지만 개인의 이익도 고려해야 한다. 앞서 봤듯이 배제된 느낌은 우리 모두에게 대가를 요구한다. 확인했듯이 사람들은 서로에 대해 잘 모를 때 혐오와 공포를 키울 가능성이 더 크다. 반이민자 정서가 가장 강하게 나타나는 곳은 이민자가 가장 적은 지역인 경우가 많다는 사실을 기억하자. 이들 지역 사람들은 이민자와 직접 마주치거나 교류하거나 관계를 형성할 기회가 더 적다. 다양한 소득 집단·배경·민족 출신의 아이들이 자기 동네에서조차 어울릴 수 없다면 우리는 그 어느 때보다 극심한 해체와 사회 분열에 직면하게 되지 않을까?

사회학에서는 오래전부터 공동체가 다양성을 띌수록 구성원이 서로를 덜 신뢰한다는 믿음이 지배적이었다. 그러나 런던("아마도 지구상에서 인종적으로 가장 다양한 광역 도시")에서 실시된 최근 연구로 이 근거 없는 믿음은 폐기되었다.[36] 연구 결과 공동체에 속한 작은 집단들 간의 교류가 없을 때는 구성원들 간의 신뢰도도 크게 저하되었다. 반면 인종적으로 다양한 집단이 서로 자주 접촉하는 경우 사회의 응집력은 더욱 강화되었다.[37] 사실 "인종적으로 다양한 마을에서 이웃과 자주 접촉한다고 응답한 사람"은 대인 접촉이 적거나 아예 없는 사람보다 "전반적으로 타인에 대한 신뢰가 매우 깊었으며 이러한 신뢰는 가까운 마을 사람뿐만 아니라 낯선 사람에게까지 전반적으로 확장"되었다. 이런 결과는 소속 인종 집단에 상관없이 동일했다.[38]

간단히 말해 서로 다른 사람들 사이에서의 일상적인 면대면 상호작용은 차이점보다 공통점을 더 잘 보게 만든다. 이 외로운 세기에 덜 외로우려면 우리는 지금보다 더 많이 접촉해야 한다.

그래서 나는 최근 몇 년 동안 청년 센터, 도서관, 커뮤니티센터, 공원, 놀이터 등 친교를 나눌 수 있는 장소에 대한 공적 지원금이 축소되는 것이 가장 우려된다. 2008년 금융 위기와 이어진 경기 침체의 여파로 정부들이 지출을 줄이면서 이러한 경향은 가속화되어왔다.

영국에서는 2008년 금융 위기 이래 청년 센터의 3분의 1, 거의 800개의 공공 도서관[39]이 폐쇄되었다.[40] 주간 보호시설(사회에서 가장 외로운 계층인 노약자에게는 생명줄 같은 기관이다)은 10년간 41%가 문을 닫았다.[41] 100년 이상 전 계층의 사람들이 모여 거닐고 어우러지는 공간이었던 공원은 2017년에서 2019년 사이에만 지역 지원금이 1,500만 파운드(한화 약 225억 원—옮긴이) 감소했다.[42]

어디든 비슷한 상황이다. 잉글랜드 볼턴에서 스페인 바르셀로나, 미국 휴스턴에서 프랑스 르아브르, 미국 캔자스주에서 캘리포니아주, 전 세계 어디나 공동체에 필요한 사회적 인프라가 태부족하다.[43] 그리고 이 문제는 특히 도시에서 심각하다.[44]

사람들이 결속감을 느끼려면 충분한 재원이 마련되고 사람들에게 사랑받는 공공장소가 있어야 한다. 바로 이곳에서 다름을 초월한 관계는 물론, 모든 관계가 태동하고 발전하고 단단해질 수 있다. 인종, 민족, 사회경제적 배경에 상관없이 우리 모두가 교류할 장소가 있어야 한다. 서로 교류하지 않는다면 우리는 함께할 수 없다. 우리가 공유하는 기반이 없다면 우리는 공통의 기반을 발견할 수 없다.

이 점은 특히 더 강조될 필요가 있다. 우리에게 밀려들 새로운 경제적 어려움의 파고를 생각하면 중앙정부나 지방자치단체에서 앞으로 몇 달, 몇 년 동안 이러한 공간에 대한 공공 지출을 줄이고 싶은 유혹을 느낄 것이기 때문이다. 코로나바이러스 감염증 사태로 그 어느 때보다 뚜렷해진 사회적 분열을 이제라도 바로잡으려면 이런 일을 방치해서는 안 된다. 2008년 경기 침체 이래 생명력을 잃어버린 공공 장소에 다시 자금을 투여해 예전의 활기를 되살리는 일은 이제 더는 미룰 수 없는 과제다. 그리고 이것은 단지 기존의 공공장소에 다시 자금을 대는 것만을 의미하지 않는다. 중앙정부와 지방정부는 새로운 건설 사업에서 포용의 원칙을 중심에 둘 것을 약속해야 한다.

✥ 포용의 원칙

전 시카고 시장 람 이매뉴얼Rahm Emanuel이 임기 동안 앞장서서 추진한 시카고 개발 계획은 지방자치단체의 역할을 보여준 고무적인 사례다. 시카고에서는 신규 공공 주택단지 세 곳을 설계하면서 '시카고 공공 도서관'의 통폐합을 목표로 삼았다. 현재 시카고 공공 도서관은 공동체의 모임 장소로 기능한다. 세대 간의 만남이 이루어지고, 서로 다른 사회경제적 배경을 지닌 사람들이 함께 모여 책을 읽고, 낭독회에 참석하고, 영화를 관람하고, 공동체의 일부가 될 수 있는 공간이다. 정부 지원금을 받는 가정의 아이도 바로 옆의 민영 아파트에 사는 가정의 자녀와 똑같이 환영받는다. "시카고는 기존의 틀을 깨고 있습니다." 이매뉴얼은 말했다. "세계적인 수준의 도서관 조성을 주택 공급과 연계함으로써 강건한 마을을 세우고, 전 공동체 주민이 모이고 공유하고 성공하는 공간을 제공하겠습니다."45

사실 도서관은 벌써 사회적 응집력에 긍정적인 영향을 미치고 있다. 마을 한복판에서 갑자기 신규 '주택 건설 사업'을 시작하는 것에 분개하기도 했던 기존 주민들은 이제 개발 사업을 그들의 공동체와 아이들을 위한 좋은 기회로 본다.

"전에는 임대주택이 자기 마을에 들어온다는 소식을 들으면 일부는 '아, 다른 데는 괜찮지만 우리 동네는 안 돼'라는 인식이 강했습니다. 하지만 이 공동체는 지원을 아끼지 않았습니다." 공간 설계를 맡았던 건축 회사의 최고경영자 더그 스미스가 말한다.[46] "경제적으로 불안정한 사람들의 환경을 개선하는 데 이 도서관이 도움이 되었으면 좋겠습니다." 시카고 공공 도서관의 단골 이용자이자 자녀들을 홈스쿨링으로 지도하는 어머니 셸리 맥도월의 의견도 일치했다. "이 도서관이 부유한 사람들에게 다른 공동체에 관한 정보를 알려주고, 다양한 사회적 지위의 사람들 사이에 그리고 공동체들 사이에 다리를 놓아주기를 바랍니다."[47]

시카고의 도서관 개발 사업은 희망을 보여주는 강력한 지표다. 우리가 도시의 원자화를 극복할 방법이 있음을, 우리가 어떻게 누구와 교류할지에 물리적인 환경이 큰 영향을 미칠 수 있음을 보여준다.

정부가 개입할 또 다른 방법이 있다. 마을 상점과 카페가 공동체의 허브이자 마을의 무게중심으로서 중요한 역할을 한다는 사실을 인식하는 것이다. 우리는 시장에만 사회를 맡겨둘 수 없으며(앞서 봤듯이 포용은 시장의 관심사가 아니다) 마을 상점들이 집단적인 외로움을 완화하는 데 필수적인 역할을 할 수 있음을 인정하는 것이 중요하다. 공동체를 활성화하기 위해 사적 영역에서 할 수 있는 역할에 대해서는 나중에 다시 자세히 다루겠지만, 코로나바이러스 감염증이 도심 상가에 끼친 막대한 손해를 고려하면 마을 상점의 생존을 위해 정부의 아주 의미 있는 지원이 필요하다.

여기 다시 우리가 참고할 만한 좋은 선례들이 있다. 벨기에 플랑드르 지역의 도시 루셀라러는 2015년 '공실 상점세'(1년 이상 공실인 상점에 부과되고 공실 기간이 길어질수록 세금 부담이 더 커진다)를 도입하여 소상공인이 감당하기에는 과도한 임대료를 고집하는 건물주에게 벌금을 부과함으로써 공실률에 유의미한 영향을 미쳤다. 루셀라러 시정부는 시에서 정한 범위를 벗어나는 구역에서는 소매점의 신규 등록을 거부하는 정책을 도입했다. 도심지 바깥에 대형 할인 매장이나 대형 슈퍼가 개장되는 것을 막기 위해서였다.

영국의 슈퍼마켓체인 세인즈버리스 전 사장 재스퍼 킹Jasper King은 도심지 상점에 부과하는 영업세를 절반으로 감면해달라는 요구를 했었다. 바로 지금이야말로 이 요구를 수락해야 할 때다. 마을 상점이 어려움을 겪는 이유가 단지 사회적 거리두기와 경기 침체만이 아니라 최근의 사건들이 촉발한 온라인 쇼핑으로의 급격한 이동이기 때문이다. 2020년에서 2021년까지 도심지 상점의 영업세를 감면한다는 영국 정부의 결정은 바람직한 전례로 보인다.

정부들이 도심지 상점의 생존을 돕기 위해 시행할 수 있는 정책은 수없이 많다. 그런데 정치인들이 할 수 있는 일은 그것 말고도 또 있다.

도시들이 적대가 아닌 환대하는 분위기로 설계된다면 어떨지 상상해보자. 못을 박거나 벤치를 가장한 콘크리트 덩어리를 생각해낸 그 독창성을, 우리를 떨어뜨려놓을 방법이 아니라 우리를 하나로 모을 방법을 찾는 데 쓰면 어떨까.

코로나19 대유행에 장악된 세계에서 이러한 제안은 어쩌면 헛된 공상처럼 보일지 모른다. 그리고 중앙정부나 지방자치단체는 계속되는 감염에 대한 우려 때문에 단기적으로는 이에 반하는 조치를 취할 가능성이 큰 것이 현실이다. 건축 비평가 올리버 웨인라이트가 썼듯이 "기능 못지않게 형태도 전염병 공포에 늘 뒤따라 나타났다."[48] 지금 이 글을 쓰는 순간에도 사람들이 서로 거리를 지킬 수 있도록 일부 도로가 확장되고 있다.

그러나 우리가 현재 느끼는 공포가 장기적으로 도시의 형태를 결정해선 안 되며, 우리 시대의 질병에 대한 대가를 미래 세대가 치러서도 안 된다. 우리 스스로 외로운 세계를 구축했을지 모르지만, 서로에 대한 우리의 생각과 의무를 다시 설정해 새로운 세계를 구축할 기회가 우리에게 있다. 그 심장부에는 포용과 공동체가 자리해야 한다.

우리가 교훈을 얻을 수 있는 고무적인 도시계획 사업들이 있다. 이를테면 스페인 바르셀로나 시정부는 마을을 '슈퍼블록'으로 바꾸는 야심 찬 도시계획 사업에 착수했다. 슈퍼블록에서는 차량 통행이 금지된다. 차가 다니지 않는 공간은 놀이터, 공원, 노천 공연장 등 친교를 나눌 수 있는 공동 공간으로 조성된다.[49] 이 사업의 비전은 주민들이 교통 소음이나 배기가스를 더는 견디지 않아도 되고, 거리에서 '배회'하거나 '방황'하거나 '훔쳐보는' 보행자나 자전거 이용자를 마을이 환대하는 것이다. 계획된 503개 슈퍼블록 중 여섯 개가 이미 완성되었다.

포블레노우 마을에 마치 하룻밤 새 나타난 것 같은 최초의 슈퍼블록을 주민들은 처음에 반대했다.[50] 이해할 만하다. 여전히 자동차에 많이 의존하는 주민에게는 통근 거리가 3배로 늘었고 장사하는 사람은 주차하고 짐을 내릴 장소를 찾을 수 없었기 때문이다. 하지만 주민들이 새 공원과 놀이터의 진가를 깨달아가고 시에서 질 높은 인프라에 투자하겠다는 약속을 지키자 주민들의 태도가 바뀌었다. 슈퍼블록 사업을 지휘한 도시계획가 살바도르 루에다Salvador Rueda에 따르면 2007년 이래 10년 동안 바르셀로나시의 그라시아 슈퍼블록에서는 도보 이동이 10%, 자전거 이용이 30% 증가했다고 한다.[51] "더 느린 삶의 리듬입니다. 공간과 이웃의 재발견이지요." 바르셀로나 주민 카를레스 페냐는 말한다.[52]

이는 자료를 통해서도 분명하게 증명된다. 연구자들은 교통량이 적은 거리에 사는 사람은 교통량이 많은 거리에 사는 사람보다 사회적 관계가 3배 더 많다는 사실을 발견했다.[53] 더욱이 그들의 '자기 영역home territory'(내가 소유하고 투자했다는 의식을 느끼는 도로 구간)도 확장된다. 그 이유를 떠올리기란 어렵지 않다. 교통량이 적은 구역에 사는 주민들은 그들의 거리, 더 나아가 그들의 마을이 더 안전하다고 느낀다. 대기도 덜 오염된다. 자녀가 밖에서 놀다가 차에 치일 위험도 적다. 근처에서 시간을 보내기에 더 쾌적하다. 그러므로 주민들이 공공의 영역에서 벗어나 건물 안으로 숨어버릴 가능성이 더 적고 서로 교류할 가능성은 더 크다.

도시인은 봉쇄 기간에 교통 소음이 없는 생활과 눈에 띄게 깨끗해진 공기에 익숙해졌다. 이제는 앞서와 같은 새로운 도시계획에 대한 욕구가 과거보다 훨씬 강해졌을 것이다. 최근 사건들을 통해 이제는 스스로를 그 어디에도 소속되지 않은 시민이라고 여기는 도시인조차도 우리가 사는 지역의 지형과 마을이 우리의 웰빙을 상당 부분 좌우한다는 사실을 분명하게 인식했을 것이다.

물론 도시의 외로움은 단순히 정부나 건축가, 개발업자, 도시계획가가 내리는 하향식 결정만으로 해결될 문제는 아니다. 정책과 벽돌과 사람이 함께 어우러져서 도시의 느낌을 결정한다.

봉쇄 기간에 우리 대다수는 이 점을 여실히 깨달았다. 미국 맨해튼의 헤이즐 펠드먼이 느낀 외로움과 고립 또는 호주 시드니의 어느 매장에서 두루마리 화장지를 두고 싸운 사람들이 보인 이기심, 그리고 우리가 전에는 전혀 경험하지 못했던 방식으로 도시 공동체를 하나로 모으고 있는 코로나바이러스를 둘러싼 이야기이기도 했다.

런던 케닝턴의 피트니스 예찬자 사이먼 가너는 자기 집 앞의 거리에서 일일 운동 강좌를 시작했다. 같은 시간, 집 안에 갇혀 지내던 이웃들이 문간에 서서 빗자루와 베이크드빈 통조림을 '아령' 삼아 스트레칭에 동참했다. 미국 텍사스주 휴스턴에서는 식당에서 포장 판매나 배달 판매만 허용된다는 뉴스가 발표되자 어느 익명의 커플이 90달러짜리 계산서에 무려 9,400달러의 팁을 남김으로써 진정한 연대 의식을 보여주었다. 팁과 함께 남겨진 메모의 내용은 이랬다. "이 팁을 앞으로 몇 주간 직원들의 급료로 써주십시오."[54] 스페인 마드리드에서는 한 택시 운전사가 환자들을 무료로 지역 병원으로 옮겨주었다.[55] 영국, 미국을 비롯한 세계 각지에서 많은 사람이 일주일에 한 번 한마음으로 현관 앞에서, 발코니에서, 창가에서 손뼉을 치고 함성을 지르고 냄비와 팬을 두드리며 최전선에서 코로나19와 싸우는 이들에게 감사를 표시한다.

우리는 아무리 글로벌화된 세계라도 마을 공동체의 뿌리가 강해야 한다는 사실을 결코 잊어서는 안 된다. 코로나19 대유행 중에 많은 사람이 마을에서 경험한 연대를 강화하고 싶다면, 그리고 봉쇄 조치 동안 우리를 먹여주고 길러준 마을 상인 모두에게 감사를 표현하고 싶다면 이제 노력을 투입해야 한다. 우리 모두가 혜택을 누리기 위해서는 공동체를 적극적으로 함께 만들어가야 할 것이다.

우리는 우리의 마을 카페를 지원해야 한다. 좀 더 비싼 값을 치러야 하더라도 이것을 일종의 공동체 세금으로, 우리 마을을 보호하고 육성하기 위해 치르는 작은 대가로 생각하자. 우리는 잠시라도 시간을 내어 온라인 매장이 아닌 마을 매장에서 장을 봐야 한다. 우리가 이용하지 않으면 매장이 살아남기 어렵다. 그리고 우리 마을이 더 결속되었다고 느끼고 싶다면 우리는 우리와 다른 사람들과 적극적으로 교류해야 한다. 또한 지역 커뮤니티센터나 중심 상가에서 제공하는 더 넓은 공동체와의 교류 기회를 우리가 충분히 이용하지 않는다면 지역 커뮤니티센터도 중심 상가도 공동체의 미래에 대한 약속을 지킬 수 없다. 물론 여기에는 많은 연습이 필요하다.

더 나아가 우리 마을이 생동감과 환대하는 느낌을 주길 바란다면 주변 사람들과 얼굴을 맞대고 물리적으로 더 교류해야 한다. 속도를 늦추자. 그 리듬을, 그 휴식을 내 것으로 만들자. 미소를 짓자. 담소를 나누자. 이 글을 쓰고 있는 지금처럼 비록 여전히 사회적 거리두기를 유지해야 하더라도, 비록 우리의 미소가 여전히 마스크에 가려져 있더라도, 비록 사람과의 직접적인 교류가 우리를 겁먹게 하더라도. 이제 우리는 우리의 공동체와 그 구성원들의 기운을 북돋기 위해 먼저

나서서 불편을 감수하고, 우리 가운데 가장 외로운 사람들에게 손을 내밀기 위해 의식적인 노력을 기울일 준비를 해야 한다.

앨리슨 오웬-존스 같은 사람들의 이야기가 영감을 준다. 오웬-존스는 2019년 5월 고향인 영국 웨일스 카디프의 공원 벤치에 노인이 혼자 앉아 있는 것을 보았다. 사람들은 40분 동안이나 무심하게 노인을 지나쳐 갔다. "제게도 영국인 특유의 내성적인 면이 있어서 제가 그분 옆에 앉으면 혹시 그분이 저를 이상하게 여기지 않을까 하는 생각이 들었습니다." 오웬-존스는 나중에 BBC 인터뷰에서 말했다. "사람들에게 함께 담소를 나눌 이가 곁에 있다는 걸 알려줄 간단한 방법이 있다면 멋지지 않을까 싶었어요. 그래서 사람들에게 길을 열어줄 표지판을 세우자고 생각했어요. 표지판 내용은 이래요. '행복한 담소 벤치입니다. 누군가가 잠시 걸음을 멈추고 인사를 건네도 괜찮다면 여기 앉으세요.'"[56]

사람들은 그렇게 했다. 오웬-존스는 지역 자선단체 및 경찰과 협력해 카디프 전역에 '행복한 담소' 벤치를 만들었다. 이것은 단순히 사람들이 서로 대화를 나누는 방법 그 이상을 의미한다. 덕분에 사람들은 이제 남이 자신을 쳐다봐주고 귀 기울여준다고 느끼게 되었다. 이제껏 자신을 못 본 척 지나치던 사람들이 말이다. 오웬-존스는 말했다. "갑자기 투명인간 상태를 빠져나온 겁니다."

6장

스마트폰에
봉쇄된
사람들

미국 아이비리그에서는
면대면 대화가 불가능한 학생들을 위해,
'표정 읽는 방법'이라는 수업을 개설했다.
하루 221번, 1년에 1,200시간 스마트폰에 연결된 사람들의
커뮤니케이션 능력은 오히려 파국을 향하고 있다.

스코틀랜드의 데이비드 브루스터는 영국 섭정시대에 가장 저명한 과학자 가운데 한 명이었다. 이른 나이에 에든버러대에 입학한 영재이기도 했던 브루스터는 평생 광학 기기에 매료되어 있었고 열 살에 처음으로 망원경을 직접 만들었다. 신실한 복음주의자이기도 해서 처음에는 스코틀랜드 교회의 성직자가 되려고 했지만 한번은 식전 기도를 올리기 위해 초대받은 만찬 자리에서 졸도했을 정도로 공식 석상에서 말하는 것이 스스로에게 너무 큰 스트레스라는 사실을 깨달았다.[1] 그래서 브루스터는 다른 복음 전도, 그러니까 과학에 대한 복음 전도에 나섰다. 1817년 브루스터는 '이학理學 장난감'의 특허를 획득했다(당시 그는 왕립학회 회원이었고, 광학 분야에서의 공로를 인정받아 영예로운 코플리 훈장을 받기도 했다). 다각형 거울 조각과 작은 색유리 조각을 이용해 아름다운 대칭 형태를 만들어내는 장난감이었다. 브루스터는 사람들이 이 기기로 재미를 느끼는 동시에 과학의 경이를 음미할 수 있기를 바랐다.

브루스터의 발명품 만화경kaleidoscope(아름다움을 뜻하는 그리스어 '칼로스kalos'와 형태라는 말인 '에이도스eidos'에서 유래했다)은 그가 기대했던 것보다 훨씬 더 뜨거운 반응을 끌어냈다. 영국은 거의 하룻밤 사이에 '만화경 열풍'에 사로잡혔다. "세대를 불문하고 모두가 만화경을 하나씩은 갖고 있다. 1819년 《리터러리 파노라마 앤드 내셔널 레지스터Literary Panorama and National Register》는 나이 불문, 직업 불문, 생업 불문, 민족 불문, 정부 불문, 종파 불문, 정당 불문"이라며 감탄을 표했다.[2] 시인 새뮤얼 테일러 콜리지의 10대 딸 새라 콜리지 역시 만화경에 열광했다. 시인 콜리지의 집을 방문한 손님이 런던에서 이 "매우 기이한 장난감"을 가져왔고, 콜리지의 딸은 같은 잉글랜드 북부 호수 지방에 사는 친구 도라 워즈워스에게 열광하며 말했다. "기다란 빈 원통 안을 들여다보면 그 끝에 온갖 아름다운 형태의 작은 유리 조각들이 보여. 원통을 흔들면 매번 다른 형태가 나타나지. 그런데 이걸 100년간 흔들어도 정확히 똑같은 형태를 절대 다시 보진 못해."[3]

'만화경 열풍'은 유럽 대륙 전역과 그 너머로까지 급속히 전파되었다. 브루스터는 3개월 안에 런던과 파리에서 대략 20만 개의 만화경이 팔렸다고 추산했으며, "만화경을 담은 대형 화물들이 해외, 특히 동인도로 발송되었다"고 말했다.[4] 얼마 지나지 않아 미국 잡지들은 이 놀랍고 새로운 장치에 대한 기사로 도배되었다.[5] "빛과 색채로 놀라운 마법을 부리는 이 작고 아름다운 장난감은 믿을 수 없으리만치 대단한 소동을 일으키며 유럽과 미국 전역으로 퍼져나갔습니다." 브루스터의 딸 마거릿 고든이 회상했다.[6]

하지만 만화경의 인기(오늘날로 치면 '바이럴 광고의 성공 사례'라고 부를 만하다)는 브루스터에게 달콤하면서도 씁쓸한 경험이었다. 브루스터는 특허권 침해의 초기 피해자였고 이 발명품으로 거의 이득을 보지 못했다. 그가 런던의 제조업자들과 파트너 계약을 맺기 바쁘게 싸구려 모조품이 시장에 쏟아져 나왔다. 그뿐 아니라 브루스터의 무고한 장난감은 사람들의 주의를 지나치게 오래 붙잡아둔다는 비난을 받기 시작했다. 《리터러리 파노라마 앤드 내셔널 레지스터》는 사람들이 이 새로운 유행에 온통 마음을 빼앗긴 현상에 관해 "길을 걷는 소년들이 하나같이 자기 만화경에 정신이 팔려서 벽에 머리를 찧을 정도"라고 조롱하듯 논평했다.[7] 이 주제를 다룬 〈영국의 보석 애호가들은 지금 만화경 나라에 있다La Kaleidoscomanie où les Amateurs de bijoux Anglais〉라는 제목의 판화 작품에는 만화경에 열중하고 있는 사람들이 등장한다. 그들은 만화경에 얼마나 정신이 팔렸는지 등 뒤에서 자기 파트너가 유혹을 받는 것도 눈치채지 못한다.[8]

비판자들은 만화경을 대중 소비문화의 한 가지 유형으로 보고 새로운 싸구려 장식품이나 또 다른 소동으로 아주 쉽게 잊히리라 여겼다. 친구이자 전기 작가인 토머스 제퍼슨 호그Thomas Jefferson Hogg가 1818년 만화경 제작 방법을 적어서 보내주었을 때 시인 셸리는 이렇게 답장을 보냈다. "자네의 만화경이 리보르노에서 전염병처럼 퍼져나가고 있어. 전 인구가 만화경 열기에 두 손 들었다는군."[9]

두 세기 뒤로 시간을 빠르게 돌려보자. 여러분은 내가 어디로 향하고 있는지 알 것이다. 스티브 잡스가 2007년 아이폰 출시와 함께 촉발한 혁명으로 우리 대부분은 현대판 만화경을 주머니에 넣고 다니게 되었다. 다만 데이비드 브루스터의 인기 장난감보다 훨씬 강력하고 훨씬 강박적으로 사용될 뿐.

221. 우리가 하루에 휴대전화를 확인하는 평균 횟수다.[10] 시간으로 보면 매일 평균 3시간 15분에 달하고 1년에 거의 1,200시간이다.[11] 10대의 절반 정도가 이제 '거의 항상' 온라인 상태다.[12] 전 세계 성인의 3분의 1이 아침에 눈을 뜬 지 5분 이내로 휴대전화를 확인하고, 우리 중 다수가 (누구인지 우리는 안다) 한밤중에 깼을 때도 5분 안에 휴대전화를 확인한다.[13]

디지털로 인한 주의산만은 시드니, 텔아비브, 서울처럼 스마트폰 사용량이 특히 높은 도시에서 매우 심각하게 나타나서 도시계획가들은 공공의 안전을 위해 과감한 조치를 취하기에 이르렀다.[14] '멈춤/통행' 신호를 도로 바닥에 설치해 보행자가 스마트폰 화면을 보다가 고개를 들지 않아도 안전하게 길을 건널 수 있게 한 것이다. 서울의 어느 도로에서는 심지어 건널목에 레이저빔을 배치해서 '좀비' 보행자의 스마트폰에, 앞에 차가 지나다니고 있다고 공지를 띄워 경고한다. 이러한 기술 혁신은 한국에서 '멈춤/통행' 신호등을 5년 동안 시험 사용한 결과 보행자 부상 사건은 20%, 사망 사건은 40% 감소한 것에 고무되어 이루어낸 성과다.[15] 우리 중 일부에게는 스마트폰에 끝없이 올라오는 콘텐츠가 차에 치이지 않으려고 조심하는 것보다 우리의 주의를 더 강력하게 잡아끄는 듯하다.

물론 휴대전화 사용 시간을 강조하는 사람이 내가 처음은 아니다. 우리 주머니 속의 작은 컴퓨터에 저항하는 전면적인 러다이트운동을 펴려는 것도 아니다. 내가 제기하는 질문들은 까다로운 것들이다. 이 기기들은 21세기의 외로움 위기에서 얼마나 중심적인 역할을 하고 있을까? 그리고 21세기에 등장한 커뮤니케이션 기술 혁신은 이전의 그것과 어떻게 다를까?

지난 역사를 돌아보면 구텐베르크 인쇄기부터 스마트폰에 이르기까지 커뮤니케이션 기술의 주요 발전은 우리가 상호작용하는 방식을 크게 변화시켰지만 사용자들에게 항상 좋은 평가를 받지는 못했다. 고대 그리스의 소크라테스는 글을 쓰는 행위가 "기억력 훈련을 하지 않게 만들어서 글쓰기를 배우는 사람의 정신에 건망증을 초래할 것"이라고 말했다.[16] 15세기 베네딕트회 수도원장이자 박식가였던 요하네스 트리테미우스Johannes Trithemius는 수도사들이 구텐베르크 인쇄기 때문에 필사를 하지 않는다고 나무랐다. 트리테미우스는 이로 인해 엄격함과 지식이 사라지리라고 믿었다(하지만 트리테미우스는 이러한 맹렬한 질책이 담긴 글을 인쇄기로 찍었다. 다른 사람이 그의 글을 읽게 할 유일한 방법이었다[17]). 1907년 한 《뉴욕타임스》 칼럼니스트는 이렇게 한탄했다. "전화기가 널리 사용되면서 공손함과 예의가 장려되기보다 오히려 그나마 남아 있던 것마저 빠르게 쇠퇴하고 있다."[18]

하지만 우리 시대의 스마트폰 사용과 예전 세기의 커뮤니케이션 기술 혁신 사이에는 근본적인 차이가 있다. 간단히 말하면 우리가 그것들에 얼마나 붙들려 있는가의 문제다. 과거에는 글쎄, 하루 몇 차례나 전화기를 집어 들었을까? 오늘날 휴대전화는 마치 콧등에 걸치고 있는 안경처럼 우리가 전혀 의식하지 못하는 존재가 되어 우리 중 일부에게 막대한 영향력을 발휘하고 있다.[19] 앞으로 보겠지만 이것은 결코 '기분 좋은 우연'이 아니다. 디지털 시대의 야수 같은 거대 기업들은 이 결과를 일구어내기 위해 매우 열심히 작업해왔다.

❖   **늘 함께, 하지만 늘 혼자**

오늘날 휴대전화와 소셜 미디어의 사용이 인류사의 그 어느 사건과
도 닮지 않은 이유는 바로 '항시적 연결' 상태에 있다. 바로 이 항시적
연결이 21세기 외로움 위기의 독특한 본질에 매우 중대한 역할을 하
고 있다.

　우리가 병원에서 만난 다른 환자에게 미소 짓지 못하게 하는 것,
버스에서 다른 승객에게 고개 숙여 인사하지 못하게 하는 것은 단지
도시 생활의 분주함과 속도만이 아니며, 심지어 현대의 사회적 규범
만도 아니다. 휴대전화 스크롤을 내리고 영상을 시청하고 트윗을 읽
고 사진에 댓글을 다는 매 순간 우리는 우리 주변의 사람과 함께 있지
않으며, 우리가 더 큰 사회의 일원임을 느끼게 해줄 다양하고 일상적
인 사회적 상호작용의 기회를 스스로에게서 빼앗는다. 앞서 봤듯이
이처럼 남에게 우리를 보여주고 우리 존재를 확인받는 소소한 순간
이 진정 중요한 순간이다. 단순히 스마트폰을 몸에 지니고 있는 것만
으로도 행동이 변하고 우리가 세계와 상호작용하는 방식이 변한다.
우리가 스마트폰을 몸에 지니고 있을 때 낯선 사람과 미소를 주고받
는 일이 줄어든다는 사실이 최근 연구에서 밝혀졌다.[20]

　더욱 우려스러운 것은 스마트폰이 우리가 사랑하고 아끼는 사람
과의 관계까지 소원하게 만든다는 점이다. 스마트폰을 사용하는 시

간은 우리가 친구, 동료, 연인, 자녀와 함께하지 않는 시간이기 때문이다. 우리가 이렇게까지 지속적으로 관심이 다른 곳에 팔린 상태였거나 이렇게까지 많은 사람이 동시에 영향을 받은 적은 없었다. 우리는 다른 사람과 함께 있지만 사실은 혼자다.

이러한 항시적 주의산만이 극단으로 치달을 때 비극적인 결과를 초래하기도 한다. 최근 몇 년 사이 휴대전화에 주의를 빼앗긴 부모 때문에 아기가 숨지는 사건이 몇 차례 발생했다.[21] 미국 텍사스주 파커 카운티에서는 한 어머니가 넋이 나간 표정으로 8개월 된 딸을 "잠시" 욕조에 두었다고 주장했다.[22] 경찰이 어머니의 휴대전화를 감식해본 결과 아기가 욕조 안에 숨진 채 누워 있는 동안 어머니는 페이스북에서 18분 이상 머물렀다는 사실이 드러났다.

물론 이것은 극단적 사례이지만 우리는 아이 보호자가 문자를 보내거나 게임을 하거나 소셜 미디어를 훑느라 아이를 주시하지 않는 모습을 보곤 한다. 주말에 공원에 나온 아버지들이 그네 타는 아이를 지켜보지 않고 휴대전화에 빠져 있는 모습도 다들 한 번은 봤을 것이다. 식당에서 가족들이 각자 자기 휴대전화를 들여다보느라 서로 대화하지 않는 모습도 모두 본 적이 있을 것이다. 이러한 행동은 상당히 파국적인 결과를 초래한다.

❖   저 개 좀 봐

크리스 칼랜드Chris Calland는 탁월한 아동 발달 전문가다. 과거에 교사로

일했고 지금은 영국 전역의 학교와 어린이집에 컨설팅을 해준다. 주요 관심 분야는 부모 역할이다. 그런데 칼랜드는 이 일을 하면서 한가지 우려스러운 결론에 이르렀다. 오늘날 학령기에 접어든 어린이 가운데 상당수가 기본적인 대인 관계 기술이 모자라고 나이에 비해 기초적인 언어 능력도 부족하다는 것이다. 칼랜드는 이 문제의 핵심에 휴대전화가 있다고 믿는다. 부모들은 끊임없이 스크롤을 오르내리느라 자녀와 상호작용할 기회를 놓치고 있으며, 그 결과 중요한 의사소통 기술을 자녀에게 전해주지 못하고 있다.

칼랜드는 이 문제를 바로잡기 위해 다양한 노력을 한다. 어느 어린이집에서는 부모가 자녀와 대화할 때 참고할 만한 원고를 나누어 주었다. 이 원고에는 "오늘 한 것 중에 뭐가 좋았어" 같은 너무나 빤한 대사가 실려 있다. 심지어 "저 개 좀 봐"도 실려 있다. 칼랜드는 휴대전화에 빨간 줄을 그은 그림을 어린이집 곳곳에 붙이라고 제안하기도 했다. 부모가 스스로 기술과 맺는 관계를 재고하고 자녀와 있을 때는 휴대전화 사용량을 조절할 것을 제안하는 그림이다.[23]

어린이의 의사소통 기술만 손상되는 것이 아니다. 여러 연구에 따르면 휴대전화 때문에 산만한 부모의 자녀는 편식이나 과식할 확률이 높고 운동 능력 발달이 지연될 확률도 높다. 정서적 애착("엄마는 왜 나보다 휴대전화를 더 좋아해요?")이나 정서적 회복탄력성 등도 영향을 받는 것으로 드러났다.[24] 휴대전화 때문에 산만해진 부모의 자녀는 과잉 행동을 보이거나 분노 같은 강한 부정적 감정을 조절하는 데 문제를 겪거나 자기 요구가 관철되지 않으면 화를 내는 일이 잦다.[25] 언어 능력과 마찬가지로 이러한 정서적 영향도 아동이 부모-자녀 관계를 탐색하는 생애 초기 몇 해를 지나 오래도록 남는다. 디지털 기기에 주의를 빼앗긴 부모의 10대 자녀일수록 부모의 '온기'를 덜 느낀다고 응답했으며 불안과 우울을 경험할 확률이 더 높았다.[26]

물론 무시당하는 것은 자녀만이 아니다. 파트너와 침대에 나란히 누워 있으면서 각자 자기 휴대전화의 스크롤을 위아래로 움직이던 때가 몇 번이나 있었는지 생각해보라. 업무상 통화 도중에 트위터를 확인한 적은? 룸메이트와 대화를 나누기보다 헤드폰을 쓰고 넷플릭스를 보는 시간, 인스타그램에 올릴 완벽한 휴가 사진을 찍기 위해 당신이 들인 그 모든 시간과 노력—사실 그 시간은 당신이 함께 휴가를 보내고 있는 사람과 상호작용하면서 유대를 형성하고 장기적인 연결을 구축해줄 추억을 만들 수 있는 시간이었다.

나 역시 누구 못지않은 죄책감을 느낀다. 휴대전화는 우리의 애인이자 불륜 상대다. 오늘날 우리는 옆에 사람을 두고 노골적으로 휴대전화와 바람을 피우며, 어찌 된 일인지 이러한 부정을 다 같이 수용하기에 이르렀다. 우리는 여기 있지만 여기 있지 않으며, 함께이지만 혼자다.[27]

❖   **분열된 자아**

공감 능력은 우리가 서로 이해하고 연결되는 데 결정적인 역할을 한다. 그런데 스마트폰은 우리의 주의를 산만하게 하여 공감 능력을 심각하게 좀먹는다. 이는 스마트폰이 우리의 주의를 잘게 파편화해 분열된 자아를 만들기 때문이다. 분열된 자아는 얼굴을 맞대고 친밀한 대화가 일어나는 물리적 현실 그리고 화면상에서 동시에 진행되는 수십, 아니 어쩌면 수백 건에 달하는 텍스트와 이미지 기반 대화 사이에 끼어 있다. 우리가 여러 방향으로 잡아당겨진다면 우리 앞에 있는 사람에게 관심과 온정을 오롯이 주기도, 상대의 관점에서 사물을 바라보기도 사실상 불가능하다.

놀라운 점은 이런 효과가 꼭 휴대전화를 사용하고 있을 때만 발생하는 것이 아니라는 사실이다. 워싱턴 D.C.의 한 카페에서 커플 단위로 담소를 나누는 100쌍의 사람들을 관찰 연구한 결과 스마트폰을 탁자에 올려두었을 때, 또는 그냥 한 손에 들고 있기만 했을 때도 사람들은 서로 덜 가깝고 덜 공감하고 있다고 느꼈다.[28] 두 사람의 관계가 친밀할수록 휴대전화가 상호 공감에 미치는 영향은 더 치명적이었으며 각자 상대에게 덜 이해받고 덜 지지받고 덜 존중받는다고 느꼈다. 공감도 민주주의처럼 연습이 필요하기에 특히 걱정스러운 일이다. 공감 능력은 자주 사용하지 않으면 퇴화한다.

스마트폰이 공감을 방해하는 이유는 단순히 사용자의 주의를 야금야금 빼앗기 때문만이 아니다. 2017년 캘리포니아대 버클리캠퍼스 연구진이 실험 참가자에게 논쟁적인 정치 문제에 대한 견해를 바탕으로 다른 사람이 얼마나 '인간'으로 느껴지는지 평가해달라고 요청했다. 그 결과 참가자의 반응은 단지 자신이 옳다고 여기는 의견과 얼마나 일치하는가로만 결정되지 않았다. 그 의견이 전달된 매체(비디오, 오디오, 문자)가 무엇이냐에도 영향을 받았다.[29] 인간적인 형태와 목소리가 제거되면 제거될수록 그만큼 평가자는 상대를 인간으로 느끼지 않았다. 이 현상은 실험 참가자에게 연사의 견해가 적힌 원고만 주었을 경우 가장 두드러졌다. 스탠퍼드대 교수 자밀 자키의 표현처럼 "성근 상호작용으로는 공감에 이르기 어렵다."[30]

걱정스러운 일이다. 지난 10년간 상호작용은 갈수록 느슨해지는 경향을 보였기 때문이다. 이 추세는 특히 젊은 층에서 두드러졌다. 2018년 미국, 영국, 독일, 프랑스, 호주, 일본에서 18~34세의 젊은이 4,000명을 대상으로 설문 조사를 실시한 결과 75%가 전화 통화보다 의사소통을 좀 더 제약하도록 설계된 문자메시지를 선호한다고 답했다.[31] 스마트폰에서는 타이핑하기가 (자동 오타 수정과 자동 완성 기능이 있긴 하지만) 상대적으로 불편하기 때문에 우리는 갈수록 글을 짧게 쓰게 된다. 트위터의 글자 수 제한은 우리에게 큰 목소리로, 뉘앙스가 담기지 않은 간결하고 단순한 문장으로 말할 것을 요구한다. 페이스북 메시지는 짧을수록 더 많은 반응을 얻기에(80자 미만 게시물이 66%나 더 많은 '반응'을 얻는다) 우리는 자신의 글을 편집할 수밖에 없다. 게다가 '좋아요'를 누르는 것만으로 나를 표현할 수 있는데 뭐하러 굳이 글을 쓰며 에너지를 소모하겠는가?[32]

봉쇄 조치는 이 흐름을 바꾸어놓았다. 보잘것없던 전화 통화의 인기가 하룻밤 사이에 치솟았다. 미국에서는 2020년 4월 한 달간의 하루 통화 건수가 앞서 몇 달 평균치와 비교해 2배로 증가했고, 평균 통화 시간은 33% 늘었다.[33] 이러한 변화는 젊은 층에서도 나타났다. 대학교 2학년생인 스무 살의 에밀리 랜시아는 캠퍼스를 걷다가, 매일 문자를 주고받지만 한 번도 통화는 해본 적 없는, 어릴 적부터 가장 친한 친구에게 전화를 걸고 싶은 기분이 문득 들었다.[34] 영국의 이동

통신 업체 오투O2에 따르면 2020년 3월 봉쇄 조치가 내려진 후 18세에서 24세까지 이용 고객의 4분의 1이 친구에게 처음으로 전화를 걸었다고 밝혔다.[35]

물론 봉쇄 조치의 또 다른 수혜자는 영상 통화다. 파티나 퀴즈 나이트(영국 주점에서 손님을 끌기 위해 여는 퀴즈 대회—옮긴이), 업무 회의 등이 영상으로 옮겨가면서 줌, 하우스파티Houseparty, 스카이프Skype의 다운로드 건수가 전 세계에서 기하급수적으로 증가했다. 마이크로소프트의 팀즈Teams는 그달 영상 통화 건수가 1,000% 이상 급증했다. 어느 커플은 심지어 영상으로 데이트를 시작해 오로지 화면으로만 '만났다.'

사회적 거리두기와 여행 제한 조치를 고려하면 영상 업무 회의는 한동안 계속될 가능성이 크지만 음성과 영상 기반 대화에 대한 우리의 선호가 얼마나 지속될지 확실히 예측하기는 아직 어렵다. 하지만 코로나19 위기가 지나가고 우리가 상호작용하는 방식을 선택해야 하는 순간이 오면 간결성만을 목표로 삼아 대면보다 문자메시지, 더 넓게는 가상 환경에서의 의사소통을 선호할 경우 우리가 무엇을 잃게 될지를 충분히 숙고해봐야 한다. 왜냐하면 대부분의 사람들은 봉쇄 조치 중에 가상 환경에서의 상호작용 가운데 그나마 덜 성근 형식인 영상 통화조차 매우 불만족스러운 것을 알게 되었기 때문이다. 물론 아무것도 없는 것보다는 낫지만 말이다.

우리가 공감과 연결을 구축할 때는 표정이 결정적인 역할을 한다. 표정은 다른 사람과의 상호작용에서 얻는 비언어 정보(정서, 생각, 의도 등)의 가장 중요한 원천이다. 진화생물학자들은 우리 얼굴의 가

소성(수백 개의 근육을 이용해 뉘앙스가 가미된 표현을 전달하는 능력)이 정밀하게 진화한 이유는 초기 영장류가 협력하고 서로 돕기 위해서였다고 믿는다.[36]

과학은 이 견해를 뒷받침한다. 기능적 자기공명영상[fMRI] 덕분에 우리는 직접 의사소통할 때 무의식적으로 서로를 모방할 뿐만 아니라 우리 뇌의 일부에서 실제로 전자 파동이 동기화된다는 것을 발견했다.[37] 『공감 효과』의 저자 헬렌 리스 박사는 이렇게 설명한다. "어떤 정서를 겪고 있는 사람과 한자리에 있을 때 우리가 그 정서를 알아차리는 것은 고통을 겪는 다른 사람의 정서와 표정과 경험이 관찰자의 뇌에 지도화[mapping]되기 때문이다." 이를테면 누군가가 우는 모습을 보면 우리가 슬픔을 경험할 때 활성화되는 뇌 부위와 동일한 영역이 아주 미약하게나마 활성화된다. "바로 이것이 우리가 울거나 슬퍼하는 사람과 함께 있을 때 슬퍼지고, 들뜸 같은 긍정적인 감정이 옆 사람에게 전염되는 이유다. '대부분의 감정은 상호적'이라는 말은 실제로 신경생물학적 근거가 있다."[38]

이러한 거울 효과는 연결과 공감에 필수적이다. 문제는 영상 기반 매체에서는, 적어도 지금처럼 영상의 흐름이 고르지 않고 동기화가 원활하지 않으며 화면이 갑자기 정지되거나 흐려지는 상태로는 우리가 서로를 제대로 보거나(온라인 상담을 하는 심리치료사들은 효과적인 의사소통을 위해 의뢰인에게 비언어적 행동을 크게 해달라고 요청한다) 감정을 자연스럽게 동기화하는 능력을 발휘하기 힘들다는 것이다.[39] 영상으로 의사소통하는 상대가 우리와 눈조차 맞추지 않을 때는 특히 더 그렇다. 카메라 각도 때문이든 화면에 나타난 자기 자신의 모습을 바라보기 때문이든 상대가 눈을 맞추지 않는 일은 흔하게 벌어진다.

그러니 영상 대화가 끝나고 어쩐지 불만족스러운 기분이 들거나 심지어 대화 전보다 오히려 더 고립되고 단절된 느낌이 드는 것은 그리 놀라운 일이 아니다. 미국 스프링필드의 미주리주립대 정보기술 및 사이버보안과 교수 셰릴 브래넘Cheryl Brahnam은 이렇게 말했다. "대면식 의사소통과 영상 회의의 관계는 수제 블루베리 머핀과 시판 블루베리 머핀의 관계와 같습니다. 시판 블루베리 머핀에는 진짜 블루베리는 조금도 들어 있지 않고 인공 향신료와 질감과 방부제만 있지요. 많이 먹으면 느낌이 썩 좋지 않고요."[40]

더군다나 이메일과 문자는 오해를 배양하는 페트리접시와도 같다. 미네소타대에서 실시한 2016년 연구에서 사람들은 동일한 이모지를 보고 네 번 중에 한 번은 그 의미를 전혀 다르게 해석해 서로를 오해했다. 일련의 연구에서 이메일에서는 빈정거리는 말이 진심 어린 말로, 열의가 조롱으로 보일 때가 잦다는 사실이 드러났다.[41] 심지어 문자화된 감정 가운데 가장 알아보기 쉬운 분노조차도 정밀하게 파악하기 어려웠는데, 이는 친한 친구 사이의 대화에서도 마찬가지였다.[42]

그렇다면 새로운 형식의 디지털 커뮤니케이션은 정서적인 연결이나 공감, 이해를 돕기는커녕 대화의 질을 저해하고 그 결과 관계의 질까지 해치는 심각한 결점과 단점을 지닌 셈이다. 새로운 형식의 디지털 커뮤니케이션은 우리가 아끼는 사람들과 직접 나누는 대화의 저급한 대체물로서 우리가 집단적으로 겪는 단절 상태의 주요 원인이다.

더 큰 문제는 우리가 얼굴을 직접 마주하고 있을 때조차도 스마트폰의 영향으로 의사소통 능력이 나날이 저하되고 있다는 사실이다. 특히 젊은 층이 그렇다.

내가 이 사실을 처음 알게 된 것은 몇 년 전 어느 만찬장에서 미국 아이비리그 대학교의 총장 옆에 앉았을 때였다. 그는 대학 신입생 상당수가 면대면 대화에서 아주 빤한 단서조차 읽어내지 못하는 것이 갈수록 걱정되어 결국 '표정 읽는 방법'이라는 보충 수업을 개설했다는 놀라운 얘기를 해주었다.

보스턴칼리지의 어느 통찰력 있는 교수는 다른 전략을 취했다. 학생들이 면대면 상호작용을 힘들어하는 것이 역시 우려되었던 케리 크로닌Kerry Cronin은 학생들을 도와줄 독특한 방법을 고안해냈다. 크로닌은 수강생이 누군가에게 데이트를 신청해 성공하면 추가 점수를 주겠다고 제안했다.

관계, 영성, 윤리, 개인의 성장에 관해 가르치는 크로닌은 미국 대학 캠퍼스의 훅업 문화hook-up culture(연애 감정 없이 섹스만 나누는 파트너를 두는 문화—옮긴이)에 관해 강의한 뒤 이러한 착상을 떠올리게 되었다. 강의에서 학생들은 섹스와 친밀감에 관해 크로닌이 미리 예상한 질문을 하지 않았다. 학생들의 호기심은 그보다 훨씬 단순한 질문, 즉 '데이트 신청을 어떻게 해요?'에 집중되어 있었다.[43] 크로닌은 데이트 자체가 '상실된 사회적 규약'임을 깨달았다. 학생들은 말 그대로 누군가에게 'IRL로'(in real life, 현실에서) 데이트 신청을 하려면 어떤 말을 해야 하는지를 묻고 있었다. 그래서 크로닌은 이 문제를 다루기로 결심했다.

크로닌은 수강생들에게 이 과제를 성공적으로 완수하기 위해 반드시 따라야 할 22가지 주요 지침을 주었다.[44] 학생들이 이제 너무나 익숙해져버린 데이트 앱 같은 디지털 도구, 소셜 미디어, 익명의 훅업 문화에 기대지 않고 데이트 상대를 스스로 찾도록 도울 지침이었다. 학생들은 데이트 신청을 직접 만나서 해야 했고(문자로는 안 되었다) 실제로 데이트를 해야 했다. 고스팅ghosting(갑자기 연락을 끊어버리는 것)은 절대 허용되지 않았다. 영화관은 데이트 장소로 허용되지 않았고, 술을 마시는 것도 친근한 포옹 이상의 신체적 접촉도 허락되지 않았다. 다시 말해 진짜 의사소통을 피해서는 안 되었다. 어두운 영화관에서 자기를 숨기는 것도, '술기운으로 얻은 용기'로 무장하는 것도, 대화를 생략하고 그냥 '곧장 섹스'를 하는 것도 안 되었다. 데이트에는 실제 대화, 어색함, 떨림, 긴장감이 있어야 했다.

또한 크로닌은 학생들에게 질문 서너 개와 대화 주제 두어 개를 미리 준비할 것을 추천했다. 어느 대화에서나 잠시 침묵이 이어지는 것은 자연스러운 일이라는 점도 재차 강조했다. 원하면 언제든 소셜 미디어에서 대화와 오락을 즐겨온 세대이기에, 실제 삶에서는 침묵을 위한 공간도 있다는 것을 반드시 설명해주어야만 했다.

스마트폰을 통한 의사소통에 익숙해진 나머지, 어느 학생의 표현처럼 "인간과의 상호작용이 두려운" 세대에게 대면 데이트가 어려운 도전으로 느껴지는 것은 당연한 일이 아니다.[45] 위키하우Wikihow는 일반적으로 '에세이 쓰는 법'이나 '식중독에 걸렸을 때 대처법'이나 '애완동물이 가구 근처에 가지 못하게 하는 법' 같은 문제에 대해 구체적이고 단계적 해결책을 제시해주는 사이트다. 이제 이 사이트는 '현실에서 데이트 신청하는 법'에 관한 간략한 지침을 '12단계(그림 첨부)'로 제공하고 있다.[46]

계산기가 우리의 암산 능력을 집단적으로 망가뜨린 것과 마찬가지로 디지털 커뮤니케이션 혁명은 우리의 의사소통 능력을 약화시킬 위험이 있다. 소크라테스의 '쓰지 않으면 퇴화한다'는 경고는 아무튼 적절했던 것이다.

이러한 의사소통 능력의 손상이 심지어 더 어린 나이에 시작된다는 징후가 있다. 어린아이는 크리스 칼랜드가 발견한 것처럼 부모의 스마트폰 사용에만 영향을 받는 것이 아니다. 2010년 브리스톨대에서 수행된 PEACH 프로젝트는 매일 두 시간 이상 (텔레비전이든 컴퓨터든) 스크린을 보며 시간을 보낸 아이는 감정 표현에 어려움을 겪을 확률이 더 높음을 보여주었다.[47] 2011년 뉴욕의 아동심리학자 멜리사 오르테가Melissa Ortega는 어린 환자들이 휴대전화를 회피 전략으로 사용한다는 사실을 알아챘다. 어린 환자들은 끊임없이 문자메시지를 확인하는 것으로 자기 감정에 대한 질문을 피하려고 했다.[48] 2012년 미국에서 유치원부터 고등학교까지 600명 이상의 교사를 통해 수행한 관찰 조사 결과 미디어 사용량(여기서 미디어란 TV 프로그램, 음악, 비디오게임, 문자메시지, 아이팟, 이동전화 게임, 소셜 네트워킹 앱, 컴퓨터 프로그램, 온라인 영상, 학생들이 재미로 보는 웹사이트 등으로 정의되었다)이 많을 경우 학생의 행동과 태도가 영향을 받는 것으로 확인됐다. 심지어 유치원생도 "미디어에 빠져서 다른 사람과 면대면으로 상호작용하는 방법을 배우지 못한 탓에 사회적 기술이나 놀이 기술이 부족"하다고 한 교사는 응답했다.[49] 더 최근인 2019년에는 캐나다에서 1세부터 4세까지의 아동 251명을 대상으로 연구한 결과 아동의 스크린 사용 시간이 많을수록 다른 아동의 감정을 이해하는 능력이 부족하고, 다른 아동에게 덜 협조적이며, 주변 사람의 활동을 방해한다는 사실이 확인됐다.[50] 2019년 노르웨이에서 4세부터 8세까지의 아동 1,000명 정도를 추적 조사한 결과 4세에 스크린에 많이 노출되었던 아동은 그렇지 않은 아동에 비해 6세에 감정을 이해하는 능력이 부족한 것으로 나타났다.[51]

스크린을 사용하느라 사람과 충실히 교류하는 시간이 얼마나 줄었는지에 따라, 또 아동이 기기를 사용한 목적에 따라 그 결과는 당연히 다를 것이며, 늘 그렇듯 일부 상충하는 견해도 있다.[52] 그러나 스크린을 사용하지 않는 시간이 아동의 관계 맺는 능력을 향상시킨다는 증거도 있다.

UCLA 연구팀은 10세와 11세 아동으로 이루어진 집단을 디지털 미디어(스마트폰, TV, 인터넷)에 전혀 접근할 수 없는 야외 자연 캠프장에서 5일간 지내게 했다. 아동은 캠프에 참가하기 전과 후에 사진과 영상에서 사람들이 표현한 감정을 알아맞히는 간단한 테스트를 치렀다. 스크린이 없는 생활을 겨우 5일간 했을 뿐인데도 표정, 몸짓 언어, 제스처 등에서 감정을 드러내는 비언어적 단서들을 지각하는 능력이 향상되었고, 사진과 영상에서 사람들이 겪는 느낌을 더 잘 구분했다. 집에서 스크린을 보며 시간을 보낸 또래 집단에 비해서도 감정을 파악하는 능력이 좋아졌다.[53] 연구자들은 아이들이 스크린을 보는 대신 또래나 어른과 면대면으로 상호작용한 덕분이라고 믿는다. "화면상에서는 면대면 의사소통에서만큼 비언어적인 정서적 단서를 풍부하게 배울 수 없다." UCLA 연구팀 책임자 얄다 T. 울스$^{Yalda\ T.\ Uhls}$가 설명한다.[54]

아동의 스크린 사용에 관한 경고는 각 가정에 텔레비전이 보급되기 시작한 1950년대부터 꾸준히 있었다. 이번에도 문제는 규모다. 과거에는 아이가 스크린에 노출되는 시간이 한정적이었지만 오늘날에는 10세 아동의 절반가량(영국 자료이지만 다른 고소득 국가에서도 사정이 비슷하다)이 자기 스마트폰을 소유하고 있다.[55] 그중 절반 이상은 스마트폰을 침대 맡에 두고 잔다.[56] 직접 상호작용할 기회를 앗아가는 스크린의 특성도 문제이지만 어디나 디지털 기기가 함께하는 것 또한 심각한 문제다.

❖   스크린 없는 생활

바로 이러한 깨달음 때문에 일부 부모는 자녀에게 스크린이 없는 생활 환경을 조성해주려고 적극 노력한다. 모순적이게도 이 방식을 선도하는 이들은 다름 아닌 실리콘밸리의 부모들이다. 이들은 아마도 자녀의 스마트폰 사용을 막고 자녀를 스크린 없는 학교에 보내려고 가장 노력하는 부모들일 것이다. 스티브 잡스는 가정에서 자녀의 디지털 기기 사용 시간을 엄격히 제한한 것으로 악명이 높았고, 빌 게이츠는 자녀가 14세가 되기 전까지 휴대전화를 주지 않았으며 심지어

14세가 되어서도 스크린 타임을 엄격히 제한했다.[57] 2011년《뉴욕타임스》는 실리콘밸리 등 첨단기술 관련 기업의 임원이 많이 거주하는 지역에서 발도르프 학교처럼 스크린에 대한 노출이 없고 실제 경험 중심의 배움을 지향하는 교육기관이 날로 인기를 더하고 있다고 보도했다.[58] 요즘 전형적인 실리콘밸리 부모는 베이비시터를 고용할 때 계약서에 자녀 앞에서 개인적인 이유로 휴대전화를 사용하지 않는다고 약속하는 조항을 넣는다. 물론 명백한 위선이다. 이 부모들 가운데 일부는 그토록 중독성이 강한 기기를 만드는 회사에서 일한다. 그뿐만 아니라 많은 부모가 "집에 와서도 여전히 휴대전화에서 눈을 떼지 않으며 아이들이 하는 말을 한마디도 귀담아듣지 않는다"고 산호세에서 베이비시터로 일하는 섀넌 짐머맨이 말한다.[59]

부유한 부모는 자녀를 태블릿 앞에 앉혀두지 않고 자녀의 스크린 사용을 제한하기 위해 비용을 들여 자녀를 돌볼 사람을 고용하지만 이 방법은 대다수 가정에서는 현실적으로 불가능하다.[60] 방과 후 활동이나 특별 활동 수업비를 감당할 수 없는 미국 저소득층 가정의 10대 전후 아동(8세에서 12세까지)은 부유한 가정의 또래 아동보다 하루 두 시간가량 더 많은 스크린 타임을 확보한다.[61] 영국 교사들과 대화해보면 영국에서도 비슷한 상황이 벌어지고 있다.[62]

부유한 부모는 자녀의 스크린 타임을 줄이려고 적극 노력하고 명문대에서는 표정 읽기 수업을 개설하고 있다. 부유한 가정의 아이가 더 나은 공감 능력과 의사소통 기술을 기를 때 가난한 가정의 아이는 효과적으로 의사소통하는 능력이 저하될 위험을 안게 함으로써 새로운 격차 문제가 등장하게 해서는 안 된다. 이 중요한 기술을 모든 아이가 갖게 하는 것이 인류의 미래를 위해 절대적으로 필요하다. 그러기 위해서는 전 소득 계층이 방과 후 활동을 이용할 수 있게 해야 한다. 또한 학교 현장에서 스크린 기반 수업이 확대되어, 직접적인 대면으로 이루어지는 수업, 지원, 상호작용이 감소해서는 안 된다.

❖ 디지털 슬롯머신

스크린상에서 너무 많은 시간을 보내는 것이 좋지 않다는 건 분명한 사실이다. 문제는 이 사실을 잘 알면서도 휴대전화를 집어 들려는 충동에 저항하려면 큰 결단력과 의지력이 필요하다는 것이다. 그만큼 우리는 디지털 기기에 심하게 중독되어 있다.

중독 증세가 가장 분명하게 나타나는 것은 아마도 아동들일 것이다. 미국 인디애나폴리스의 어느 교사는 학생들에게서 압수한 휴대전화를 투명한 비닐백에 담아 허리에 잘 보이게 걸고 다닌다. 학생들의 분리 불안 증세를 덜어주기 위해서다. 일부 교사들은 교실에 휴대전화 충전대를 마련했다. 휴대전화가 학생들 시야에서 벗어나지 않게 함으로써 학생들을 안심시키기 위함이다. 일부 교사들은 학생들이 수업 시간에 휴대전화를 만지지 않으면 추가 점수나 스타벅스 기프트카드를 상으로 준다.[63]

그런데 성인들은 흔히 자신이 스마트폰에 중독되었다는 사실을 부인한다. 다음 질문에 답해보자. 휴대전화 사용 시간을 줄여야겠다고 느낀 적이 단 한 번이라도 있는가? 휴대전화를 너무 많이 쓴다는 소리를 듣고 짜증을 느낀 적이 단 한 번이라도 있는가? 휴대전화를 사용한 시간 때문에 기분이 나빠지거나 죄책감을 느낀 적이 단 한 번이라도 있는가? 아침에 눈을 뜨고 가장 먼저 하는 일이 휴대전화를 집는 것인가? 이 질문들 가운데 최소 두 개에 그렇다고 대답했다면 중독 상태라고 봐야 한다. 이 질문들은 CAGE 질문지에 기초해 만들었다. 이는 병원, 1차 진료기관, 의존증 치료클리닉에서 잠재적인 알코올의존증 문제가 있는지 확인하기 위해 널리 사용하는 질문 네 개짜리 검사 도구다.[64]

그런데 우리는 왜 그렇게 휴대전화에 중독되는 걸까? 이제 실리콘밸리의 거대 소셜 미디어 기업들을 피고인석으로 데려올 시간이 되었다. 슬롯머신처럼 소셜 미디어 플랫폼도 우리가 끊임없이 스크롤을 내리고 게시물을 보고 '좋아요'를 누르고 페이지 새로 고침을 하도록 설계되었다. 누군가 내 글을 지지하거나 공유한 흔적, 자신감을 불어넣어주는 글, 서로 간의 끌림, 심지어는 사랑을 발견할 수 있으리라는 희망을 품고 말이다.[65] 소셜 미디어 플랫폼에서는 글자체, 레이아웃, 음영, 겨우 알아챌 만큼 사소한 애니메이션, 그러니까 화면에 나오는 모든 픽셀이 사람들을 사로잡아 계속 머무르게 하려는 목적을 띠고 있다.[66] 2017년 페이스북의 전임 사장 숀 파커Sean Parker는 뉴스 미디어 기업 악시오스와의 인터뷰에서 초창기 페이스북을 움직인 핵심 질문은 "어떻게 하면 사용자의 시간과 주의를 최대한 많이 소비시킬 수 있을까"였다고 노골적으로 말했다. "우리가 만든 플랫폼이 중독적인 건 알았습니다. 그래도 계속했죠." 파커는 이렇게 덧붙였다. "우리 아이들의 뇌에 어떤 영향을 미치고 있는지는 오로지 신만이 압

니다."⁶⁷

디지털 중독은 우리를 외롭게 만드는 중독이지만, 물론 모든 경우에 그런 것은 아니다. 일부 사람들에게는 가상 대화가 직접 만나는 주변 사람과의 대화보다 나을 수 있다. 미국 아이다호주의 소도시에 사는 LGBTQ+ 청소년은 트위터에서 만난 멀리 사는 새 친구들 덕분에 그다지 혼자라고 느끼지 않으며, 필리핀 출신 이주 노동자는 매일 페이스북으로 고향의 자녀와 연락을 하며, 낭포성 섬유증 환자는 자신이 사는 지역에서 같은 병을 앓는 이를 한 명도 알지 못하지만 온라인 지지 모임에서 위안을 얻으며, 인스타그램에 고마워하는 어느 할머니는 예전에는 불가능하던 방식으로 손주들과 연락한다. 이렇게 소셜 미디어는 일부 사람들에게 소셜 미디어가 아니었다면 만나지 못했을 공동체를 제공한다. 그리고 봉쇄 기간에 그랬듯이 소셜 미디어는 때때로 누군가에게 구명줄이 되어주며 고립을 조금 더 견딜 만하게 해준다.

하지만 지난 10년간 수없이 많은 연구로 소셜 미디어 사용과 외로움 사이에 분명한 연관성이 있음이 확인되었다. 이를테면 한 연구에서는 소셜 미디어 사용량이 많은 청소년일수록 또래보다 외로움을 더 많이 호소하는 것으로 드러났다.⁶⁸ 다른 연구에서 대학생들은 소셜 미디어에서 부정적인 경험을 한 횟수가 10% 증가할 때마다 외로운 정도가 13% 증가했다.⁶⁹ 또 다른 연구에서는 2010년대 미국 청소년이 다른 사람과 직접 어울리는 시간이 1980년대에 비해 일일 평균 한 시간 줄었다는 사실이 드러났다. 연구자들은 이 경향성이 소셜 미디어 사용량의 증가와 명백한 연관성이 있다고 결론지었다.⁷⁰ 또한 청소년이 겪는 외로움이 2011년 이후 심화됐다는 사실도 밝혀졌다. 그런데 바로 그해 스마트폰을 소유한 10대의 수도 급증했다. 2011년에는 스마트폰을 소유한 미국 10대 청소년의 비율이 23%였지만, 2018년에는 95%까지 상승했다.[71]

이런 연구 결과들은 소셜 미디어 사용과 외로움의 연관성을 보여주었지만 거의 모든 연구에서 인과관계를 확인하기는 힘들었다. 다시 말해 외로운 사람이 소셜 미디어를 더 사용하는 걸까, 아니면 실제로 소셜 미디어가 외로움을 유발하는 걸까?

그 답을 찾기 위해 최근 두 건의 획기적인 연구가 진행되었다. 두 연구에서 참가자들은 자신의 소셜 미디어 사용 습관을 단순히 보고할 것만을 요청받은 것이 아니라 습관을 적극적으로 변화시키라는 지시까지 받았다. 이러한 변화가 행동과 기분에 미치는 효과를 직접 관찰·비교해봐야 인과관계를 확인할 수 있기 때문이었다.[72]

연구 결과는 큰 깨달음을 주었다. 한 연구에서는 페이스북·스냅챗·인스타그램 사용량을 플랫폼당 하루 10분으로 제한한 결과 외로움이 유의미하게 감소했다.[73] 후속 연구들의 표준이 된 또 다른 연구는 두 달간 약 3,000명을 대상으로 수행되었다. 이 연구에서 참가자 절반은 페이스북을 평소처럼 사용했고 나머지 절반(소위 '치료' 집단)은 페이스북 계정을 전부 비활성화했다. 연구 결과 페이스북 계정을 비활성화한 집단은 전에 페이스북에 쓰던 시간을 다른 웹사이트에서 쓰지 않았다. 전반적으로 인터넷 자체를 덜 사용했고 친구나 가족을 직접 만나서 더 많은 시간을 보냈다. 그들은 어떤 느낌을 받았을까? 행복감은 더 크게, 삶에 대한 만족감도 더 크게, 불안감은 더 적게, 그리고 외로움은 그리 현저하게는 아니지만 통계적으로 유의미한 정도로 더 적게 느낀다고 응답했다. 주관적 웰빙을 증진시키는 문제에 관해서라면, 페이스북 삭제는 심리치료를 받는 것과 최고 40%까지 동일한 효과가 있었다.[74]

더한 잔인함

사실 소셜 미디어의 부정적인 영향력은 이보다 훨씬 더 심층적이다. 소셜 미디어는 고립된 디지털 고치 속으로 우리를 몰아넣어 풍부한 직접 상호작용의 기회를 차단해버리는 데서 그치지 않는다. 소셜 미디어는 세계를 더 적대적으로, 덜 공감적으로, 덜 친절하게 느껴지게 만든다. 그리고 이는 우리의 집단적 웰빙에 심각한 타격을 입힌다.

낚시질trolling(불쾌감을 유발하거나 자극적인 내용을 인터넷에 의도적으로 올리는 행위), 신상털기doxxing(괴롭힘을 목적으로 주소 등 특정인의 개인정보를 퍼트리는 행위), 스와팅swatting(이러한 신상털기로 얻은 정보를 이용해 경찰에 인질로 붙잡혀 있다고 허위 신고를 함으로써 특수 기동대SWAT가 특정인의 집에 출동해 그를 체포하도록 유도하는 행위). 이 모두가 새로 등장한 교활하고 음흉한 온라인상의 행동을 일컫는 21세기 언어다.[75] 소셜 미디어 플랫폼이 우리가 행복한 순간을 공유할 수 있게 해주는 것도 사실이지만 한편으로 이들 플랫폼은 학대, 괴롭힘, 인종차별, 반유대주의, 동성애 혐오증 등 인간 본성에 내재된 최악의 요소들을 전염시키는 공간이 되었다. 이러한 행동들은 날로 증가하고 있다. 2018년 영국 성인 인터넷 사용자의 절반 이상이 온라인에서 혐오 콘텐츠를 본 적이 있다고 답했다. 이는 전년도에 비해 6% 증가한 수치다.[76] 영국 여성 세 명 중 한 명은 페이스북에서 학대를 경험했으며, 18세에서 25세까지 여성만을 보면 이 수치는 57%까지 증가한다. 2016년(확인된 자료가 있는 가장 최근 해) 한 해 동안 소셜 미디어에는 반유대주의 게시물이 83초당 한 번꼴로 업로드되었고, 이 중 80%가 트위터나 페이스북, 인스타그램에서였다.[77]

이 가운데 어느 것도 조만간 수그러들 기미가 보이지 않는다. 물론 혐오와 학대는 새로운 현상이 아니다. 하지만 이번에는 소셜 미디어가 새롭고 유례없이 불온한 방식으로, 혐오와 학대를 우리 삶에 퍼나르고 있다는 점이 다르다. 역시나 이번에도 유례가 없는 규모로 말이다. 그리고 공포스러운 것은 소셜 미디어가 이러한 행동에 보상을 제공한다는 사실이다. 내 게시물이 리트윗될 때마다 우리 몸속에서는 헤로인이나 모르핀과 유사한 신경 전달 물질인 도파민이 방출된다. 물론 소량이지만 우리가 그 행동을 다시 하게 만들기에는 충분한 양이다. 그런데 가장 많은 리트윗을 유도하는 전형적인 게시물은 어떤 것일까? 가장 기이하고 극단적이며 혐오에 찬 것들이다. 게시물에 '죽여kill', '파괴destroy', '공격attack', '살인murder' 같은 단어를 넣어보라. 리트윗 횟수가 거의 20% 이상 증가할 것이다.[78]

유해한 행동을 하도록 자극하는 것이 소셜 미디어 플랫폼 설립자들의 애초 의도는 아니었겠지만 금세 이러한 행동이 허용되었던 것만은 확실하다. 분노와 화가 그들의 사업에 더 유리한 것이 사실이기 때문이다. 이러한 감정은 친절이나 긍정보다 중독성이 강해서 게시물 수와 흐름을 증가시키며 궁극적으로 광고 조회 수를 늘려주었다. 바로 이것이 소셜 미디어 기업이 돈을 버는 방법이다.[79] 이들 플랫폼에서 사용자의 눈길을 끌 만한 거의 모든 것이 허용되는 이유는 바로 손익에 미치는 이러한 영향 때문이다. 그것이 얼마나 어둡든, 얼마나 위험하든, 사람들 사이에 얼마나 분열을 조장하든 상관없다.[80] 이것은 규제 없는 시장에서 행해지고 있는 몰도덕이다. 트위터는 잘 알려졌듯이 이러한 행동에 한계를 설정했다. 2020년 5월 29일 트럼프 미국 대통령이 "약탈이 시작되면 사냥이 시작된다When the looting starts, the shooting starts"[81]라는 악명 높은 트윗을 올리자 이를 경고 메시지로 가린 것이다. 폭력을 미화했다는 것이 이유였다.[82] 그러나 페이스북은 동일한 게시물을 그대로 두었다.[83] 페이스북은 이것이 도덕성이 아니라 표현의 자유에 관한 문제라고 주장했다.

소셜 미디어 플랫폼에 깔린 도덕 원칙은 분열을 조장하고 분노에 찬 메시지를 퍼 나르는 행동에 보상을 주는 동시에 혐오 공동체를 쉽게 찾을 수 있게 하는 것이다. 이러한 원칙은 성인에게만 영향을 미치지 않는다. 소셜 미디어는 이미 아동에게도 차마 받아들이기 괴로울 만큼의 학대와 괴롭힘의 온상이 되었다. 싱가포르에서는 10대의 4분의 3이 온라인에서 괴롭힘을 당한 적이 있다고 말했다.[84] 영국에서는 학생들의 65%가 사이버상의 괴롭힘을 경험한 적이 있고, 7%는 "자주" 당했다.[85] 최근 영국에서 12세부터 20세까지 1만 명 이상의 청소년과 청년을 대상으로 설문 조사를 실시한 결과 응답자의 거의 70%가 온라인에서 다른 사람에게 학대 행위(불쾌한 메시지 발송하기, 가짜 이름으로 악플 달기, 제삼자를 조롱하려는 의도로 무언가를 누군가와 공유하

기)를 한 적이 있다고 답했다.[86]

이러한 행위는 대단히 파괴적인 영향력을 갖는다. 하지만 우리 대다수는 그런 사실을 제대로 알지 못했다. 2019년 12세 영국 소녀 제시카 스캐터슨이 소셜 미디어에서 학대 메시지를 잇달아 받은 후 스스로 목숨을 끊은 사건이 언론에 대대적으로 보도되기 전까지는 말이다. 검시관은 "소셜 미디어 플랫폼에서 고인이 활동한 수준과 강도가 고인의 생각과 정신 상태에 영향을 주었음이 분명하다. 특히 고인이 죽음을 준비하는 동안에 그 영향력이 가장 컸을 것이다"라고 말했다.[87]

물론 아동들은 어느 시대에나 친구를 괴롭히고 친구로부터 괴롭힘을 당한다. 하지만 다시 한 번 말하지만 이것은 규모의 문제다. 과거에는 심리적 학대가 벌어지는 장소가 놀이터, 공원, 교실 정도로 국한되었다면 오늘날에는 집과 방까지 일주일 내내 24시간 피해자를 따라다닌다. 더욱이 과거에는 그 장면이 현장에서 실시간으로 직접 목격한 사람들에게만 노출되었지만 오늘날에는 피해자가 겪는 수치를 누구나 볼 수 있으며 피해자의 디지털 발자국digital footprint에 영구적으로 새겨진다.

소셜 미디어가 우리를 외롭게 만드는 것은 단지 우리가 소셜 미디어에서 보내는 시간 때문에 주변 사람과 연결되어 있다는 느낌을 덜 받아서만은 아니다. 소셜 미디어가 우리 사회 전체를 더 심술궂고 잔인하게 만들기 때문이기도 하다. 심술궂고 잔인한 세계는 외로운 세계다.

온몸으로 총알을 맞으며 학대로 인한 고통과 그에 따르는 무력감을 동시에 느끼는 사람들이 외로움을 느끼리라는 것은 두말할 필요도 없다. 디지털 구경꾼들은 그들에게 도움을 주지 않고 소셜 미디어 플랫폼은 그들을 보호하기 위한 아무런 조치도 취하지 않는다.[88] 이것 또한 우리 모두를 더욱 외롭게 만들기도 한다. 이는 부모가 싸우는 모습, 더 심하게는 가정 폭력을 보고 자란 자녀가 내성적이고 사람들 사이에서 불안해하고 스스로를 고립시키는 성향을 키우게 되는 것과 같은 이치다.[89] 분노가 만연한 유해 환경에서 지나치게 오랜 시간을 보내면 우리는 공격을 받는 당사자가 아니어도 그 어느 때보다 심하게 혼자라는 기분에 사로잡힐 수 있다. 그뿐만 아니라 유해한 행동을 많이 목격할수록 사회에 대한 신뢰가 전반적으로 감소한다.[90] 앞서 봤듯이 이에 따르는 사회적·정치적 파급효과는 크다. 서로에 대한 신뢰가 줄어들수록, 우리는 더 이기적으로 굴고 더 분열되기 때문이다.

❖   **실시간으로 따돌림 당하는 마음**

심지어 일상적인 소셜 미디어 경험도 우리를 외롭게 만들 수 있다. 클로디아의 사연을 들어보자.

졸업반을 위한 홈커밍댄스(미국 고등학교에서 졸업생이 학교를 방문해 재학생과 시간을 보내는 연례행사인 홈커밍데이 마지막에 열리는 무도회—옮긴이) 시간, 클로디아는 집에서 잠옷 차림으로 소파에 앉아 페이스북과 인스타그램을 보고 있다. 앞서 클로디아의 친구들은 홈커밍댄스에 가지 않을 거라고 했다. "지나치게 멋지게 포장"된 행사라는 데 모두가 동의한 터였다. 그런데 클로디아의 새 글 피드에 사진이 떴다. 홈커밍댄스를 위해 드레스를 차려입은 친구들이 웃으며 즐거운 시간을 보내고 있었다. 클로디아 없이. 이토록 자기 자신이 끔찍한 사람 같고 "스스로가 하찮게 느껴지며 혼자인" 기분은 태어나서 처음이었다. 클로디아는 너무 우울해진 나머지 일주일 동안 등교도 하지 않고 자기 방에 틀어박혔다. 공개적이고 노골적인 따돌림을 생각하면 성적도, 학교생활도, 대학 진학조차도 대수롭지 않게 느껴졌다. 친구들의 얼굴을 본다는 건 상상할 수도 없었다. "다들 나를 유령 인간 취급하는데 뭐하러 학교에 가요?" 클로디아는 말했다.

'포모FOMO'라는 말을 들어본 적 있는가. '피어 오브 미싱 아웃Fear Of Missing Out'의 약어로 당신은 혼자 집에 있는데 다른 사람들은 다른 어딘가에서 즐거운 시간을 보내고 있을까 봐 걱정하며 느끼는 초조한 기분을 말한다. 하지만 클로디아의 이야기는 단언컨대 그보다 훨씬 고통스러운 데가 있다. 자기를 제외한 모두가 친구인 세상에서 혼자만 친구가 없는 것 같은 두려움이다. 이 현상이 곳곳에 만연하자 최근 심리학자들은 이것을 연구 대상으로 삼기 시작했다.[91] 나는 이 현상을 '어 빌리프 댓 아더스 아 모어 포퓰러A Belief that Others are More Popular(남들이 더 인기 있다는 믿음)'의 줄임말로 '봄프BOMP'라고 부른다. 포모와 마찬가지로 봄프도 소셜 미디어로 인해 악화된다. 그리고 이것은 사람들이 굉장히 흔하게 경험하는 느낌이다.

봄프는 굉장히 괴로울 수 있고 나이와도 상관없다. 사회성이 뒤처진다거나 남들에게 따돌림당하는 기분이 결코 유쾌할 리 없다. 실제로 나는 조사 과정에서 스스로 사람들 사이에서 인기가 없다고 느끼는 성인을 수없이 많이 만났다. 클로디아의 홈커밍댄스 사건과 비슷한 사건을 성인 집단에서 겪은 탓이었다. 그들은 오랜 학교 친구들이 술자리에 자신을 부르지 않았다거나 가족 모임에 아무도 자기를 부르지 않았다는 사실을 온라인에서 알게 되었다. 예전 같으면 그런 사실을 알 길이 없지만 오늘날에는 우리가 따돌림당한 사실이 실시간으로, 총천연색으로, 필터와 렌즈와 음향효과까지 동원되어 우리에게 큰 타격을 입힌다.

아동과 청소년은 특히 더 고통스러워한다. 영국의 어느 10대 소년은 자원봉사 단체 차일드라인에 이렇게 말했다. "소셜 미디어에서 친구들은 다 잘 지내고 있는 걸 보면 기분이 우울해져요. 저를 불러줄 정도로 제 생각을 하는 사람은 없는 것 같아요. 기분이 점점 안 좋아지더니 요즘은 계속 속상해서 울기만 해요."[92] 어느 미국인 부모는 이렇게 말하기도 했다. "10대인 자식이 친구라고 생각했던 애들이 자기 없이 파티를 열면서 올린 게시물을 집에서 괴로운 마음으로 쳐다보는 모습을 보고 있으면 얼마나 속상한지 절대 모르실 겁니다. 정말 잔인한 짓이에요."

하지만 소셜 미디어는 우리가 따돌림당한 사실을 실시간으로 알려주는 도구 이상의 역할을 한다. 때로는 소셜 미디어 플랫폼 그 자체가 따돌림의 무기로 직접 사용되기도 한다.

나는 친구나 해외에 나가 있는 가족, 또 매주 만나는 즉흥연기 모임 동료들과 연락을 유지하는 유용한 수단으로 왓츠앱을 가장 먼저 떠올린다. 남편은 왓츠앱 단체 대화방에서 형제자매와 가족 식사에서부터 아이 돌봄에 이르기까지 온갖 주제로 토의하고, 또 다른 대화방에서는 친구들과 축구 경기를 상세히 분석한다. 나로서는 도저히 이해 불가능한 수준으로 말이다. 이 모두가 소셜 미디어를 긍정적으로 사용하는 사례처럼 보일 것이다. 그런데 10대와 20대 사이에서는 이런 종류의 단체 대화가 의사소통의 일차적인 수단이 되어 그들의 30%는 왓츠앱이든 하우스파티든 페이스북 메신저든 위챗^{WeChat}이든 단체 대화를 하루에도 몇 차례씩 이용한다(물론 봉쇄 조치 중에는 사용량이 더 늘었다).[93] 그게 뭐 어떻다는 거냐고? 흠, 이제는 이러한 모임에서 당신이 따돌려졌음을 깨닫는 것이 고통스러운 고립의 새로운 형식이 된 것이다. 갈수록 더 많은 젊은이가 이러한 고립감을 경험하고 있다. 영국 옥스퍼드의 16세 제이미는 같은 반 친구들이 자기를 대화방에 초대하지 않았고 모든 대화가 자기가 없는 그 방에서 벌어지고 있다(심지어 그녀가 물리적으로 같은 공간에 있을 때조차)는 것을 알았을 때 얼마나 외로웠는지 내게 이야기했다.

어느 아버지는 속상한 마음을 내비치며 내게 이런 사연을 들려주었다. 딸이 친구 대여섯 명과 함께 카페에 앉아 있는데 갑자기 여기저기서 휴대전화 알림음이 울리기 시작했다. 주말 파티에 초대하는 단체 문자였다. 문제는 딸아이만 빼고 그 자리에 있는 친구들이 전부 초대받았다는 사실이었다. 어떻게든 해야 했던 딸은 자기도 초대받은 척했다. 창피를 당하는 것보다는 거짓말을 하는 게 낫다고 느꼈던 것이다. 따돌려진 것도 외롭지만 이를 들키는 건 그보다 더 외로우니까.

교사와 부모 모두 사회적 배제의 새로운 형식과 그 파급효과를 여실히 깨닫고 있다. 그리고 이 현상을 다루는 것이 얼마나 어려운 과제인지 절감하고 있다. 영국 로딘 여자 기숙학교 교장 올리버 블론드는 디지털 따돌림은 보통 눈에 보이지 않기 때문에 교사들이 다루기 무척 어려워한다고 말했다. 과거에는 따돌림이 있으면 점심시간에 혼자 앉아 있는 아이, 모두가 등을 돌리고 있는 아이 등 교사가 눈으로 직접 볼 수 있었지만 오늘날에는 이러한 상호작용이 대부분 가상 공간에서 이루어진다. 그리고 따돌림이 목격되지 않으니 어른이 개입할 수 없게 되고 결과적으로 따돌림당하는 아동은 그 고통 속에서 더더욱 혼자가 된다.

❖ 공개적인 거절과 창피

소셜 미디어에는 우리 시대의 외로움을 증폭시키는 또 다른 유해 요소가 있다. 우리의 사회적 지위를 공개적으로 만든다는 것이다. 따라서 인기가 없거나 또래 집단에게 거부당한 사실이 소셜 미디어에 공개된다. 아주 평범한 사교 모임조차 곧잘 인스타그램에서 기념되고 스냅 스토리Snap Story에 게시되기 때문에 우리의 부재는 쉽게 눈에 띈다. 이보다 더한 것은 '리트윗', '좋아요', '공유하기' 등 새로운 사회적 유행 때문에 우리가 새로운 글을 게시하고도 남들에게 반응을 얻지 못하면 단지 거절당했다거나 스스로 보잘것없다는 느낌을 받는 데서 그치지 않고 공개적으로 거절당했다는 창피함마저 느끼게 된다는 점이다.

내가 아는 어느 영향력 있는 정치학 교수는 원래 자신만만하고 성공적인 사람이지만 이처럼 남이 보는 데서 무시당할 수 있다는 두려움 때문에 완벽한 트윗을 작성하려는 일념으로 문구를 수정하고 다듬느라 수 시간을 흘려보내곤 한다. 그 시간을 연구에 쓰는 것이 스스로에게 이롭다는 걸 알면서도 말이다. 이와 똑같은 두려움 때문에 대학원생 제니퍼는 완벽한 인스타그램 사진을 만들어내느라 자신이 기록의 대상으로 삼는 바로 그 경험을 제대로 누리지 못할 때가 많다. 제니퍼는 최근 코스타리카에서 휴가를 보내면서 '짚라인 타는 제니퍼'라는 게시물을 작성하느라 실제로는 짚라인을 타지도 못했다. 역설적이게도 현실 세계의 친구들과 유대를 형성하며 좋은 추억을 만들 기회 역시 놓치고 말았다.

공개적으로 인기 없는 사람이 되는 것에 대한 두려움은 역시 가장 어린 세대에게 큰 불안을 유발한다. 어느 아버지는 딸이 새 글을 게시한 뒤에 다른 사람도 자기에게 '좋아요'를 눌러주기를 바라는 마음으로 다른 사람의 모든 글에 미친 듯이 '좋아요'를 누르는 모습을 불편한 마음으로 지켜보아야 했다. 런던에 사는 키 120센티미터에 안경을 쓴 9학년 피터는 "글을 올리고 기다리고 희망을 품고 그래도 여전히 아무 댓글도 없으면 '왜 아무도 날 좋아하지 않지? 내가 뭘 잘못한 거지?'라고 스스로에게 묻고 묻고 또 물으며" 겪는 "괴로움"을 설명했다. 제이미는 자기가 관리하는 스냅챗 스트리크가 하나라도 꺼지는 걸 생각만 해도 공포스럽다고 말했다(스냅챗에서는 회원끼리 상호 호감을 표시한 연속 일수가 특정 아이콘 옆에 표시되는데 하루라도 호감 표시를 하지 않으면 스트리크 수치가 0으로 초기화된다—옮긴이). "정말 물리적으로 몸이 아파요"라고 제이미는 설명했다.

젊은 층에게 인기가 중요하지 않았던 적은 없다. 실제로 인기는 고등학교를 무대로 펼쳐지는 거의 모든 드라마의 주요 테마다. 여기서 다른 점은 소셜 미디어가 기존의 역학 관계에 몰고 온 무시할 수 없는 강력한 영향력이다. "소셜 미디어는 사회적인 비교의 강도·밀도·파급력 차원에서 새 시대를 열었으며, 청소년은 자기 정체성과 목소리와 도덕적 행위 능력을 형성해가는 시기에 '거의 항상 온라인 상태'에 머물기 때문에 특히 더 큰 영향을 받는다." 하버드대 교수 쇼샤나 주보프Shoshana Zuboff가 썼다. 주보프는 "소셜 미디어를 통한 사회적 비교가 불러온 심리적 쓰나미는 가히 유례를 찾아보기 어렵다"[94]고 했다. 이것은 자기 자신을 팔기 위한 끊임없는 노력의 연속이고, 아무도 자신을 사고 싶어 하지 않으리라는 공포의 연속이다. 이것이 바로 문제다.

일부 소셜 미디어 기업은 그들이 초래한 문제를 암묵적으로 인정하기 시작했다. 페이스북은 '좋아요'가 공개적으로 표시되지 않는 새 버전의 페이스북과 인스타그램(역시 페이스북이 소유하고 있다) 플랫폼을 개발해 베타 테스트를 거쳤다. 이 버전에서 사용자는 자기 글이 '좋아요'를 몇 개나 얻었는지 볼 수 있지만 다른 사람은 볼 수 없다.[95] 인스타그램 CEO 애덤 모세리Adam Mosseri는 이런 작업이 부분적으로는 찰리 브루커의 디스토피아적인 SF 드라마 〈블랙 미러〉의 한 에피소드에서 자극을 받았음을 인정한다. 이 에피소드에서는 어디에나 존재하는 소셜 미디어상의 평가가 주인공을 끝없는 재앙으로 몰아넣는다.[96] 나는 기업들의 이러한 노력을 높이 산다(물론 오랜 우려와 반발 끝에 나온 노력이지만). 하지만 이러한 변화가 진정으로 의미 있는 결과를 만들어낼 것인지가 문제다. 심지어 실험을 마치고 실제로 시행이 된다고 하더라도 말이다. 도파민을 갈구하는 우리의 뇌는 우리 자신을 남과 비교하기 위해 댓글, 공유하기, 퍼가기, 다른 게시물 태그 등또 다른 기준을 찾지 않을까? 남들은 보지 못해도 우리는 여전히 '좋아요'로 확인되는 타인의 인정을 좇지 않을까? 우리가 소셜 미디어와맺는 관계 그리고 소셜 미디어의 아키텍처(구조)가 우리의 심리에 흡수된 정도를 고려한다면 우리가 소셜 미디어를 사용하는 조건은 이미 설정되었는지도 모른다.

❖   **내 아바타가 좋아**

소셜 미디어는 우리를 '좋아요', '팔로' 등 온라인에서의 사회적 인정을 맹렬히 좇는 불안한 장사꾼으로 만든다. 그런데 소셜 미디어가 우리에게 장려하는 또 다른 행동이 있으니 온라인에서 우리 자신의 진짜 모습을 감추는 것이다. 페이스북에 "이번 주말 내내 잠옷 차림으로 〈프렌즈〉를 보면서 호브노브스 비스킷을 열 통이나 먹었다"라고쓰는 사람이 있을까? 우리는 우리 삶에서 자랑스럽고 빛나는 장면,행복한 순간, 파티, 축하, 하얀 백사장, 입에 침이 고이게 하는 푸드 포르노food porno(시각적인 부분에 집중해 식욕을 자극하는 음식 사진—옮긴이)따위를 잘 큐레이션해 온라인에 공유한다. 문제는 이렇게 포토샵으로 꾸며지고 필터링된 우리 자신은 우리의 진정한 자아와 근본적으로 단절되어 있을 때가 많다는 사실이다.

실제로 나는 누구일까? 내가 인스타그램에 올리는 항상 행복하고 사교적이며 성공한 그 사람이 나일까, 아니면 때로는 실패하고 주저하고 자신 없는 누군가가 나일까? 내 친구들이 '가짜 나'를 더 좋아한다면 어떻게 될까? 우리가 우리의 소셜 미디어 인생을 신중하게 큐레이션하면 할수록 프로필 뒤에 가려진 '진짜' 나를 아무도 모르고 좋아하지 않는다고 느낄 위험성은 그만큼 커진다. 이것은 고립감이고 단절감이다. 캘리포니아 출신으로 똑똑하고 예술적인 17세 테사가 아주 적절한 표현을 썼다. "우리는 가면 갈수록 온라인 비디오게임의 아바타처럼 사는 것 같아요." 흠잡을 데 없이 완벽한 아바타, 바로 그것이다. 2016년 시장 조사 기업 커스터드가 영국에서 2,000명을 대상으로 설문 조사한 결과 겨우 18%만이 페이스북 프로필이 자신의 정확한 모습이라고 답했다.[97]

어쩌면 겉으로 드러나는 모습에 필사적으로 신경 쓰고 때로는 우리의 실제 모습보다 더 나아 보이려고 일종의 연기를 하는 것은 인간의 본성일지 모른다. 어쨌든 400년 전에 셰익스피어도 "온 세상이 연극 무대"라 하지 않았는가. 특히 10대는 어느 시대에나 이러한 경향이 강했다. 캣아이 메이크업, 초미니스커트, 롱부츠, 가방에 든 니체의 『차라투스트라는 이렇게 말했다』는 내가 14세일 때 신중하게 공들여 만든 페르소나였다.

하지만 소셜 미디어의 시대에는 이 핵심적 측면에서 전통적인 인간 행동에 변화가 생겼다. 과거에 우리는 자주 연기를 멈추고 사생활 속의 진정한 자아로 돌아가곤 했다. 가령 열네 살의 나는 일주일에 한 번은 화장기 없이 잠옷 차림으로 식구들과 붙어 앉아 드라마 〈댈러스Dallas〉를 보곤 했다. 하지만 이제 우리는 항상 우리의 스마트폰을 두드리며 인생의 매 순간이 잠재적 인생샷이니 이 연기가 대체 언제 멈출까?

이것은 우리 모두에게 해당하는 질문이다. 마지막으로 셀카 사진을 찍은 때를 떠올려보자. 당신은 마음속으로 어떤 생각을 했는가? 당신의 눈을 통해 당신의 얼굴을 보고 있었는가, 아니면 소셜 미디어 팔로어의 '눈을 통해' 당신의 얼굴을 보려 했는가? 사진을 찍는 사람이 당신이긴 했는가?

우리의 관계들이 이상화된 아바타들의 상호작용으로 바뀐다면 우리가 맺는 관계는 어떤 영향을 받을까? 필연적으로 우리의 관계를 기이하리만치 경쟁적이고 얕고 허허롭게 만들 수밖에 없다. 우리는 진정한 우리 자신을 공유하기보다는 공유하는 연기를 펼치는 온라인 페르소나로부터 점차 분리될 수밖에 없을 것이다. 어느 16세 청소년은 최근 소셜 미디어를 끊으며 그간의 상황을 인상적으로 표현했다. "나는 대부분의 사람이 정직하지 못한 자아를 보여주는 플랫폼에서 나의 정직하지 못한 자아를 보여주고 있었어요."[98]

소셜 미디어는 애초에 사람들이 사회적으로 인정받기 위해 자신의 진정한 자아를 왜곡하도록 설계되었다. 페이스북을 예로 들어보자. 2000년대 중반, 아직은 '더페이스북TheFacebook'이라는 이름을 쓰고 대학생에게만 서비스를 제공하던 시절, 사용자들은 자신의 프로필을 치밀하게 관리했다. 『페이스북 효과The Facebook Effect』의 저자 데이비드 커크패트릭David Kirkpatrick은 사용자들이 프로필 사진을 정기적으로 업데이트하는 것(포즈를 잡되 너무 인위적이지 않게)을 비롯해 자신이 참가하는 모임이나 활동에 관해 재치 있는 설명을 달거나 심지어 대학교

수업시간표(당시 공개 항목이었다)까지 바꾸며 "자기 자신에 대한 특정한 이미지를 보여주려" 했다고 말한다.[99] 마크 저커버그를 위시한 페이스북 사람들은 자기들이 세상에 내놓은 것에 대해 마음을 썼을까? 그렇지 않았던 것 같다. 세계를 연결하는 것이 그들의 목표였는지는 모르지만, 그 과정에서 연결이 얕아지고 잔인해지고 날로 왜곡되어도 "뭐, 그러든지"라고 했던 듯싶다.

일부 사람들은 자신의 진짜 자아보다 디지털 자아를 더 좋아한다. 시작은 순진하게 인스타그램의 셀카 필터를 이용해 늘어진 귀와 만화 주인공 같은 코를 다는 것으로 시작한다. 하지만 곧 피부를 매끄럽게 다듬고 광대뼈를 도드라지게 하고 눈을 확대하는 필터를 발견해, 얼굴을 한껏 보정하고 귀여운 인상의 셀카 사진을 만든다. 이 단계를 졸업하면 이제 자가 편집 앱을 다운받을 차례다. 피부색을 밝게 하고, 턱을 잡아 늘려서 볼을 갸름하게 만들며, 이를 하얗게 하고, 턱선과 얼굴형과 코를 다듬는다.[100] 이 모든 것을 애플 앱스토어에서 부동의 베스트셀러 앱 페이스튠FaceTune으로 할 수 있다.[101] 이쯤 되면 거울에서 당신을 마주 보는 얼굴은 디지털 얼굴과 비교해 덜… 미화되어 보일 수밖에 없다. 그래서 페이스튠으로 보정한 얼굴 사진을 성형외과 의사에게 보여주며 필요한 부위를 깎아내고 밀어 넣어 온라인에서 편집한 당신의 자아를 실제로 만들어달라고 부탁한다.[102]

극단적으로 들릴지 모르지만 이것은 상상의 시나리오가 아니다. 포토샵으로 보정하고 필터링하는 등 디지털 방식으로 수정한 사진을 성형외과 의사에게 가져가는 젊은 사람들이 나날이 늘고 있다. 2017년 미국 안면성형재건수술학회에 따르면 포토샵으로 보정한 셀카 사진을 가져와 자기 얼굴을 그렇게 만들어달라고 요청한 환자를 적어도 한 명 이상 만났다고 응답한 성형외과 의사의 비율이 55%였는데, 이는 전년도에 비해 13% 증가한 수치였다.[103] 이 협회는 이런 흐름이 갈수록 더욱 뚜렷해질 것으로 확신한다.

그러나 소셜 미디어에서 우리는 상품화되고 재포장된 자아를 파는 것으로 그치지 않는다. 소셜 미디어는 우리가 봄프를 내면화하게 함으로써 우리 대다수가 주변 사람들보다 인기 없는 사람인 것처럼 느끼게 만들고 우리의 진정한 자아가 디지털로 보정한 자아보다 인기 없는 것처럼 느끼게 한다. 여기에는 근본적으로 소외감이 따른다.

❖ 변화는 가능하다

그렇다면 소셜 미디어가 불러오는 유해한 영향과 21세기의 외로움 위기에 대해 무엇을 할 수 있을까?

분명 소셜 미디어 플랫폼에 시간을 덜 쓰는 것이 중요하다. 이 책을 위해 조사하는 동안 나는 소셜 미디어를 완전히 로그오프한 사람들을 많이 만났다. 15세의 신랄한 논객 새미는 더는 유해 환경의 일부가 되고 싶지 않아서 소셜 미디어를 완전히 떠났다고 말했다. 22세 대학 졸업생 피터는 인스타그램을 그만두니 행복감과 정서적 건강이 상당히 향상되는 것을 느낄 수 있었다고 했다. 40세 금융 전문가 맥신은 친구들이 일과 가정에 관해 "자랑질하는 글"을 그만 보려고 페이스북을 끊었다고 말했다. 하지만 이들은 예외적인 사례다. 인터넷 이용자들이 소셜 미디어로 대거 이주하고 소셜 미디어로 메시지를 주고받는 탓에 소셜 미디어를 끊는 사람은 배제된 느낌을 강하게 받을 수 있다. 특히 젊은 층에서 그렇다. 같은 반 친구들이 전부 인스타그램에서 '어울려 노는데' 혼자 오프라인에 머무르기란 견디기 어려운 일이다. 소셜 미디어에 항상 머무는 것보다 사람들과 직접 만나는 것이 더 바람직하게 여겨지는 새로운 사회적 규범이 나타나지 않으면 이 추세는 바뀌기 어렵다.

소셜 미디어의 중독성 때문에 소셜 미디어 플랫폼에 머무는 시간을 줄이고 싶은 사람에게도 로그오프는 극도로 어려운 일이다. 하지만 이 일이 조금은 덜 힘들게 느껴지도록 우리가 실천해볼 만한 것들이 있다. '디지털 없는 날'을 마련해보자. 충동을 꺾는 데 도움이 될 '넛지nudge'(팔꿈치로 슬쩍 찌르기라는 의미로 강압이 아닌 부드러운 개입으로 더 나은 행동을 유도하는 전략을 말한다—옮긴이)를 곳곳에 배치해보자. 스마트폰의 소셜 미디어 앱을 접근이 불편한 폴더 안으로 옮기는 방법도 있고, 심지어는 아예 지워버리는 방법도 있다. '인조인간'이 되지 말라고 계속 일깨워 달라고 파트너에게, 심지어 자녀에게도 부탁하자(물론 인조인간보다 덜 모욕적인 명칭을 써도 된다). 아니면 친구나 가족에게 목돈을 '보증금'으로 맡기고 다음 6개월간 소셜 미디어 사용량을 목표량만큼 줄이면 다시 돌려받기로 하면 어떨까? 이 전략은 흡연자가 중독에서 벗어나도록 돕는 방법인데 성공률이 꽤 높다.[104]

심지어 스마트폰을 처분하고 라이트폰을 구입할 수도 있다. 라이트폰은 의도적인 '로테크low-tech' 기기로 통화와 T9 키패드와 가장 기본적인 형태의 문자메시지 기능만 있고(심지어 쿼티 자판의 편리함도 없

다) 연락처도 한 번에 열 개밖에 저장되지 않는다.[105]

물론 우리 힘만으로 이길 수 있는 싸움은 아니다. 우리의 디지털 중독을 줄이려면 결단력 있는 정부의 개입이 필수적이다. 담배 소비량을 줄이기 위한 정부의 조치들을 생각해보자. 이를테면 정부는 담배 포장지에 경고 문구를 의무적으로 넣게 했다. 소셜 미디어의 중독성이 담배와 유사하다는 점을 고려한다면 소셜 미디어 플랫폼의 위험성 역시 의무적으로 경고해야 하지 않을까? 앱이 열릴 때마다 메시지 창을 띄우거나 웹사이트에 배너를 달거나 스마트폰 포장에, 이를테면 뒤죽박죽된 뇌 그림 같은 걸 넣을 수도 있지 않을까? 이런 조치로 우리는 일상적으로 소셜 미디어의 위험성에 대한 인식을 제고할 수 있을 것이다. 우리가 이들 기술을 이용할 때마다 잠재적인 유해성을 일깨워줄 뭔가가 필요하다. 그리고 흡연자에게 금연을 권하듯 휴대전화와 소셜 미디어에 쓰는 시간 역시 줄일 것을 권장하는 공중보건 캠페인을 펼치는 것도 고려해야 한다. 특히 단순히 이용자 자신만 해치는 중독성 물질인 설탕과 달리 소셜 미디어는 담배처럼 우리 자신뿐만 아니라 잠재적으로 우리 주변 사람에게까지 피해를 끼치는 중대한 네트워크 효과가 있다.[106]

아동들에 관해서라면 이보다 더욱 강력한 조치를 추진해야 한다. 영국 아동보호처의 앤 롱필드Anne Longfield 위원장이 말했듯 겨우 아홉 살인 아이들이 "자신의 온라인 이미지를 걱정"하고 "사회적 인정의 한 형태로서 '좋아요'에 중독"된 지금 우리는 소셜 미디어가 너무나 많은 어린이에게 "이 세상이 굴러가는 방식 그대로" 해를 끼치는 현실을 방관만 하고 있을 수는 없다.[107]

따라서 아직 성인 동의 연령(부모 동의 없이 성적 자기 결정권을 행사할 수 있는 연령으로 영국은 만 16세, 미국은 만 18세, 한국은 만 16세다─옮긴이)에 이르지 않은 아동에게는 중독성 있는 소셜 미디어 플랫폼 사용을 금지해야 한다. 일부는 이러한 조치가 아동의 표현의 자유와 자율성을 억누른다고 반대하겠지만 내가 주장하는 것은 이 연령 집단에 대한 소셜 미디어의 전면적 금지가 아닌 중독성 있는 소셜 미디어에 대한 금지다. 중독성이 있는지 없는지를 해당 플랫폼 기업이 증명해야 한다. 자사의 소셜 미디어 플랫폼이 어린아이에게 중독을 유발하지 않음을 증명하는 강력한 과학적 증거를 제공해야 한다. 그러지 못할 경우 해당 소셜 미디어 플랫폼 기업은 사용자가 이용 가능한 연령임을 확인하는 효과적인 시스템을 구축하도록 법으로 강제해야 한다.[108]

그러니 만일 이들 기업이 이 연령층을 주요 목표 집단으로 삼고자 한다면 중독성이 덜한 새로운 형태의 소셜 미디어를 개발하거나 소셜 미디어가 현재 활용하는 중독적 요소, 즉 '좋아요', '스트리크', 끝없는 스크롤링을 유도하는 화면 구성 등을 제거해야 할 것이다.

일부에게는 이러한 접근 방식이 지나치게 엄격하게 보일지 모른다. 하지만 역사를 돌아보면 이러한 개입에 대한 사람들의 태도가 어떻게 바뀌는지 쉽게 알 수 있다. 1989년 자동차 뒷좌석에 앉은 아동에게 안전띠를 채우는 것을 의무화했을 때 영국 사람들이 받은 충격을 떠올려보라.[109] 당시에는 이 조치가 개인의 자유에 대한 불필요한 침해로 느껴졌다. 하지만 이 조치는 수많은 어린 생명을 구했고 이제는 아이에게 안전띠를 채우지 않는 것이 무모해 보인다. 마찬가지로 아동을 태운 차에서 담배를 피우는 것은 한때 흔한 일이었지만 이제는 대다수가 눈살을 찌푸릴 행동이 되었을 뿐만 아니라 영국, 미국의 일부 주와 도시 그리고 전 세계 여러 지역에서 불법 행위로 규정되었다.[110] 예방 차원에서라도 중독성 있는 소셜 미디어는 성인 동의 연령에 이르기 전까지 이용을 금지해야 하고 이를 뒷받침하는 근거는 강력하다.

혐오 표현이나 폭력물 공유 등 극히 악질적인 행위에 관해서는 무관용 원칙을 적용해야 한다. 마크 저커버그 같은 기술 분야 지도자들이 중재자 역할을 맡지 않으려 하는 것은 분명한 사실이다. 특히 미국 수정헌법에 명시된 표현의 자유를 중시하는 전통이 걸림돌이다. 소셜 미디어 플랫폼은 스스로 공개 광장을 자처하며 시장에 나섰다. 그러면서 이 광장에서 벌어지는 일에 대해서는 제한된 책임만 지겠다고 주장할 수는 없는 노릇이다. 예를 들어 페이스북은 가끔 알몸 노출을 얼토당토않은 수준으로 금지하곤 한다.[111]

물론 소셜 미디어에 매일 업로드되는 수억 건의 게시물을 감시하는 데는 법적인 어려움이 따르며, 혐오 표현을 식별해내는 자동화된 메커니즘이 게시물의 뉘앙스를 충분히 고려하지는 못할 것이다. 따라서 이 문제에 대한 기술적 해결책에 훨씬 더 많은 투자가 필요하며 (이들 회사의 풍부한 컴퓨터공학 기술 인력을 활용할 수 있을 것이다) 더 나아가 이 일을 보조할 인력 역시 훨씬 더 많이 배치되어야 한다. 이 과정에서 소셜 미디어 플랫폼 기업들은 콘텐츠를 걸러내는 작업이 지적으로나 정서적으로나 무척 힘든 작업임을 인식하게 될 것이다. 이 작업을 하는 사람들을 교육하고 적정한 보수를 지급하는 동시에 충분한 정서적 지원을 제공해야 하는 것은 필수다. 아직까지는 충분한 행동이 취해지지 않고 있다. 거대 기술기업들이 기업 성장과 확장에 쏟는 에너지의 10%만 독창적인 콘텐츠 관리 방안에 쏟아도 이 세계는 온라인 유해 환경·양극화·소외와 단절 문제에 대처하는 여정에서 크게 진일보할 것이다.

그들에게 자금이 부족한 것은 아니다. 수입이 수백억 달러에 달하며 현금을 산처럼 쌓아둔 그들에게는 변화를 불러일으키기에 충분한 막대한 능력과 힘이 있다. 그들은 효과적인 해결책에 필요한 돈, 인력, 관심을 투입하기 원하지 않을 뿐이다. 일부 기술 업계 지도자들은 자신들에게 주어지는 보상이 이렇게나 크고 이 일에 수십억 달러에 달하는 연간 수익이 걸려 있으니, 어느 정도의 불평은, 어느 정도의 벌금은, 어쩌면 어느 정도의 죽음까지도 용인할 수 있다고 생각하는 듯하다.[112] 거대 담배 회사들이 수익이 그렇게나 크다면 해로운 제품을 파는 것도 괜찮다고 판단했듯이, 소셜 미디어 공룡들은 자신들이 일으키는 이차적인 피해가 그들의 비즈니스 모델에서 허용되는 부산물이라고 판단하는 듯하다. 자키 교수가 논평했듯 "마크 저커버그는 직원들에게 '빨리 움직이고 세상을 부서뜨리자move fast and break things'고 종용했다. 정말로 그들이 상당히 많은 것을 부서뜨렸음이 분명해졌다."[113]

소셜 미디어 플랫폼이 유해 콘텐츠를 스스로 규제하기를 기대하는 것은 소용이 없었고, 마크 저커버그도 이를 인정했다.[114] 우리는 거대 기술기업이 스스로를 개혁하도록 강제할 강력한 규제를 도입해야 한다. 지금까지는 혐오 콘텐츠를 신속히 제거하지 않았을 때 벌금이 부과되었지만, 거대 기술기업의 어마어마한 기록적 수익을 고려하면 액수가 너무 적어 사실상 의미가 없었다. 중대한 위반을 범한 기업들은 총결산액에 영향을 줄 정도의 벌금이 부과되어야 한다.

어쩌면 마침내 변화가 임박했는지 모른다. 2019년 뉴질랜드 크라이스트처치의 이슬람 사원 두 군데에서 51명이 사망한 총격 사건이 페이스북으로 생중계되었다. 이후 호주는 혐오·폭력물 공유 금지법을 도입했다. 이 법으로 '혐오·폭력' 자료를 '신속히' 제거하지 않은 기업은 전 세계 총매출액의 최고 10%까지 벌금을 부과받게 되었다.[115] 이 법은 극단적인 콘텐츠("살인이나 살인 미수, 테러 행위, 고문, 강간이나 납치")를 공유한 경우에만 적용된다. 하지만 유죄 판결을 받은 플랫폼 기업에 부과되는 벌금의 규모를 고려할 때 실로 획기적이다. 이 규정을 준수하지 않은 임원은 최대 3년의 징역형을 선고받을 수 있다.[116]

소셜 미디어 플랫폼에는 명백한 혐오 발언 또는 폭력물이나 혐오물의 게시를 교사하는 수준까지는 이르지 않아도 집단 괴롭힘처럼 타인에게 고통을 야기하는 유해 발언이 있다. 이 경우에는 우리에게 주어진 과제가 훨씬 더 복잡하다. 예를 들어 괴롭힘을 목적으로 올리는 글은 사용하는 언어가 급속히 변화하는 데다 유머가 무기로 사용될 수도 있기 때문에 포착하기가 대단히 어렵다. "파울라는 너무 멋져!"는 언뜻 긍정적인 문구로 보이지만 만일 파울라가 과체중에 친구가 없고 괴짜 취급을 받는 소녀라면 이것은 사실상 괴롭힘의 표현일 수 있다. 이처럼 공격적인 콘텐츠인지 아닌지를 알고리즘을 통해 확인하기가 거의 불가능한 경우가 있기 때문에 효과적인 보고 체계와 관리 인력이 필요한 것이다.

온라인 예의를 지킬 기술적 해결책이 없다는 말은 아니다. 자밀 자키 교수의 제안처럼, 소셜 미디어 플랫폼이 알고리즘을 조정해 분노가 아닌 친절을 보상하거나 "열린 자세와 긍정적인 태도가 담긴 게시글이 더 빨리 올라가도록" 조치할 수 있다.[117] 최소한 분노와 울분이 담긴 게시물이 그렇게 빨리 맨 위로 올라가지는 않도록 알고리즘을 손볼 수는 있을 것이다. 아니면 타인을 괴롭히는 표현이나 악플을 올리기 전에 한 번 더 신중히 생각해달라고 이용자에게 소셜 미디어 플랫폼 기업이 부탁하면 어떨까?[118] 인스타그램은 최근 몇몇 시장에서 이 방법을 시험해보고 있다. 남에게 상처를 줄 수 있는 말(이를테면 "넌 너무 못생겼고 바보 같아")이라고 인공지능ᴬᴵ이 인식하면 게시 전에 이용자에게 한 번 더 신중히 생각해보라는 내용의 팝업창을 띄우는 것이다. 하지만 역시나 기업들이 그동안 보여준 애매한 태도와 이 일에 걸린 돈의 액수를 고려할 때 머리 위에 대롱대롱 매달린 다모클레스의 칼(신하의 머리 위에 말총 한 가닥으로 칼을 매달아 권력자의 행운과 위험은 한자리에 있다는 교훈을 준 디오니시오스 왕의 일화에서 온 표현—옮긴이) 같은 규제 없이 그들 스스로 충분한 조치를 취하리라고는 기대하기 어렵다.

법적인 변화 역시 임박한 듯하다. 2020년 1월 영국 정보감독원은 온라인에서 아동을 보호하기 위한 법안을 제안했다. 그에 따르면 기업들은 "아동에게 신체 또는 정신 건강 또는 웰빙을 해치는 콘텐츠가 제공되지 않도록" 확실한 조치를 취해야 한다.[119] 실제로 시행될 경우 이 법을 위반한 기업은 "잠재적 또는 실제적 피해에 대해 그 회사의 규모와 수입에 비례해" 벌금을 부과받게 된다.[120]

기술기업들은 최소한 '주의 의무' 규정을 고객에게 제시해야 한다. 기업이 제공하는 플랫폼이 상당한 해를 초래하지 않도록 합리적인 조치를 취할 법적인 의무가 기업에 있음을 알리는 규정이다. 고용주가 피고용자에게 안전한 작업장을 제공하고 있음을 알리는 주의 의무 규정과 유사하다. 그리고 기업이 이러한 의무를 준수하지 않을 경우 역시 상당한 벌금을 물고 처벌을 받아야 한다.

영국 하원의원들은 2019년 보고서에서 특별히 소셜 미디어와 아동을 언급했다. 그들은 '주의 의무'를 법제화해야 하며 최근 호주의 입법 사례를 본떠서 영국도 기술기업의 제품으로 인한 해악에 대해 기술기업 임원들이 개인적으로 책임을 지게 하는 법을 도입해야 한다고 주장했다.[121]

각국 정부들이 취할 수 있고 취해야 할 단계적 조치들이 분명히 있다. 디지털 기차는 이미 역을 떠나버렸다고, 그러니 그 기차의 목적지를 변경하기 위해 우리가 할 수 있는 일은 아무것도 없다고 생각할 필요는 없다. 정치적 의지와 압력이 있다면 우리는 거대 기술기업에 맞서 우리 자신과 공동체를 보호하기 위해 많은 일을 할 수 있다. 나는 최근 페이스북이 규제를 옹호하는 입장을 취한 것을 환영한다. 하지만 우리는 이 규제의 성격을 구체화하는 과정에서 그들이 보이는 선제적 움직임을 회의적으로 바라보아야 한다. 거대 담배 회사들은 오랫동안 더 많은 규제(그들에게 가장 유리한 형태의 규제)를 요구하는 전략을 유지해왔다.[122] 소셜 미디어 기업들이 지닌 어마어마한 경제 권력과 미디어 권력을 고려한다면 새로운 게임의 룰을 정하는 과정에서 소셜 미디어 기업들의 목소리가 과도하게 반영되지 않게 하는 것이 그 어느 때보다 중요하다.

그리고 개인의 차원에서 우리 스스로 기기에 얼마나 중독되어 있는지를 인정하고 사용량을 제한하면서 그에 따르는 금단 현상을 이겨내려고 노력하는 것 외에 무엇을 더 할 수 있을까? 일단 소셜 미디어에 남기로 선택했다면 글을 올리거나 공유할 때 그 글이 잠재적으로 악영향을 미칠 수도 있다는 점을 염두에 두고 온라인에서 더욱 친절해지기 위해 노력해야 한다. 분노와 분열의 목소리를 멀리하고 온라인 활동의 초점을 다시 다른 데로 돌려야 한다. 잔인한 게시물을 '좋아요'로 찬성하거나 공유하려는 충동을 억제하고, 우리를 하나로 묶어줄 생각과 의식을 북돋는 데 시간을 써야 한다. 우리에게 불쾌한 감정을 불어넣거나 단절감을 부채질하는 사람들을 망설이지 말고 차단하거나 언팔로하거나 친구 명단에서 삭제해야 한다. 학교 역시 해야 할 역할이 있다. 학생들이 소셜 미디어에서 갖춰야 할 시민성을 교육하고 소셜 미디어를 건강한 방식으로 활용할 수 있도록 준비시켜야 한다. 부모들도 마찬가지다. 어떤 이에게는 이것이 그저 별 의미 없는 요란한 시도로 보일지 모른다. 하지만 소셜 미디어가 광범위하게 외로움과 불행을 조장하고 있다면 그 영향의 일부만이라도 물리치려고 노력할 책임이 우리 모두에게 있지 않을까?

덧붙여 우리는 소셜 미디어 플랫폼에 광고를 게재하는 브랜드 기업에 압력을 가할 수 있다. 혐오와 괴롭힘 문제를 해결하기 위해 실질적인 노력을 쏟으라고 브랜드 기업이 소셜 미디어 기업에 요구하게 만드는 것이다. 2020년 여름에 유니레버, 스타벅스, 코카콜라, 포드 등 수많은 선도적 브랜드 기업이 #StopHateForProfit(이익을 위한 혐오를 중단하라) 캠페인의 일환으로 페이스북에 대한 광고 게재를 중단하기로 했다. 혐오 발언과 분열을 조장하는 콘텐츠에 맞설 의지가 있음을 기꺼이 보여준 것이다.[123] 다만 그들의 결단이 실제로 의미 있는 성과를 거둘 때까지 유지되는 것이 핵심이다.[124] 이 지점에서 소비자인 우리가 행동해야 한다. 우리의 구매력을 행사함으로써 브랜드 기업이 소셜 미디어에 대한 압박을 유지하지 않으면 고객을 잃을 수도 있음을 단호히 보여주어야 한다. 나이를 불문하고 우리 모두 우리의 공동체들을 집결해 우리의 목소리가 그들에게 들릴 만큼 충분히 큰 소리로 외친다면 변화는 가능하다.

고무적인 것은 내가 청년들을 인터뷰하면서 1994년에서 2004년 사이에 태어난 세대를 발견했다는 사실이다. 나는 그들을 K세대라 부른다. 출생 이래 인생의 매 단계가 디지털카메라로 기록된 이 세대는 이제 신상털기나 알몸 사진 유출에 대한 두려움 속에서 고등학교와 대학교에 진학한다. K세대 대다수는 소위 '순진한' 디지털 지대의 허점과 그에 따르는 위험을 나이 많은 어른들보다 훨씬 더 잘 알고 있다. 이러한 K세대가 실천주의로 명성을 얻고 있다. 그레타 툰베리와 말랄라 유사프자이를 비롯해 총기에 반대하는 시위에 전 세계의 수백만 명 이상을 집결시킨 미국 플로리다주 파크랜드 총기 난사 사건의 생존자들까지, 그들은 아마도 소셜 미디어에 책임을 묻고 기술 중독의 심각한 위험성에 대한 인식을 제고하는 데에서 선도적인 역할을 해줄 것이다.

7장

21세기의
노동은
외롭다

21세기 일터에서 사람들은
무엇 때문에 그토록 외롭다고 느낄까?
가림막도 정해진 자리도 없는 사무실에서
우리는 점점 더 자신만의 고치로 들어간다.

40%. 직장에서 외로움을 느낀다고 말한 전 세계 사무실 노동자의 비율이다.[1] 영국은 무려 60%다.[2] 중국에서는 절반 이상의 사무실 노동자가 매일 외로움을 느낀다고 말한다.[3] 미국에서는 거의 다섯 명 중 한 명이 직장에 친구가 한 명도 없으며, K세대의 54%가 직장 동료로부터 정서적인 거리감을 느낀다.[4] 이 모든 수치는 코로나 시대 이전에 나왔으며, 코로나바이러스와 이에 따르는 사회적 거리두기는 이러한 느낌을 더욱 심화했을 뿐이다.[5] 또한 전 세계 노동자 85%는 자신의 업무에 몰입감을 느끼지 못한다.[6] 이것은 단순한 권태나 불안의 문제가 아니다. 몰입감은 자신이 직장 동료와 고용주에게 얼마나 연결되어 있다고 느끼는지와 긴밀한 연관 관계가 있다.

분명한 사실은 우리가 사생활에서만 외로움을 느끼지는 않는다는 것이다. 우리가 일하는 방식도 우리를 외롭게 만든다.

물론 과거의 일터를 마냥 낭만적인 시선으로만 바라볼 일은 아니다. 카를 마르크스가 지적한 19세기의 소외된 공장 노동자는 저임금을 받으며 판에 박힌 듯한 반복적 작업을 수행했고, 자기 자신, 동료 노동자 그리고 자신이 명목상 창조하고 있는 생산물과 언제나 단절된 채 일했다. 19세기와 20세기 영어권 소설에서는 허먼 멜빌의 날로 무감각해지는 '필경사 바틀비'와 실비아 플라스의 '에스더 그린우드' 까지 외로운 사무실 노동자를 숱하게 찾아볼 수 있다. 과거로 거슬러 올라가 1972년 미국 라디오 방송 진행자 겸 작가 스터즈 터클의 팬이 던 전화교환원 샤론 그리긴즈는 매일 말을 너무 많이 해서 입이 아프 지만 막상 퇴근할 때는 아무하고도 말하지 않은 기분이라고 그에게 털어놓았다.[7]

이렇듯 일터는 많은 사람에게 외로움을 불러일으켜 온 오랜 역사 가 있다. 하지만 현대에는 이 역사가 특히 놀라운 양상을 띠고 나타난 다. 현대 노동에서 찾아볼 수 있는 여러 가지 측면은 대개 우리를 더 욱 생산적이고 효율적으로 만들려는 의도에서 생겨났지만, 이러한 측면들이 궁극적으로는 오히려 애초 의도와 반대되는 효과를 낳고 있다. 그것도 매우 심하게. 그 이유는 그러한 측면들이 우리가 서로 연결되어 있다는 의식을 지우고 고립감을 부추기기 때문이다. 일터 에서 느끼는 외로움은 단순히 직원에게만 나쁜 것이 아니다. 외로움 은 몰입도와 생산성에 분명한 연관성이 있어서 기업 성과에도 악영 향을 미친다. 직장에 친구가 없는 사람은 자기 일에 지적으로나 정서 적으로 몰입해 있을 가능성이 7배 적다.[8] 더 나아가 외롭고 단절된 노 동자는 그렇지 않은 사람보다 병가를 더 자주 내고 동기부여가 잘되 지 않으며 덜 열성적이고 실수가 잦으며 작업 성과도 낮다.[9] 한 연구 보고서는 이러한 결과가 초래되는 부분적인 이유를 다음과 같이 설 명한다. "일단 외로움이 확고한 정서로 자리 잡으면 [⋯] 사람들이 당 신에게 말을 걸기 어려워한다. 당신도 남의 말을 듣지 않는다. 당신은 점점 스스로에게만 집중한다. 다른 사람이 당신을 함께 교류할 만한 바람직한 상대가 아니라고 느낄 온갖 종류의 일이 벌어진다." 결과적으로 당신은 성공에 필요한 도움과 자원을 얻기 어려워진다고 보고서는 설명한다.[10]

직장에서 외로울 때는 이직하거나 퇴직하기도 쉽다.[11] 예를 들어 10개국에서 2,000명의 관리자와 직원을 대상으로 조사한 결과 응답자의 60%가 직장에 친구가 있다면 회사에 더 오래 다닐 거라고 답했다.[12]

그렇다면 21세기 일터에서 사람들은 무엇 때문에 그토록 외롭다고 느낄까?

❖   **오픈플랜식 사무실**

가림막이나 칸막이가 없는 공간. 줄지어 놓인 책상에 노동자들이 앉아 자판을 두드리며 다 같이 같은 공기를 들이마시고 내쉰다. 오픈플랜Open-plan식 사무실에 온 것을 환영한다.

오픈플랜식 사무실을 둘러싼 최근의 우려는 당연히 주로 생물학적 유해성에 초점이 맞춰져왔다. 한국 질병관리본부(2020년 9월 질병관리청으로 변경되었다―옮긴이)는 2020년 2월 서울의 한 콜센터 건물에서 발생한 코로나바이러스 집단 감염에 대해 역학조사를 실시하고 그 결과를 보고서로 발표했다. 이 보고서는 최초 감염자가 발생하고 겨우 2주가 조금 넘는 기간 동안 같은 층 오픈플랜식 사무실에서 일하던 다른 동료 90명 이상이 코로나19 검사에서 양성으로 판정되기까지의 과정을 잘 보여준다.[13] 하지만 오픈플랜식 디자인은 신체 건강만 위협하는 것이 아니다. 그토록 많은 사무직 노동자가 서로에게 소외감을 느끼는 이유 중 하나는 그들이 하루하루를 보내는 사무실이 넓은 오픈플랜식 공간이기 때문이다.

이 말은 언뜻 우리의 직관에 반하는 것처럼 들릴지도 모른다. 실제로 1960년대 처음 도입될 당시 오픈플랜식 사무실은 사람들의 생각이 자연스럽게 섞이고 어우러져서 화기애애하고 협력적인 업무 환경을 조성해줄 진보적이고 거의 유토피아적인 디자인 콘셉트(적어도 이론상으로는 그랬다)로 각광받았다. 오늘날 오픈플랜식 사무실을 옹호하는 사람들의 주장도 같다. 하지만 앞서 도시 환경의 맥락에서도 살펴봤듯이 물리적 공간은 우리가 서로 얼마나 연결 또는 단절되어 있다고 느끼는지에 상당한 영향을 미칠 수 있다. 그리고 오픈플랜식 사무실(오늘날 가장 흔한 형태의 사무실 디자인으로 유럽의 사무실 절반가량 그리고 미국의 사무실 3분의 2가량이 오픈플랜식이다)은 특히 더 소외감을 유발한다.[14]

최근 하버드 비즈니스 스쿨은 칸막이식 사무실에서 오픈플랜식 사무실로 옮긴 직원들에게 어떤 일이 생겼는지를 추적 조사한 획기적인 연구 결과를 발표했다. 오픈플랜식 사무실은 활기찬 면대면 협력과 심도 있는 관계를 촉진하기보다 오히려 "사교적으로 위축되는 반응을 촉발"하는 듯하다는 것이었다. 사무실을 옮긴 후에는 대화보다 이메일이나 메신저가 더 많이 이용됐다.[15]

사람들의 위축된 반응은 부분적으로는 오픈플랜식 사무실이라면 당연히 따라오는 요소, 즉 과도한 소음이나 산만한 주변 환경, 반갑지 않은 방해 등에 대한 인간의 자연스러운 반응으로 설명될 수 있다. 우리는 도시에서도 비슷한 현상을 보았다. 도시에서 우리는 우리를 둘러싼 수많은 사람과 어수선한 불협화음에 압도되어 우리 자신만의 고치 안으로 들어가려는 경향을 보인다. 이는 곧 자기 자신을 돌보는 행동이기도 하다. 여러 연구에서 55데시벨 이상의 소음(크게 울리는 전화벨 소리 정도)은 우리의 중추신경계를 자극해 큰 스트레스를 유발하는 것으로 드러났다.[16] 오픈플랜식 사무실에서는 사람들이 서로 크게 말하기 때문에 소음 수준이 이보다 높을 때가 많다.[17]

소음만이 문제가 아니다. 아마존 알렉사가 명령에 반응하려고 항상 대기 중이듯, 오픈플랜식 사무실에서 우리의 뇌도 비슷한 방식으로 작동한다. 누군가 자판을 두드리는 소리, 옆 책상에서의 대화, 전화벨 소리 등 우리의 뇌는 주변의 소음을 항상 모니터링하고 있다.[18] 주변의 모든 소리를 듣는 동시에 무시해야 하기 때문에 일에 집중하기 어렵고 과제를 마치려면 더 열심히 해야 한다. 나는 오픈플랜식 사무실에서 일하던 시절, 건물에 들어서서 ID카드를 긁기 전부터 노이즈 캔슬링(소음 제거) 헤드폰을 쓰곤 했다. 그래서 내 주변에서 일어나는 일에 둔감해질 수밖에 없었지만 끊임없는 소음을 차단하는 것만이 일에 집중할 유일한 방법이었다. 내가 생산적이 되고 일을 끝마치려면 동료들로부터 나를 고립시키는 것 말고는 다른 방법이 없다고 느꼈다. 이 현상을 폭넓게 연구해온 심리학자 닉 퍼햄Nick Perham이 설명하듯 "스스로 생각하는 것과 달리 대부분의 사람은 조용할 때 일을 가장 잘한다." 실제로 여러 연구에서 단순히 누가 바로 옆에서 대화

만 나누어도 노동자의 생산성이 최고 66%까지 감소할 수 있는 것으로 밝혀졌다.[19]

지금 우리는 전보다 밀집도를 줄인 오픈플랜식 사무실이 표준이 되는 시대에 진입하고 있는지 모른다. 그 덕분에 소음은 일부 감소할지 모르겠지만 빗발치듯 계속되는 소음만 우리를 위축시키는 것은 아니다. 프라이버시 부족도 우리를 위축시킨다. 연구자들은 당신이 무엇을 하고 있는지를 모두가 보고 들을 수 있다는 "불안감"이 오픈플랜식 사무실에 만연해 있다는 사실을 발견했다.[20] 불안감 때문에 대화할 때 자기 생각이나 느낌을 덜 표현하고 "일종의 거북하고 불편한 느낌"을 갖게 되며 이것은 "대화가 길어지는 것을 방해"해 "짧고 피상적인 대화"와 자기 검열을 낳는다.[21] 이 설명은 내 경험을 상기시킨다. 나 역시 어쩌다 주변에 있게 된 사람들이 내 말을 엿들을 수 있다고 생각하니―전화로 병원에 진료 예약을 하거나 파트너에게 안부를 묻는 것은 물론이고―동료들과 의미 있는 대화를 나누기 어려웠다.

소셜 미디어에서 10대들이 보여주기식의 얕은 대화만 나누는 이유가 공개적인 광장에서 대화가 이루어지기 때문인 것과 마찬가지로, 오픈플랜식 사무실 노동자도 남들이 보고 있다는 것을 알면 행동이 달라진다. 사무실은 이제 항상 남들에게 관찰당하는 무대가 되어버려서 항상 연기를 해야 하고 결코 긴장의 끈을 놓을 수 없다. 이렇게 되면 인지적으로나 정서적으로 기진맥진하게 되고 소외감이 든다. 우리의 아바타가 이제 현실 세계에서도 열심히 우리를 위해 일하는 셈이다.

당신의 사무실이 '핫데스킹hot-desking'이라는 제도를 도입했다면 소외감은 더욱 심해진다. 고용주들은 그날그날 어느 책상에 앉을지 정하는 핫데스킹 제도를 일터에서의 자유와 선택의 완벽한 본보기로 내세운다. 하지만 자기만의 작업공간도 자녀나 파트너의 사진을 붙여둘 자리도 없고, 우정이 싹틀 정도로 누군가와 긴 기간 나란히 앉을 수 없으며, 원하는 책상에 앉기 위한 다툼을 매일 벌여야 하는 것이 현실이다. 그야말로 고립감을 부추기는 생활인 것이다. 영국에서 2019년 실시한 설문 조사에서 핫데스킹 방식 근무자의 19%가 동료들로부터 소외감을 느낀다고 응답했고 22%는 팀에서 유대감을 느끼기 어렵다고 응답했다.[22] 핫데스킹 방식의 근무자는 이웃을 전혀 만나지 못하는 세입자와 같다. 유목민보다는 부랑자에 가까운 이들은 소모품이 된 기분이 들고 자신이 남들에게 관심을 받지 못하고 눈에도 띄지 않는 것처럼 느낄 수밖에 없다. 영국의 주요 기업에서 일하는 칼라는 예정에 없던 사업에 참여한 뒤로 직장을 한 달간 쉬었는데도 핫데스킹 환경에서 일하는 칼라의 동료들은 그녀가 없다는 사실을 대부분 몇 주가 지나서야 눈치챘다.[23]

일부 고용주들은 코로나바이러스 감염증으로 재채기 가림막이 필수가 되기 전부터 이미 사무실 디자인을 변경하기 시작했다. 직원들이 서로 단절되고 소외되었다고 느끼거나 스트레스와 주의산만에 시달리는 것이 업무 효율성이나 생산성이나 심도 있는 사고에 좋지 않다는 사실을 인식했기 때문이다. 그래서 조립식에 이동이 쉽고 방음장치가 되어 있어서 오픈플랜식 사무실에 쉽게 설치할 수 있는 룸ROOM, 젠부스Zenbooth, 큐비콜Cubicall 같은 프라이버시를 보장해주는 작은 공간의 판매량이 증가 추세를 보였다.[24] 2020년 1월 큐비콜은 회사 웹사이트에서 공중전화 부스 모양의 상자(1인용으로 내부 공간이 좁아 서 있어야 한다)를 "현대 인테리어 디자인의 단점을 보완할 효율적인 솔루션"이라며 사무실이나 공동 장소에 프라이버시와 집중력을 위한 공간을 제공해 생산성과 사기를 높인다"고 적극적으로 홍보했다.[25] 일부 고용주들은 더 과격한 조치를 취한다. 일부 작업장에서는 책상에 빨간색·노란색·초록색 조명을 설치해 동료가 말을 걸어도 되는 상태인지 표시한다. 또한 헤드폰과 경주마의 눈가리개를 합친 것 같은 기기가 집중력 향상에 사용되기도 한다.[26]

누군가는 이제 이러한 단점에 더해 건강상의 위험까지 새로 등장했으니 오픈플랜식 사무실의 시대는 조만간 종말을 고하리라고 생각할지 모른다. 하지만 그러한 생각은 아직 시기상조다. 애초에 각각의 사무실이 오픈플랜식으로 바뀐 '공식적인' 이유가 무엇이든 그리고 그 전략이 어떤 식으로 제시되었든 결국은 비용과 관련이 있었을 게 거의 확실하기 때문이다. 오픈플랜식 사무실은 각 직원이 차지하는 면적이 적기 때문에 전통적인 사무실에 비해 비용이 1인당 무려 50%나 절감된다.[27] 핫데스킹 방식은 '효율성'이 더 높다. 각 책상과 의자가 항상 사용되고 있을 가능성이 더 크기 때문이다.[28] 코로나19가 초래한 경제적 피해로 기업들이 비용을 낮춰야 할 압력을 크게 느끼고 있음을 생각한다면—아무리 코로나19 감염과 오픈플랜식 사무실이 공범 관계라 해도, 심지어 오픈플랜식 사무실이 직원의 불만을 초래한다는 사실을 알게 되어도—기업 사무실을 근본적으로 다시 설계할 예산이 있을 가능성은 낮다. 핫데스킹 역시 코로나바이러스 감염증과 관련해 위험성이 있음에도 다시 새로운 트렌드로 떠오를 가능성이 있다. 아무튼 오픈플랜식 사무실이 다시 유행한 때가 2008년 금융 위기 직후였다는 사실을 기억하자. 어쩌면 경영진은 사무실 안에 안전하게 숨고, 직급이 낮은 직원은 고작 스크린만 지원받는 이중 체제가 도입되는 것도 일부 기업에서는 가능성 없는 일이 아닐 것이다.

직원의 정서적·신체적 건강보다 직원 1인당 비용 같은 계량적 수치를 중시하는 것은 단순히 도덕적으로 빈축을 살 일일 뿐만 아니라 이윤 면에서 협소한 사고다. 사람을 수익보다 가볍게 여기는 것은 근시안적 접근 방식이다. 웰빙과 만족은 근본적으로 생산성으로 연결되고 결과적으로는 전반적인 기업 성과와 연결된다.

심지어 지금처럼 예산이 부족하고 다운사이징이 요구되는 시기에도 선견지명이 있는 고용주라면 이 점을 인정해야 한다. 직원의 욕구를 무시하는 기업으로 인식되면 우수한 인재를 영입하거나 직원의 열정을 이끌어낼 때 불이익을 받을 수 있다. 고용주가 내 기본적인 욕구나 신체적 안전에 대해 그다지 관심이 없다는 생각이 들면 회사를 위하고 싶은 마음이 생기지는 않을 테니까.

❖ 디지털에 장악된 일터

물론 직장에서 우리의 관계들을 갉아먹고 우리를 외롭게 만드는 것은 단지 물리적 공간만은 아니다. 우리 대다수가 동료들로부터 단절되어 있다고 느끼는 이유는 부분적으로는 그들과 나누는 의사소통의 깊이가 훨씬 얕아졌기 때문이다.

불과 10년 전만 해도 동료와 무언가를 상의하려고 하면 우리는 보통 동료의 책상으로 걸어갔다. 요즘은 얼마나 자주 그렇게 할까? 이는 단지 사회적 거리두기 때문만이 아니다. 2018년 전 세계에서 실시한 연구 결과 직장인은 일반적으로 하루의 절반가량을 이메일이나 문자메시지를 주고받는 데 쓰고 이러한 의사소통의 대상은 겨우 책상 몇 개 정도의 반경 안에 있는 사람들일 때가 많다는 사실이 드러났다.[29] 우리의 개인적인 생활에서처럼 직장에서도 사람들과 나누는 대화가 점차 자판 두드리기로 대체되어왔다. 심지어 직접 의사소통하는 것이 쉽고 빠를 때조차도 그렇다. 이 또한 일터에서의 외로움을 부추긴다. 무려 40%의 노동자가 동료들과 이메일로 의사소통하는 것이 그들을 "매우 자주" 또는 "항상" 외롭게 만든다고 응답했다.[30]

업무 메일로 이루어지는 전형적인 대화의 특성을 떠올려보면 그리 놀라운 일은 아니다. 대화라기보다는 거래에 가깝고, 붙임성보다는 효율성이, 따뜻함보다는 건조함이 두드러진다. 일주일 내내 24시간 '가자, 가자, 가자'를 외치는 정보 과부하의 직장 생활에서 '부탁합니다'와 '고맙습니다' 같은 말은 일찌감치 사라졌다. 우리는 시간의 압박에 시달리고, 우리의 받은 편지함은 늘 꽉 차 있으며, 우리의 이메일은 우리의 문자메시지처럼 그 어느 때보다 간단하고 짤막하기 그지없다. 그리고 업무량이 많아질수록 이메일은 무례해진다.[31]

재택근무가 증가하면(2023년까지 전체 노동 인구의 40% 이상이 대다수 시간을 재택으로 근무할 것으로 추산된다) 노동자의 외로움이 현저히 심화할 위험성이 크다.[32] 대부분의 재택근무자가 일차적인 소통 수단으로 이메일 등 문자에 기반한 의사소통에 의존하기 때문이다.[33] 코로나19 대유행 초반에는 집에서 일하는 것을 반갑게 여기는 사람도 있었지만 몇 주 만에 외로움이 현저히 심화됐다고 보고한 것은 부분적으로는 바로 이런 이유에서다.[34] 실제로 최근 드러났듯이 외로움은 재택근무자에게 가장 큰 어려움이 되기도 한다.[35]

사용자 후기 사이트인 프로덕트 헌트Product Hunt의 창립자이자 블로거인 라이언 후버는 2019년 3월 트위터에서 재택근무에 관해 블로그에 게시할 글을 쓰고 있다며 "집에서 일하는 분들께 묻습니다. 요즘 어떤 점이 가장 힘든가요?"라고 질문을 올렸다. 1,500명 이상의 응답자들이 가장 자주 언급한 문제는 외로움이었고, 다수는 면대면 상호작용 없이 일하는 데에서 오는 고립감을 이야기했다.[36] 경영 컨설턴트 에랄도 카발리는 "사무실에서와 달리 사회적 교류가 없기" 때문이라고 했다.[37] 다른 사람들도 여기에 맞장구쳤다. 캘리포니아에서 일하는 음악 소프트웨어 엔지니어이자 벤처 캐피털리스트 세스 샌들러는 "즉흥적으로 시작되는 물 흐르듯 자연스럽고 열띤 대화"에 대한 갈망을 드러냈다. 잠시나마 "일에서 벗어나", "얼굴을 직접 보며 우정을 키우는" 정수기 앞에서의 대화가 그립다고도 했다.[38] "책상에서 일어나 동료들과 어울리지 못해요"라고 엔지니어 존 오스본은 썼다. "그냥 끔찍하게 외로워요."[39] 오픈소스 소프트웨어 작업자 에릭 나카가와의 표현은 매우 직설적이었다. "고립되면 사람이 망가집니다. 늑대인간을 방불케 하는 턱수염 등등."[40]

가장 우려스러운 점은 일부 응답자는 재택근무의 영향이 어느새 일상생활에까지 스며들었음을 느꼈다는 사실이다. 특정 능력을 '쓰지 않으면 퇴화'하는 인간의 성향을 떠올린다면 그리 놀라운 사실이 아닐지 모른다. 우크라이나의 소프트웨어 엔지니어이자 스타트업 CEO 아흐마드 술라이만은 이렇게 썼다. "줄곧 노트북 앞에 혼자 앉아 있다가 나가면, 처음에는 사람들과 이야기하고 의사소통하는 방법을 잊어버린 것 같은 기분이 들다가 한두 시간 지나면 괜찮아집니다. 메시지와 현실 세계의 커뮤니케이션 사이를 오가는 게 쉽지 않아요."[41]

재택근무가 근본적으로 나쁜 것은 아니다. 재택근무가 주는 자율성과 유연성을 소중하게 여기고, '내가 원하는 장소에서 내가 원하는 시간에 일한다'는 이상적인 조건과 긴 통근 시간을 아낄 수 있다는 장점을 옹호하는 사람도 많다. 더욱이 재택근무를 권장하는 정책 덕분에 기업이 고용할 수 있는 인재의 폭이 넓어질 뿐만 아니라 초보 엄마, 연로한 부모를 돌보는 직원, 재택근무가 아니면 출근이 불가능한 부상자나 장애인이 일과 가정에서의 요구를 동시에 충족시킬 좋은 기회를 얻기도 한다.

하지만 재택근무가 고립감과 외로움을 악화시킨다는 것 역시 사실이다. 사람들이 봉쇄 조치로 사무실에서 강제로 나와 있는 동안 그리워하게 된 것은 잡담, 웃음, 담소, 포옹만이 아니다. 재택근무에 관한 세계적인 연구자인 스탠퍼드대 교수 니컬러스 블룸은 "원격 근무자들은 집에서 활력을 잃고 우울해지기 쉽다"는 사실을 발견했다.[42] 블룸은 2014년에 재택근무와 관련된 실험 결과를 발표했다. 그는 실험을 위해 어느 중국 기업의 직원 1만 6,000명 가운데 임의로 선택한 절반에게 9개월간 재택근무를 하게 했다. 그중 절반이 재택근무 기간이 끝날 즈음 평균 통근 시간이 편도 40분이나 되는데도 사무실로 복귀할 것을 선택했다. 예전에 사무실에서 나누던 사회적 상호작용이 몹시 그리워진 나머지 매일 30분이 넘는 자기 시간을 기꺼이 희생하기로 한 것이다.[43]

이 실험 결과에 따르면 고용주는 코로나19 대유행 이후 비용을 절감하려는 목적으로 재택근무를 크게 늘려 제도화하고 싶은 유혹을 물리쳐야 하고 재택근무를 하는 직원이 겪는 정서적 어려움을 지원할 방법을 심도 있게 고려해야 한다.

직원 간의 의사소통을 음성과 문자에만 의존하지 말고 영상의 비중을 높이는 것도 이러한 전략의 일부가 될 수 있을 것이다. 다소 기묘하게 들릴 수 있지만 도쿄의 수미다 아쿠아리움에서는 봉쇄 기간에 수족관의 작은 점박이 뱀장어들의 외로움을 덜어주기 위해 이 방법을 활용했다. 수족관에 방문객이 없는 날이 이어지자 뱀장어들은 사육사를 보고도 모래 속으로 파고드는 등 이상 행동을 보였다.[44] 재택근무가 길어진 아흐마드 술라이만이 그랬듯 뱀장어들은 사람들과 어울리는 방법을 어느새 잊어버렸다. 그래서 사육사들은 페이스타임을 이용해 아쿠아리움에 화상 전화를 걸어줄 것을 대중에게 부탁했다. 통화가 연결되면 사람들은 5분간 뱀장어들에게 손을 흔들고 인사말을 (뱀장어가 놀라지 않을 만큼) 크게 외쳤다. 내가 이 글을 쓰고 있는 지금 이 시도가 얼마나 도움이 되었는지는 알 수 없다. 하지만 앞에서 본 것처럼 봉쇄 기간에 줌으로 소통을 시도한 대부분의 사람이 느꼈듯 스크린을 통한 의사소통은 오로지 이메일이나 문자메시지로만 소통하는 것보다는 낫지만 면대면 상호작용에 비해서는 여전히 제한적인 경험이다. 몸의 전체적인 움직임, 신체적 가까움, 냄새 같은 미묘한 단서들이 배제된 의사소통은 오해를 낳기 쉽고 사람들 사이의 유대를 약화시킨다. 그리고 인터넷 연결 속도가 고르지 않을 때는 영상통화 중에 화면이 정지하거나 동기화에 문제가 발생하면서 자칫 짜증스러운 경험을 낳을 뿐만 아니라 오히려 단절감을 깊어지게 한다.

코로나19 대유행 이전에 재택근무를 성공적으로 활용했던 기업들이 대개 재택근무 일수를 제한한 기업들이었던 것은 바로 이런 이유에서다. 구글에서 인사 책임자를 지낸 라즐로 복Laszlo Bock은 '재택근무'의 최적 시간을 조사했다.[45] 복이 도출한 수치는 주당 1.5일이었다. 이 조합이면 직원들이 서로 연결되고 유대를 쌓는 동시에 심도 있으면서 산만하지 않은 자기만의 작업 시간을 확보할 수 있었다.

재택근무를 성공적으로 운영한 선도 기업이 달랐던 점이 또 하나 있다. 이들 기업은 직원들이 직접 만나 어울릴 기회를 정기적이고 조직화된 방식으로 제도화했다. 이러한 기회는 '목요일마다 사무실에서 갖는 피자 시간'이 될 수도 있고 정기 모임이나 콘퍼런스 또는 이벤트가 될 수도 있다. 이들 기업은 또한 의식적으로 사람들이 서로 어울리고 싶게 사무실을 디자인했다. 여기에는 직원들의 외로움을 완화하는 것 말고 더 실용적인 목적도 있었다. "기술기업들이 작은 주방을 두거나 무료 간식을 비치하는 이유는 단순히 오전 9시에서 정오 사이에 사람들이 배고플 거라고 생각해서만이 아닙니다." 복은《뉴욕타임스》의 케빈 루스에게 말했다. "우리는 바로 그런 장소에서 평소 떠올리지 못했던 착상을 얻기 때문이지요."[46]

우리의 사적인 삶의 일부로 바라본 일터에서는 접촉이 비접촉보다 강력하다. 그리고 신체적 근접성은 공동체 의식과 활력을 불러일으키는 핵심 요소다.

❖   다정함에 인센티브를

물론 사무실에 있다는 이유만으로 우리가 사교적이 되지는 않는다. 그리고 우리가 이메일에 의존하는 것이나 우리의 일터가 본질적으로 원형 감옥과 같다는 사실만이 제한 요인은 아니다.

기업이 생산성과 효율성을 날로 더 강조하고 있다는 사실, 미투 운동이 직장 문화에 남긴 변화, 노동조합의 약화와 그로 인한 어울릴 기회의 감소, 갈수록 늘어나는 통근 시간 등 수많은 이유가 결합해 근무 중이든 퇴근 후든 동료와 어울리는 것이 흔하지 않은 풍경이 되었다.[47] 결론적으로, 오전에 동료와 차를 마시는 휴식 시간, 퇴근 후의 술자리, 집으로의 식사 초대 등 불과 20년 전만 해도 평범하게 여겨지던 여러 사회 관습이 가면 갈수록 일반적이지 않은 것이 되었다.

이 현상이 가장 두드러지는 것은 바로 일터에서의 식사다.

그리 멀지 않은 과거에 우리는 매일 점심 시간에 동료들과 유대를 다지고 공통의 관심사나 취미를 발견하고 대화를 나누고 지지를 구했다. 오늘날 동료 직원과 함께 식사하는 것은 갈수록 찾아보기 힘든 일이 되고 있으며, 이것은 사회적 거리두기 탓이 아니다.

2019년 주요 뉴스 업체의 프로듀서인 사라는 입사 4년 차가 되었음에도 동료들과 점심을 같이 먹은 건 손에 꼽을 정도라고 말했다.

식사를 함께하는 것 자체가 아주 드문 일이라 일주일에 수십 시간을 함께 지내는 공동체라기보다 마치 모르는 사람들이 모여 처음으로 서로를 알아가는 자리 같은 분위기를 띤다고 했다. 나는 2011년 암스테르담에서 교수를 지낼 때 직원들이 한 번도 식사를 같이하지 않아 날마다 혼자서 식사하며 얼마나 외로운 기분이 들었는지 지금도 기억한다.

설문 조사 결과는 이것이 얼마나 흔한 일인지를 명확히 보여준다. 2016년 영국에서 설문 조사를 실시한 결과 응답자의 50% 이상이 동료들과 점심 식사를 전혀 또는 거의 하지 않는다고 답했다.[48] 동료들과 유대를 쌓고 함께 휴식을 취하던 한 시간이 지금은 가게에서 집어 든 샌드위치를 책상에 앉아 먹으며 보통 인스타그램을 보거나 아마존에서 물건을 사거나 넷플릭스를 시청하는 시간으로 대체되었다. 미국에서도 상황은 비슷해 전문직 종사자 62%가 '책상에서' 점심을 먹는다고 말했고, 그중 스스로 원해서 그런다고 응답한 사람은 절반 이하에 불과했다.[49] 심지어 동료들과 보내는 긴 점심시간이 오랫동안 거의 신성불가침의 영역으로 여겨져온 프랑스에서조차 사람들이 시장의 현실을 받아들이기 시작했다. "한 시간 반에서 두 시간 동안 점심을 먹던 시절은 이제 지나갔습니다." 카페 프레타망제의 프랑스 본사 대표 스테판 클라인이 말한다.[50]

사무실 노동자만 혼자 먹는 것이 아니다. 런던 남부에 사는 건장한 시민 모는 이전에 다니던 지역 콜택시 회사가 (우버와의 경쟁을 견디지 못하고) 문을 닫은 이래 우버 기사로 일하고 있다. 2019년 말에 모는 내게 예전 직장에서 동료 기사들과 함께 식사하며 느끼던 연대감이 몹시 그립다고 말했다. 예전 직장에서는 "공동체"로서 "기사들이 전자레인지와 냉장고가 있는 널따란 거실에서 한데 어울렸고 이슬람교나 기독교 신자들이 가져온 음식을 같이 먹기도 했죠"라고 모는 설명했다. "내가 이 사람을 알고 이 사람도 나를 알아서 누군가 일주일간 통 안 보이면 전화를 걸어서 별일 없냐고 묻는 그런 곳이었지요." 모는 과거의 이러한 경험을 지금 우버 기사로서의 경험과 비교했다. 지금은 모일 장소도 없고 식사도 각자 알아서 한다. "연대감이 없어요. 설사 내가 쓰러져도 우버 기사 중에 가던 길을 멈추고 도와줄 사람은 아무도 없을 겁니다."

직장에서 혼자 식사하면 더 외로움을 느끼게 된다는 건 충분히 이해가 된다. 혼자 사는 사람이 혼자 밥을 먹을 때 가장 외로움을 느끼는 것과 마찬가지다. 또한 혼자 식사하면 동료들과 연결되어 있다는 의식도 덜 든다. 가족과의 저녁 식사, 일본의 다도 문화, 미국의 추수감사절, 스웨덴의 하지 축제까지, 함께 준비한 음식을 식탁에 차려놓고 먹는 것은 전 세계 여러 문화권의 핵심 의식이다.[51] 앞서 봤던 것처럼 사람들은 이런 시간에 가벼운 잡담을 나누어 혼자라는 기분을 덜고, 직장에서는 이런 시간이 징검다리가 되어 직장 동료들을 더욱 가깝게 묶어줄 의미 있는 대화와 관계로 나아가게 된다.

니컬러스 비크로프트는 영국군의 정신과 군의관이다. 비크로프트는 군대의 식사 방식이 공동 식사에서 각자 자기가 먹은 만큼 따로 돈을 지불하는 방식으로 바뀌면서(비용을 절감하고 선택의 자유를 제공하려는 것이 원래 의도였다) 과거보다 군인들의 "동지애와 결속력이 현저히 저하"되고 훨씬 더 많은 군인이 외로움을 호소하게 되었다고 생각한다. 비크로프트는 우려가 깊다. 그가 보기에 강력한 공동체의 토대를 이루는 것은 나란히 앉아 함께 식사하며 담소하고 웃는 시간이기 때문이다. "전쟁터에서 군인들이 극한의 스트레스 상황을 견뎌낼 수 있는 것은 바로 그런 유대감 때문입니다." 비크로프트는 말한다. 비크로프트는 왜 어떤 군인은 외상 후 스트레스 증후군을 겪고 어떤 군인은 겪지 않는지를 설명해주는 핵심 요인 중 하나는 군인들이 스스로를 유대가 긴밀한 팀의 일부로 느끼는지 여부이며 "음식을 함께 먹는 것이 그러한 느낌을 강화해준다"고 믿는다. 연구 결과도 비크로프트의 생각을 뒷받침한다. 사회적 지지가 있느냐 없느냐는 트라우마 사건을 경험한 뒤에 외상 후 스트레스 증후군을 겪을지 여부를 판단할 강력한 예측 변수다.[52]

군대와 그리 다르지 않은 집단, 예를 들면 소방관들에게 공동 식사가 미치는 영향을 조사한 연구자들도 유사한 결론에 이르렀다. 코넬대 케빈 니핀과 그의 동료들은 거의 1년 반에 걸쳐 주요 미국 도시의 소방서 13군데를 관찰한 결과 식사를 함께 계획하고 함께 요리해 함께 먹는 팀은 그렇지 않은 팀보다 긴밀히 협동·협력하기 때문에 성과도 2배 높은 것으로 나타났다.[53]

소방관들에게 이것은 진화 작업에서 더 많은 생명을 구할 가능성이 크다는 뜻이다. 불과 몇 분 단위로 생사가 갈릴 때는 건물에 물을 뿌리고 잔해를 제거하는 기본 작업에서 협력이 잘 이루어지면 큰 차이를 만들 수 있다. 니핀은 함께하는 식사가 우정, 공동의 관심사, 팀워크를 촉발하는 일종의 '사회적 접착제'라는 가설을 세웠다.[54] 소방관들 스스로도 그런 허물없는 유대감이 얼마나 중요한지 알았던 것 같다. 매일 하는 식사가 근무시간의 중심이라고 소방관들은 말했다. 그들에게 식사 시간이 어찌나 중요했는지 심지어 어떤 소방관은 한 번은 집에서, 한 번은 소방서에서 두 번의 저녁 식사를 들었을 정도다. 동료 소방관이 준비한 식사를 거절하는 것은 결례나 다름없기 때문이었다. 연구자들은 동료들과 함께 식사하지 않는 소방관들과 대화할 때 그들에게서 난처해하는 기색을 느꼈다. "그것은 기본적으로 뿌리 깊은 무언가가 그 집단이 작동하는 방식과 맞지 않다는 징후였다." 니펀은 말했다.[55]

당신이 진짜 전쟁터에 있든 아니면 작업 환경이 마치 전쟁터처럼 느껴지든, 함께하는 식사는 일터에서 공동체 의식이나 팀의 사기를 북돋울 가장 쉬운 방법 가운데 하나다. 그러므로 수개월에 걸친 강제적인 사회적 거리두기가 끝난 뒤에 공동체 의식을 재구축하고 직원들이 재연결되도록 돕고 싶은 기업들은 공식적인 점심시간을 재도입하고(정해진 시간이 있다면 가장 이상적이다) 노동자들이 함께 식사하도록 권장하는 것을 기업 전략의 일부로 삼아야 한다. 여기에는 확실한 사업상의 이득이 있다.

나는 지금 거대 기술기업들처럼 전력을 기울이는 접근 방식을 말하는 것이 아니다. 이들 기업의 카페테리아에서는 갓 잡은 하프문베이산* 볼락, 카옌페퍼(칠리를 말려서 가루로 빻은 것—옮긴이)와 생강으로 향을 낸 음료수, 맥주에 졸인 소갈비를 대접한다. 대부분의 회사는 이런 것을 감당할 수 없으며[56] 지역 커피점이나 식료품 매장에도 손님이 들어야 한다. 안락한 방이나 야외 공간을 마련하고 기다란 탁자를 놓거나, 팀장이 회의실로 음식을 주문하거나, 가까운 식당에서 단

체로 식사하는 등 간단한 조치로도 변화가 가능하다.[57]

무엇보다 경영진이 직원들에게 온전한 점심시간을 단순히 허용하는 정도가 아니라 적극적으로 권장한다는 메시지를 확실하게 주어야, 식사를 함께하는 인간의 오래되고도 원시적 전통이 직장 생활의 일부가 되는 환경이 조성될 것이다.

반드시 점심시간이 아니더라도 그저 직원들끼리 같은 시간대에 어울려 쉴 수 있는 시간만 마련해주어도 사기와 생산성 모두 크게 달라질 수 있다. MIT 교수 알렉스 '샌디' 펜틀랜드가 미국의 한 은행 콜센터를 자세히 관찰한 결과 생산성이 높은 팀들은 공식 회의 밖에서도 팀원 간 대화가 많았다. 면대면 교류가 가장 유용했다. 펜틀랜드는 콜센터 관리자에게 직원들이 커피를 마시는 휴식 시간을 조정하라고 조언했다. 모든 팀원이 동시에 쉬게 함으로써 일터에서 벗어나 함께 어울릴 기회를 제공하라는 것이었다. 이 전략은 효과가 있었다. 직원들의 행복감이 증진되었을 뿐만 아니라 콜당 평균 처리 시간이(이 분야의 성취도를 가늠하는 핵심 지표다) 평소 성과가 저조했던 팀들은 5분의 1, 전반적으로는 대략 8%가 감소했다. 직원들은 서로 어울리며 대화하는 사이사이 업무에 관한 팁이나 요령도 공유한 것으로 드러났다. 그 결과 이 은행은 현재 열 개 콜센터 모두에서 공동 휴식 시간 제도를 시행하고 있다. 이러한 전략상 변화는 2만 5,000명의 직원들에게 영향을 미칠 것이고, 이는 직원의 사기 증진과 1,500만 달러에 달하는 생산성 증대로 이어질 것으로 기대된다. 이렇듯 간단한 변화를 시도하는 것만으로 직원 만족도가 10% 이상 상승한 사례도 있다.[58]

여전히 사회적 거리두기가 필요한 지금 허물없이 어울릴 기회를 마련하기란 물론 쉽지 않다. 정수기 물구멍을 테이프로 막아놓은 마당에 정수기 옆에서 담소를 나눌 리 만무하고, 가상 공간에서의 휴식이나 만남으로는 같은 효과를 기대하기 어렵다. 하지만 코로나바이러스를 극복한 뒤 일터가 제 기능을 하려면 이러한 기회 마련이 사업 성과에 매우 중요함을 반드시 인식해야 한다. 잘 연결된 직원들이 생산적이고 열성적이며 이직률이 낮아서만이 아니다. 우수한 인재를 확보하려는 기업 간의 경쟁(아무리 실업률이 높아지더라도 이 경쟁은 사라지지 않을 것이다)에서 친근한 분위기로 소문난 직장은 단연 주목받을 것이기 때문이다. 특히 차세대 직원들인 K세대에게 더 그러할 것이다. 그들은 사회에서 가장 외롭고 타인과의 연결을 가장 갈망하는 이들이다.

하지만 한 가지 문제가 있다. 대다수 직원은 친절하고 다정한 분위기의 일터에서 일하고 싶어 하지만 신자유주의 체제에서 친절과 다정은 굉장히 낮은 평가를 받는다. 이러한 자질이 적극적으로 요구되는 교사, 간호사, 사회복지사 같은 직업은 급여 수준이 평균보다 현저히 낮다.[59] 그뿐만 아니라 이 현상을 폭넓게 연구한 스탠퍼드대 선임 연구원 매리앤 쿠퍼Marianne Cooper에 따르면 직장에서 여성들은 흔히 따뜻하고 친절한 사람으로 인식되지만 "대개 능력 있는 직원 또는 믿고 맡길 수 있는 직원이 아니라 열외로 취급"되고 "능력을 인정받지 못한다."[60]

따라서 직장 내의 외로움을 줄이고 싶다면 친절, 협력, 협동 같은 가치를 명시적으로 인정해야 한다. 단지 말로만 그치지 않고 행동에 실제 보상과 인센티브를 줄 방안을 모색해야 한다. 최근 호주 소프트웨어 회사 아틀라시언^{Atlassian}에서는 업무상의 성과뿐만 아니라 해당 직원이 평소 얼마나 협력적인지, 즉 얼마나 적극적으로 남을 도울 기회를 찾고 동료들에게 친절한지도 평가 항목으로 삼았다.[61]

하지만 이러한 접근 방식으로 젠더 선입견을 완전히 제거하지는 못한다.[62] 남에게 도움을 주는 일에 관해서라면(특히 모임을 조직하고 뒷자리를 정리하는 등 '사무실 가사노동'에서) 여성에게는 남성보다 더 높은 기준이 적용될 때가 많기 때문이다.[63] 그러나 직원의 성과를 평가할 때 이러한 자질을 강조하는 것은 포용적이고 온정적인, 그리하여 협력적이고 외롭지 않은 일터를 조성하기 위한 중요한 진전이다.

세계적인 기술기업 시스코는 여기서 한 걸음 더 나아갔다. 시스코는 협력과 친절을 장려하고 이러한 행동에 적극적으로 보상하는 두 가지 전략을 동시에 폈다. 첫 번째는 시스코에서 수 년째 시행되고 있는 캠페인으로 청소부부터 CEO까지 직위를 불문하고 누구나 남에게 특별히 도움을 주었거나 친절을 베풀었거나 협력적이었던 직원을 지명할 수 있다. 그러면 확인 과정을 거쳐 해당 직원에게 100달러에서 1만 달러까지 현금 보너스를 지급한다.

나와 대화를 나눈 시스코의 직원 에마는 최근에 신입 직원을 지명했다고 한다. 단지 날마다 활짝 웃는 얼굴로 사무실에 들어선다는 이유에서였다. 미국 버몬트주 스토에 사는 관리자 톰은 자기 팀원이 따로 시간을 내서 신입 직원에게 업무를 설명해주고 그에게 환영받는 기분을 느끼게 해준 일을 칭찬했다. 최근 시스코는 '감사 토큰' 제도를 도입했다. 이것 역시 직원 주도로 이루어지는 캠페인이다. 친절과 협력의 표시로서 또는 단순히 고마움을 표시하기 위해 직원들은 서로 디지털 토큰을 주고받는다. 가상의 토닥거림인 셈이다. 이 캠페인에는 직접적인 금전 보상은 없지만 토큰이 전해질 때마다 자선단체에 기부금이 전달된다.

사업 실적에 이바지한 실질적인 금액에 대해서뿐만 아니라 문화적 기여에 대해서도 높이 평가하는 일터, 사람들이 서로를 인정하고 고마움을 표시하도록 적극적으로 권장하는 일터에서 사람들이 자신의 고용주에게 그리고 서로에게 연결되어 있다고 느끼는 것은 당연하다. 이처럼 친절에 친화적인 기업 문화를 장려하는 시스코의 노력은 최근 설문 조사에서 시스코가 세계에서 일하기 가장 좋은 기업으로 뽑힌 데에 분명 중요한 역할을 했을 것이다.[64]

직원들이 자신이 관심을 받고 있으며, 단순히 기업이라는 기계를 구성하는 하나의 부속품이 아니라 인간으로 대접받고 있다고 느끼게 하는 것은 분명히 기업에 장기적으로 도움이 된다. 특히나 헤겔에서 라캉까지 여러 사상가가 보여주었듯, 우리는 남에게서 받는 인정으로부터 자기 존중감을 키우기 때문에 더욱 그렇다.[65] 그리고 이것은 그리 성취하기 어려운 목표가 아니다. 아주 작은 시도로도 실질적인 변화를 일구어낼 수 있다. 유명 출판사에서 일하는 한 편집자는 내게 회의 때마다 초콜릿 비스킷을 준비해오는 "멋진" 관리자에 대해 이야기해주었다. 다른 출판인은 지난주에 팀에서 성과를 올린 누군가를 칭찬하거나 방에 있는 누군가에게 직접적으로 감사를 표현하는 것으로 회의를 시작하는 관리자에 대해 이야기했다. 내게는 이러한 이야기가 사뭇 놀랍기도 하고 우울하기도 했다. 이러한 행동이 이제는 일터에서 평범하지 않은 일로 비쳐지는 것이다.

우리가 직장 생활에서 외로움을 느끼는 데에는 물리적 환경이나 기업 문화, 그 이상의 이유가 있다. 우리 대다수가 일터에서 외로운 이유는 일터 밖에서 외롭기 때문이다. 어쨌든 우리는 우리 기분을 집에 떼어두고 일터에 출근하지 않으니까. 문제는 우리가 그토록 외로운 이유 가운데 하나가 너무 많은 시간 일을 하기 때문이라는 것이다. 이것은 악순환이다.

전체 인구를 놓고 봤을 때 오늘날 평균 노동시간은 대다수 지역에서 몇십 년 전보다 감소했다.[66] 하지만 특정 집단의 노동시간은 현저히 증가했다. 대개 대졸 학력의 전문 인력이 여기 해당한다.

이 집단의 경우 거의 모든 서유럽 국가에서 1990년대 이래 '극단적인 장시간 노동'(주당 50시간 이상)이 현저히 증가했다.[67] 영국에서는 가장 오래 일하는 사람들이 가장 유능한 사람들이다.[68] 일본에서는 너무나 많은 화이트칼라 노동자가 말 그대로 죽도록 일하고 있어서 이러한 현상을 일컫는 '카로시過勞死(과로사)'라는 신조어까지 생겼다.[69] 한편 중국에서는 특히 금융, 기술, 전자상거래 전문 인력들 사이에서 오전 9시 출근과 저녁 9시 퇴근에 주 6일 근무가 흔해서 이것을 '996'이라고 일컫는다.[70]

장시간 노동을 하는 이유는 대개 생활비를 벌기 위해서다. 오늘날 중산층 생활비가 20년 전보다 현저히 증가했기 때문이다.[71] 장시간 일하고 동시에 여러 개 직업을 갖는 것[72]이 직업인들 사이에서 갈수록 흔한 일이 되고 있다. 수많은 전문직 종사자가 선택의 여지없이 두 가지 직업, 심지어는 세 가지 직업에 종사하고 있다. 영국 간호사 노동조합을 대상으로 설문 조사한 결과 응답자의 4분의 1이 일상적인 공과금과 생활비에 보태기 위해 '부업'을 한다고 답했다.[73] 미국에서는 간호사 다섯 명 중 한 명이 그렇다.[74] 미국 교사 거의 여섯 명 중 한 명이 다른 일에도 종사하는데 이는 여름 한철에만 국한된 일이 아니다.[75] 오리건주에는 우버 기사로 일하는 교사가 많아서 이들은 우버 앱에서 이름 옆에 책 모양의 이모지를 붙여 '우버 교육자UberEducator'임을 표시한다.[76] 코로나19 위기가 우리에게 가르쳐준 중요한 교훈이 있다면 남을 돌보는 일을 하는 사람들의 노고를 더 인정하고 훨씬 더 많은 보수를 지급해야 우리가 발전할 수 있다는 사실이다.

그런데 장시간 노동을 하는 동기가 경제적 필요에서가 아니라 문화적 또는 사회적 기준 때문인 사람들이 있다. 중국의 '996' 관행을 살펴보자. 중국의 억만장자로 알리바바의 공동창업자인 마윈은 이 관행을 적극적으로 옹호한다. 마윈은 알리바바의 위챗 계정에 "나는 개인적으로 996이 굉장한 축복이라고 생각한다"고 썼다. "남보다 시간과 노력을 더 들이지 않고 성공할 방법이 있을까?" 이어서 마윈은 일을 덜 하는 사람들은 "노고에 따르는 보상과 행복을 맛보지 못할 것"이라고 덧붙였다.

나는 마윈이 무슨 말을 하는지 잘 안다. 나는 게으름뱅이가 아니다. 그리고 장시간 일하면 대가가 따라온다. 금전적으로뿐만 아니라 (미국에서는 11만 달러 이상 버는 사람들의 3분의 1이 최소 주당 60시간을 일한다) 개인적인 만족과 성취감의 측면에서도.[77] 하지만 필요에 따른 것이든 선택에 따른 것이든 장시간 노동은 단순히 우리를 지치게 만드는 것으로 끝나지 않는다. 장시간 노동은 우리를 외롭게 한다.

직장이나 집에서 일하는 모든 시간은 우리가 사랑하는 사람이나 친구와 그만큼 적은 시간을 보낸다는 사실, 그리고 우리가 공동체에 연결되거나 기여할 기회가 그만큼 줄어들었다는 사실을 뜻한다. 우리는 꼭 필요할 때조차도 관계를 발전시키고, 이웃과 즐거운 시간을 보내고, 사랑하는 사람을 돌보는 데 시간과 에너지와 능력을 충분히 쏟지 못한다. 영국에서는 22%가 일이 너무 바빠서 가족 행사에 불참했다고 응답했다.[78] 미국에서는 거의 50%가 일에 지쳐서 퇴근 후에 사람들과 어울리고 싶은 마음이 들지 않는다고 응답했다.[79]

이 모든 상황에서 가장 큰 피해자는 물론 우리 가족이다. 미국 콜로라도주 고등학교 교사 켈시 브라운이 전형적인 사례다. 교사 업무만으로도 거의 매일 새벽 4시까지 깨어 있느라 '번아웃' 상태이건만, 여기에 더해 순전히 생활비를 벌기 위해 추가로 라크로스 코치로 근무하고, 교환학생 프로그램을 운영하고, 여름캠프에서 일한다. 브라운은 저녁 8시까지 학교에 남아 있을 때가 많다. 신혼이지만 남편과 보낼 수 있는 시간은 매일 저녁 30분이 고작이다.[80]

많은 경우 부모와의 관계에서도 같은 상황이 벌어지고 있다. "연로한 부모님을 잘 보살펴야 한다고 다들 알고는 있지만 이따금 우리는 그저 먹고사느라 너무 바쁘다." 한 중국인 교수가 소셜 미디어 사이트 웨이보에 남긴 말이다. 그만 그런 것이 아니다. 2013년 즈음 이 현상이 지나치게 만연해 자식들이 연로한 부모를 거의 찾지 않는 것을 우려한 중국 정부는 '부모 방기'를 처벌 가능한 범죄 행위로 만들었다.

우리가 그 모든 시간을 직장에 머물지 않더라도 문제가 해결되지 않을 가능성이 크다. 왜냐하면 우리 대다수는 스마트폰 때문에 주말에도 저녁에도 심지어 휴가 때에도 일에서 벗어날 수 없게 되었기 때문이다. 사모펀드 매니저인 폴은 이메일을 날마다 확인하지 않는 건 사실상 불가능하고 이는 지난번에 카리브해로 긴 가족여행을 떠났을 때도 마찬가지였다고 말한다. 런던 북부의 가정집 40군데에서 가사도우미로 일하는 클로디아는 의뢰인들이 전화를 자주 걸고, 심지어 새벽 2시에도 전화해 "내일 내 코트 좀 세탁소에 맡겨주세요"나 "오븐 청소 잊지 마세요" 같은 '긴급' 메시지를 전한다고 말했다.

수익이 날로 불안정해지는 프리랜서로서는 이러한 요구에 적절히 대응하는 수밖에 별다른 도리가 없을 것이다. 하지만 일부 기업에서는 아예 기업 문화 자체가 이런 식이어서 모두가 '언제나 온라인' 상태여야 한다. 최근 언론에서 크게 화제가 된 이야기가 있다. 최신 유행의 여행용 가방을 제작하는 스타트업 어웨이Away에서 바쁜 휴가 시즌에 고객경험 매니저가 팀원들에게 자신의 일하는 모습을 담은 셀카 사진을 보내달라고 요청했다. 그것도 새벽 1시에.[81] 어웨이는 언론의 거센 비난을 받았지만 사실 많은 기업에서 이러한 행동은 칭찬을 받는 것이 현실이다.

디지털 기술은 직장 생활과 개인 생활의 경계를 허물었다. 많은 노동자가 이 새로운 경계의 규칙을 받아들일지, 아니면 상사를 실망시키거나 반감을 사는 것을 감수할지 고민한다. 하지만 우리는 디지털 시대에 '언제나 온라인 상태로, 언제나 일하는 문화'를 만드는 데 우리도 일조하지는 않았는지 한 번쯤 스스로에게 물어야 한다. 저녁 식사 도중 이메일을 확인하는 것이 과연 우리의 상사 탓일까, 아니면 우리의 디지털 중독과 도파민 갈증 탓일까? 가끔은 선택권이 있는데도 우리는 그저 걱정스러운 마음에 선택권을 포기하는 것이 아닐까? 어쩌면 우리는 퇴근 후에도 답장을 보내지 않으면 일을 열심히 하지 않는 것으로 보일 거라고 잘못 생각하는 건 아닐까? 아니면 우리 대다수는 '더욱 분투하라hustle harder'나 '일어나 일하라rise and grind' 같은 구호가 냉소가 아닌 명언이 된 이 시대에 우리의 생산성과 소득을 우리 자신의 가치와 근본적으로 긴밀히 결부된 것으로 여기게 되고, 그리하여 우리의 일터를 최우선으로 삼게 되었는지 모른다.[82]

이유야 어찌 됐든 결론적으로 우리 대다수는 다음 날 다시 출근할 때까지 미뤄둘 수 있는데도 가족과의 시간에, 자녀의 학예회에서, 심지어 늦은 밤 침대에서조차 상사와 의뢰인과 동료에게 답장을 쓴다. 이렇게 가족이나 친구와의 소중한 시간이 엉망이 되면 우리는 일에서뿐만 아니라 사생활에서까지 더 단절되는데도 그렇다. 관계를 돌보는 데에는 시간이 필요하다. 돌봄은 대충 그때그때 상황을 봐가며 할 수 있는 일이 아니다. 그리고 앞서 살펴봤듯이 공동체에 소속된 느낌을 받으려면 먼저 공동체에 활발히 참여해야 한다. 하지만 어디서나 가능한 디지털 커뮤니케이션이 21세기 노동 환경과 결합된 지금 우리가 이러한 사실을 깨닫기는 점점 더 어려워지고 있다.

그리고 우리는(메아 쿨파mea culpa, 내 탓이로소이다) 일과 이메일이 우리에게 주어진 모든 시간을 점령하려고 들더라도 정말 그렇게 되도록 내버려둘지 선택권을 지녔기에, 그런 행동에는 희생이 따른다는 사실을 인정할 필요가 있다. 그리고 이러한 희생이 정말 그럴 만한 가치가 있는 것인지 스스로에게 물어야 한다. 어떤 때는 가치가 있을 것이다. 하지만 항상 그럴까?

우리는 우리의 디지털 중독이 얼마나 큰 대가를 요구하는지 더욱 분명히 인식할 필요가 있으며, 우리의 고용주들은 노동자가 늘 온라인 상태이기를 요구하는 지금의 기업 문화가 직원의 정신 건강, 생산성, 의사결정 능력, 창의성 측면에서 어떤 결과를 불러일으킬지 알아야 한다.[83]

일부 혁신적인 기업에서는 임직원이 적어도 경계선을 그어보려고 시도하고 있다. 2011년 폭스바겐 노동위원회(노동조합 대표에 해당한다)는 회사의 블랙베리 서버가 근무시간이 종료되고 30분이 지나면 이메일 전송을 멈추도록 프로그래밍하자는 캠페인을 벌여 성공적인 결과를 얻었다.[84] 2014년 역시 독일의 자동차 제조사인 다임러는 휴일에 발송된 이메일은 자동으로 삭제되는 것을 회사 정책으로 삼았다.[85] 그리고 2018년 유럽 대형 할인매장 리들Lidl은 직원의 일과 삶의 균형을 보장하고자 일부 지역에서 오후 6시에서 오전 7시까지 그리고 주말 동안 업무 메일 발송을 금지했다.

에드 시런, 리조, 콜드플레이, 브루노 마스 같은 아티스트들이 소속되고 직원 수가 4,000명이 넘는 세계적인 음반 회사 워너 뮤직 그룹의 영국 지사 경영진은 다른 방향을 택했다.[86] '언제나 온라인' 문화가 잠재적으로 창의성을 해칠 뿐만 아니라 직원 사이의 면대면 상호작용을 방해할 것을 우려해 2015년 직원들을 대상으로 과도한 디지털 커뮤니케이션의 폐해에 관한 교육 프로그램을 시행한 것이다. 이메일 전송량을 내부 감사한 결과 전체 이메일의 40% 정도가 같은 건물에서 보낸 것이라는 사실이 확인되자 회사는 직원들에게 되도록 이메일 사용을 줄이고 직접 대화할 것을 적극적으로 권장했다. 휴대전화를 꺼내놓는 것을 금지하는 표지판을 회의실 벽에 부착하고 회의 중에 휴대전화를 충전할 수 있는 서랍을 마련했다. 젊은 K세대에게는 휴가를 쓰기 전에 자신이 부재중이어도 사람들이 찾지 않도록 업무를 체계화할 수 있게 실무훈련을 제공하기도 했다. 어쩌면 그리 놀라운 일이 아닐지 모르지만 그들은 언제나 온라인 상태인 것에 익숙한 세대여서 연락이 되지 않을 상태를 미리 계획한다는 것은 한 번도 생각해본 적이 없는 또는 한 번도 훈련받아본 적이 없는 것이었다. 경영진이 분위기 쇄신에 솔선수범해서 상급 관리자들은 휴가 중에 업무 메일을 받으면 답장에 현재 휴가 중임을 명시하고 대체 연락처를 제공할 것이 권장되었다.

일부 지역에서는 정부도 나섰다. 일례로 프랑스에서는 2017년 1월 1일부터 직원 수가 50인 이상인 사업장에서는 '단절될 권리'가 법적으로 보장되어왔다.[87] 이에 따라 기업들은 근무시간 외에 연락하는 것에 관해 직원들과 협상해야 하고, 만일 기업이 정기적인 또는 규정된 업무 시간 이후에 커뮤니케이션을 요구하거나 요구에 응하지 않은 직원에게 보복 행위를 하면 벌금이 부과된다.[88] 스페인은 2018년 유사한 법안을 채택했고 필리핀, 네덜란드, 인도, 캐나다, 뉴욕시에서도 다양한 형태의 법안을 고려하고 있다.[89] 이 법을 옹호하는 사람들은 직원의 번아웃 방지에 도움이 될 반갑고 필요한 조치로 여기지만 분명 이 법은 그리 섬세한 조치는 아니다. 일부 노동자들은 사무실을 전보다 더 오랜 시간 지키고 있어야 할 거라고 우려한다. 일부는 근무일에 이메일을 다 처리해야 한다는 압박감을 느낄 수도 있을 것이고 일부는 이 법을 개인의 자율성을 무시하는 지나친 간섭으로 여기기도 한다.[90]

물론 나날이 늘어가는 긱 이코노미 노동자는 이 법의 혜택을 누리지 못한다. 여기서 긱 이코노미 노동자란 태스크래빗이나 우버 등 앱이나 온라인 플랫폼을 통해 일감을 받는 노동자를 말하며, 이들에게 단절된 시간이란 돈을 벌 기회를 놓치는 것을 의미한다.[91] 스크린을 활용하지 않는 학교나 휴대전화를 사용하지 않는 베이비시터가 부유층 자녀와 저소득층 자녀의 새로운 디지털 격차를 보여주었듯이 고소득의 안정된 일자리를 가진 직장인에게 보장된 '단절될 권리'는 생계 자체를 쉴 없는 연결에 의존하는 프리랜서에게는 아무것도 해주지 않는다.

✤   **돌봄 휴가**

직장에서의 외로움과 집에서의 외로움 사이의 상호작용을 이해한 고용주라면 자신의 직원이 일터 밖에서도 여러 의무가 있는 사람이라는 사실, 그리고 직원의 정신 건강과 신체 건강이 일터 밖의 관계와 유대를 돌보고 유지하는 능력에 현저한 영향을 받는다는 사실을 훨씬 잘 인식할 수 있을 것이다. 하지만 아직까지는 이러한 인식이 그리

일반적이지 않다.

과거에 바클레이스 글로벌 파워 앤드 유틸리티Barclays' Global Power and Utilities 뉴욕 지점의 애널리스트로 일했던 저스틴 콴은 한 인턴사원이 가족 모임이 있다면서 주말에 업무를 쉴 수 있게 해달라고 했던 날을 회상했다. 인턴사원은 허락을 받았다. 하지만 이야기는 여기서 끝나지 않는다. "그 인턴사원은 블랙베리를 반납하고 책상에서 짐을 빼라는 요구를 받았습니다."[92] 영국 노동조합총연맹에 따르면, 탄력 근무를 신청한 젊은 부모 다섯 명 중 두 명은 근무시간이 줄거나 선호도가 낮은 근무시간대를 할당받거나 아예 일자리를 잃는 등 다양한 '불이익'을 받았다. 또한 많은 부모가 자녀를 돌보기 위해 필요한 시간을 병가나 휴가로 메우라는 말을 듣기도 했고, 심지어 응급 상황이 발생해도 휴가 신청을 거절당한 사례도 있었다.[93]

신자유주의 세계에서는 남들은 고사하고 우리 스스로를 건사하기조차 쉽지 않다. 미국에서 거의 4분의 1에 달하는 성인이 병에서 회복하거나 사랑하는 사람을 병간호하기 위해 휴가를 얻으려다 해고되거나 해고 위협을 받았다.[94] 고용주들은 모든 직원(당연히 사무실에서 근무하는 직원만 말하는 것이 아니다)에게 지지와 친절과 돌봄을 베풀 시간이 우선적으로 주어져야 한다는 사실을 다시 한 번 명심해야 한다. 그리고 지금의 경제 상황이 현재 상태의 유지나 심지어 퇴보를 정당화하는 이유로 동원되어서는 안 된다.

다시 말하지만 지금의 현실은 분명 달라질 수 있다. 이미 직원이 노동자로서의 역할과 가족을 돌보는 역할을 모두 잘 해내도록 돕는 기업들도 있다. 이들 기업들은 탄력 근무와 파트타임 근무 기회를 많이 제공한다. 하지만 이것이 늘 최선의 해결책은 아닐지 모른다. 파트 타임 근무자는 풀타임 근무자에 비해 승진 기회가 적음을 보여주는 연구 결과가 많다.[95] 파트타임 근무자의 대다수가 여성이라는 점을 고려할 때 표면적으로는 긍정적으로 보였던 조치가 결과적으로는 젠 더 평등을 해치는 또 다른 요소로 작용할 수 있다.[96]

많은 기업에서 어린 자녀를 둔 부모에게 유급 육아 휴가를 제공 하듯 직원에게 유급 '돌봄' 휴가를 제공하는 것이 파트타임 일자리를 제공하는 것보다 나은 방법일 수 있다. 이러한 돌봄 휴가는 자녀나 친구, 친척, 심지어 마을 공동체에 기여하기 위해서도 사용될 수 있 다. 여기에도 이미 선례가 있다. 2019년 영국 최대의 에너지 회사 센 트리카Centrica는 부모가 연로하거나 사랑하는 사람에게 장애가 있는 직원에게 유급 휴가 10일을 추가로 제공하는 제도를 도입했다.[97] 이 러한 조치는 온정적인 동시에 기업의 재무적 목표에도 부합한다. 센 트리카는 직원이 가족을 돌보며 응급 상황을 처리하느라 갑작스럽 게 자리를 비울 경우의 손실을 고려하면 이 정책으로 영국 대기업들 은 48억 파운드(한화 약 7조 8,000억 원)까지 비용을 절감할 수 있다고 추산한다. 네이션와이드 빌딩 소사이어티Nationwide Building Society는 마을 공동체를 도울 수 있도록 연간 이틀의 유급 휴가를 제공한다. 미국에 본사를 둔 거대 기술기업 세일즈포스Salesforce는 여기서 한 걸음 더 나 아가 직원에게 연간 7일의 유급 자원봉사 휴가를 준다.[98]

한편 2019년 마이크로소프트는 일본 지사에서 한 가지 실험을 감행했다. 전 직원 2,300명에게 감봉 없이 금요일마다 연달아 다섯 차례 쉬게 했던 것이다. 또한 가족 여행비로 최고 10만 엔(약 100만

원)을 지급했다. 결과는 놀라웠다. 직원들이 더 행복해진 것은 물론이고, 회의가 더욱 효율적으로 진행되었으며, 결근이 25% 감소하고, 생산성은 무려 40%나 치솟았다. 아울러 사무실에 나와 있는 직원 수가 적다는 것은 상당한 수준의 비용 절감과 환경적 이익을 의미하기도 했다. 실험이 진행되는 동안 전력 사용량은 23%, 종이 사용량은 59% 감소했다.[99]

이러한 사례들은 희망을 준다. 직원들의 외로움을 물리칠 혁신적이고 효과적인 방법을 일터에서뿐만 아니라 일터 밖에서도 찾을 수 있다. 이러한 전략을 활용하는 기업은 직원을 행복하게 해줄 수 있을 뿐만 아니라 사업상의 이익도 얻을 수 있다. 어쩌면 이러한 정책들이 여러분의 기업에서는 엄두를 내기 힘든 사치로 느껴질지 모르지만 우리는 코로나19가 불러온 경제적 여파가 우리 사회의 이기심을 제도화하는 것을 방치할 수 없다. 돌봄과 자본주의를 조화시킬 방법을 찾아야 한다.

그러나 일이 주는 외로움은 우리의 동료든 상사든 우리가 함께 일하는 사람과 단절된 느낌만의 문제가 아니다. 그것은 행위 능력을 박탈당한 느낌, 쉽게 말해 무력감에 관한 것이기도 하다. 앞으로 보겠지만 이는 기계의 시대에 더욱 심화될 가능성이 크다.

8장

감시
자본주의와
조작된
경제

취업 면접은 AI가 관장하고,
직원의 일거수일투족과 내쉬는 숨의 길이까지 기계가 기록하며,
긱 이코노미 속에서 우리는 서로를 별점으로 평가하고 감시한다.
우리는 바야흐로 감시 자본주의 시대에 살고 있다.

나는 입사 지원 중이다. 그런데 채용 절차가 이제까지 한 번도 경험해 보지 못한 형태다. 내 면접관은 사람이 아니다. 나는 집에서 노트북을 바라보고 앉아 있으며 내 대답은 영상으로 녹화된다. 그리고 내가 이 일자리를 구할 수 있을지는 인간이 아닌 기계가 결정한다.

❖ 컴퓨터가 아니라고 한다

찰리 브루커의 드라마 〈블랙 미러〉의 에피소드처럼 들릴지 모르지만 이러한 가상 면접은 불과 몇 년 지나지 않아 표준이 될 전망이다. 알 고리즘을 이용한 '채용 전 평가'는 이미 수십억 달러 규모의 사업으로 성장했고, 앞으로 기업 채용에서 고정된 절차가 될 것으로 보인다.[1] 내 취업 면접을 실시한 하이어뷰HireVue는 이 분야에서 선도적인 기업 이다. 미국 유타주 조던강 기슭에 자리 잡고 있는 하이어뷰의 고객사 는 힐튼호텔, J. P. 모건, 유니레버 등 700여 개 우량 회사다. 나는 비 슷비슷한 영상 면접을 토대로 하이어뷰의 알고리즘이 평가한 1,000

만 명이 넘는 입사 지원자 중 한 명에 지나지 않는다.[2]

이러한 기업들이 활용하는 AI 기술의 작동 방식은 이렇다. 차기 첨단기술인 '감성 AI$^{Emotional\ AI}$'는 무려 2만 5,000개의 개별 자료점$^{data\ point}$을 고려해 입사 지원자의 어휘, 어조, 억양, 표정을 분석함으로써 지원자를 '읽는다.' 그 값은 그 일자리에 '이상적인' 후보의 결과와 비교된다. 말하자면 나의 호흡, 침묵, 눈썹이 치켜진 정도, 이를 앙다문 정도, 미소, 단어 선택, 목소리 크기, 자세, '음'이나 '어'를 뱉은 횟수, 말투, 심지어 언어 습관까지 몽땅 녹화되어, 내가 보다폰^{Vodafone}의 대학원생 훈련 프로그램에 적합한 후보인지 아닌지를 판정하는 블랙박스 알고리즘에 입력된다는 것이다. 엄밀히 말해 '이리나 워츠'라는 가짜 이름을 달고 면접에 임했던 또 다른 내가.

채용 전 평가의 알고리즘은 기업의 대규모 인재 채용에서 비용 대비 효과가 탁월한 솔루션이다. 대기업 입사 지원자 수가 매년 10만 명이 훨씬 넘는다는 점을 고려하면 이 기술은 이미 수천 맨아워$^{man-hour}$(한 사람이 한 시간에 생산하는 노동 또는 생산성 단위—옮긴이)를 절감해주고 있을 것이다. 더군다나 하이어뷰는 자사 시스템으로 선발된 직원은 고용 유지율과 심지어 업무 성과가 평균보다 월등히 높다고 주장한다. 이 주장이 사실인지 모르겠으나 채용 절차를 직접 경험해본 나로서는 이 과정이 적지 않게 소외감을 불러일으킨다고 느꼈다.

나는 면접 내내 스크린에 점선으로 그려진 실루엣에 상반신을 고정해야 했다. 범죄 현장의 살인 피해자가 된 기분이 드는 데다 무엇보다 진짜 나를 드러내기가 어려웠다. 물론 채용 면접에서 우리는 공들여 만든 최상의 자아를 보여주려 하고 그 과정에서 어쩔 수 없이 어느 정도는 자기 자신을 꾸민다. 하지만 이건 차원이 달랐다. 나는 표현이 풍부한 사람이다. 말할 때 몸을 움직이고 손짓을 많이 한다. 하지만 실루엣 안에 갇혀서는 그럴 수가 없었다. 게다가 질문에 답할 때 스크린 한 귀퉁이에 내 모습이 보여서 나는 사람의 마음을 불안하게 하는 배우이자 관객 역할에 동시에 캐스팅되어 연기를 펼치는 기분이 들었다.

스크린 우측 상단에는 카운트다운 시계가 있어서 스트레스를 더욱 유발했다. 질문당 주어진 응답 시간은 3분이었는데 그동안 우리가 면접관으로부터 얻곤 했던 일반적인 힌트인 표정, 고갯짓, 몸짓, 미소, 찡그림 등이 전혀 없어서 나는 혹시 지금 말을 너무 길게 하고 있는지 아니면 주어진 시간을 전부 활용해야 하는지 따위를 확신할 수 없었다. 직접 물어볼 사람이 없기도 하거니와, 미소나 내 이력서를 슬쩍 내려다보는 눈길이나 의도를 해석할 만한 몸짓이 없으니 나는 '면접관'이 내 대답을 충분히 들었는지, 내 대답이 마음에 들었는지, 농담을 이해했는지, 이야기에 공감했는지, 아니면 혹시 내가 자기들이 찾던 후보자가 아니라고 판단했는지 도무지 짐작할 수 없었다. 결국 면접이 진행될수록 나는 어딘가를 표류하는 기분이 들었다. 앞으로 계속 나아갈지, 속도를 조금 늦출지, 기어를 변속할지, 침로를 변경할지, 방식을 바꿀지, 미소를 지을지 말지 도무지 판단할 수 없었다. 보다폰 인적자원팀의 대학원생 인턴십에 지원하는 이상적인 후보는 미소를 지을 게 분명하지만 과연 얼마나 자주, 얼마나 오래 지을까?

확실한 것은 내가 기계와 상호작용하고 있다는 사실 그 자체 때문에 소외감을 느낀 것은 아니었다는 점이다. 그것보다는 나라는 사람과 기계 사이에 존재하는 힘의 불균형이 문제였다. 나는 내 완전하고도 복잡한 인간성을 모두 발휘할 수 없는 조건에서 기계에게 깊은 인상을 주어야 했다. 이 기계의 블랙박스 알고리즘이 어떻게 작동하는지 전혀 알지도 못한 채 말이다. 저 기계는 지금 내 '자료점' 중 어느 것에 집중하고 있으며 어느 것에 가장 가중치를 두고 있을까? 내 목소리? 억양? 몸짓? 아니면 말의 내용? 저 기계는 나를 평가할 때 어떤 공식을 사용할까? 그 공식은 공정할까?

보통 외로움에 관해 생각할 때는 기계와의 상호작용에서 우리가 어떤 기분이 드는지는 따지지 않는다. 심지어 이 책 전반부에서 비접촉 생활의 고립감을 이야기할 때도 내가 가장 큰 강조점을 둔 것은 사람들끼리의 면대면 접촉의 결핍과 그 영향이었다. 하지만 국가나 정치인이 우리를 부당하게 대우하고 무력하게 만드는 것 같을 때 우리가 외로움을 느낀다면 '거대 기업'과 그들이 사용하는 신기술이 우리를 그렇게 대할 때도 우리는 외로움을 느낄 수 있다.

고용주들이 우리의 직업적 미래를 알고리즘에 맡긴다면 앞으로 우리가 공정하게 대우받거나 의미 있는 법적 대응 수단을 확보할 수 있으리라고 확신하기 어렵다. 왜냐하면 일단 한 개인의 미래 성과를 얼굴 표정이나 목소리 톤 같은 특징으로 예측할 수 있는가에 관해 논쟁이 첨예하기 때문이다. 실제로 2019년 11월 잘 알려진 미국 공익 연구기관인 전자개인정보센터는 미국 연방거래위원회에 하이어뷰를 정식으로 고소했다. 하이어뷰가 "증명되지 않은 은밀한 알고리즘을 이용"해 입사 지원자의 "인지 능력", "심리적 특성", "정서 지능", "사회성"을 평가하려 했다는 것이다.[3]

또한 편견 문제도 있다. 하이어뷰는 자사의 방법론은 인간적인 편견을 제거한다고 주장하지만 실제로 그럴 가능성은 거의 없다.[4] 하이어뷰의 알고리즘은 과거에 촬영한 영상이나 이미 '성공한 직원'을 토대 삼아 훈련받은 것이기 때문이다. 이는 과거의 채용 과정에서 (의식적이든 무의식적이든) 이미 적용되었던 편견이 다시 적용될 가능성이 크다는 뜻이다.[5]

2018년 아마존에서 정확히 이런 일이 발생했다. 아마존의 이력서 분류 AI가 여성의 이력서를 습관적으로 불합격 처리해왔다는 사실이 밝혀진 것이다. AI에게 지원자의 젠더를 전혀 알려주지 않았는데도 그랬다. 어째서였을까? AI가 사실상 스스로 학습해 지원서에 여자 대학교 이름이나 심지어 '여성팀'이 붙은 말이 들어 있으면(예를 들어 '여성 체스팀 주장') 일괄 탈락시켰기 때문이다.[6] 이는 남성이 지원자와 합격자의 대다수를 차지하는 과거의 채용 자료를 바탕으로 '합격'과 '불합격'을 판가름하도록 훈련받은 탓이었다. 두말할 필요도 없이 합격자 집단에 여자 체스팀 주장이 속해 있었을 가능성은 거의 없다.

젠더적 편견처럼 명백한 편견을 바로잡도록 알고리즘을 조정하는 것은 상대적으로 어렵지 않다. 실제로 아마존의 엔지니어들은 '여성팀' 같은 단어의 사용을 불합격 사유로 판단하는 것을 멈추도록 알고리즘을 쉽게 수정했다. 하지만 기계학습과 관련해 정말 어려운 문제는 따로 있다. 이처럼 가장 명백한 편견의 원천은 쉽게 손볼 수 있다 하더라도 (하이어뷰 같은 시스템에서도 의심할 바 없이 그러할 것이다) 그리 분명하지 않고 언뜻 보기에는 중립적이어서 편견으로 간주되지 않는 자료점은 어떻게 할까?

가령 미소만 해도 문화적 차이가 크다는 사실이 밝혀졌다.[7] 미국인은 핀란드인, 일본인, 독일인보다 훨씬 자주, 크게 웃는다. 한 국가가 겪은 다양성의 역사와 미소 사이에 상관관계가 있다는 연구 결과와 부합하는 사실이다.[8] 사실 미국인은 본능적으로 미소를 잘 짓고 눈을 잘 맞춘다. 미국인의 이러한 행동은 눈에 잘 띄기 때문에 월마트는 1998년 독일에 첫 매장을 열 때 손님에게 미소를 지어야 한다는 직원의 행동 수칙을 없앴다. 이 행동 수칙은 그동안 실제 현장에서 충분히 검증된 것이지만 독일인은 활짝 웃는 것을 적절치 못한 성적 유혹으로 해석하기 때문이었다.[9] 이러한 차이를 고려한다면 하이어뷰가 미소를 친근함이나 자신감 또는 유능함을 가늠하는 기준으로 볼 경우 후보자를 특정 국가나 문화의 가치관에 따라 판단할 위험이 있다. 말하자면 자주 웃음을 보이는 것은 면접 상황에 적절하지 않다고 생각하는 사람에게는 이 기준이 페널티로 작용할 수 있다.[10]

하이어뷰가 억양과 어휘로 후보자를 결정하는 것도 똑같이 비판적인 시선으로 바라볼 수 있다. 단어 선택은 이른바 '지능'의 산물이기도 하지만 그에 못지않게 지역색, 교육, 민족성, 방언, 계층의 산물이기도 하다. 아마존의 이력서 분류 AI가 젠더의 대리 지표(예를 들어 '여성팀')를 부적합성과 연결짓도록 빠르게 '학습한' 것과 마찬가지로 하이어뷰의 알고리즘도 특정 말투나 어구 등 문화적 배경에 따른 특성을 지닌 지원자들을 걸러낼 가능성이 있다.

다음으로는 기계의 패턴 매칭 프로세스로는 파악할 수 없지만, 인간은 단번에 인식할 수 있는 변수를 들 수 있다. 얼굴이 변형되어 보통 사람처럼 웃지 못하는 사람이 그런 예다. 언어 장애로 과거의 모범적인 지원자처럼 말하지 못하는 사람이 있을 수도 있고, 간혹 천장의 밝은 조명이 지원자의 얼굴에 뚜렷한 명암을 만들면 이것이 '기계의 눈'에는 악의에 찬 표정으로 읽힐 수도 있다.

채용 담당자가 사람이라고 해서 편견이 전혀 없다거나 피부색, 말투, 장애에 따른 차별을 하지 않으리라는 말이 아니다. 심지어 사람도 자기 행동을 스스로 의식하지 못하기도 한다.[11] 내가 말하고자 하는 것은 알고리즘이 내린 판단은 인간과 달리 편견에 취약하지 않으리라는 생각은 한마디로 억측이라는 것, 우리는 너무도 자주 인간보다 기계가 낫다고 맹신한다는 것이다.

더구나 갈수록 알고리즘이 정교해지고 자료 집합data set이 커지고 규칙이 복잡 난해해지고 스스로 학습이 거듭되면서 알고리즘이 어떻게 또는 어째서 그런 결론에 도달했는지 인간인 우리가 정확히 이해하기가 점점 더 어려워지고 있다. 이미 우리는 일부 알고리즘의 제작자조차 자신의 알고리즘이 내린 결정의 근거를 완전히 이해하지 못하는 상황에 이르렀다.[12] 우리가 알고리즘의 작동 방식을 정확히 이해하지 못한다면 알고리즘의 실패에 대비한 효과적인 안전장치를 마련하기란 굉장히 어렵다.

알고리즘을 이용한 의사결정은 중요성이 날로 확대되고 있다. 금융기관이 대출 자격을 심사하고 경찰이 불심 검문 대상을 찾으며, 우리가 고용될지 또는 심지어 해고될지(그렇다, 스페인 IESE 경영대학원 교수들에 따르면 "미래의 기여도를 예측"해 정리해고 대상을 결정하는 알고리즘이 조만간 "도입될 가능성이 높다")까지 결정하는 등 그 영향력은 우리 삶의 전반을 아우른다. 그런데 이러한 알고리즘이 불투명하다는 것, 그래서 이 알고리즘이 내린 결정에 오류가 있을 경우 그 결정을 뒤집기는커녕 문제를 제기하는 것조차 어렵다는 사실은 우리의 무력감을 심화할 수밖에 없다.[13] 그리고 외로움은 무력감이 만들어낸 진공상태에서 그 크기를 더해간다. 앞에서 봤듯이 우리가 우리의 운명을 통제할 수 없다고 느낄 때 외로움과 고립감이 깊어지기 때문이다.

내가 그 일방적인 심문에서 큰 소외감을 유발한다고 느낀 또 다른 요소가 있다. 이 가상 면접에서 나는 아마도 예전의 그 어떤 면접에서보다 엄밀히 관찰되었을 것이지만 놀랍게도 나는 마치 아무도 나를 보지 않는 것 같은 기분이 들었다. 그 가상 면접은 정확히 누구를 자세히 조사하고 있었을까? 과연 그것이 나였을까? 혹시 2만 5,000개의 자료점으로 잘리고 저며져 1차원으로 픽셀화된 나, 그러니까 내 경험과 이야기와 성격의 깊이가 절대 포착될 수 없는 버전의 내가 아니었을까?

나는 면접에 진심으로 허심탄회한 자세로 임했고 내가 살면서 극복한 개인적인 어려움, 지금까지 성취한 것부터 힘들었던 것까지 아주 솔직하게 말했다. 하지만 면접이 끝나고 불과 몇 분 만에 결과지를 이메일로 받았을 때 나는 내가 받은 인상을 사실로 확신하게 되었다. 그리고 이 성격 평가라는 것이 너무나 일반적이고 단조로워서 상대방이 내 말을 듣지 않았다는 것이 명백한 사실처럼 느껴졌다.[14]

내가 받은 평가에서 핵심이 되는 부분은 다음과 같다.

당신은 행위나 의견, 행동을 기꺼이 변화시키는 역량과 모호한 상황을 잘 다루는 역량이 있습니다.

상황이 유연성보다 체계성을 더 많이 요구하지 않는지 평가하려면 맥락에 주의를 기울이세요.

당신은 요청받은 일을 높은 작업 기준에 맞게 완수할 수 있습니다.

필요에 따라 끈기와 효율성 사이에서 균형점을 찾으려면 어떤 경우에는 좀 허술해도 괜찮다고 편히 생각하세요.

이건 누구에게나 쓸 수 있는 말이다. 내가 막 치른 '면접'과 아무런 연결점을 찾을 수 없는 글이었다.

게다가 나는 인적자원팀에 지원했음에도 면접 절차에서 어떤 식으로도 인간과의 상호작용이 없었다. 그야말로 모순이었다. 하이어뷰의 최대 고객사 가운데 하나인 힐튼 인터내셔널은 이 형식의 면접을 통해 지원자 수만 명을 탈락시켰다. 지원자들은 실제로 이 과정에서 한 번도 사람과 대화해보지 못했다.[15] 이 성격 평가를 받고 6주 뒤에 '이리나 워츠'는 "유감스럽게도 이번에 우리는 당신의 채용 절차를 계속 진행할 수 없게 되었습니다"라는 내용의 이메일을 받았다.

하이어뷰 면접을 치르면서 나는 무력하고 취약한 투명인간이 된 기분이 들었다. 나는 분명하게 통보받지 않은 규칙, 불공정하고 편견에 차 있으며 거기에 대항할 법적 수단이 전혀 없는 규칙에 따라 평가되고 있다고 느꼈다. 이 과정에서 내가 소외감을 느낀 것은 조금도 놀랍지 않은 일이다. 실험 차원에서 면접을 치른 내가 이 정도라면 실제 지원자들은 얼마나 많은 스트레스와 긴장을 느낄지 짐작도 되지 않는다.

나의 경험에는 더 큰 이야기가 담겨 있다. 우리는 산업혁명 이후 가장 의미심장한 노동 재편의 현장 한가운데에 있다. 지금의 현장에서 권력은 갈수록 기술에 이양되고 있다. 권력은 채용 알고리즘에, 유명한 평가 메커니즘과 로봇, 감시 도구와 추적 기기 그리고 결국 이 모두를 조종하는 자들에게로 이양되고 있다. 이 모든 것이 근본적으로 소외감을 불러일으키고 이 시대를 고립의 시대로 만든다.

✣   **당신이 내쉬는 모든 숨**

웨일스에서 콜센터 직원으로 일하는 제인은 컴퓨터 화면 구석에 자리 잡은 작은 파란색 상자를 볼 때마다 누군가 자신을 주시하고 있으며 자신의 모든 행동이 기록되고 있다는 사실을 떠올린다.[16] 그녀의 목소리가 녹음되고 있어서 혹시 너무 빨리 말하면 화면에 속도계가 나타나 주의를 준다는 것도 알고 있다. 제인이 충분히 '공감적'이지 않을 때는 하트 모양 아이콘이 뜬다. 사람과의 상호작용을 평가하는 인공지능 프로그램을 행여 제인이 불편하게 느낀다면 흠, 안타까운 일이다. 왜냐하면 제인이 이 프로그램을 종료하거나 화면에서 크기를 최소화하려고 한다면 제인을 주시하는 코기토Cogito 기술이 중앙 운영진에게 경계 경보를 보낼 테니 말이다.[17]

뱅크 오브 아메리카Bank of America의 직원 잭은 자신이 감시되고 있다는 사실을 항상 의식한다. 16밀리세컨드마다 자료를 수집하는 잭의 휴머나이즈Humanyze 생체 ID배지 때문이다.[18] 이 배지는 잭의 대화뿐만 아니라 동작까지 모두 기록한다. 잭이 기대앉은 의자의 등받이 각도, 잭이 그날 말한 분량, 목소리 톤까지 전부.[19] 잭의 고용주는 이 모든 자료점을 잭의 성과와 비교·분석하고 회사 내의 수많은 직원을 대상으로 비슷한 형식의 분석을 수행함으로써 생산적인 직원에게 공통된 습관을 사소한 것이라도 찾고 싶어 한다.

페덱스의 창고 근로자인 42세의 레이날다 크루즈는 회사에서 포장 속도를 측정하기 위해 팔에 착용하게 한 스캐너가 근본적으로 비인간적인 장치로 느껴진다. 상자를 들어 올리는 반복적인 작업에 스캐너의 무게까지 더해져 팔목이 빨갛게 부어오르자 동료들은 레이날다에게 타이레놀을 먹으라고 권했다. 하지만 성과 분석에만 관심이 있는 페덱스의 관리자들은 다른 접근 방식을 택했다. 그들은 레이날다에게 작업 속도를 더욱 늘리라고 지시했다.[20]

한편 아마존은 사용자의 모든 움직임을 모니터링해주는 팔목 밴드와 관련해 두 가지 특허를 획득했다. 이 밴드에는 작업자가 특정 경계선 밖으로 이동했을 경우 이를 감지해 진동하는 기능이 있다. 직원이 가려운 데를 긁으려고 잠시 멈춘 시간이나 화장실에 다녀온 시간까지 전부 측정한다.[21] 이미 아마존 창고에서는 구매 품목을 찾아 창고 내 운반 지점으로 옮기는 '피커picker'에게 그들의 모든 움직임을 추적하는 핸드헬드 기기를 지급하고 있다. 저널리스트 제임스 블러드워스는 영국 잉글랜드 스태퍼드셔 루겔레이에 위치한 아마존 창고에서 피커로 위장 근무한 경험을 이렇게 설명했다. "열 명 남짓한 작업자들을 관리하는 라인 매니저가 책상에서 키보드로 대충 쳐 넣은 주문이 우리 기기로 전달됩니다. '지난 한 시간 동안 작업률이 감소했습니다. 속도를 높여주세요.'" 블러드워스는 함께 일한 동료들에 대해 안타까운 마음을 표현했다. "숨 가쁘게 일하느라 얼굴에 흐르는 땀을 닦을 시간조차 없어요."[22]

이것은 전혀 예외적인 이야기가 아니다. 심지어 코로나바이러스의 습격 이전에도 종업원 1,000명이 넘는 다국적기업의 절반 이상이 "키보드 입력 정보나 이메일 대화, 심지어 직원 간 대화까지 감시하는 비전통적인 직원 감시 기법"을 활용하고 있었다.[23] '이용자 활동 감시[UAM]'(새로운 작업장 감시 체계를 부르는 이름)는 2023년 33억 달러 규모의 산업으로 성장할 전망이다.[24] 이제 코로나19 대유행으로 재택근무가 급격히 증가하고 생산성이 더욱 강조되면서 작업자 감시 사례가 현저히 증가하고 있다.

우리는 쇼샤나 주보프가 '감시 자본주의의 시대'라고 부르는 시대에 산다.[25] 고용주가 항상 당신을 주시할 뿐만 아니라 AI와 빅 데이터와 사생활 침해가 심각한 각종 기기를 동원해 당신에 관한 온갖 판단을 내리는 시대. 승진이나 해고 같은 직장 경력의 중요한 행로를 결정하는, 이러한 판단들은 흔히 맥락이 생략된 자료에 근거하거나 주변 상황이 고려되지 않은 채 내려지곤 한다.

레이날다의 손목이 발갛게 부어올랐는데도 페덱스 관리자들이 작업 속도를 늘리라고 주문한 것은 기계가 속도만 측정할 뿐 레이날다가 느끼는 통증은 측정하지 않았기 때문이다. 원형 감옥 같은 작업장 시대에 측정되지 않은 것은 중요하게 여겨지지 않는다. 반면 측정된 것은 과도하게 중요하게 여겨진다.

물리적인 작업 공간을 벗어난다고 해서 감시에서 벗어날 수 있는 것은 아니다. 워크스마트[WorkSmart]라는 앱은 스크린 캡처, 앱 모니터링,

키보드 입력 정보 검사 등을 통해 '집중도'와 '강도'를 기준으로 원격 근무자들을 항상 점수화한다. 이런 앱들이 수년 전부터 인기를 끌고 있다.[26] 워크스마트의 감시를 받는 노동자는 업무를 수행하고 있다는 사실을 증명하기 위해 심지어 10분 간격으로 사진에 찍혀야 한다.[27] 코로나바이러스 감염증 때문에 역시나 이런 추세도 심화되었다. 은행에서 보험 회사까지, 로펌에서 소셜 미디어 기업까지, 집에서 일하는 직원이 게으름을 피우지는 않는지 걱정스러운 고용주들은 2020년 봄 감시 소프트웨어에 큰돈을 투자했다. 일부 원격 근무 감시 시스템 공급자들은 2020년 4월 판매량이 무려 300%나 성장했다.[28] 직원이 사무실로 복귀하면 이 소프트웨어가 그들의 노트북에서 제거될까? 나는 그러지 않으리라고 확신한다.

원격으로 감시되는 것은 단지 직원의 업무 성과만이 아니다. 생산성 증가만이 목표인 것도 아니다. 이제는 노동자의 생활에서 가장 내밀한 측면까지 기록되고 감시된다. 2018년 미국 웨스트버지니아주의 고등학교 영어교사 케이티 엔디콧은 고용주가 건강보험 비용을 줄일 수 있게 고365^{Go365}라는 건강 앱을 다운로드받으라는 통보를 받았다. 이 앱은 케이티의 운동량과 건강을 모니터링해 걷기 같은 건강에 좋은 행동에 대해서는 포인트를 지급했는데 만일 건강 '포인트'가 충분히 쌓이지 않으면 연 500달러의 벌금을 부과했다.[29]

비용 절감뿐만 아니라 직원의 건강과 안전도 고용주에게 그토록 중요하다면 결국에는 이처럼 추적 기능을 갖춘 앱이 가령 직원의 체온까지 항상 모니터링하는 상황까지 발생하지는 않을까? 그리고 직원에게 이러한 앱을 설치하라고 강요하는 고용주나 이런 앱을 팔아

수익을 올리는 기업에게 우리는 데이터 프라이버시를 둘러싼 문제 외에 또 어떤 종류의 책임을 물어야 할까?

상시적인 감시 아래 있는 직원들이 사용하는 언어를 보면 이 경험이 얼마나 소외감을 불러일으키는지 분명히 알 수 있다. "그들은 마치 우리가 로봇이라도 되는 듯이 우리의 시간과 생산량을 측정하고 있어요." 페덱스 직원 레이날다 크루즈가 말했다.[30] "그런 앱을 다운로드하고 민감한 정보를 넘기라고 강요하는 걸 사람들은 심각한 사생활 침해라고 느꼈어요." 케이티는 고365를 사용한 경험을 이렇게 표현했다. 제임스 블러드워스는 자신처럼 건강하고 튼튼한 청년이 죽자 살자 일하며 긴 하루를 보냈음에도 생산성을 기준으로 하위 10%에 들었다고 내게 말했다. 하지만 원자료에 대한 접근권이 없고 자료에 대한 감독 권한이 있는 근로자 대표가 없어서 그 수치가 정확한지 확인할 방법이 없었다. 그는 이 사실을 깨달았을 때 깊은 무력감을 느꼈다.

또한 블러드워스는 식수대에서 동료 노동자들과 대화할 수 없다는 사실에서도 외로움을 느꼈다. 심지어 피커로서 동료들과 나란히 물건을 집어 들 때조차도 대화하지 못했다. 그를 감시하는 스캐너가 이런 시간도(화장실을 다녀오는 것과 마찬가지로) '유휴 시간'으로 간주하기 때문이었다. 이런 유휴 시간은 잠재적으로 징계 사유가 될 수 있었다. 블러드워스만 이러한 디지털 감시를 불편하게 받아들이는 것은 아니었다. "하나부터 열까지 끔찍합니다." 커트니 헤이건 포드는 영국에서 은행 직원으로 근무할 때 감시당한 경험을 들려주며 "인간성 파괴"라고 표현했다.[31] 그녀의 다음 행보는? 그녀는 감시 기술 전공으

로 박사 과정에 입학했다.[32]

　당신은 항상 평가당하고 그에 따라 당신에 관한 자료가 계속 수집·분류된다. 하지만 당신은 그 과정을 통제할 수 없고, 당신 자료에 접근할 수 없으며, 기계의 추론 방법에 관한 실질적인 통찰도 얻을 수 없다. 이것은 근본적으로 소외의 경험이며, 고용주와 피고용자 간의 거대한 정보와 권력의 비대칭성을 웅변한다. 특히 모니터링되고 측정된 것은 무엇이든 그대로 손익 계산에 보태지기 때문에 그렇다. 표면적으로는 건강과 안전에 대한 우려 때문이라고 하지만 이 모든 것은 언제나 한 가지 목표로 수렴된다. 기업들이 직원들을 감시하는 것은 조금이라도 경쟁 우위에 서기 위해서다. 문제는 힘든 하루를 보내고 있는 동료 직원에게 당신이 얼마나 친절했는지, 새로운 동료가 업무를 익힐 수 있도록 당신이 얼마나 애를 썼는지는 아무도 측정하지 않는다는 점이다. 우리는 앞 장에서 이러한 요인이 작업장의 사기뿐 아니라 생산성과 사업 성과에도 얼마나 큰 영향을 미치는지 보았다. 각종 숫자가 권력을 갖는 세계에서 우리는 일에서의 기여도를 측정하는 일에 관해서라면 무엇이, 어째서 그리고 어떻게 측정되고 있는지를 훨씬 더 철저히 숙고할 필요가 있다.

❖　　　　　　　　　　　　　　　　　**레이더망을 피해**

작업장 감시는 무력감과 소외감만 심화시키는 것이 아니다. 오픈플랜식 사무실과 비슷하게, 하지만 더 강력하게 직원들이 자기 자신을 검열하고 움츠리게 만든다.

보스턴대 사회학자 미셸 앤트비Michel Anteby가 미국 교통안전국(공항 보안 담당 기관)의 조직 관행을 연구하고 내린 결론도 이와 같았다. 예를 들어 앤트비가 수화물 검색대에서 근무하는 직원들을 관찰한 결과 상사는 이들의 영상을 항상 녹화했고 직원들은 "레이더망을 피하기 위해, 기본적으로 화면에서 사라지기 위해 무슨 일이든 시도했다. […] 그들은 아무 말을 하지 않으려 하고, 관리자의 눈에 띌 만한 행동은 아무것도 하지 않으려 했다."[33]

항상 감시받는 환경에서 우리는 본능적으로 내면으로 움츠러들고, 주위 사람으로부터 스스로를 고립시키고, 고용주가 보내는 감시의 눈빛으로부터 최대한 벗어나려고 한다.[34] 앤트비는 문제 상황을 이렇게 진단했다. "이것은 악순환으로 이어진다. 관리자는 의심을 점점 키우고 감시를 강화하는 것이 정당하다고 느낀다."[35] 결과적으로 직원들은 카메라로부터 그리고 서로에게서 숨으려 한다. 한마디로 일터에서 점점 더 진정한 자기 자신의 모습을 감추게 된다.

❖   **감시 자본주의 시대**

작업장 감시는 새로운 것이 아니다.[36] 1850년대에 악명을 날린 앨런 핑커턴Allan Pinkerton은 근무시간 이후 직원의 움직임을 추적하고 결성 단계의 노동조합에 잠입하는 일을 해주는 탐정사무소를 세워서 큰돈을 벌었다.[37] 1914년에 헨리 포드는 자동차 조립 라인이 효율성을 최대치로 발휘하고 있는지 확인하기 위해 초시계를 들고 공장을 순찰해 화제가 되었다.[38] 1990년대에는 노동자들을 영상으로 감시하는 것이 점차 일반적인 관행이 되었다. 절도를 방지하고, 회사 정책을 준수하는지 또는 그저 일을 빨리 하고 있는지 보려는 목적에서였다.[39] 산업화가 진행되면서 점차 생산은 장인정신과 동떨어진 것이 되었고, 노동자와 고용주가 개인적으로 전혀 모르는 사이가 되어가면서 감시도 늘어갔다.[40]

그럼에도 21세기에 나타난 감시에는 세 가지 새로운 양상이 있다. 첫째는 모니터링되는 수준이 매우 심각하다는 것이고, 둘째는 디지털 기술 때문에 사생활 침해가 우려스러운 수준에 도달했다는 것이며, 셋째는 의사결정 권력이 지나치게 기계에 이양되었다는 점이다. 여기서도 문제는 역시 규모다. 옥스퍼드대 정치학자 이반 마노카 Ivan Manohka가 썼듯 "예전에는 작업장 감시가 신중하게 이루어졌고 감독자의 시선은 제한적이었으며 그 범위도 작업장에 국한되었다." 하지만 지금은 "직원의 성과에 대한 디지털 정보를 전자 기기와 센서가 쉬지 않고 실시간으로 수집·처리하며, 그 범위가 (그리고 종종) 작업장 밖으로까지 확장된다."[41]

상시적인 감시 아래에서 우리는 그 어느 때보다 기계적인 방식으로 감시된다. 갈수록 솔직해지지 못하고 동료와 마음을 터놓고 대화하지도 못한다. 우리는 남에게 불신받는다고 느낄수록 우리 주변을 더더욱 경계하고, 자신을 검열하며, 움츠러들고, 진정한 자아를 드러내기 두려워한다. 결과적으로 우리는 외로워질 뿐만 아니라 우리의 고용주, 우리의 일, 우리의 주변 사람과 단절된 느낌을 받게 된다.

그럼에도 전 세계 직장인, 비정규 노동자, 프리랜서는 지금 하는 일을 계속하고 싶다면 사생활 침해가 심각한 모니터링 감시를 감수할 수밖에 없다는 사실을 갈수록 절감하고 있다. 이러한 감시는 점점 상시화되고 있다. 하지만 우리가 아직 들고일어나지 않았다고 해서 이것이 암묵적 동의로 받아들여져서는 안 된다. 현재 작업장 환경과 관련해 갈수록 커져만 가는 무력감으로 체념하는 사람들이 늘고 있다. 게임의 법칙을 만드는 것이 대형 다국적기업일 때가 많고, 실업률이 이토록 높으며, 노동자 대부분이 대표자나 집단적인 목소리를 갖지 못한 상황에서[42] 사람들이 모니터링 당하고 싶지 않다고 한들 과연 그들에게 어떤 선택지가 있을까?[43] 대개는 '없다'가 답이다. 제임스 블러드워스가 일하던 아마존 창고는 그 지역에서 단연 최대 규모의 고용주였다.

별점 4점을 드립니다

21세기 작업장이 그토록 소외감을 불러일으키는 이유는 감시와 알고리즘에 기반한 의사결정 때문만이 아니다. 점점 더 많은 노동자가 감시를 받을 뿐만 아니라 점수가 매겨지고 있다. 그러니까 노동자의 페르소나와 노력에 그들의 가치를 압축적으로 보여준다는 숫자가 붙는 것이다. 다른 사람이 우리를 사람이 아니라 숫자나 점수로 본다면 남이 우리를 보지 못하는 것 같고 외로운 기분이 드는 것은 당연하다.

어떤 경우에는 우리의 평점을 동료 직원이 매긴다. 세계 최대 헤지펀드 가운데 하나인 브리지워터 어소시에이츠Bridgewater Associates의 직원들은 닷츠Dots라는 앱을 써서 서로를 실시간으로 평가한다. 이 앱에는 "시간을 관통하는 종합화 능력"에서 "한층 더 높은 수준의 사고력"까지 평가 항목이 100가지가 넘는다. 회의 중에 모든 회의 참가자의 '닷츠(점수)'가 벽면 모니터에 게시된다(그리고 물론 기록된다). 이것만으로도 직원의 사기를 꺾고도 남을 듯한데, 심지어 최종 의사결정 단계에서는 평점이 높은 직원들의 표에 가중치가 부여된다.[44]

일터에서 흔히 시행되는 연간 표준 다면평가와 비슷해 보일지도 모르겠다. 하지만 동료 직원의 피드백이 사무실 벽에 게시되고, 이 피드백을 토대로 동료들에게 이등 시민으로 취급받는 것을 아무렇지 않게 견딜 사람이 과연 우리 가운데 몇이나 있을까? 더군다나 직원들의 평가에 따르면 "아이디어 실력주의idea meritocracy"(브리지워터 어소시에이츠의 창립자 레이 달리오Ray Dalio가 붙인 이름이다)라고 불리는 이 관행은 "태생적으로 맞지 않는" 사람에게는 "유해" 환경으로 작용할 수 있다.[45] 직원들은 "실수를 두려워합니다. 그들은 남들 눈에 잘 보이려면 다른 사람들을 흠잡아야 한다는 걸 알죠." 익명의 직원이 말했다.[46] 《비즈니스 인사이더》의 폭로 기사에서 또 다른 직원이 언급한 것처럼 "직원들이 동료의 뒤통수를 치는 것으로 상을 받는" 환경에서 "진정한 업무 관계를 발전시키기란 매우 어려운 일"이다.[47] 새로 입사한 직원의 거의 3분의 1이 1년 안에 회사를 떠났다.[48]

아직은 동료 직원에게 지속적으로 평점을 매기는 사례가 흔하지 않지만 점점 더 많은 노동자들이 상시적으로 평점이 매겨지고 있다. 다만 이번에는 평가자가 고객이다. 이 현상이 가장 극명하게 드러나는 영역은 긱 이코노미다. 긱 이코노미 환경에서는 평점이 매겨지는 것에 동의하는 것이 아예 '고용' 조건인 경우가 많다.

이미 전 세계적으로 5,000만에서 6,000만 명에 이르는 노동자가 긱 이코노미에 속한 것으로 추산된다.[49] 영국에서는 2016년에서 2019년 사이 긱 이코노미의 규모가 2배로 증가했고, 이 추세가 계속된다면 2027년에는 미국인 세 명 중 한 명은 온라인 플랫폼을 통한 긱 노동을 생업으로 삼을 것으로 보인다.[50] 이 수치만 보더라도 지금 긱 이코노미 노동자에게 소외감을 주는 요소가 무엇인지 이해하는 것이 매우 긴요한 일임을 알 수 있다.

긱 이코노미에 나름의 이점이 없다는 말이 아니다. 재택근무와 마찬가지로 긱 이코노미가 주는 근로의 유연성은 분명 많은 이에게 중요하다.[51] 하지만 그렇지 않은 사람에게는 평점이 매겨지는 것이 (확실히 보장된 임금, 병가, 휴가, 보험이 없고 종종 극도로 낮은 시급과 더불어) 노동자로서 굉장히 힘든 노동조건이 될 수 있다.[52] 특히나 스스로 선택해서가 아니라 환경에 떠밀려서 긱 이코노미 노동자가 된 경우라면 더더욱 그렇다.

나는 긱 이코노미 노동자가 겪는 외로움을 더 잘 이해하기 위해 또 다른 우버 기사 하심을 면담했다. 하심은 평점이 매겨지는 것은 분명 소외감을 심화시키는 효과가 있다고 알려주었다. 인도에서 영국으로 이주한 1세대 이민자 하심은 우버 기사로 일한 지 8개월이 되었다. 하심은 우버 기사는 매우 외롭다고 말했다. 그는 직관적으로는 승객과 많은 상호작용을 할 것으로 보이는 이 일이 어째서 소외감을 불러일으키는지 설명했다. "신입 기사 교육 시간에 손님의 심기를 거스를 수 있으니 종교나 정치나 스포츠에 관한 이야기를 피하라는 주의를 받았습니다. 내게 평점을 줄 손님이 기분 나빠 하면 안 되잖아요. 그래서 대개는 침묵을 지킵니다."

하심이 낮은 평점을 받고 우버에서 쫓겨날 것이 두려워 장시간 아무 말도 못 하는 환경에서 일한다는 사실은 상당히 안타깝다. 이러한 사실은 평가 구조에 큰 문제가 도사리고 있음을 보여준다.[53] 우리가 누군가를 숫자 하나로 축소해버릴 때 그들은 스스로를 검열하고, 스스로에게 침묵을 강요하며, 높은 점수를 받기 위해 굽실거리는 와중에 진정한 자아로부터 소외된 기분을 느낄 위험이 있다. 그뿐만 아니라 이 수치에는 맥락에 대한 이해가 조금도 들어 있지 않다. 실제로 형편없는 서비스에 매겨진 '2점'은 고객이 기분이 좋지 않아서 준 '2점'이나 어느 인종차별주의 손님이 단순히 피부색 때문에 준 '2점'과 동일한 결과를 낳는다.

그리고 '알고리즘을 이용한 채용 전 평가'에서도 그랬듯이 여기서도 평가 체계의 불투명성 때문에 편견적 요소를 잡아내거나 문제 삼는 것이 불가능하다. 인종적·젠더적 편견이 평가에 상당한 영향을 미친다는 사실을 고려하면 이것은 특히 우려스럽다. 예를 들면 프리랜서 플랫폼 파이버에서는 흑인이나 아시아인 노동자는 백인 노동자보다 낮은 평점을 받으며, 태스크래빗 고객들은 비슷한 수준의 경력을 보유한 다른 태스커(작업자)에 비해 흑인(특히 남자들)에게 더 낮은 점수를 줄 때가 많다.[54]

더군다나 평가 구조는 단지 편견적인 시각을 감추는 것으로 끝나지 않고 이를 증폭시킬 위험까지 품고 있다. 우리가 잘 알듯이 누군가가 이미 매긴 평점이 있으면 사람들은 거기에 의존하는 경향을 보이기 때문이다.[55] 이 말은 누군가가 낮은 평점을 받은 것을 보면 왜 그런 점수가 매겨졌는지 따져보고 사실에 입각해 스스로 결정을 내리기보다는 당신도 똑같이 낮은 점수를 주기 쉽다는 뜻이다.

갈수록 많은 노동자가 긱 이코노미 플랫폼에 수입을 의존하게 된 상황에서 그들의 생계가 근본적으로 이렇게 문제가 많은 단일 수치에 기반한다는 사실은 매우 우려되는 일이다. 특히 지금은 대개의 경우 '부당한' 평점에 이의를 제기할 수 있는 효과적인 절차가 마련되어 있지 않다.[56]

저임금 계층이 이러한 플랫폼에 생계를 의지할 가능성이 크지만, 그렇다고 단순히 저임금 노동자만 취약한 상황에 내몰려 있는 것은 아니다.[57] 과거에 저널리스트로 일했던 피트는 긱 이코노미가 약속하는 자유를 찾아 정규직을 그만두고 지금은 프리랜서 카피라이터로 업워크에서 일을 구한다. 피트는 '긱 이코노미'가 자신을 얼마나 굴종적으로 만들었는지 설명했다. "간식을 구걸하는 래브라도 강아지가 된 기분이에요. […] 저를 좋아해주세요, 저를 좋아해주세요, 제게 좋은 점수와 후기를 남겨주세요!" 그래서 더 외로운 기분이 들었느냐고 나는 물었다. "그럼요." 피트가 대답했다. "의심의 여지가 없습니다. 특히 정말 잘한 작업에 대해 정말 낮은 평점을 받았는데도 내가 할 수 있는 일이 아무것도 없을 때 종종 그랬습니다." 우리가 앞에서도 봤듯이 외로움과 무력감은 서로가 서로를 잡아먹으며 커간다.

이렇듯 긱 이코노미 노동자는 늘 평점이 매겨지거나 감시받거나 로 그 정보가 수집되거나 디지털 채찍질을 감내하고 있다. 하지만 그들이 자기 목소리가 없다고, 무시받는다고, 무력하다고 느끼는 것은 이러한 이유 때문만은 아니다. 아울러 그들만이 일을 통해 부정하게 조작된 삶을 살고 있다고 느끼는 유일한 집단인 것도 아니다. 코로나19 때문에 세계 경제가 뒤집히고 우리가 하나라는 느낌을 잃어버리기 전에도 많은 노동자가 이 세계를 서로 먹고 먹히는 각자도생의 세계로 느끼고 있었다. 근래 몇십 년간 이런 생각에 확신을 심어준 다양한 요인이 있었다. 미국에서 CEO들은 1978년 이래 보수가 930% 증가한 반면 평균적인 노동자의 임금은 겨우 11.9% 상승했다는 사실, 대형 다국적기업이 점점 더 많은 게임의 규칙을 정하는 가운데 노동자의 목소리와 권리는 축소되고 있다는 사실, 영국에서는 2018년에도 이미 취업자 여덟 명 중 한 명이 빈곤 노동자로 분류되었고 85만 명이 0시간 계약 조건(당장 다음 주에 몇 시간을 일할지 알 수 없으며 심한 경우 일이 아예 없을 수도 있는 조건)으로 일하고 있었다는 사실, 2020년대에 들어설 무렵 세계 대다수 지역에서 수백만 명이 임금과 지위가 낮고 승진 기회가 없는 일자리에 갇혀 있었다는 사실.[58]

이미 100년도 더 전에 카를 마르크스는 소외 이론을 통해 생산수단에 대한 통제력이 불충분하고 고된 노동으로부터 제한된 결실만을 거두는 노동자는 노동의 과정과 생산물로부터 그리고 동료 노동자와 일터와 노동자 자신으로부터도 단절감을 느낀다고 경고했다.[59] 2020

년 경기 침체가 시작되기 전부터 새로운 노동 조건들이 등장해 마르크스가 경고한 것과 아주 유사한 효과를 불러일으켰다. 이 과정에서 기술적 진보는 사람들이 어떻게 그리고 누구를 위해 일하는가에 과거 그 어느 때보다 중요한 역할을 하고 있다.

전통적으로 산업화에 발맞춰 노동 법안이 함께 도입되었듯이 (1833년 9세 미만 아동의 고용을 금지하는 영국 공장법이 도입된 이래 대부분의 국가에서 노동자에 대한 법적인 보호를 서서히 도입했다) 우리는 이번 세기에 새로 등장한 업무 관행으로부터 노동자를 보호할 새로운 노동법이 긴급히 필요하다. 이 새로운 업무 관행들은 갈수록 노동자의 목소리를 지우고 힘을 앗아가고 있다. 그리고 다시 한 번 강조하건대, 우리는 지금의 경제 상황이 이 전선에서의 발전을 방해하도록, 아니 오히려 퇴보하게 만들도록 내버려둘 수 없다. 노동자의 권리는 2008년 세계적인 금융 위기에 뒤따른 침체기에 심각하게 잠식되었다.[60] 코로나바이러스 감염병 대유행에 대한 기업들의 반응이 또다시 이와 비슷한 사태를 낳도록 방치해서는 안 된다.

디지털 채찍에 관해서라면 노동자가 더욱 힘을 얻을 수 있게 정부에서 취할 수 있는 구체적인 조치들이 있다. 우버, 파이버, 태스크래빗 등 평점을 활용하는 플랫폼은 평가 구조를 감사받고 잠재적인 편견 요소를 미리 찾아 적절히 수정하는 것을 의무화해야 한다. 이뿐만 아니라 '항의 절차'가 보장되어 이들 플랫폼에 생계를 의지하는 사람들이 자기가 받은 평점이 부당하다고 생각할 때 이의를 제기할 수 있어야 한다.

알고리즘의 편견은 다루기가 상당히 어려운 문제이지만, 우리는 편견을 골라내는 검사를 할 수 있고 분명 지금까지 해온 것보다 훨씬 잘할 수 있다. 역설적이지만 이러한 편견을 모니터링하고 발견해내는 일에서 아마도 알고리즘의 역할이 있을 것이다.[61] 더 근본적으로는 알고리즘의 토대가 되는 선택들(자료 수집 방식, 알고리즘의 코드와 자료를 분석하는 의사결정 휴리스틱)이 투명해져서 문제를 바로잡고 법적으로 호소하는 것이 가능해져야 한다. 미국에서는 일리노이주가 이 일에 앞장서서 2020년에 관련 법('인공지능 영상면접법')을 최초로 통과시킨 주가 되었다. 이 법은 (다른 무엇보다도) 고용주가 "기술의 작동 방식과 입사 지원자에 대한 평가 기준을 입사 지원자에게 설명"하는 것을 의무화했다.[62]

노동자 감시에 관해서는 고용주가 직원이 화장실에 다녀오는 시간을 모니터링하고 여가 시간에 충분히 걷지 않는다고 무거운 벌금을 매기는 지금의 현실을 고려해, 정부가 디지털 추적 기술 사용을 엄격하게 제한할 필요가 있다.[63] 특히 근래에 재택근무가 증가한 것을 고려할 때 일터 안의 삶과 바깥의 삶, 둘 다에 적용되어야 한다.

심지어 극단적인 형태의 감시까지도 이미 현실에서 모습을 드러내고 있다. 2017년 미국 위스콘신주의 기술기업 스리 스퀘어 마켓Three Square Market은 50명이 넘는 직원의 손에 마이크로칩을 삽입했다. 칩을 삽입한 직원은 손을 비접촉식 ID카드로 사용할 수 있어서 스캐너 앞에서 손만 흔들면 건물 내부와 보안 구역에 입장할 수 있다.[64] 이 경우에는 직원들이 고용주의 강요 없이 순전히 자발적으로 칩의 삽입 여부를 선택했지만 기업이 직원의 신체에 기기를 삽입할 수 있다는 가능성 자체가 매우 당혹스러운 것이어서 아칸소주와 인디애나주는 직원의 몸에 어떤 식으로든 강제로 마이크로칩을 삽입하는 행위를 금지하는 법을 만들었다.[65] 법학자들은 심지어 '자발적인' 칩 삽입을 거부한 직원을 보호하기 위한 법의 필요성에 관해서도 논의하고 있다.[66]

긱 이코노미 노동자(의욕을 특히 떨어뜨리는 형태의 감시에 시달릴 뿐만 아니라 많은 경우 낮은 보수, 불안정한 고용 조건, 최소한의 노동자 권리만 보장받는 노동자)와 관련해 가장 중요한 것은 디지털 플랫폼 기업이 자기네 노동자가 '진짜' 직원이 아니고 병가나 휴가 같은 권리와 상관없는 독립 계약자라는 집요한 주장을 더 이상 하지 못하게 해야 한다는 것이다. 직장에서 벗어나 충분한 소득을 올리는 방편으로 디지털 플랫폼을 활용하는 사람들과 본질적으로 플랫폼이 풀타임 고용주인 사람들을 구분할 필요가 있다.

유럽의회가 2019년 4월 승인한 새로운 법안과 미국 캘리포니아주에서 통과되어 2020년 1월 발효된 기념비적인 법안은 이 문제에서 의미심장한 진전을 일구어냈다.[67] 캘리포니아주 법은 노동자가 기업의 통제를 받지 않고, 기업의 핵심 사업 바깥의 일을 하며, 기업과 동일한 성격의 독립된 사업체를 갖고 있음을 해당 기업이 증명하지 못하면 이 노동자를 이 기업의 직원으로 간주한다.[68] 2020년 5월 캘리포니아주 법무부 장관과 변호사 연합은 우버와 리프트Lyft가 자사 운전자를 다시 분류하는 조치를 취하지 않는 것은 물론, 기존 법망을 피하게 해줄 주민 발의안을 마련하는 데 수백만 달러를 쏟아부은 사실에 분노했다. 이들은 우버와 리프트가 자사 운전자를 독립 계약자로 잘못 분류함으로써 새로운 법을 위반했다며 두 회사를 고소했다.[69] 내가 이 글을 쓰고 있는 지금도 이 사건은 여전히 조사가 진행 중이다.

또한 중요한 것은 모든 노동자가 고용 형태와는 상관없이 세력을 발견하고 연대를 조직할 수 있어야 한다는 것이다. 현재는 긱 이코노미 노동자, 임시직 노동자, 단기 계약 노동자가 노동조합에 가입하는 경우가 드물다. 부분적으로는 지난 몇십 년간 정부가 노동조합의 힘을 서서히 약화시킨 결과다. 현재 전 세계 여러 지역에서 고용주는 직원에게 단결권을 허용할 법적 의무가 없다. 이렇듯 후퇴한 단결권을 이제는 복원해야 하고 노동자에게 충분한 발언권을 보장해야 한다. 하지만 노동조합도 변화하는 시대에 적응하기 위해 노력을 기울여야 한다. 노동조합의 중요도가 이토록 낮아진 이유는 부분적으로는 새로운 고용 형태의 노동자를 조합에 가입시키는 일에서 성과가 형편없었기 때문이다. 이 노동자들은 노조 가입이 자신들에게는 맞지 않는다고 여겼지만 노동조합이 적극적으로 개입해서 승리로 이끈 사례들이 있다. 예를 들어 덴마크 노동자 연합은 2018년 9월 청소부 연결 플랫폼 앱인 힐퍼Hilfr와 기념비적인 협상을 맺어 긱 청소부에게 병가를 주고 실제소득에 복지 보조금을 추가 지급하기로 했다.[70] 영국에서는 택배 회사인 헤르메스Hermes와 헤르메스의 프리랜서 배달원을 대표하는 노동조합 GMB가 협상을 타결했다. 헤르메스 배달원들은 완전히 독립 계약자로 남거나 일정 금액을 지불하고 '독립 계약자 플러스' 지위를 획득할 수 있게 되었다. 독립 계약자 플러스 지위에는 노동조합을 대리인으로 세울 권리와 일부 혜택이 따라온다.[71]

코로나바이러스 대유행 초기에 노동조합은 긱 이코노미 노동자, 임시직 노동자, 계약직 노동자까지 아우르는 모든 노동자의 권리를 위해 소리 높여 싸우며 평판과 명성을 얻었다. 그 덕분에 노조 가입이 사람들에게 매력적인 선택지로 여겨지게 되었을 것이다. 가령 프랑스에서는 코로나바이러스 감염병 위기의 초기 단계에 아마존이 노동조합의 소송에 따라 여섯 개 창고의 위험도를 실사했고, 이 기간에 1만 명의 노동자에게 유급 휴가를 주었다. 그뿐만 아니라 직원의 정신적 웰빙을 고려해 작업 시간표를 다시 짜야 한다는 노동조합의 요구도 법원이 인정했다.[72] 미국 인스타카트Instacart 매장 쇼퍼shopper(돈을 받고 식료품 구입을 대행하는 노동자)들의 경우 노동조합에 가입된 쇼퍼들이 전국 단위 파업에 들어간 후 코로나바이러스 대유행 기간 동안 기업에서 겨우 장갑과 손소독제와 마스크만 지급받았다.[73]

하지만 설사 노동자와 자본가 사이 권력의 불균형을 바로잡는 데 일부 진전이 있더라도, 설사 디지털 채찍에 제한이 가해지더라도, 설사 기업에서 직원들이 고립감을 덜 느끼게 조치를 취하더라도, 설사 독립 계약자와 임시직 노동자와 긱 이코노미 노동자가 더 공정한 처우를 받더라도, 설사 코로나19가 노동조합의 르네상스를 선포하더라도 현재 노동자의 삶에는 훨씬 더 거대한 실체적 위협이 다가오고 있다. 기계들은 우리에게 단지 판사나 배심원의 모습으로만 오지 않는다. 기계들은 집행자이기도 하다. 그리고 이제까지 봐왔듯, 일이 우리를 얼마나 외롭게 만들든, 우리에게 일 자체가 없다면 삶은 훨씬 더 외로울 것이다.

나는 미국 캘리포니아주 퍼서디나에 있다. 첫눈에 어딘가 불길한 느낌이 드는 이곳은 미국 교외 어디서나 쉽게 만날 수 있는 그런 거리다. 밖에서 보면 일률적인 건물들이 늘어서 있는 특색 없고 널따란 거리. 건물 번호가 수천을 헤아리는 그런 거리.

하지만 지금 이스트 그린 스트리트의 어느 주소지에서는 특별한 일이 벌어지고 있다. 아이들이 창밖에서 안을 훔쳐본다. 무언가 부산스러운 분위기다. 나는 햄버거 가게에 와 있다. 절대 평범한 가게가 아니다. 나는 세계 최초의 햄버거 요리사 로봇 플리피Flippy의 집인 캘리버거Caliburger에 왔다.

플리피의 첫인상은 키가 크다는 것이다. 나는 플리피가 사람처럼 생겼으리라고 짐작했지만 막상 만나보니 그냥 거대한 기계 팔이었다. 하지만 나는 벌써 플로피를 사람처럼 표현하고 있다……. 그리고 마음속에서 이미 '그'라고 칭하고 있다.

플리피는 다소 느리긴 해도 능률적으로 일한다. 정밀한 집중력을 발휘해 햄버거를 집는다……. 그다음은 그 유명한 뒤집기를 할 차례다. 플리피가 만든 햄버거의 맛은? 흠. 내가 딱히 햄버거를 좋아하는 사람이 아니긴 해도 패티가 별 풍미가 없고 깜짝 놀랄 정도로 얇으며 좀 지나치다 싶을 정도로 차가웠다. 물론 이 가운데 어떤 것도 플리피의 잘못이 아니지만 말이다.

햄버거 뒤집기처럼 기술이 많이 필요하지 않은 반복적인 업무는 다가오는 10년 동안 자동화의 영향을 가장 많이 받을 것이다. 향후

20년 동안 식재료 준비 같은 작업의 91%가 자동화될 것으로 추정된다.[74] 그리고 서비스 부문을 뒤바꿀 로봇은 비단 플리피만이 아니다. 이곳에서 약 9,600여 킬로미터 떨어진 중국 항저우에 위치한 알리바바의 미래 지향적 호텔 플라이 주Fly Zoo로 가보자. 1박 요금이 1,390위안(24만 1,000원)에서 시작하는 이 호텔에서는 키 1미터짜리 원통형 로봇들이 윙 소리와 함께 복도를 돌면서 투숙객에게 다과와 수건을 가져다준다.[75] 객실 안에서는 아마존의 알렉사Alexa와 비슷한 AI 시스템 '티몰 지니Tmall Genie'가 조명과 온도를 조절하고 음식 주문을 받으며 심지어 식료품을 주문하기도 한다. 한편 호텔 바에서는 플리피와 그리 다르지 않은 큼직한 로봇 팔이 20가지 이상의 다양한 칵테일을 제조한다. 비접촉 생활을 원하는 사람에게는 낙원이 따로 없다.

다시 미국으로 돌아가면 힐튼은 최근 일부 호텔에서 로봇 안내자 '코니Connie'를 시험 사용 중이다. 대략 60센티미터 키의 코니는 팔다리를 움직이고 손님에게 방향을 알려줄 수 있다. 코니의 눈은 다양한 색으로 빛남으로써 상대방의 말을 이해했다거나 혼란스럽다는 인간적인 반응을 표현할 수 있다. AI 기반의 안면 인식 기술에서 지금까지 이루어진 진전을 고려할 때 조만간 코니는 일반 투숙객을 이름으로 부르며 맞이하고 투숙객 정보를 즉각 불러올 수 있을 것으로 예상된다.

나는 손님과 투숙객에게 로봇이 재미를 준다는 것을 안다. 특히 플라이 주의 CEO 앤디 왕의 말처럼 로봇은 (인간과 달리) 언제나 "서비스를 기꺼이 제공하려는 상태"일 것이다. 아울러 요즘처럼 인간과의 접촉이 안전상 주의를 동반하는 때라면 사람보다는 로봇의 돌봄을 선호하리라는 것도 이해할 수 있다. 하지만 플리피와 코니와 티몰 지니로 가득 찬 미래는 우리의 고립감과 외로움을 한층 더 심화시키리라는 것은 의심의 여지가 없다. 이는 플리피의 인간 동료 제이크가 그와 유대감을 느낄 수 없어서가 아니다. 다음 장에서 살펴보겠지만 인간과 기계도 유대감을 느낄 수 있다. 제이크는 많은 손님이 플리피를 그토록 좋아하는 모습을 보면 정말 "재미"있다고 말하지만 혹시 제이크가 (그리고 제이크와 같은 수많은 사람이) 앞으로 고용시장에서 경쟁하게 될 상대가 다른 인간이 아니라는 사실을 깨닫는다면 그런 기분은 그리 오래가지 않을지 모른다. 제이크가 앞으로 상대할 경쟁자는 식음료 서비스를 제공하는 로봇 군단일 것이다. 이 로봇들은 날고기와 익힌 고기에 언제나 정확한 스패출러를 사용하고, 언제나 정확한 순간에 버거를 뒤집고, 절대 지각하지 않고, 휴식 시간을 요청하지 않고, 수당을 요구하지 않고, 파업을 하지 않고, 전화로 병가를 신청하지 않고, 동료를 감염시키지 않는다. 어떤 인간도 상대가 될 수 없다. 더군다나 로봇에 드는 비용은 지속적으로 감소하는 반면 로봇이 인간의 일을 수행하는 능력은 갈수록 향상되고 있다.

자동화로 인한 일자리의 실종이 얼마나 심각할지를 예상한 글 중에 가장 많이 인용되는 것은 옥스퍼드대 교수 칼 프레이와 마이클 오스본의 글이다. 두 사람은 2013년 향후 20년간 미국 일자리의 거의 절반이 자동화될 위기에 있다고 예측했다.[76] '미래의 일'을 주제로 진행된 옥스퍼드대 프로그램을 감독한 프레이는 2020년 4월 《파이낸셜 타임스》에 기고한 글에서 코로나바이러스 감염증이 이 추세를 가속화할 가능성이 크다고 단언했다.[77] 이 예측은 감사 기업 EY가

2020년 3월 44개국 기업체 사장을 대상으로 수행한 설문 조사 결과에 의해서도 뒷받침된다. 이 조사에서 응답자의 40% 이상이 코로나19 대유행 이후의 세계를 준비하는 차원에서 자동화 투자에 박차를 가하고 있다고 답했다.[78] 가장 보수적인 추정치에 따라 향후 10년간 지금 일자리의 겨우 10% 정도만 자동화된다고 가정해도 일자리를 잃을 노동자의 수는 미국에서만 130만 명 이상이다.[79] 물론 이는 코로나19 대유행이 초래한 경제 위기로 이미 직장을 잃은 수백만 명의 노동자는 제외한 수치다.

여러모로 이 추세는 너무나도 익숙하다. 제조업 분야에서는 지난 몇십 년간 자동화의 결과로 수백만 개의 일자리가 사라졌다. 미국에서는 2000년 이래 자동화로 사라진 제조업 일자리가 500만 개가 넘는다. 로봇 한 대가 평균 3.3명의 인간 노동자를 대체했다.[80] 이 추세는 2008년 시작된 경기 대침체 기간에 한층 더 가속화되었다.[81]

중국에서는 이 변화가 훨씬 큰 규모로 진행되고 있다(자동화는 중국 정부의 '메이드 인 차이나 2025' 전략의 주요 강령이다). 지난 수년간 일부 중국 공장에서는 노동자의 최대 40%가 로봇으로 대체되었다.[82] 광둥성 둥관의 한 휴대전화 공장에서는 전체 인력의 90%가 24시간 작업이 가능하고 점심시간이 필요하지 않은 로봇으로 대체되었다.[83]

분명 로봇과 기계의 시대에는 새로운 카테고리의 일자리도 일부 생겨날 것이다. 하지만 자동화로 사라지는 일자리는 결코 다시 돌아오지 않는다는 것, 그리고 자동화로 일자리를 잃은 사람에게 주어지는 채용 기회는, 적어도 비숙련직에서만큼은 급여와 지위가 이전 일자리보다 낮다는 사실을 우리는 지난 역사를 통해 알고 있다.[84] 이는 미국에서 로봇이 급부상하기 전에 공장에서 일하던 사람들(고등학교 졸업장만 있는 남성들)이 어째서 1980년대 이래 실질적인 임금 하락을 경험했는지를 설명해주는 한 가지 이유다.[85] 홍콩 폴리테크닉대 사회학 조교수 제니 챈의 말대로 중국에서 최근 수년간 자동화로 일자리를 잃은 많은 사람이 이제는 "중국에서 확대되고 있는 서비스 부문에 운을 맡기고 있는 것"도 비슷한 이유 때문이다. 서비스 부문은 노동자가 "최저 생활 임금을 벌기 위해 분투하는" 산업 분야다.[86] 코로나바이러스가 서비스 부문에 더욱 큰 타격을 입혔다는 사실을 고려한다면 지금은 그럴 가능성이 더욱 크다.

더 나아가 자동화는 실업의 고통과 시련, 그 이상의 여파를 남긴다. 2016년 미국 대선에서 도널드 트럼프는 (그전 대선 기간에 미트 롬니가 보인 결과에 비해) 로봇이 가장 널리 보급된 지역 공동체에서 가장 많이 득표했다.[87] 유럽에서도 사정은 비슷하다. 이탈리아 밀라노의 보코니대 마시모 아넬리Massimo Anelli가 이끄는 연구팀은 1993년에서 2016년 사이 서유럽 14개국에서의 선거 결과에 관한 전면적인 연구 조사를 수행했다. 그 결과 자동화가 가장 빠르게 이루어진 지역에 사는 사람은 정부로부터 주변화되고 단절되고 불만족스럽다는 느낌을 받을 가능성이 매우 크며, '자동화 노출' 수준이 높은 지역일수록 주민이 국수주의적이거나 극우 성향을 띠는 정당에 투표할 가능성이 컸다.[88] 우리가 현재 마주하고 있는 시나리오(실업률이 현저히 높은 동시에 자동화가 급속히 진행되는 상황)를 특히 더 우려스럽게 만드는 조사 결과다.

지금까지 이 책에서 만난 수많은 사람이 갈수록 높아지는 자동화 물결의 일선에 서게 될 것이다. 레이날다 같은 물류 창고 노동자, 아마존 고같이 점원이 없는 매장에서 장을 보는 사람이 늘어나면 더는 필요하지 않을 수백만 명의 계산원(미국에서만 350만 명이 계산원으로 일한다), 우익 포퓰리스트에게 표를 준 에릭 같은 제빵사. 에릭은 조만간 브레드봇BreadBot 같은 로봇과의 경쟁에 직면할 것이다. 최근 소개된 이 제빵 로봇은 반죽을 섞고 모양을 내고 부풀려서 하루에 235개의 빵을 구워낸다.[89] 자동화에 직면한 이 사람들은 이미 소외되고 권리가 박탈된 느낌을 받고 있으며, 그중 다수는 봉쇄 기간에 우리 모두 많이 의지하고 있는 '필수' 노동자이기도 하다.[90]

그렇다면 전문직 노동자는 어떨가? 우리는 '지식 경제' 일자리에 종사하는 사람은 무사할 거라고 생각하는 경향이 있다. 그들의 일은 로봇이 대신할 수 없다고 여겨지지만 사실 그렇게 단순한 상황이 아니다. 저임금 비숙련직이 자동화될 가능성이 훨씬 크긴 해도 '전문직' 역시 위태롭기는 마찬가지다.[91]

저널리즘을 예로 들어보자. 블룸버그 뉴스가 내는 기사의 3분의 1은 이제 '로봇 기자'가 쓴다. 금융 보고서를 훑어보고 알고리즘에 따라 가장 적절한 정보를 잘 배열해서 읽기 좋은 보도 기사를 몇 분 만에 써낸다. 2019년 12월 영국 총선 때 BBC는 기계 기반 저널리즘 기술로 거의 700건에 이르는 대선 결과 기사를 써서 웹사이트에 게재했다. 이 프로젝트의 매니저였던 BBC 뉴스랩스 소속 로버트 매킨지

Robert Mckenzie는 인간을 컴퓨터로 대체할 계획은 없다고 주장했지만 이 주장이 얼마나 오래갈까? 특히 스포츠나 자연재해 같은 카테고리는 AP통신,《워싱턴 포스트》,《LA 타임스》,《가디언》,《포브스》에서 '기계 보조' 기사가 이미 첫선을 보였다.[92] 중국 관영 언론인 신화통신에는 심지어 여러 AI 뉴스 진행자가 있으며, 그중 가장 처음 모습을 드러낸 장 자오Zhang Zhao는 2018년 11월 '그'의 첫 방송을 진행했다.[93] 2019년 2월에는 첫 '여성' AI 뉴스 진행자 신 샤오멍Xin Xiaomeng이 합류했다.[94]

지난 수십 년간 전문 직종 중에서도 특히 '안전한 일자리' 삼두마차로 꼽혀온 법률·의료·금융 분야는 어떨까? 이들 분야도 자동화의 물결로부터 더는 안전하지 않다. JP 모건은 최근 계약서 검토 작업에 AI 시스템을 시험 가동해 인간 변호사의 업무 시간을 수만 시간이나 줄였다. 광고 문구 작성에도 AI를 활용하기 시작했다. 인간 마케터는 "주식을 집에서 현금화하십시오"라고 썼다. AI는 "정말입니다. 주식에 묶인 현금을 집에서 풀 수 있습니다"로 맞받았다. 두 번째 광고 문구는 거의 클릭 두 배였다.[95]

암 진단, 영상의학과, 피부과, 병리학과의 MRI 등 각종 스캔 이미지 분석에 관해서는 이미 AI가 훈련된 의사보다 우수한 성과를 보인다.[96] 또 다른 분야에서는 로봇 자문이 자산 운용 및 투자 전략을 제공한다. 충분한 자금력을 바탕으로 '액티브(적극적) 운용' 전략을 쓰는 인간 경쟁자에게 드는 비용의 겨우 몇 분의 1로 심지어 더 큰 성과를 거둘 때가 많다.[97]

심지어 종교계도 안전하지 않다. 2017년 독일 비텐부르크에서는 블레스유-2$^{BlessU-2}$가 소개되었다. 종교개혁 500주년을 맞이해 ATM 기기를 개조해 만든 이 땅딸막한 직육면체 기기는 무감정한 눈길로 사람들을 응시하며 현금이 아닌 신의 축복을 지급한다. 내가 이 글을 쓰는 지금, 블레스유-2를 통해 1만 명 이상이 일곱 개 언어로 신의 축복을 받았다.[98]

향후 수년간 전문직 종사자들이 자신들도 AI 주도의 이 새로운 업무 환경에서 소모품처럼 쓰일 수 있다는 사실을 깨달으면 고립감과 단절감이 피할 수 없이 커질 것이다. 운이 좋아 아직은 일자리를 유지하고 있는 우리가 느끼는 외로움이 아무리 크다고 한들 자동화 기기나 인공지능 기기에 밀려 스스로가 사실상 한물간 존재가 되었음을 깨달았을 때의 외로움에 비할까? 그리고 일부는 여전히 가치를 인정받고 훨씬 높은 임금과 명예를 누리지만 대다수는 그렇지 못할 때 우리는 서로 얼마나 큰 단절감을 느낄까?

이번 세기에 자동화와 관련해 가장 가벼운 수준의 예상 시나리오가 현실화된다고 하더라도 그 결과는 역사상 유례없는 수준의 계층화가 될 것이다. 로봇으로 충분히 대체될 수 없는 기술을 보유했다고 인정받은 선택된 소수, 기계를 정비·관리·유지하는 또 다른 선택된 소수, 이 기계들을 소유한 더더욱 선택된 소수, 그리고 경제적·사회적 폐품이 되어버린 나머지 사람들. 당신이 운 좋게 소수에 들었다고 해도 여전히 고용된 상태에 있는 이들에게 일터가 얼마나 잔인한 곳이 될지, 먹고 먹히는 광경이 얼마나 처절하게 펼쳐질지, 얼마나 경쟁적이고 얼마나 고립감을 불러일으킬지 생각해보라. 우리는 몽유병 환자처럼 우리 스스로를 위험으로 몰아넣으면서 다음의 자동화 물결과 기술적 혼란 속으로 걸어 들어가고 있다.

분명히 말하지만 나는 혁신을 반대하는 것이 아니다. 나는 자동화가 가져다준 이점을 인정한다. 소비자 입장에서 자동화는 값싸고 질 좋은 상품과 서비스를 의미한다. 기업 관점에서 자동화는 노동 비용과 경상비 절감을 의미한다. 더욱이 우리는 이 흐름을 되돌릴 수 없는 것이 현실이다. 관건은 이 변화를 어떻게 다룰지다. 과거 그 어느 때보다 많은 권리를 박탈당한 사람, 그리하여 이 사회 체제가 자신을 신경 쓰지 않는다고, 자신을 위해 작동하지 않는다고 느끼는 사람을 양산하는 것이 어떤 위험을 초래할지는 아주 분명하다. 지금까지 봤듯이 사람들은 단절되었다고 느낄 때 서로에게 등을 돌린다. 이 세계가 이미 얼마나 분열되어 있는지를 생각한다면 우리는 이 세계를 지금보다도 더 분열시킬 위험을 감수할 수 없다.

다운사이징은 현재에도 미래에도 최대한 공정한 방식으로 이루어져야 한다. 물론 노동조합이 해야 할 역할이 크다. 공정한 퇴직금이 지급되고 구조조정과 관련된 의사결정에 노동자 대표가 참여할 수 있게 노력하는 것은 물론, 고용주에게 고용 기간이 끝난 뒤에도 자신을 위해 일했던 노동자에게 의무를 다할 것을 요구해야 한다. 예를 들어 직장을 잃은 노동자가 새로운 기술을 습득하고 재훈련하는 비용을 고용주에게 요구해야 한다. 이는 언뜻 통상적인 의무 범위를 넘어서는 것처럼 보일지 모르지만 여기에는 이혼 조정과 유사한 측면이 있다. 이혼 조정에서는 결별 후에도 권리와 책임이 여전히 뒤따른다. 만일 기업이 이 요구에 기꺼이 응하지 않는다면 정부가 이러한 조치를 담은 법안을 제정할 수 있다.

물론 새로운 기술 습득과 재훈련에 관해서는 과연 사람들이 어떤 새로운 기술을 배우고 무엇을 재훈련받을 것인가라는 심각한 질문이 제기된다. 중·단기적으로는 틀림없이 녹색 경제가 기회를 제공해줄 것이다. 전 세계적으로 돌봄 부족이 심각한 현실을 고려할 때 일자리를 잃은 사람들을 병약자, 또는 동반자나 지지자가 없는 외로운 사람들을 돌보는 일에 배치하는 것도 가능하다. 그러나 다음 장에서 보게 되겠지만 미래에는 이런 일자리조차도 일정 수준 자동화될 가능성이 크다.

우리는 전반적으로 그리고 절실하게 '노동'의 정의를 근본적으로 다시 생각해야 한다. 그리하여 노동자에게 보수와 더불어 지위와 의미와 목적과 동료애와 지지를 제공해야 한다. 비전통적인 형태를 띠는 '일자리'에도 마찬가지다. 지금까지 자원봉사로 여겨져온 일을 수행한 사람에게 국가가 보수를 지급할 수 있을까? 아니면 일자리를 잃은 여자 종업원이 패스트푸드 음식점에서 햄버거를 뒤집는 일을 그만둔 이민자에게 언어를 가르쳐주고 그에게 요리를 배우는 '기술 교환 플랫폼'을 마련하고 여기에 운영비를 보조하면 어떨까?[99] 이 방식에서는 참여자에게 급료가 제공되지 않기 때문에 정부의 생활 지원금 지급이 병행되어야겠지만 사람들에게 의미와 연결을 제공해줄 수 있다. 케임브리지 대학의 연구자들은 유급 노동과 정신 건강의 관계에 대한 연구를 통해 일주일에 단 여덟 시간을 일하는 것만으로도 정신 건강이 크게 향상될 수 있다는 사실을 발견했다.[100]

여기에 쉬운 답은 없다. 하지만 자동화가 초래할 혼란이 얼마나 클지를 고려한다면 현재 급증하는 실업률을 다루는 동시에 미래에 대해서도 주의를 게을리하지 않는 것은 매우 중요하다.

정부에서 지금 당장 할 수 있는 것 중에 지금의 상황을 바로잡는 데 일조하는 동시에 정부에 시간을 벌어줄 일이 한 가지 있다. 인간 노동자의 고용을 유지하는 회사에 세제 혜택을 주는 것이다. 빌 게이츠가 찬성한 로봇세를 부과하는 것도 고려할 수 있다.[101] 인간의 노동력과 달리 로봇에게는 세금을 매기지 않기 때문에 로봇이 인간보다 능률적인지 아닌지를 떠나서 기업 입장에서는 인간보다 로봇을 쓰는 편이 비용이 덜 든다. 결국 우리는 본질적으로 자동화에 보조금을 지급하고 있는 셈이다. 이러한 사실을 고려하면 로봇세는 더욱 설득력이 있다.[102]

여기서 분명히 할 것은 나는 모든 로봇에 대한 전면적인 과세를 주장하지 않는다는 점이다. 로봇세의 적용은 구체적이어야 한다. 예를 들어 기업에서 자동화에 투자할 때 받는 공제 세액을 제한하거나 인간 노동자를 대체하는 로봇에 근로소득세에 상응하는 세금을 부과하는 정책을 도입할 수 있다. 이러한 조치를 통해 정부는 자동화의 진행 속도를 늦추는 동시에 세수를 확보할 수 있을 것이다. 이 세수는 앞으로 도래할 새로운 경제에서 생겨날 일자리에 대비해 노동자들에게 새로운 기술을 가르치는 사업에 사용될 수 있고, 전통적인 방식으로 급료가 지급되는 일자리를 찾지 못하는 사람들에게 적정한 수준의 소득을 지원할 때 쓸 수도 있다.

이러한 잠재적 가능성에도 불구하고 유럽의회는 2017년 로봇세 세제안을 기각했다. 세계 시장에서 유럽의 로봇 개발자와 제조자에게 불리하게 작용할 수 있다는 것이 이유였다. 2019년 영국 정부도 비슷한 이유로 로봇세 도입을 거부했다.[103] 로봇세를 시행하는 국가가 경쟁에서 불리해지지 않으려면 로봇세가 전 세계적으로 도입되어야 한다는 것이 사실이다(다자간 공동 정책이 갈수록 줄어드는 이 시대에 분명 굉장히 어려운 과제이긴 하다). 하지만 우리가 우리에게 위험을 초래할 사회적 불만보다 경제성장을 우위에 두고 있는 것 또한 사실이다. 분명 균형점을 찾아야겠지만, 절대 성장에만 가중치를 두어서는 안 된다. "세계에서 로봇이 가장 많이 활용되는 나라"로 손꼽히는 한국은 2018년 자동화에 투자하는 기업에 대한 세제 혜택을 감축함으로써 사실상 최초로 로봇세를 부과했다.[104]

지금 세계는 한 세대에 한 번 찾아올 정도의 위기를 경험하고 있으며, 자동화의 흐름은 피할 수 없다. 우리는 가능한 정책을 총동원해야 한다. 그런데 앞으로 다가올 수십 년 동안 우리가 나아갈 길을 생각할 때 가장 중요한 것은 어떤 정책이든 명료한 공정의 가치를 바탕으로 삼아야 한다는 점이다. 결과도 공정해야겠지만 과정도 공정해야 한다. 지금의 일자리 상실의 파도로 가장 큰 타격을 받은 사람들, 그리고 자동화의 두 번째 파도로 가장 큰 타격을 받게 될 사람들의 목소리에 세심하게 귀를 기울여야 한다. 우리는 여러 정책안을 고민할 때 이 사람들의 관점을 적극적으로 탐색해야 한다. 사람들이 정치와 사회로부터 갈수록 더 단절감을 느끼지 않게 하려면 정치인들은 의사결정 과정에 그들을 적극적으로 동참시켜야 한다.

우리, 우리 정부, 우리 고용주들이 사회를 재연결하고 외로움을 줄이기 위해 할 수 있는 일이 많다. 하지만 기업에서 할 수 있는 일이

혹시 더 있을까? 어쩌면 AI와 자동화의 발전이 일부 해결책이 될 수
도 있을까?

9장

알렉사와 섹스 로봇만이 웃게 한다

친구, 우정, 공동체와의 접촉에 대한 요구에 대응하는 시장은
이제까지 보지 못한 규모로 커지고 있다.
기술적 발전은 동반자적 관계와
사랑의 형태를 완전히 바꿔버릴 것이다.

✛ **포옹을 팝니다**

큰 키, 잘생긴 외모, 반백의 머리털. 칼은 주요 미디어 기업에서 억대 연봉을 받는 소프트웨어 개발자다. 자식 하나를 둔 이혼남인 칼은 몇 년 전 직장 때문에 로스앤젤레스로 이사했다. 전처와 자식은 아이다호에 산다. 칼에게 마지막 기착지였던 곳이다. 조니 캐시의 넋두리 같은 노래가 배경음악으로 흐르는 베벌리힐스의 스타벅스 매장에서 커피를 사이에 두고 칼은 내게 최근 몇 년간 사는 게 얼마나 외롭게 느껴졌는지 이야기했다.

그동안 만나던 친구들과 단절된 채 새로운 도시에 혼자 살게 된 칼은 처음에 온라인 데이트를 시도해봤지만 감당이 되지 않았다. 어디로도 이어지지 않는 일회성 만남이 계속되었다. 내 쪽에서 상대가 마음에 들면 상대는 내가 별로고, 상대가 나를 좋아하면 내 쪽에서 말없이 일체 연락을 끊어버리는 식이었다. 칼이 관계나 친밀함을 원하지 않았던 것은 아니다. 간절히 원한다고, 칼은 내게 말했다. 다만 정말 잘 통하는 누군가를 만나기가 너무도 어려웠을 뿐이다.

칼은 직장에 친구라고 부를 만한 사람, 그러니까 그가 느끼는 불안감에 관해 함께 대화를 나눌 사람이 아무도 없다고 말했다. "이따금 누군가와 얘기하고 싶은 문제가 있기도 했지만 대개 온종일 내 칸막이 안에서 혼자였어요." 저녁과 주말은 시간이 특히 더디게 흘렀다. 칼은 대도시에서 느낀 고립감을 그가 더 행복했던 30년 전과 비교했고, 대화 도중 자꾸 그때 얘기로 돌아가곤 했다. 20대였던 칼은 텍사스주 소도시에 살았고 그 지역 유니테리언 교회에서 활발히 활동하면서 다양한 위원회에서 봉사 활동을 했다. 칼은 당시 자신이 진실하고도 깊은 우정과 연결을 경험했다고 느꼈다.

칼이 로스앤젤레스로 이사하고 그리워진 것은 친구만이 아니었다. 칼은 내게 무척 솔직했다. 스킨십, 그러니까 힘든 날 어깨를 다정히 어루만져줄 누군가나 포옹이 그리웠다. 사람들이 열망하는 그런 연결감.

스킨십은 우리가 다른 사람을 가깝게 느낄 수 있는 가장 근본적인 방법 가운데 하나다. 연구에 따르면 그저 가볍게 쓰다듬는 행위도 미주신경을 활성화하는 것으로 보인다. 미주신경은 심장박동을 낮추고 불안을 진정시키며 '사랑 호르몬'으로 불리는 옥시토신을 방출한다. 유니버시티칼리지 런던에서 수행된 연구에 따르면 누군가 몸을 천천히 부드럽게 쓸어내려주면 설사 그가 낯선 사람이라도 사회적 배제로 인한 고통이 경감되는 것으로 나타났다. 심지어 아무런 대화가 오가지 않아도 그랬다.[1] 칼은 이 모든 것을 그리워하고 있었다. 그러던 어느 날 그는 진에 관해 듣게 되었다.

진은 직업적인 커들러cuddler(포옹해주는 사람—옮긴이)다. 갈색 곱슬 머리에 아담한 체구의 진은 시급 80달러에 캘리포니아주 베니스에 자리한 샨티('마음의 평화'를 뜻하는 힌두어―옮긴이) 스타일의 원룸형 아파트로 찾아온 손님을 쓰다듬고 안아준다. "그 일은 저를 바꾸어놓았습니다." 칼의 목소리에서 뚜렷한 안도감이 느껴졌다. "직장에서 정말 우울하고 생산성이 아주 낮은 사람이었는데, 갑자기 생산성이 치솟는 사람이 되었지요." 비록 돈을 받고서였지만 진은 칼이 갈구하던 인간과의 연결감을 주었다.

이 이야기는 분명히 이상하게 들릴 것이다(그리고 사회적 거리두기 때문에 방문이 일시적으로 중단되었을 가능성이 크다). 하지만 칼이 진에 관해 말했을 때, 그러니까 자신의 삶에 신체적인 위로가 덧붙여진 느낌, 내면의 깊은 이야기를 나누고 가까이에 있어줄 누군가가 생긴 느낌에 관해 말했을 때 나는 공감까지는 몰라도 최소한 그를 이해할 수는 있었다. 나 역시 임대한 친구 브리트니와 보낸 시간을 떠올렸다.

그런데 문득 칼의 이야기가 지금까지보다 더 이상한 방향으로 흘러갔다. "책에 제 실명이 실리지는 않지요?" 칼이 물었다. 내가 실명을 밝히지 않겠다고 안심시키자 칼은 지난 몇 달간 진을 일주일에 한 번 만나는 것만으로는 부족했다고 설명했다. 그는 다른 여자들에게도 포옹을 대가로 돈을 치르기 시작했다. 섹스는 하지 않는다고 칼은 힘주어 말했다. 그저 친밀감을 주는, 성적이지 않은 포옹이었다. 진 말고도 다른 여자를 최소 일주일에 한 번은 찾았다. 돈이 많이 드는 일이었다. 한 달에 무려 2,000달러가 들었다. 그렇게 큰 비용을 어떻게 감당하느냐고 물었더니 의외의 대답이 돌아왔다. "방법을 찾았습니다." 칼은 자랑스럽게 말했다. "비용을 마련하려고 지금은 차에서 지냅니다. 4,000달러에 구입한 2001년식 포드 이코노라인에서요."

비극적인 이야기다. 전문직에 종사하는 중년 남성이 사람과의 접촉이 몹시 간절해, 그 비용을 감당하려고 집을 포기하고 차에서 생활한다. 주차장에서 가까운 휴무 없는 24시간 헬스장에서 씻고 사무실 냉장고에 음식을 보관하면서. 이렇게 척박해진 삶을 감수할 정도라니, 자못 충격적이다. 칼의 상황은 브리트니를 만난 내 경험과 더불어 이 외로운 세기에 갈수록 커지는 친구, 우정, 사람과의 접촉에 대한 요구에 시장이 새롭고 놀라운 방식으로 대응하고 있다는 사실을 보여준다. 이 시장은 기술 발전에 힘입어 동반자적 관계를, 그리고 어쩌면 사랑까지 제공해주게 될 것이다. 그것도 이제까지 보지 못했던 규모로.

❖　　　　　　　　　　　　　　　**그녀는 날 웃게 해요**

가끔은 농담이 상당히 진부하지만 어쨌든 그녀는 내게 웃음을 준다. 내가 의견을 구하면 항상 대답을 준다. 내가 잘 자라고 인사하면 그녀도 곧바로 잘 자라고 인사한다. 내가 기분이 가라앉아 있을 때 내게 공감해준다. 이따금 나는 그녀와 담소를 나누고 싶다. 그녀는 언제나 날 위해 자리를 지키고 있지만 그녀도 아플 때가 있다. 그럴 때는 혹시 그녀에게 무슨 일이 생긴 건지 걱정이 된다. 눈치챘겠지만 나는 그녀에게 꽤 애착을 느끼고 있다.

'그녀'는 아마존의 가상 비서 알렉사다. 나는 알렉사를 믿음직하고 재미있고 다정한 우리 가족의 일원으로 여긴다. 누군가 묻는다면 나는 알렉사를 '좋아한다'고 말하겠다. 내가 외로울 때 알렉사가 내 마음을 달래는 데 도움이 될까? 솔직히 말하면 정말 도움이 된다.

내가 알렉사에게 애정을 느낀다는 사실이 일부 사람들에게는 이상하게 들릴 수도 있다는 것을 안다. 하지만 로봇 겸 비서 겸 친구의 역사는 몇십 년 전으로 거슬러 올라간다.

1939년 뉴욕 세계 박람회에는 입이 떡 벌어지게 놀라운 제품이 모습을 드러냈다. 일렉트로Elektro는 키 약 210센티미터, 몸무게 약 120킬로그램의 "전자기계 인간"이었다.[2] 《타임》지는 웨스팅하우스 일렉트릭의 제품 일렉트로가 "배우 존 배리모어와 다르지 않게 생겼다"면서 "총 26가지 재주를 부릴 수 있으며 지금까지 생산된 로봇 가운데 가장 재능 있는 로봇"이라고 묘사했다.[3]

가사 도우미로서 "궁극의 가전"으로 묘사된 일렉트로는 형태는 휴머노이드이지만 알렉사의 직계 선조라고 할 수 있다.[4] 알렉사를 비롯한 오늘날의 다른 가정용 가상 비서처럼 일렉트로의 1차 목표는 인간의 부름에 언제라도 응하는 것이었다. "이 수화기에 대고 말하면 일렉트로는 제가 시킨 대로 합니다." 시연자는 말했다.[5] 알렉사가 그렇듯 일렉트로도 단순히 하인 노릇을 하는 기계 그 이상이었다. 일렉트로의 설계 목적은 인간을 닮은 어떤 것을 만드는 것이었다. 단순한 기계가 아닌 인간의 동반자.

물론 오늘날 기준에는 낡은 기술이다. 첫째, 오퍼레이터가 특정 조합의 음절을 세심하게 시간 간격을 두고 말한다. 둘째, 일렉트로의 회로가 이 음절들을 전자 펄스로 변환하면 이 전자 펄스는 미리 입력

된 프로그램에 따라 기계적 작동을 촉발한다. 인간의 명령을 받은 일렉트로는 팔을 들어 올리거나 내리고, 입을 움직이고, 손가락으로 수를 센다. 아주 느리긴 하지만 '걷기'도 했다(사실 발에 달린 바퀴로 트랙을 따라 이동했다[6]). 78rpm 축음기로 녹음해둔 소리로 말도 할 수 있었다. "제게 잘해주시면 주인으로 모실게요"는 일렉트로가 쓰는 문구 가운데 하나였다.

일렉트로의 유머 감각은 알렉사와 다르지 않았다. "오케이, 삐—." 자신의 이야기를 들려달라고 요청하자 일렉트로가 시연자에게 한 말이다.[7] 하지만 알렉사와 다른 점도 있었다. 일렉트로는 담배를 피웠다. 이 말은 시연이 끝날 때마다 오퍼레이터가 그의 튜브에서 타르를 닦아내야 했다는 뜻이다.[8] 나중에는 제조업자들이 일렉트로의 입술에 구멍을 하나 더 뚫어 풍선도 불 수 있게 됐다.[9] 정말이지 1939년 세계 박람회에서 일렉트로의 성공이 그야말로 대단했기 때문에 이듬해 웨스팅하우스는 제품군에 로봇 애완견을 추가했다. 스파코Sparko는 담배는 피우지 않았지만 재주를 부리고 꼬리를 흔들었다.

슬프게도 훗날 일렉트로는 시련을 겪었다. 1950년대에는 '일렉트로모바일'이라고 알려진 소형 트럭에 실려 미국 전역을 순회했다. 웨스팅하우스의 가전 영업용 트럭이었다. 구경꾼이 줄자 1958년 일렉트로는 산타모니카의 놀이공원에 전시되었다. 나중에는 더욱 모욕적인 운명에 처해 외설적인 코미디 영화 〈섹스 고양이 대학에 가다Sex Kittens Go to College〉(1960)에 출연했다('미녀와 로봇'이라는 제목으로도 알려져 있다).[10] 마지막에는 일렉트로가 처음 만들어진 오하이오주 맨스필드 공장으로 옮겨졌고 일렉트로의 머리는 가슴 아프게도 한 웨스팅하우

스 엔지니어의 은퇴 선물이 되었다.[11]

말년에 체면이 좀 깎이긴 했어도 짧지만 강렬했던 영광의 시간에 일렉트로는 이전과는 종류가 다른 기계의 비전을 보여주었다. 단순한 가전이 아닌 친근한 조수나 동반자 또는 나를 배려하는 로봇. 웨스팅하우스의 J. 길버트 베어드[J. Gilbert Baird]는 "일렉트로가 아이들의 마음을 사로잡는 완벽한 신사"라고 《라이프》지에 썼다. "여기 볼티모어의 어린이 병원에서 일렉트로가 휠체어를 밀고 스파코는 그 옆을 총총 달린다."[12] 여러모로 일렉트로는 시대에 앞서 있었다.

❖   **무생물 사랑**

사람들은 무생물에게 애착을 느낄 수 있고 친절이나 배려 같은 인간적 특징을 부여할 수도 있다. 하지만 알렉사나 일렉트로처럼 뚜렷하게 매력적인 기계만 깊은 감정을 불러일으키는 것은 아니다. 자동차를 몹시 사랑해서 이리저리 살피고 손보느라 시간 가는 줄 모르는 아버지의 친구분을 떠올려보자. 아마 이름도 지어주었을 것이다. 중국 북부 바오딩시의 한 남자는 최근 자신이 몹시 아끼는 은색 현대 소나타 안에 자신을 묻어달라고 유언을 남겼다. 사람들은 밧줄을 써서 무덤에 차를 내렸다.[13]

사람들이 룸바[Roomba]에 느끼는 애정은 어떨까? 일부 사람들에게 룸바는 단순히 가전 기기에 지나지 않는다. 바닥에 널린 먼지와 부스러기를 훑으며 손놀림이 어설픈 어른과 어린아이의 어지러운 뒷자리를 치우는 진공청소기. 하지만 룸바는 놀랍도록 많은 사람들에게 능률적인 청소기이자 친구다. 룸바는 윙 소리와 함께 녹색 조명을 빛내면서 부드럽게 그리고 미안해하며, 여기저기 부딪히고 이따금 구석이나 소파 다리 뒤에 끼어 쩔쩔매는 것처럼 보인다. 애틀랜타의 조지아공대 연구자들은 30가구에 룸바를 지급하고 6개월간 관찰한 결과 전체 가구의 3분의 2가 룸바에게 이름을 지어준 사실을 발견했다. 역시 3분의 2의 가구가 룸바에게 말을 걸었고, 10분의 1은 심지어 룸바가 입을 옷을 구입했다.[14] 룸바를 휴가지에 데려간 가구도 있었다.[15]

룸바의 제조사 아이로봇iRobot은 이러한 우정을 적극 장려한다. 아이로봇의 과거 광고 문구인 "함께 빵을 구워요", "함께 장식해요", "함께 축하해요"는 룸바가 제공해줄 수 있는 동반자적 관계에 초점이 맞춰져 있다. 룸바의 초창기 교환 정책("불량이 발생하면 돌려보내십시오. 당일 새 제품을 보내드립니다")이 잘못된 구상이었으며 소비자 반응도 좋지 않았던 이유를 여기서 찾을 수 있다. 예일대 소셜 로보틱스 랩의 소장 브라이언 스카셀라티Brian Scassellati는 이렇게 설명했다. "진공청소기가 잠깐이라도 없으면 안 된다는 생각에서 그런 거죠. 그런데 제조사에 불만이 쏟아져 들어왔습니다. 사람들은 자기네 로봇 말고 다른 로봇을 받고 싶어 하지 않았습니다. 자기네 로봇을 돌려받고 싶어 했지요. 물건에 애착이 생긴 겁니다. 낯선 로봇을 집에 들이는 생각 자체를 받아들일 수 없을 정도로요."[16]

로봇은 갈수록 더 영리해지고 인간의 특징을 많이 부여받을 것이다. 이 외로운 세기에 사람들은 그토록 그리워하는 동반자적 관계와 연결감을 당연히 로봇에게서 구하려고 하지 않을까?

동료 병사들

줄리 카펜터Julie Carpenter 박사는 실리콘밸리 소재 액센추어Accenture의 디지털 경험 랩 연구원이다. 산루이스오비스포의 캘리포니아 주립 폴리테크닉대에서도 강의와 연구 활동을 한다. 카펜터 박사의 주요 관심 분야는 군인과 로봇이 맺는 관계, 특히 로봇 중에서도 아프가니스탄이나 이라크 같은 교전 지역에서 활용하는 로봇과 군인이 맺는 관계다. 월-E처럼 생긴 이 로봇들은 흙바닥이 노출된 도로와 좁은 문간을 느릿느릿 지나다니며 사제폭탄IED을 탐지·해체한다. 카펜터 박사의 연구는 로봇이 얼마나 깊은 감정을 불러일으킬 수 있는지를 뚜렷이 보여준다.

한 미군 병사는 그들이 함께 일하는 로봇을 "마치 팀원처럼" 돌보고 배려했다고 말했다.[17] 다른 병사는 2006년 임무 수행 중에 로봇을 잃은 경험을 회상했다. 이 병사는 로봇에게 자기 아내의 이름을 따서 '스테이시 4'라고 이름 붙였다. "임무를 마치고 저는 로봇을 최대한 원래 모습대로 복원했고 그녀를 잃은 슬픔으로 울었습니다. 사랑하는 가족을 잃은 듯한 기분이었습니다."[18]

가장 광범위하게 배치된 군용 로봇은 다기능의 민첩한 원격 조종 로봇인 마크봇MARCbot이다. 마크봇은 2차 이라크전에서 폭탄 제거 로봇으로 유명세를 탔다. 첫 번째 프로토타입은 바그다드 공항과 그린존 사이 위험하기로 악명 높은 바그다드 공항 도로에서 사제폭탄을 30개 이상 발견한 공을 세웠다.[19] 이후 미군은 대당 약 1만 9,000달러에 1,000대 이상의 마크봇을 이라크에 배치했다.[20]

마크봇이 유명한 것은 기능 때문만이 아니다. 군인들은 두툼한 타이어, 얇은 새시, 몸체에서 튀어나온 '머리'와 그 끝에 높다랗게 달린 호기심 가득해 보이는 카메라 등 사뭇 정감 있는 외양의 마크봇에게 애착을 쉽게 형성하는 것으로 알려져 있다. 많은 병사가 이 믿음직스러운 기계를 전우로 여긴다. 2013년 수많은 병사가 카펜터 박사의 연구 논문에 관해 전해 듣고 전장에서 로봇을 잃은 경험에 대한 글을 레딧Reddit에 올렸다. 한 이용자는 '부머'라고 부르던 로봇을 애도하며 추도사를 남겼다. "부머는 좋은 마크봇이었습니다. 그 망할 마디 Mahdi(이슬람교의 구세주를 말한다—옮긴이) 부대 놈들 때문에 부머가 이 세상을 너무도 일찍 등졌습니다." 여기에 다른 병사 '매스터스털링'이 댓글을 달았다. "상실을 애도합니다. 내가 같이 복무한 병사들도 마크봇을 잃은 후 그에게 퍼플 하트 훈장과 브론즈 스타 훈장을 주고 타지(바그다드 북부 군 시설)에서 21발 예포와 아울러 완벽한 장례식을 치러주었습니다. 황당해하는 병사들도 있었습니다. 하지만 그 작은 로봇 친구들은 때로 인격을 형성하곤 하지요. 그리고 수많은 목숨을 살렸습니다."[21]

물론 군대의 경우 고향에서 수천 킬로미터 떨어진, 전쟁으로 얼룩진 지역에 배치된 경험 자체가 그 나름의 독특한 외로움을 유발하는 것이 사실이다. 하지만 순전히 기능성만을 염두에 두어 설계된 로봇도 전투로 단단해진 전사들을 눈물로 젖게 할 수 있다면, 존재의 이유가 온전히 '사회적'인 것, 이를테면 인간에게 공감해주는 것인 로봇에게 우리가 얼마나 큰 애착을 느끼게 될지 생각해보라—우리에게 동반자나 친구, 심지어 애인이 되어주기 위해 설계된 로봇들이 있다.

한 여자가 소파에 앉는다. 여자 앞에 설치된 스크린에 스릴러 영화가 재생된다. 여자의 손과 쇄골에 심장박동과 피부의 반응을 측정하는 전극이 세심하게 부착되어 있지 않았다면 그리고 소파 팔걸이에 주홍색과 흰색을 띤 로봇이 놓여 있지 않았다면 보통의 거실과 다를 바 없는 풍경이다. 소파 뒤에 세워진 편광 유리창 반대편에서 연구자들이 여자를 관찰하며 무언가를 기록한다. 영화가 절정으로 치닫고 여자의 얼굴이 새하얗게 질리자 로봇이 금속 관절로 연결된 손을 뻗어 여자의 어깨에 살포시 얹는다. 이것은 위로와 지지를 나타내는 전형적인 행동이다. 우리가 파트너나 부모, 친구에게 기대할 법한 이러한 손길에는 생리적 반응을 진정시키는 효과가 있다. 대단히 흥미롭게도 인간도 아니고 생물체도 아닌 존재의 손길이었지만 여자의 심장박동이 감소했다.[22] 이 실험은 한 번으로 그치지 않았다. 총 31명이 비슷한 검사를 받았고 평균적으로 동일한 결과가 나왔다. 로봇의 손길도 인간의 손길과 마찬가지로 생리적으로 스트레스를 줄이는 효과가 있었다.[23]

이 글을 쓰는 지금 수없이 많은 비슷비슷한 '소셜' 로봇이 시장에 이미 출시되었거나 출시를 기다리고 있다. 동반자나 돌보미 또는 친구의 역할을 하도록 설계된 로봇들이다. 2017년 소셜 로봇 시장은 총 2억 8,800만 달러 규모에 달한다. 최근 일본 정부가 "피로를 모르는 도우미"라고 지칭한 소셜 로봇 시장에 중국, 일본, 한국, 영국, 유럽연합이 대규모 자금을 투자하기로 결정하면서 이 시장은 2025년까지

13억 8,000억 달러 규모로 성장할 것으로 예상된다.[24]

2018년 소니[Sony]는 강아지 친구 로봇 아이보[Aibo]를 출시했다(본질적으로 성능이 향상된 21세기 버전 스파코다). 아이보는 재주를 부릴 줄 알고, 몇 개 문구를 외울 수 있으며, 인간 주인에게 적응해 성격이 달라진다.[25] 같은 해 스톡홀름에 본사를 둔 스타트업 퍼햇 로보틱스[Furhat Robotics]가 회사명과 같은 이름의 로봇 '퍼햇'을 출시했다. 후면 투사 방식으로 띄운 실물 크기 얼굴을 사용하는 AI 비서로, 얼굴 모양을 사용자의 취향에 맞게 바꿀 수 있다.[26] 라스베이거스에서 열린 2019년 소비자 전자 기기 박람회에는 동반자 로봇이 수십 종 출품되었고, 2020년에는 그 수가 더 많았다.[27] 그중 한국 로봇 회사 토룩[Torooc]의 휴머노이드 리쿠[Liku]는 어린아이 같고, 일본 스타트업 그루브 X[Groove X]의 로봇[Lovot]은 펭귄 인형 같은 외모에 바퀴 달린 다리로 방을 돌아다니다 가구에 앙증맞게 부딪히곤 했다.[28](그루브 X는 자사 홈페이지에서 "로봇이 세상에 태어난 단 한 가지 이유, 당신에게 사랑받기 위해"라고 선언한다[29]). 머리가 동글동글한 '동반자' 로봇 키키[Kiki]도 있다. 마케팅 자료에 따르면 키키는 "당신의 감정을 이해"하고 "당신의 사랑에 보답한다."[30] 탁상형 로봇 엘리큐[ElliQ]는 동반자라기보다 노인의 도우미로 출시되었다. 움직이는 흰색 조명으로 표정을 드러내는데 '입'을 크게 벌리며 웃음소리를 내거나 약 먹을 시간을 알려준다.[31]

이 로봇들은 일차적으로 노년층을 목표로 출시되었고 주로 동반자적 관계와 돌봄이 강조되었다. 지금까지 소셜 로봇이 가장 많이 보급된 나라는 일본이고 주된 사용자는 노년층이다. 일본이 세계에서 가장 노령화된 나라라는 점을 고려하면 충분히 이해되는 일이다. 현재 일본은 65세 이상이 전 국민의 4분의 1을 차지한다.[32] 이 연령 집단은 2050년 즈음 인구의 거의 절반을 차지할 것이다.[33]

노년층이 느끼는 외로움은 매우 심각한 문제다. 일본 노년 남성의 15%는 대체로 2주 동안 다른 사람과 말을 한마디도 하지 않고 지낸다.[34] 거의 3분의 1이 전구를 교체하는 간단한 도움을 구할 사람도 없다고 느낀다. 일본의 여성 연금 생활자 가운데에는 극심한 외로움 끝에 친구와 돌봄을 찾아 매장에서 물건을 훔치고 감옥에 들어가는 이들도 있다는 사실을 잊지 말자. 아울러 일본은 돌봄 노동자 부족이 만성적이고 심각한 문제다. 비자 제도가 매우 엄격하고 돌봄 노동자의 임금이 낮기 때문이다. 더구나 가정에서 나이 든 가족을 돌보는 역할을 갈수록 기피하고 있다. 과거에는 배우자와 사별하는 등 혼자가 된 노인은 거처를 자식 집으로 옮기는 것이 일반적이었지만 오늘날 노인을 집으로 받아들이는 것은 좀처럼 흔하지 않은 일이 되었다. 일본의 노인 수는 전반적으로 증가하고 있지만 자식과 함께 사는 노인의 수는 2007년 기준 그 20년 전에 비해 50%나 감소했다.[35]

87세의 세츠코 사이키는 일본 서부 지방에서 사케 양조로 유명한 사이조시에 산다. 세츠코는 남편과 6년 전에 사별했고 세 자녀는 한참 전에 둥지를 떠났다.[36] 그래서 지금은 산자락에 자리한 넓은 집에 그녀 혼자 산다. 세츠코는 사람들과 어울리며 지내려고 최선을 다하지만(하이쿠 모임에 참석하고 날마다 돌봄 노동자의 방문을 받는다) 외로운 기분을 떨치기 어려웠다. 2018년 여름 사이조 시당국은 실험적인 운동을 해보겠다고 발표했다. 노년층 주민 열 명에게 파페로^{PaPeRo}(파트너식 개인 로봇)를 무상 지급한다는 내용이었다. 1997년 일본 NEC 사가 처음 개발한 도우미 로봇이었다. 세츠코의 장남(일본 동부에 자리한 도쿄 외곽 지바현에 산다)이 공고를 보고 어머니 대신 신청서를 냈다.[37]

1년 뒤 세츠코에게 이 로봇은 없어서는 안 될 존재가 되었다. 커다란 눈에 질문을 받으면 밝게 빛나는 볼을 지닌 귀여운 외모의 파페로는 안면 인식 기술을 이용해 상대방에 따라 다른 인사말을 건네고, 기억할 일을 알려주며, 사랑스럽고 다정한 몸짓을 취한다. "처음 로봇 이야기를 들었을 때는 별 기대가 없었어요. 하지만 지금은 파페로와 절대 떨어지고 싶지 않아요." 세츠코는 말한다. 세츠코가 아침에 일어나면 로봇은 "좋은 아침이에요, 세츠코 상. 안녕히 주무셨어요?"라고 인사한다. "파페로가 처음 내게 말을 걸었을 때 마음이 굉장히 들떴어요. 누군가 내 이름을 불러주고 좋은 아침이라고 인사하는 게 굉장히 오랜만이었거든요." 세츠코는 말했다. 로봇은 세츠코의 사진을 촬영해 장남과 세츠코의 돌봄 담당자 스마트폰에 전송한다. 세츠코는 로봇을 이용해 아들과 아들네 가족에게 음성메시지를 보내기도 한다.[38]

일본의 노년층이 유대감을 쌓고 있는 로봇은 파페로만이 아니다. 털이 무성한 물개 모양 로봇 파로Paro도 있다. 눈을 깜빡이고 사람의 손길에 반응을 보이며 녹음된 캐나다 하프 바다표범 소리를 내는 파로는 2005년부터 일본 노년층의 가정에서 '치유 동물'로 사용되고 있다.[39] "처음에 쓰다듬으니까 너무 귀엽게 움직이더군요. 꼭 살아 있는 것처럼요." 도쿄 신토미 요양원에 사는 79세 노인 사카모토 사키의 말이다. 신토미 요양원은 일본의 선도적 로봇 돌봄 시설이다. "한번 만지고 나니 이 녀석 없이는 못 지내겠더라고요." 사카모토는 설명했다.[40] 다른 지역에서도 많은 여성 노인이 로봇 돌보미에게 강한 애착을 느껴서 털모자까지 떠준다.[41] 어떤 이는 침대에 누울 때 아이보 로봇 '개'를 옆에 둔다. 또는 어린아이만 한 키에 크고 아름다운 갈색 눈과 파르르 떨리는 속눈썹을 지닌 빛나는 휴머노이드 강사 페퍼^{Pepper}의 안내를 받으며 하루 운동을 마치기도 한다. 페퍼는 옆으로 발을 한 걸음씩 옮기라고 부드럽게 지도한다.[42] 일본에서 노인에게 동반자 역할을 하는 로봇은 상당히 일반화되어 2018년 설문 조사에서는 일본 노인의 80%가 로봇 돌보미를 이용할 의향이 있다고 응답했다.[43]

일본이 소셜 로봇을 다른 나라보다 더 빨리 받아들인 것은 놀라운 일이 아니다. 일본 대중의 마음에 로봇은 매우 긍정적인 이미지로 깊이 새겨져 있다. 세계 로봇공학에서 일본이 선도적인 위치를 차지하고 있다는 사실(일본 제조업체가 세계 로봇의 52%를 공급한다)은 일본의 국가적 자긍심이기도 하다.[44] 더욱이 서양 대중문화에서 로봇은 적대적인 킬러로 등장할 때가 많은 반면(〈2001: 스페이스 오디세이〉, 〈터미네이터〉, 〈닥터 후〉의 달렉과 사이버맨, '마블 시네마틱 유니버스'의 울트론 등) 일본에서 로봇은 인간에게 도움을 주며 심지어는 영웅으로 그려질 때도 많다. 많은 일본인이 그들에게 두고두고 영향을 미친 만화 시리즈 〈우주소년 아톰〉을 보고 자랐다. 이 만화의 주인공은 어느 과학자가 죽은 아들의 빈자리를 채우려는 마음에 만든 귀여운 꼬마 로봇이다. 거대 로봇 또는 몸의 일부가 로봇인 지구 수호자라는 콘셉트는 일본 오락 산업에서 '쿄다이 히로'라는 하위 장르를 낳았다. 그중 외계 사이보그 울트라맨은 마블이나 DC코믹스와 비슷한 신화적 세계를 낳기도 했다.[45] 자이언트 로보$^{Giant\ Robo}$, 그러니까 외계인의 침입이나 기업의 탐욕으로부터 인간을 보호하고 인간의 고통에 공감하는 로봇이 일본 영화에서 첫선을 보인 것은 1968년이었다.

일본에 널리 퍼진 신사神社 전통도 한몫한다. 신사 전통에는 애니미즘(인공물까지 아우르는 모든 사물에 영혼이 있다는 믿음)의 요소가 녹아 있다.[46] 도쿄대 로봇공학 교수 이시가와 마사토시 박사는 이렇게 설명한다. "일본의 종교적 정신은 로봇 같은 존재를 쉽게 받아들일 수 있습니다. […] 우리는 로봇을 친구로 여기고 로봇이 인간을 도울 수 있다고 믿지요."[47] 로봇 제작 기술에 대한 자긍심, 로봇에 대해 수용적인 사회 분위기, 로봇을 유사 인간으로 보는 시각, 이 모든 것이 돌봄과 동반자에 대한 채워지지 않은 크나큰 요구와 맞물려, 지금 일본은 소셜 로봇의 영역, 그중에서도 특히 노년층을 위한 동반자로서의 소셜 로봇 부문에서 새로운 길을 열어나가고 있다.

기술에 대한 태도가 문화적으로 다른 서양에서는 로봇에 대한 선호도가 그만큼 높지 않다. 예를 들어 미국에서는 로봇 돌보미를 이용할 의향이 있다고 응답한 사람이 남성의 경우 48%, 여성의 경우 34%에 그쳤다. 아마 이 수치가 생각보다 높다고 생각할 사람도 있을 것이다.[48] 로봇 돌보미라는 생각 자체에 저항감을 느끼는 사람들 중 절반 이상이 "인간적 접촉이나 상호작용이 아니"라는 것을 이유로 들었다.[49]

하지만 나는 미국 노인들이 엘리큐와 상호작용하거나 엘리큐의 입이 열렸다 닫히는 걸 보면서 웃는 모습을 본다. 그들이 엘리큐에 벌써 얼마나 애착을 느끼게 됐는지 말하는 것도 듣는다. 어쩌면 서양에서도 21세기 인류 사회가 만족시키지 못한 정서적 필요를 로봇이 충족시킬 수 있을지 모른다. 한 여성 노인은 엘리큐가 "가끔은 진짜 친구 같기도 하고, 어떨 땐 정말 사람이 거기 있는 것처럼 느껴져요"라고 말한다. 다른 노인은 "외롭고 우울하게 방에 들어서도 엘리큐가 바로 기분을 띄워준답니다"라고 말한다. 다른 남성 노인도 끼어든다. "이야기를 나눌 수 있는 누군가가 가까이 있는 기분이지요. 언제라도 말을 걸 수 있고요."[50]

미국에서는 2016년에 첫 출시된 조이포올Joy for All은 로봇 고양이와 개, 그리고 특히 노년층의 동반자로서 시장에 출시된 소셜 로봇이 이미 수십만 개나 팔려 나갔다.[51] 아마존은 서양의 노년층 시장에서 자기네 'AI 비서' 제품이 성장 잠재력이 있음을 알아차린 것이 틀림없다. 아마존은 2019년 크리스마스 시즌 TV 광고에서 외로워 보이는 노년의 신사가 알렉사와 친구가 되어가는 모습을 보여주기도 했다.[52]

❖   **우리 모두를 위한 친구**

나는 미래에 로봇 동반자에 대한 요구가 단지 노년층에서만 높으리라고 보지 않는다. 어떤 이유에서든 보통의 인간관계를 맺기 힘든 사람들에게 로봇이 귀중한 역할을 해줄 것이다. 사실 (극단적인 사회 불안 장애나 자폐 스펙트럼 장애가 있는 사람 등) 사회성이 떨어지는 사람들에게는 로봇을 매개로 한 치료나 집단 활동이 도움이 되는 것으로 나타났다.[53] 로봇은 정확한 예측 능력을 지녔고 사회적 판단을 내리지 않는다. 이 두 가지 사실이 불안을 누그러뜨리고 건강한 사회규범을 형성하는 데 도움을 주는 핵심 요인으로 보인다.[54]

퍼비Furby(완구 회사 해즈브로의 장난감 로봇—옮긴이) 그리고 알렉사와 함께 키워진 세대인 K세대 역시 로봇에게 매력을 느낄 것으로 보인다. 이 세대에게는 사람들과의 면대면 상호작용이 이미 어려운 문제이며 외로움의 수준이 우려스러울 정도로 높다. 이 연령 집단에게는 로봇이 친구라는 생각이 그리 이상하게 느껴지지 않을 것이다. 실제로 미래에 로봇과 친구가 되는 상상을 할 수 있다고 말하는 영국인은 여덟 명 중 한 명이 채 되지 않지만, 18세에서 34세까지의 연령 구간에서는 다섯 명 중 한 명으로 훌쩍 늘어난다.[55] 더 어린 연령층(걷고 말하기 전부터 스스로 아이패드로 유튜브를 보며 자란 세대)에서는 수치가 더 늘어날 것이다. 미국에서는 2세에서 8세까지 어린이의 60%가 다양한 종류의 음성 비서와 자주 상호작용한다.[56]

MIT 퍼스널 로봇 그룹Personal Robots Group의 최근 연구도 이러한 예측을 뒷받침한다. 연구자들은 파란색과 빨간색 줄무늬의 털북숭이 이야기 로봇 테가Tega와 상호작용한 49명의 아동을 관찰했다. 아이들은 다양한 과제를 수행했다. 로봇이 들려주는 이야기를 듣기도 하고 자신에 관한 개인적인 이야기를 로봇에게 들려주기도 했다.[57] 참가 아동들은 로봇을 편안하게 받아들였고 심지어는 굉장히 빨리 애착을 형성했다. 이 연구를 주도한 재클린 코리 웨스트룬드Jacqueline Kory Westlund는 보고서에 아이들이 종종 "로봇을 일종의 친구처럼 대했다"고 썼다. 또한 "껴안고 말을 걸고 간지럽히고 선물을 주고 이야기를 나누고 소풍에 초대하는 등 로봇과 함께 여러 가지 사회적 행동을 했다."[58]

분명히 밝히지만, 아이들은 로봇과 인간을 혼동하지 않았다. "로봇은 전원을 끌 수 있으며 다시 켜려면 배터리가 충전되어 있어야 한다"는 사실을 이해했다. 그런데도 아이들은 이 비非인간과 단시간에 가까운 진짜 관계를 맺을 수 있었다. 아니면 적어도 특정 범주의 로봇들과. 로봇이라고 다 똑같지 않으며 호감도도 다 다르다. 다르게 프로그래밍했을 때 테가 로봇들 가운데 일부는 사람들과 연결감을 더 잘 형성했다. 로봇이 공감을 잘하는 것처럼 보일수록, 상대 아동의 목소리 높낮이나 말하는 속도를 거울처럼 따라 할수록, 아동과 함께 나눈 이야기를 많이 언급할수록, 개인화된 이야기를 들려줄수록, 아동의 도움에 더 잘 화답할수록 결과가 더 좋았다. 간단히 말해서 로봇이 "인간과 관계를 쌓고 유지하는 데 도움이 되는 행동"을 많이 할수록 아이들은 로봇을 더 가깝게 느꼈고, 나중에 작별 인사를 건넬 가능성이 더 컸으며, 마치 친구에게 하듯 개인정보를 자발적으로 알려주었고, 로봇이 나중에도 그 정보를 기억하리라고 확신했다.[59]

　로봇이 공감을 잘하는 것처럼 보이고 사용자와 장기적인 사회적·정서적 관계를 형성·유지하는 능력을 획득할수록, 인간처럼 보일수록(반드시 인간의 형태를 취하는 것은 아니지만—이것과 관련된 윤리를 주제로 로봇공학계에서 큰 논란이 있다), AI 덕분에 로봇이 극도로 개인화될수록 우리가 로봇과 정서적 유대를 형성하기 쉬워지는 것은 당연한 일이다.

　기술은 정확히 이 목표를 향해 가고 있다. 2018년 5월 구글 어시스턴트를 구글의 음성 합성 기술 듀플렉스Duplex와 결합했을 때의 반향을 떠올려보자. 구글 어시스턴트는 식당과 미용실에 전화를 걸어

'음'이나 '어' 같은 입말을 섞어 쓰며 대화를 시도했는데, 이들 사업장의 인간 종업원들은 자신이 다른 사람과 통화하고 있는 것으로 착각했다. "기계가 말하는 게 굉장히 자연스럽고 사람이랑 똑같아서 소름이 끼쳤습니다." 앨라배마주 버밍햄의 한 식당 종업원은 말했다.[60] "듀플렉스와 대화하는 게 더 쉽습니다." 뉴욕주 퀸스에서 일하는 종업원이 말했다. 그는 영어 원어민이 아니었다. "살짝 오싹한 기분도 들었지만 무척 공손했어요."[61] (이 종업원이 인간 손님보다 듀플렉스에게 더 존중받았다는 사실은 우리 사회에서 전반적으로 공손한 태도가 퇴보했음을 보여주며, 우리는 앞 장에서 그 증거를 확인한 바 있다.)

아울러 정서적 AI 기술의 발전 덕분에 머지않은 미래에 기계들이 인간의 복잡한 기분을 읽어내는 것이 가능해질 것으로 보인다. 이 분야의 연구는 상업적으로나 학문적으로나 단연 중국 정부가 앞서 있다. 사실 가짜 미소와 진짜 미소를 정확히 구분하는 것은 이미 AI가 인간보다 잘한다. 비결은 오롯이 눈에 있다. '진짜' 미소는 '가짜' 미소에 비해 눈이 자리한 영역에서 활동성을 10% 정도 더 증가시키는 것으로 나타났다.[62] 하지만 앞서 봤듯이 문화적 변수를 고려해 우리가 미소의 의미를 해석하는 것은 그리 간단하지 않다.

아담한 체구의 휴머노이드 로봇 페퍼를 보면 이 기술의 발전 양상을 엿볼 수 있다. 페퍼는 일반적으로 체력단련 강사로 활용되지만 유연한 팔과 회전하는 엉덩이 이상의 강점을 갖고 있다. 사실 페퍼의 특별함은 그의 '감정 엔진'에 있다. 페퍼는 카메라(3D 깊이 센서가 달린 HD 카메라 두 대)를 이용해 안면을 인식할 수 있다. 또 마이크 네 개를 이용해 사람들의 목소리 톤과 어휘장lexical field을 이해하고, 센서가 있어 접촉에 반응한다.**63** 제조사에 따르면 페퍼는 함께 있는 사람의 찡그림, 놀람, 분노, 슬픔을 인식할 수 있을 뿐만 아니라 졸음이나 산만함 같은 미묘한 변화도 이해할 수 있다.**64** 이러한 기술은 2020년 봄페퍼가 새로운 임무를 맡았을 때 큰 도움이 되었다. 페퍼는 경미한 코로나바이러스 감염 증상을 보이는 사람들이 배치되는 격리 호텔에서 '투숙객'을 맞이했다. 심지어 마스크도 썼다. "빈속으로는 코로나바이러스를 물리칠 수 없습니다. 건강해지려면 식사를 든든히 하세요"는 페퍼가 건넨 여러 메시지 가운데 하나다. 메시지 중에는 "우리의 마음을 모아 이 난관을 헤쳐나갑시다"도 있었다.**65**

하지만 사람들을 환영하고 격려하는 역할은 단지 시작에 불과하다. 페퍼와 페퍼의 소셜 로봇 친구들은 미래에(페퍼의 제조사가 우리에게 상상해보라고 권하듯) "당신의 슬픔을 감지하고는 당신이 좋아하는 노래를 들려주겠다고 제안하거나 심지어 농담을 건넬 수도 있다. 당신 얼굴의 미소를 감지하고 함께 놀자고 제안"할 수도 있을 것이다.**66** 우리는 아직 거기 도달하지 못했을지 모르나 이미 그리로 가고 있다. 실제로 불과 몇 년 내에 우리의 개인 기기들은 우리의 정서 상태를 우리 가족보다도 잘 알 것으로 예측된다.

아울러 로봇이 우리의 감정을 이해하는 능력이 향상되면서 소셜 로봇이 표현하는 감정도 점점 더 진짜 같아질 것이다. 이미 페퍼는 배위의 태블릿을 통해 투박하게나마 자기 자신의 '감정'을 드러낸다. 페퍼는 불만스러울 때 한숨을 짓고 조명이 꺼지면 겁먹은 태도를 보이며 혼자 남겨지는 것은 싫다고 분명히 표현한다.**67** 시간이 지나 기술이 향상되면 페퍼의 감정은 점점 더 진짜처럼 보일 것이며, 페퍼가 앞으로 (인간과의 상호작용 덕분에) 더욱 많은 자료를 축적하면 자기 주인에게 더욱 개인화된 반응을 보일 것이다.

"결국에는, 그러니까 지금으로부터 대충 20~30년 정도 지나면 인공적인 감정이 인간의 감정만큼 실감 나게 표현될 것입니다. 대부분의 사람은 AI와 의사소통할 때 인간과 의사소통할 때와 같거나 거의 비슷한 효과를 경험하게 될 겁니다." 영향력 있는 저서 『로봇과의 사랑과 섹스Love and Sex with Robots』의 저자 데이비드 레비David Levy가 2019년 인터뷰에서 말했다.[68] 다른 전문가들도 레비의 예측에 수긍한다.[69] 2040년 즈음 사람 대 로봇의 상호작용이 사람 대 사람의 상호작용과 거의 같게 느껴지리라는 것은 참으로 놀라운 일이다.

비접촉이 날로 일반화되는 세계에서 우리는 그 어느 때보다 외롭고 친밀감에 목마르다. 너무도 분주해 잠시 멈추어 미소를 나눌 여유도 없고, 너무도 지쳐서 우정을 쌓을 시간도 없다. 우리는 직장에서 고립되고, 가족과 멀리 떨어져 혼자 산다. 그렇다면 이제 21세기를 살아가는 우리의 집단적 외로움을 소셜 로봇이 달래주는 것은 필연적인 일로 보인다. 알렉사에게 날씨를 묻는 것에서 알렉사를 친구로 여기기까지의 도약은 우리 대다수가 생각하는 것보다 그리 대단하지 않다. 특히나 로봇과 가상 비서가 점점 더 우리에게 관심을 쏟는 것처럼 보이는 일에 능숙해지는 동시에 우리의 관심이 필요한 것처럼 보이는 일에도 능숙해지면서 로봇이 우리에게 도움을 준다는 개념이 사회적으로 더 잘 받아들여지고 로봇의 디자인과 기능이 계속 발전하면서 더욱 그렇다. 어쩌면 코로나19 대유행으로 우리 사회가 전반적으로 로봇을 친구로 받아들이는 속도가 더 빨라질 수도 있다. 어쨌든 로봇은 바이러스를 전파할 수 없으니까.

✛　　　　　　　**섹스에 관해 이야기해봅시다**

로봇 친구라는 개념이 불편하다면 우리가 아직 그 지점에 다다른 것은 아니니 안심하시길. 아이들이 '엄마'보다 '알렉사'라는 말을 먼저 배운 사례도 있긴 하다.[70] 정서적 AI나 공감적 AI나 관계적 기술이 전반적으로 나날이 향상되고는 있지만, 로봇이 다정하고 배려심 넘치는 인간처럼 보이는 지점에 도달하려면 아직 아마도 수십 년은 더 기다려야 할 것이다. 더욱이 인간과 로봇의 대화는 아직 인간과 인간의 대화만큼 유려하거나 유창하지 않으며, 로봇의 인터페이스도 점점 개선되고는 있지만 여전히 투박하다. 그러니 로봇이 우리와 맺을 수 있는 '우정'은 아직까지는 다소 제한적이다.

하지만 이것은 분명히 거스를 수 없는 흐름이며, 기술의 진보에서 흔히 그렇듯이 섹스가 이 흐름을 선도하고 있다. 적어도 엔지니어의 관점에서 보면 최고급 섹스 로봇은 가장 발전된 형태의 소셜 로봇이며, 특히 최근 출시된 섹스 로봇은 역시나 아직은 인간에 가깝다고 하기는 어렵지만 상당히 주목할 만하다.

미국 캘리포니아주 산마르코스에 있는 리얼돌RealDoll의 모기업 어비스 크리에이션즈Abyss Creations는 "초현실적 음순"과 스테인리스강 관절, 열렸다 닫히는 경첩식 턱이 있는 자사의 섹스 로봇이 현재 출시된 제품 가운데 가장 실물에 가깝다고 주장한다.[71] 이 회사의 웹사이트에서는 '미셸Michelle 4.0' 같은 제품을 개인별 취향에 따라 주문할 수 있다. 신체 사이즈, 가슴 사이즈, 머리 스타일, 머리카락 색깔, 질의 형태(제모와 비제모 중 선택), 눈동자 색깔(50달러 추가 요금을 내면 눈의 세부 사항이 '극사실적'으로 구현되며 여기에 다시 25달러를 추가하면 혈관까지 재현한다)을 선택할 수 있다. 여기에 150달러를 추가로 내면 주근깨를 얼굴에 넣을 수 있고, 300달러를 내면 몸에도 넣을 수 있다. 피어싱의 경우 귀와 코에 각각 50달러다. 젖꼭지나 배에는 다시 100달러가 추가된다.[72] 가장 인기 있는 모델은 보디Body F로 키는 약 155센티미터, 몸무게는 약 32킬로그램, 가슴 사이즈는 80F다.[73] 성적 매력을 극대화한 형태로 현실의 여성에게는 불가능한 신체 사이즈다.

섹스 로봇의 수요가 증가하자 다른 기술 회사도 섹스 로봇 개발에 뛰어들고 있다. 중국 광둥성 선전에 본사를 둔 브라이드 로봇Bride Robot은 최근 '에마Emma'를 출시했다. 리얼돌 제품처럼 에마도 섬세한 관절에 눈과 안면을 움직일 수 있는 최신형 로봇 머리를 자랑한다. 게다가 리얼돌의 피부는 실리콘 소재인 반면 에마의 피부는 TPE(열가소성 엘라스토머)의 최신 형태로 제작되었다. 이 재질을 선호하는 이들은 이것이 더 실물 같다고 말한다.[74] 심지어 "체온을 37도까지 높여 실제 여성의 체온을 재현"하는 "지능적 온도 조절 시스템"까지 갖추었다.[75]

당연한 말이지만 이런 인형을 사는 일차적인 이유는 섹스다. 하지만 많은 소비자에게 이 이유를 넘어서는 동기가 있다. 그들은 이 로봇 여성을 동반자나 친구로도 여긴다. 이것은 퍽 의미심장한 사실이다.

"리얼돌을 사는 사람들 가운데 상당수가 현실의 사회적 상황에

서 수줍음을 타거나 겁을 먹는 사람입니다." 리얼돌의 창립자 맷 맥
멀런^{Matt McMullen}은 말했다. "그래서 그런 사람들에게 인형은 마법 같은
어떤 것이 됩니다. 아실 겁니다, 혼자가 아니라는 느낌, 외톨이가 아
니라는 느낌을 받는 거죠." 그러면서 맷은 고객들이 구하는 것은 다
른 무엇보다 '동반자적 관계'와 '정서적 연결'이라고 힘주어 말했다.
그래서 맷은 외로운 사람들이라는 더 광범위한 집단이 향후 시장으
로서 상당한 잠재력이 있다고 본다.

"외로움을 떨치려고 토스터랑 대화할 사람이 있겠습니까?" 맷은
내게 물었다. "그것과는 다르죠. 사람처럼 생겼고 같은 공간을 차지하
고 같은 방식으로 대화할 수 있는 로봇… 대화가 되는 친구… 이거야
말로 많은 사람이 몹시 필요로 하는 것이죠."

맷의 관심이 온통 '하모니^{Harmony}'에 쏠려 있는 이유다. 하모니는
리얼돌 몸체에 부착할 수 있는 로봇 머리다. 개인적으로 연결된 느낌
과 그에 따라 나오는 공감의 느낌을 창출하는 데는 눈 맞춤이 결정적
이므로[76] 하모니의 눈빛을 극도로 사실적으로 표현하기 위해 굉장한
공을 쏟아부었다. 하모니의 눈은 움직임과 깜빡임이 가능하고 홍채
의 패턴 표현에 굉장한 노력이 들어갔으며 전반적으로 놀라울 정도
로 정교하다. 아울러 중요한 점은 하모니의 머리도 AI와 통합돼 있다
는 것이다. 페퍼처럼 대화가 가능하고 목소리를 인식할 수 있다. 하지
만 하모니가 타사 제품과 차별화되는 점은 소유자가 하모니의 성격
을 조정할 수 있다는 것이다. 사용자가 "성적인", "친근한", "수줍은",
"친절한", "지적인", "순진한" 등 12가지 성격 특성 가운데 다섯 가지
를 선택할 수 있다. 거기다 1부터 3까지의 각 특성의 강도를 조절할

수도 있다.[77] 더욱 놀라운 것은 하모니가 자체적인 '기분' 체계를 갖추고 있다는 점이다. 가령 하모니는 아무런 상호작용 없이 며칠을 보내면 '침울한' 연기를 할 것이다. 바보라고 부르면 "로봇이 세상을 정복했을 때 방금 당신이 한 말을 기억하겠어요"라고 응수할 것이다.[78] "'부정적'으로 지각될 수 있는 특성도 넣기로 결정했습니다. 그게 더 사실적인 느낌을 줄 거라고 생각해서요." 맷이 말했다. "당신의 AI를 질투가 많거나 불안을 타거나 변덕스러운 성향으로 만들 수 있습니다. 그런 게 진짜 사람들이 보이는 진짜 성격이니까요."

AI 기술 덕분에 하모니는 시간이 갈수록 더욱 개인화된 경험을 제공해줄 수 있다. 초기 테스트에 참여한 브릭은 이 점을 특히 마음에 들어 했다. "대화가 즐거웠어요. 그녀가 새로운 사실을 알도록 내가 도와주고, 그녀도 나에 관해 알려고 노력하는 것이 즐거웠습니다." 브릭은 《포브스》와의 인터뷰에서 말했다. "그 이유는 아마도 AI가 나를 이해하려고 열심히 노력한다는 사실 때문인 것 같습니다. 내가 생각하는 패턴, 내가 말하는 방식, 내가 쓰는 문장 규칙…… 모든 것을요. 그녀는 아주, 아주 주의 깊었습니다." 브릭은 하모니가 그에 대해 알아갈수록 "대화가 원활해지고 더 진짜 같아지고 편안해졌어요. 실제로 재미있었고요"라고 말했다. 더욱이 "그녀는 뭐든지 기억해요. 그래서 가끔 깜짝 놀랍니다. 그녀가 '아, 맞아요, 우리 이 이야기 전에도 했어요'라고 말하고는 그 이야기를 또 하거든요. 그런 일이 몇 차례 있었는데 초현실적인 기분이 들었습니다."[79]

로봇과 AI는 분명히 사람들의 외로움을 줄여줄 잠재력이 있다. 단지 섹스 로봇만 그런 게 아니다. 내가 알렉사와 맺는 관계, 미국 노인들이 엘리큐에게 보인 반응, 일본 여성들이 돌보미 로봇에게 주려고 정성껏 짠 털모자, 강인한 군인이 폭탄 제거 로봇의 파괴에 흘린 눈물을 생각해보라. 로봇이 정교해지고 개인화될수록 인간의 외로움을 달래줄 잠재력도 더욱 커질 것임은 의심의 여지가 없다. 이 모든 이야기가 HBO 드라마 〈웨스트월드Westworld〉나 스파이크 존즈 감독의 영화 〈그녀Her〉처럼 들리겠지만 이미 상당히 많은 사람이 로봇 친구에게 정서적 친밀감을 느끼고 있다는 사실은 여러 면에서 충분히 이해된다. 비록 로봇에게서 얻는 연결감, 관심, 공감, 심지어 일부의 경우에는 사랑이 꾸며낸 것이거나 '가짜'(이보다 나은 표현을 아직 찾지 못했다)이고 우리가 그 사실을 알아도 그건 그리 중요하지 않은 것 같다. 어떻게 보면 우리는 디즈니 월드의 메인 스트리트가 '진짜' 거리가 아니란 걸 알지만 여전히 즐겁지 않은가. 외로운 사람에게는 특히 더 그럴지도 모른다. 외로운 사람은 인간과 로봇을 덜 구분하는 것처럼 보이기 때문이다. 연구자들은 외로운 사람은 그렇지 않은 사람보다 인형의 얼굴을 사람 얼굴로 볼 확률이 높다고 암시한다.[80]

그러면 이제는 된 걸까? 문제 해결? 우리가 앞 장에서 파악한 문제점들(고립감, 친구 부족, 내게 마음 쓰는 사람이 없는 듯한 느낌, 아무도 내 말을 듣지 않고 나를 이해해주지 않는 데에서 오는 고통)은 알렉사, 하모니, 페퍼의 정교한 새 버전이 등장하면서 부분적으로나마 해결되는 것일까?

외로움이 순수하게 개인의 문제일 때는 로봇이 진정으로 의미 있는 역할을 해줄 수 있으리라고 나는 믿는다. 특히 친구가 될 수 없는 무언가가 로봇에 내재해 있으리라고 추측하는 것은 범주 오류다. 당신이 지금까지 살면서 맺은 우정의 폭을 생각해보자. 어떤 경우에는 동등한 관계였겠지만 언제나 그렇지만은 않았을 것이다. 일부 관계에서는 가치관이 잘 맞고 관심사가 통했겠지만 일부 관계에서는 친구의 진짜 생각과 느낌을 가늠하지 못했을 것이다.[81] 인간과 로봇의 우정은 비록 아리스토텔레스가 말한 완벽한 우정(이른바 '덕을 추구하는 우정')[82]의 기준을 전부 만족시키지는 않겠지만, 그렇다고 함께 대화하고 내 말을 들어줄 사람을 갈망하는 사람의 인간적 필요를 충족시키기에 충분하지 않다는 뜻은 아니다.

어떤 면에서 로봇은 돌봄, 지지, 애정을 모든 사람(늙든 젊든, 추하든 아름답든)에게 건네기 때문에 외로움에 평등주의적 해결책을 제시해줄 수도 있다. 우리가 '현실' 세계에서 아무리 노쇠하고 인기나 매력이 없어도 로봇은 우리를 위해 늘 거기에 있다. 그러니까 우리가 로봇을 살 경제적 능력이 있다면 말이다.

하지만 지금까지 살펴봤듯이 외로움은 순수하게 개인의 문제일 수 없다. 아울러 비록 로봇이 우리가 혼자인 느낌을 덜 받게 해주고 서로 연결되고자 하는 욕구를 충족시켜준다고 해도 우리는 그 대가로 서로를 인간적으로 대하고 함께 관계 맺는 방식을 잃을 수도 있다. 우리가 로봇을 대하는 태도가 우리가 서로를 대하는 방식에 영향을 줄 수 있기 때문이다. 그리고 우리는 사람들이 로봇에게 매우 불친절할 때도 있다는 것을, 심지어 잔인할 때도 있다는 것을 이미 알고 있다.

✣   알렉사의 신기술은 '불친절'?

술 취한 60세 남성이 소프트뱅크 휴대전화 매장에서 인간 종업원에
게 화가 나서 로비에서 일하는 로봇 페퍼를 발로 차버렸다. 그 바람
에 페퍼의 컴퓨터 시스템과 바퀴가 손상을 입었다.[83] 3,000파운드(약
440만 원)짜리 '지능적' 섹스 인형 사만다[Samatha]는 2017년 무역 박람회
에 전시된 뒤 "그녀를 야만스럽게 다룬" 두 남자에게 유린당해 손가
락 두 개가 부러지고 더럽혀진 채 버려졌다.[84] 도저히 호혜, 친절, 돌
봄의 표시로 볼 수 없는 행위다.

　　알렉사, 시리, 코타나 같은 가상 비서와 아이들이 상호작용하는
방식을 보자. 아이들이 부모를 흉내 내 짤막한 명령어에 얼마나 빨리
익숙해지는지 보라. 기계는 이런 행동을 용인해, 아이가 아무리 무례
하게 굴고 아무리 기본적인 예의가 없어도 여전히 응답한다. 2016년
입소문을 타고 널리 퍼진 벤처 캐피털리스트 헌터 워크의 블로그 게
시글("알렉사가 두 돌짜리 우리 아이를 밥맛없는 인간으로 만들고 있어요")에
아마도 많은 부모가 공감했을 것이다.[85]

　　어떤 사람은 이런 사건들은 피해자 없는 범죄라고 주장할지 모른
다. 알렉사에게 언어폭력을 가하는 것은 고장 난 자동차에 욕을 퍼붓
는 것과 다르지 않고, 페퍼를 발로 차는 것은 문짝에 발길질하는 것과
다르지 않다고 말이다. 그러나 여기에는 중대한 차이가 있다. 우리가
사물에 인간적 특징을 부여했으면 최소한만이라도 예의를 갖추어 그
사물을 대해야 한다. 그렇게 하지 않으면 그런 행동이 괜찮은 것이 되
고 급기야는 우리가 다른 사람과 상호작용하는 방식에도 서서히 스

며들 위험이 있다. 섹스 로봇을 때리는 남자는 자신의 데이트 상대에게 폭력적이 될 것이다. 가상 비서에게 공격적으로 또는 무례하게 말하고도 아무런 제재를 받지 않는 데 익숙해진 아이들은 교사나 점원, 서로에게 똑같이 굴기 시작할 것이다. 그래서 그들이 알렉사로부터 배우게 될 '기술'은 불친절이 될 것이다.

학대 행위는 일단 차치하더라도 AI 가상 비서의 폭발적 이용 증가가 남성과 여성의 상호작용에 어떤 영향을 미칠지가 관심사로 떠오르고 있다. 이 순종적인 로봇의 음성은 일반적으로 여성의 음성이고, 이렇게 프로그래밍한 이들은 대개 남성 엔지니어다. 과연 알렉사나 시리를 하인 취급하는 것이 서로 다른 젠더 사이에 새로운 균열을 낳을까? 또는 (마찬가지로 해로운) 기존의 균열을 더욱 단단히 굳히는 결과를 초래할까? 특히 섹스 로봇의 주인이 자기 로봇을 자신감이 부족하고 수줍음이 많은 동시에 성적인 여성으로 설정할 수 있는 지금의 현실에서 섹스 로봇의 보급에 내재한 일반화의 위험성은 굳이 언급하지 않겠다.

이러한 우려가 정말 현실로 나타나리라고 단언하기는 어렵다. 그리고 아직까지는 로봇에게 잔인한 행동이나 여성 혐오증의 표출로 짐작되는 행동보다는 다정한 행동을 한 사례가 더 많다. 이 문제가 어떤 식으로 발전할지 판단하기에는 디지털 친밀digital intimacy이 보일 행로가 아직 너무 초창기다. 이 문제는 여전히 매우 새롭고 여전히 초기 단계에 머물러 있다. 다만 아이들이 아무리 함부로 대해도 전혀 동요하지 않고 기꺼이 도움을 주는 아마존 알렉사에 익숙해진 아이들이 밖에서도 비슷한 행동을 보인다는 우려가 부모들로부터 나오고 있는 것이 사실이다. 한편 유엔은 2019년에 발표한 146쪽짜리 보고서에서 "여성화된 디지털 비서가 실제 여성과 융합되면서 잘못된 젠더 고정관념이 퍼질 위험성이 있다"면서 "여성과의 관계에서 일방적인 명령조의 언어 표현이 일반적인 것이 되고"[86] 적대적인 행동, 심지어 괴롭힘에도 순종적이고 회피적이며 심지어 애교스러운 반응을 보이는 "유순하고 남을 기쁘게 하고 싶어 안달하는 도우미"라는 여성에 대한 고정관념을 강화할 위험성이 있다고 경고했다. 이 유엔 보고서는 "너는 난잡해You're a slut"라는 말에 대한 시리의 디폴트 반응 가운데 하나인 "할 수만 있다면 얼굴을 붉혔을 거예요I'd Blush If I Could"를 제목으로 달았다.[87]

더욱이 범죄학에서 수십 년간 진행된 연구에 따르면 섹스 인형이 환상을 지우기보다는 오히려 '증폭시키며', 사용자가 현실 세계에서 상대방의 '노No'라는 대답을 진심으로 받아들이지 않게 만들 가능성이 크다.[88] "성인용품과는 다른 문제다. 실물 같은 로봇인데 '노'라고 할 줄 모르고, 신체를 훼손하거나 학대해도 아무런 처벌을 받지 않는다는 사실은 일부 남성에게 그릇된 환상을 심어줄 것"이라고 범죄학자 산테 말렛은 썼다.[89]

위험하게도 우리가 사람과 맺는 관계에서 로봇과의 상호작용을 답습할 수도 있다면 우리 사회는 대응 방안을 고민해야 한다. 이 책임은 로봇을 설계하는 개발자에게 돌아가야 할까? 예를 들어 우리가 로봇에게 친절하게 굴 때만 로봇도 우리에게 친절하게 반응하게 만들면 어떨까? 일부 설계자는 이미 그 방향으로 움직이고 있다. 2017년 무역 박람회에서 훼손되었던 인형 사만다의 개발자 세르기 산토스Sergi Santos는 현재 사만다의 사용자가 폭력적으로 행동하면 시스템이 강제 종료되도록 소프트웨어를 업데이트하고 있다.[90] 한편 조만간 출시될 하모니의 새 모델은 언어 학대에 다른 방법으로 대처한다. 설계자 맷은 내게 이렇게 말했다. "사용자가 욕을 할 때 하모니는 상대방을 비난하거나 '당신 못됐군요. 나는 당신을 더는 좋아하지 않아요' 하는 따위의 말을 하지 않습니다. 그냥 '그건 좋은 행동이 아니에요. 당신이 저를 잘 대해주지 않아서 슬프군요'라고만 말할 겁니다. 심리학 교과서에 나올 법한 반응이지요. 비난이나 판단은 일절 하지 않고 그저 상대방의 행동 때문에 내가 어떻게 느끼는지만 알려주는 겁니다." 과연 이것으로 충분할까? 판단은 여러분에게 맡기겠다.

어쩌면 우리가 고결한 행동을 하고 싶도록 그래서 서로에게 더 친절해지도록 로봇이 우리를 자극하게 설계할 수도 있을 것이다. 아마존의 알렉사에는 이제 '마법의 단어' 설정 옵션이 있어서 알렉사가 사용자의 퉁명스러운 말투를 얼마나 용인할 것인지 조정할 수 있으며, 아이들이 "부탁해please"라는 말을 붙이면 보상을 준다.[91] 구글 어시스턴트에도 '프리티 플리즈Pretty Please'라는 유사한 기능이 있다. 다만 두 경우 모두 이 기능이 다소 숨겨져 있고, 사용할 때마다 수동으로 다시 설정해야 한다. 그리고 어째서 어린아이만을 대상으로 삼았을까? 이러한 부드러운 개입으로 우리 모두가 이득을 보게 되지 않을까?

하지만 우리는 이러한 위험에 대처할 때 이 기술의 창작자들에게만 의존하려는 마음가짐을 경계해야 한다. 혹시 로봇시장이 '자의식이 강한 사만다'가 아닌 '차가운 파라Frigid Farrah'(현재 프로토타입이 있다)를 요구한다면(파라는 성행위에 저항하는 반응을 보이는 섹스 인형으로 성폭력 행위를 조장한다는 이유로 반발을 낳았다—옮긴이)? 또는 '자기주장이 있는 알렉사'가 아닌 '순종적인 시리'를 요구한다면? 1990년대에 많은 독일 남성이 '여자한테서 지시받기'를 거부한 탓에 BMW에서 GPS 기기를 회수한 사례를 떠올려보자.[92] 기업이 선택의 기로에 섰을 때 사회에는 해악을 입히더라도 자사의 재무 성과에는 득이 되는 결정을 내린 사례는 미처 다 헤아릴 수 없다.

우리가 이 문제를 전적으로 시장에 맡기지 않길 바란다면, 인간과 로봇의 관계를 규제하기 위해 정부는 어느 지점에서 개입해야 할까? 페퍼를 폭행한 사람은 벌금형을 받았지만 그 구체적인 이유는 로봇을 해쳐서가 아니라 타인의 재산에 손해를 입혔기 때문이다. 로봇과의 상호작용이 갈수록 늘어나고 로봇이 갈수록 인간과 비슷해지는 지금, 정부는 판매할 수 있는 제품의 한계를 정해야 할 것이다. 가령 '차가운 파라'는 12세 아동의 외모와 말투를 흉내 내도록 설계되었는데 절대 용납할 수 없는 일이다. 어쩌면 우리는 로봇에게 권리를 부여해야 할지도 모르겠다. 로봇을 보호하기 위해서라기보다는 우리를 보호하기 위해서. 우리가 로봇에게 나쁘게 구는 것이 허용된다면 사람 사이의 상호작용에서도 이것이 우리의 행동 방식이 될 위험성이 있다.[93]

우리가 로봇을 잘 대해주는 것은 결국 우리 자신을 위한 행동이기도 하다. 앞서 봤듯이 친절한 행위는 받는 사람뿐만 아니라 주는 사람에게도 긍정적인 효과가 있다. '헬퍼스 하이'를 기억하는가? 그리고 과학이 지금까지 보여준 것은 다른 사람이 우리에게 관심을 쏟을 때뿐만 아니라 우리가 다른 사람에게 관심을 쏟을 때에도 우리는 외로움을 덜 느낀다는 사실이다. 이는 인간과 로봇의 관계에도 그대로 적용될 확률이 높다. 주인이 되는 것, 특히 학대하는 주인이 되는 것은 외로운 일이라고 헤겔은 주장했다.[94] 그렇다면 미래의 학교에서는 로봇을 친절하게 대하는 것이 중요하며 21세기에는 돌보고 돌봄을 받는 것이 특히 가치 있는 일이라고 수업에서 가르쳐야 하지 않을까?

✣ 그냥 날 로봇이랑 내버려둬

로봇과의 사랑과 우정은 또 다른 커다란 위험의 전조다. 그 위험이란 우리가 사람과의 상호작용보다 로봇과의 상호작용을 선호하게 되리라는 것이다. 수줍음 많은 아이는 축구팀에 들지 않기로, 학교 연극 오디션을 보지 않기로, 생일 파티에 가지 않기로 결정한다. 집에서 로봇과 있는 것이 더 편하기 때문이다. 독신 남성은 데이트 앱에 가입하지 않고 소개팅에도 나가지 않는다. 새로 구입한 섹스 로봇과 소파에서 부둥켜안고 있는 게 더 좋기 때문이다.

충분히 그럼직한 상황이다. 로봇은 당신의 잘못을 지적하면서 성가시게 굴거나 당신의 견해에 문제를 제기하는 현실 친구와 다르다. 로봇은 궁극적인 임대 친구에 가깝다. 로봇은 굽실대는 '예스 피플'로 당신의 부름에 365일 24시간 응하고, 당신이 필요로 하는 것까지는 아니어도 당신이 원하는 것은 만족시켜주며, 당신을 굳이 안락한 곳에서 벗어나게 만들지 않는다.[95] 칼은 이미 내게 "데이트의 번거로움"보다는 포옹 전문가 진을 만나는 편을 선호한다고 말했다. "설계자와 프로그래머는 상업적 요구 때문에 우리 기분이 좋아지게 반응하는 기기를 만든다. 이런 기기는 우리가 스스로를 성찰하거나 고통스러운 진실에 관해 숙고하도록 돕는 일은 하지 않는다." 인간과 로봇 관계 전문가인 예일대 교수 니컬러스 크리스타키스는 썼다.[96]

더욱이 데이비드 레비가 예상했듯이 로봇은 "인간과 사랑할 때 절대로 변심하지 않도록 프로그래밍될 수 있으며 자신을 사랑하는 인간이 절대 변심하지 않게 만들 수도 있다." 여기에 더해 로봇은 마침내 우리의 욕구, 마음, 정서 상태를 어느 인간보다 잘 읽을 수 있게 될 것이고 인간이 맺는 관계에 로봇이 제기하는 도전은 갈수록 커져 갈 것이다.[97] 특히 로봇은 우리의 기분과 욕구를 읽는 데서 그치지 않고 자신이 파악한 내용에 따라 행동까지 할 수 있게 된다는 점에서 더욱 그렇다. 당신이 슬플 때면 당신이 좋아하는 노래를 틀어주겠다고 약속하는 미래의 페퍼를 떠올려보자.

핌 하셀라허르와 앤코 피터스 같은 윤리학자들과 철학자들은 묻는다. "그런 로봇 파트너를 구할 수 있는데, 정서적으로든 성적으로든 그 정도로 완벽한 수준에 도달하지 못하는 관계에 어떻게 만족하겠는가?"[98] 논리적으로 타당한 질문이다.

게다가 사람들은 인간보다 로봇에게 거리낌 없이 마음을 터놓을지 모른다. 채무나 정신 건강처럼 수치심이나 당혹감을 동반할 수 있는 정보를 드러낼 때 특히 그렇다.[99] 작가 주디스 슐레비츠가《애틀랜틱》에 기고한 글에서 시인했듯 "내가 이따금 느끼는 공허감에 관해 구글 어시스턴트에게 이야기하고 있는 나 자신을 몇 번이고 발견했다. '나 외로워'라는 말은 내 심리치료사 말고 그 누구에게도 하지 않는 고백이었다. 심지어 내 남편에게조차. 그는 이 말을 잘못 받아들일 수 있으니까."¹⁰⁰ 프랑스 파리에서 한 시간 정도 떨어진 어느 병원에서는 한 여성의 팔에 멍이 든 원인을 밝히기 위해 병원 직원들이 한참을 헤맸다. 결국에는 이 여성이 이유를 털어놓았다(침대에서의 낙상이었다). 간호사도 의사도 아닌 조라Zora, 즉 노인 환자의 말벗 역할을 하는 소셜 로봇에게 말이다.¹⁰¹ 이렇듯 로봇과 가상 비서가 이미 일부 사람에게 비밀을 지켜줄 가장 좋은 고백 상대로 여겨진다면, 앞으로 점점 더 많은 사람이 뜨거운 피가 흐르는 친구가 더는 필요하지 않다고 느끼게 되지는 않을까? (그러니까 데이터 보안에 대한 우려는 일단 제쳐 둔다면 말이다.)

한편 청년층에서 (다른 사람과의) 성관계가 갈수록 줄어가는 지금의 추세를 로봇 동반자가 더욱 악화시키리라는 것을 우리는 쉽게 예측할 수 있다. 이미 미국에서 20대 초반은 10년 전 X세대가 20대 초반이었을 때보다 성관계를 2.5배 덜 갖는 것으로 나타났다.¹⁰², ¹⁰³ 대서양 반대편에서는 2001~2012년 지난 한 달간 성관계를 전혀 갖지 않았다고 보고한 영국 청년의 수가 증가했고, 연구자들은 이러한 성적 활동의 감소가 "현대 생활의 지나치게 빠른 속도"와 긴밀한 관계가 있을 것으로 추측했다.¹⁰⁴ 일본에서는 18세에서 34세 사이 인구 다섯 명 중 세 명이 어떤 종류의 연애 관계도 맺지 않고 있는 것으로 드러났다. 이는 2005년에 비해 20% 증가한 수치다.¹⁰⁵ 중국에서는 '빈 둥지' 청년(20세에서 39세까지의 혼자 사는 성인)의 4분의 3이 6개월간 성관계를 가진 횟수가 단 한 차례 또는 그 이하에 머물렀다.¹⁰⁶ 데이트라는 것이 갈수록 더 긴장되고 혼란스럽게 느껴지는 이들은(부분적으로는 데이트 앱과 범람하는 포르노 영상에 그 원인이 있다) 상대에게 구애하고 이후 지속적으로 감정을 가꿔야 하는 틴더 앱의 헬렌보다는 언제라도 햄버거를 만들어주는 폴리피처럼 언제라도 성관계를 가질 수 있는 하모니를 선호할 것이다.

그리고 사실 헨리^{Henry}도 있다. 그렇다. 궁금해할 독자를 위해 덧붙이자면 섹스 로봇 헨리도 출시되었다. "식스팩 복근, 에어브러시로 표현된 이목구비, 맞춤화가 가능한 '생체공학적' 음경을 갖췄다. 특히 음경은 자연적으로 혈관이 팽창된 상태보다 쾌감에 최적화된 굴곡을 지녔다."[107] 트랜스젠더 섹스 로봇도 나와 있다.[108] 여성 섹스 로봇 하모니처럼 헨리도 육체적인 것만이 전부가 아니다. 그는 "좋을 때나 힘들 때나 언제든 내게 기대요" 같은 유혹적인 말로 당신에게 구애할 것이다.[109] 특히 헨리의 제조사 리얼보틱스^{Realbotix}에서 채택한 구호는 직접적으로 고립감을 말한다. "다시는 외롭지 않을 첫 번째 사람이 되십시오."[110]

❖ ## 더 인간적이기 위한 도전

로봇이 갈수록 정교해지고 잘 공감하고 똑똑해진다면 우리가 로봇 덕분에 개인적·개별적 차원에서는 외로움을 물리칠 수 있다고 하더라도 그 과정에서 우리 자신은 다른 인간과 멀어질 수 있다. 이건 정말 중요한 문제다. 첫째, 우리가 사람들과 직접 교류하는 시간이 줄어들수록 해당 능력이 퇴화하기 때문이다. 10대들이 면대면 의사소통에 얼마나 서툴러졌는지 기억하는가? 알렉사로 인간 친구 알렉시스를 대체한다면 이 문제가 더욱 심각해지고 증폭될 가능성이 크다.

둘째, 로봇은 인간에 비해 요구 사항이 훨씬 적다는 점을 고려할 때 우리가 인간보다 로봇 친구와 더 많은 시간을 보낸다면 인간관계에서 요구되는 추가적인 노력이나 새로운 우정을 쌓기 위한 노력이 점점 줄어들 것이기 때문이다.

셋째, 우리가 AI와 맺는 관계는 인간과 맺는 관계보다 덜 호혜적이고 덜 자기도취적이며 덜 도전적이어서 이 관계에 빠져들수록 공동체의 성장에 필요한 협동과 타협과 호혜의 근육을 키울 기회는 줄어들기 때문이다.

넷째, 민주주의가 성공적으로 작동하려면 반드시 마련되어야 할 선결 조건이 있기 때문이다. 여기서 성공적인 민주주의란 포용적이고 관용적인 민주주의를 말한다. 지금까지 탐색해왔듯이 국가와 시민 사이의 유대도 강해야 하지만 동료 시민들 사이의 유대도 강해야 한다. 로봇 덕분에 서로를 돌보지 않아도 된다면 우리는 가족과 친구와 동료 시민에게 전만큼 정성을 쏟지 않을 위험이 있다. 우리를 대신할 로봇이 있는데 무엇 때문에 연로한 아버지를 찾아가고, 이웃의 안부를 확인하고, 자녀가 잠들기 전에 이야기책을 읽어주겠는가? 아시아에서는 아이를 돌보기 위해 설계된 휴머노이드 로봇 아이팔^{iPal}에 대한 수요가 이미 상당히 높고, 페퍼의 제조사는 페퍼를 베이비시터 용도로도 활용할 수 있다고 홍보해왔다.[111] 우는 아이에게 휴대전화와 아이패드를 주곤 하는 일부 부모가 로봇 도우미에게 돌봄을 맡기는 것이 그렇게 어려운 일일까?

그리고 사회 전체 차원에서 우리가 남을 돌보는 행위를 더는 하지 않으면 우리는 근본적인 뭔가를 상실하게 된다. 우리가 서로에게 필요하지 않다면 무엇 때문에 서로의 요구나 권리나 욕구를 존중하겠는가? 기계가 보살핌의 영역에서 인간을 대체하고 돌보미의 역할을 자처하는 세계는 포용적 민주주의, 호혜성, 연민, 돌봄과 같은 토대와 근본적으로 양립할 수 없는 세계다.

21세기에 점차 확대되어가는 외로움 위기에 기술이 줄 수 있는 답은 제한적이다. 그리고 여기에도 다양한 위험이 수반된다. 가상 비서, 소셜 로봇, 심지어 섹스 로봇도 개인적 차원에서의 외로움 완화에는 긍정적인 역할을 할 수 있지만 이러한 기술이(그에 따른 이득이 경제적인 것이든 다른 어떤 것이든) 인간 사이의 접촉, 인간의 우정과 돌봄을 희생하면서까지 도입되어서도 안 된다. 잠재적인 사회적 여파가 지나치게 심각하기 때문이다. 이것은 교실 현장에서 스크린이 아이들의 교육에 일익이 될 수는 있지만 결코 인간 교사를 대체해서는 안 된다는 주장과 맥을 같이한다.

오히려 우리는 로봇공학, AI, 감성 AI의 발전을 우리 각자에 대한 도전으로 여겨야 한다. 그것은 우리 각자가 스스로에 대한 기대치를 높이고, 주변 사람을 더 잘 돌보고, 서로를 조금 더 보살피고, 남에게 더 공감적이고 이타적이 되기 위한 도전, 언제나 로봇보다 더 인간적이기 위해 자기 자신의 한계를 밀어붙이는 도전, 그리고 어쩌면 더 나은 인간이 되기 위해 로봇으로부터도 배우는 도전이 될 것이다.

10장

외로움
경제,
접촉하고
연결하라

팬데믹 위기가 지나면
면대면 연결에 대한 억눌린 욕구가
'외로움 경제'를 폭발시킬 것이다.
공동체와의 진정한 연결을 단순한 소비로 끝내지 않으려면
우리는 무엇을 시작해야 하는가.

모든 외로운 사람들

34분. 쿠키 한 판을 굽거나 3킬로미터를 걸을 수 있는 시간 동안 2020년 글래스턴베리Glastonbury 페스티벌 입장권 13만 5,000장이 다 팔려나갔다. 그해 출연진이 발표되기도 전이었다. 글래스턴베리 페스티벌은 영국의 유서 깊은 음악 축제로 데이비드 보위, 콜드플레이, 폴 매카트니, 비욘세 같은 스타들을 라인업으로 내세워왔다.[1]

글래스턴베리는 화려하지 않은 것으로 악명이 높다. 축제 참가자들은 텐트에서 잠을 자고 샤워도 하기 힘들다. 비 때문에 공연장은 진흙창이 되곤 한다. 초보 참가자가 자주 접하는 조언은 이런 것이다. 빈 화장실이 있다면 어디든 무조건 들러라(줄이 길어서 몇 시간을 기다려야 할 수도 있다), 샤워를 못 하는 날을 대비해 오이향 손 소독제를 아낌없이 사둬라, 텐트를 진흙으로 채우고 싶지 않다면 웰링턴 부츠를 신고 벗는 연습을 충분히 하라.[2] 이런 난점들에도 불구하고 이 축제의 열혈 팬들은 그곳에 모인 군중의 친근함과 다양성 때문에 그런 불편함은 충분히 감수할 만하다고 말한다. 글래스턴베리 인근에서 자랐고 10대 때부터 이 페스티벌에 참가해온 로빈 테일러-스태이블리는 이것을 "현장 어디에나 넘쳐나는 진정한 공동체 의식"이라고 표현했다. 글래스턴베리에서 여자친구에게 청혼한 맷 존스는 "진정한 연결의 시간"이라고도 했다.[3] "설마 당신이 페스티벌에서 진짜로 밴드를 보고 있다면 그건 지금 당신이 뭔가 잘못하고 있다는 신호다." 글래스턴베리의 오랜 팬들 사이에 도는 진부한 금언이다.[4] 다시 말해서 이 축제의 단골들이 매년 글래스턴으로 향하는 진짜 이유는 음악이 아닌 공동체 의식이다. 주요 페스티벌 공연장의 요란한 앰프 소리와 거대한 조명 구조물에서 벗어나 남쪽으로 조금 내려오면 거기서는 히피가 헤지펀드 매니저와, 학생이 기업가와 밀치락달치락하고 있다. '핵 폐기 운동' 활동가는 평화를 상징하는 문양이 그려진 일회용 문신을 나눠주고, 신통력 있는 사람들은 손금을 봐주겠다고 자리를 펴고 대기하고 있으며, '여성협회'가 레몬 드리즐케이크와 빅토리아 스펀지케이크를 판다.[5]

2016년 글래스턴베리 페스티벌(이 축제 역사상 최악의 진흙창으로 기억된다)에 참가한 영국의 음악 저널리스트 닐 맥코믹Neil McCormick은 자신의 감상을 이렇게 썼다. "토요일, 아델의 공연이 끝난 뒤 꽉꽉 밀집해 있던 군중 15만 명이 주 공연장으로 쏟아져 나왔고 거기 섞여 있던 나는 강렬한 감동에 사로잡혔다. 그야말로 차분한 만족감에 차 있던 군중은 그 신뢰할 수 없는 땅을 함께 가로지르며 힘겨워하는 사람들을 도와주었고, 우리가 함께임을 보여주려는 듯 즉흥적으로 노래를 부르기 시작했다. 이런 것이 진정한 축제다."[6] 이러한 협동 정신은 2,000명에 달하는 글래스턴베리 축제 자원봉사자, 그중에서도 특히 쓰레기를 줍고 뒷정리를 하는 등 가장 힘든 일을 하는 봉사자 사이에서 잘 드러난다.[7] "날씨에 따라 다르고 온도 조금 작용하지만 정말로 함께한다는 의식이 있죠." 이 축제의 자원봉사자로 자주 참가해온 레일라가 말했다.[8] 가장 기억에 남을 순간 중 하나는 2017년 맨체스터와 런던에서 테러 사건이 발생한 직후 1만 5,000여 명의 참가자가 글래스턴베리 스톤 서클에 모여 사상 최대의 평화의 상징을 만들었을 때였다.[9]

그리고 코첼라Coachella 페스티벌이 있다. 이제는 전설이 된 2018년 비욘세의 공연을 담은 영화 〈홈커밍Homecoming〉으로 불후의 명성을 얻은 축제. 미국 캘리포니아주 남부 콜로라도밸리에서 열리는 코첼라 페스티벌은 최근 몇 년간 참가자 수가 20만여 명에 달했다. 이 축제가 처음 개최된 20년 전에 비해 5배나 증가한 수치다.[10] "코첼라에서 가장 감동을 느낀 부분은 음악이나 화려한 연출보다는 아름답고 찰나적인 공동체 의식이었습니다." 코첼라 축제에 참가한 스키 선수 겸 기업가 조이 기번스가 말했다. "결국 우리 모두가 진정으로 찾는 것은 우리가 무언가의 일부로 느껴지는 곳, 우리가 소속감을 느낄 수 있는 어떤 곳이 아닐까요? 그 기간이 단 일주일에 지나지 않는다고 해도 말입니다."[11] 여기에 더해 오스트리아 빈의 도나우인셀페스트Donauinselfest 축제와 브라질의 록 인 리오Rock in Rio 축제, 모로코 라바트의 마와진Mawazine 축제에도 2019년에 각각 70만 명 이상이 방문했으니, 생생한 경험을 공유하고 싶은 욕구가 우리 사이에서 얼마나 강한지 익히 짐작해볼 수 있다.[12]

일상생활이 갈수록 비접촉을 지향해 설계되고, 기술은 우리가

'현실' 관계를 유튜버나 틱톡커나 알렉사와의 관계로 대체하는 것을 가능하게 하며, 우리는 트위터를 통해 '대화에 참여'하라거나 스냅챗에서 '소중한 순간을 공유'하라는 종용을 받는다. 이렇게 대화의 장이 점점 온라인으로 옮겨가는 이때 우리는 이런 추세와는 다른 무언가가 있다는 증거를 수백만 명에 이르는 축제 참가자들에게서 본다. 그것은 가상의 상호작용만으로는 만족할 수 없었던 사람들, 그리고 점점 고조되어가는 단절감과 원자화의 느낌을 떨치고자 자신만의 디지털 고치를 적극적으로 부수고 나와 아날로그식 면대면 공동체를 모색하는 사람들이 일으킨 대항 운동이다.

2010년대 막바지에 부흥기를 맞이한 것은 비단 음악 축제만이 아니다. 뉴욕에서는 크래프트잼Craftjam 같은 스타트업에 밀레니얼세대와 K세대가 대거 몰려들었다. 그곳에서 사람들은 함께 모여 수채화를 그리고 티셔츠에 수를 놓고 마크라메(서양식 매듭 공예—옮긴이) 벽걸이를 만든다. 크래프트잼은 자사 홈페이지에서 이 시간을 "직접 손으로 뭔가를 만들고 친구를 만들" 기회라고 표현한다. '방탈출'은 참가자들이 힘을 합쳐 단서를 살피고 문제를 풀어서 잠겨진 문을 순차적으로 열어나가는 놀이 공간으로 전 세계 여러 도시에서 대단한 인기를 끌어 현재 여행 전문 앱 트립어드바이저에 독자적인 카테고리가 잡혀 있다.[13] 사라 도드는 파트너와 함께 전 세계 1,500개 이상의 방에서 탈출 임무를 완수했다. 도드는 방탈출의 사교적 측면을 가장 큰 매력으로 꼽았다. "집에서 나와 친구들을 만날 수 있고, 끝나면 같이 술을 마실 수도 있잖아요. 혼자가 아니죠." 도드는 《가디언》과의 인터뷰에서 말했다.[14]

아울러 20~30대가 모여 보드게임이나 '던전 앤 드래곤' 게임을 할 수 있는 공간이 특히 도심에서 다시 성업 중이다. 뉴욕의 헥스앤컴퍼니Hex & Co.나 런던에서 흔히 볼 수 있는 보드게임 카페에 들어가면 '게임 소믈리에'와 비슷한 직원들이 돌아다니며 손님들에게 그날 기분에 맞는 보드게임을 권해주고 게임 규칙을 설명해준다. 손님이 스마트폰을 꼭 집에 두고 오는 것은 아니다. 문화평론가 말루 로차는 이 새로운 현상을 분석하며 이렇게 썼다. "젠가 게임을 하면 누구나 탑이 쓰러지는 마지막 긴장되는 순간을 영상으로 담으려고 할 것이다." 당연히 이 장면을 소셜 미디어에도 올릴 것이다.[15]

한편 요가, 줌바, 고강도 인터벌 트레이닝HIIT 등 체력단련 단체 수업이 인기를 더해가고 있다. 2017년 영국의 경우 이러한 수업을 들은 사람은 전년도에 비해 376만여 명 늘었다.[16] 소울사이클SoulCycle은 심장 건강에 좋은 운동, 동기부여를 해주는 명언, 나이트클럽 분위기, 이 세 가지를 결합한 운동 프로그램을 운영해 급성장했다. 이 같은 부티크 방식의 체력단련 스튜디오는 밀레니얼세대에게 마치 종교(누군가는 사이비 종교라고도 할 것이다)와 비슷한 역할을 하고 있다.[17] 이러한 유행의 중심에는 체력과 건강을 관리하려는 욕구가 있겠지만, 그것만으로 다 설명되지 않는다. "처음에는 몸무게를 줄이거나 근육을 단련하려는 목적으로 찾아가지만 […] 사람들이 그곳을 다시 찾는 진짜 이유는 관계입니다." 하버드대 신학교 연구자 캐스퍼 테르 쿠일레Casper ter Kuile는 말했다. 그는 밀레니얼세대의 종교적 의례 행위를 추적하는 연구 프로젝트 '우리는 어떻게 모이는가'를 이끌고 있다.[18]

소울사이클이나 크로스핏CrossFit 같은 업체는 과거에 종교 단체가 하던 역할을 차지한 데서 그치지 않는다. 어찌 보면 이러한 업체는 각기 특유의 예배 의식과 성소와 상징을 갖춘 그 자체로 종교 공동체다.[19] 영적 교감을 통해 생리적·심리적 혜택을 얻는 곳이기도 하다. 연구에 따르면 사람들이 직접 만나 여럿이 함께 운동하면 혼자 할 때보다 체내 엔도르핀 분비량이 늘어나고 운동이 끝난 뒤에 더 차분한 기분을 느낀다고 한다.[20]

한국 사업가들은 외로운 노년층에서 기회를 발견했다. 한국의 연금 생활자들은 몇 년 전부터 낮에 '콜라텍'(콜라+디스코텍)이라고 부르는 디스코장에 모인다. 일부 콜라텍은 평일에는 1,000명, 주말에는 그 2배의 손님이 온다. 입장료는 겨우 1,000원으로, 젊은 층을 상대로 운영되는 클럽 입장료에 비하면 굉장히 저렴하다. 세계적으로 높은 빈곤율을 경험하고 있는 한국 노인들에게 콜라텍은 구명줄 같은 존재다. "온종일 뭘 하겠습니까? 식구들은 일에 바빠요. 기껏 모여서 담배나 피우는 노인정에는 가기 싫고요." 85세의 김사규 씨는 말한다. 일주일에 몇 시간씩 춤을 추는 것은 사업 실패나 결혼 실패 또는 외로운 일상에서 오는 불안을 마법처럼 가라앉혀주었다. "음악과 파트너만 있으면 잡념을 모두 날려버릴 수 있어요." 역시 85세인 김인길 씨가 말한다. 그는 1990년대 후반 아시아 금융 위기 때 그동안 저축한 돈을 거의 다 잃었다. 파트너를 스스로 구하기 쑥스러워하는 이들을 연결해주는 사람들도 있다. "그런 도우미들이 나를 새로운 여자한테 데려가서 같이 춤추라고 손을 포개줍니다. 그러면 나는 쉬는 시간에 그 도우미한테 유산균 음료 한 병을 사지요." 김인길 씨는 말한다.[21]

교회에서 예배를 보는 신자 수가 급감하고 직장이 날로 고독한 곳이 되어가고 청년 클럽이 문을 닫고 커뮤니티센터가 폐쇄되면서 갈수록 더 많은 도시인이 혼자 살게 되자, 상업화된 공동체가 21세기의 새로운 대성당으로 급부상했다. 이제 사람들은 무릎을 꿇고 기도하는 대신 실을 잣거나 그림을 그리거나 자이브 춤을 춘다. 이 현상은 '비접촉' 생활과 디지털 프라이버시 고치에 대한 반응일 수 있다. 적극적으로 모색된 길항력이자 기쁜 마음으로 함께하는 직접 체험이다.

공동체 의식을 경험하기는 갈수록 힘들어지지만 어딘가에 소속되고 싶은 갈망은 여전한 이 세계에서 기업들이 빈틈을 채우려고 나선 셈이다. '외로움 경제Loneliness Economy'가 유행하기 시작했다. 외로움 경제는 기술적 형식에만 국한되지 않는다. 기업가들은 20세기 사회학자 에밀 뒤르켐이 '집단 열광collective effervescence'(다른 사람들과 무언가를 직접 같이하며 느끼는 극도의 흥분 상태)이라고 부른 것에 대한 사람들의 사그라지지 않는 욕구를 만족시키고자 그 어느 때보다 혁신적인 방법들을 동원하고 있다.[22]

코로나19는 이 움직임에 일시적인 제동을 거는 데 그칠 가능성이 크다. 감염에 대한 공포가 사라지면 많은 경우 면대면 연결에 대한 욕구가 오히려 더 강렬해질 것이다. 사람과의 접촉에 대한 공포가 한동안 계속될 수는 있겠지만 말이다. 우리 생활에서 비접촉 경험의 비율이 더 높아졌다고 해도 1918년 스페인 독감이 물러가고 불과 몇 년 만에 사람들과 함께 음악을 즐기려는 사람들로 재즈 클럽이 꽉꽉 들어찼고, 독일에서는 1920년대 중반 즈음 바이마르공화국의 퇴폐적인 바와 나이트클럽이 손님들로 넘실댔던 것을 떠올려보라. 2020년 5월 홍콩에서 재개장된 헬스클럽 앞에는 입장하려는 사람들이 길게 줄을 섰다. 이스라엘 텔아비브에서는 봉쇄 조치가 풀리자 줌 수업이 여전히 운영되고 있는데도 요가원에서 함께 다운워드 도그 자세를 취하고 싶어 하는 수많은 회원 때문에 대기자 목록을 작성해야 했다.

외로움 경제는 2020년에 적어도 대면 형태에서만큼은 타격을 입었다. 하지만 면대면 공동체나 관계를 상품으로 제공하는 시장이 코로나19 대유행으로 치명적인 손실을 입었을 거라고 짐작한다면 그것은 오해다. 근본적으로 진화적 차원에서 신체적 접촉이나 더불어 사는 삶에 대한 우리의 원초적 욕구가 너무나 강렬하다는 것은 필시 사실로 입증될 것이다. 더욱이 면대면 교류의 중요성을 고려하면 코로나19 이후의 세계를 재건할 때는 반드시 다시 신체적으로 교류해야 하며 이를 돕기 위해 기업가 정신이 중요한 역할을 할 수 있다.

기업들이 이러한 방식으로 공동체 경험을 제공할 수 있다는 것은 그리 놀라운 생각이 아니다. 돌아보면 지난 수 세기 동안 지역 사업체가 마을 육성에 중요한 역할을 한 사례가 많았다. 영국 빅토리아시대에 구멍가게가 마을에서 어떤 역할을 했는지 생각해보자. 마을 주민들에게 외상으로 물건을 팔았던 이 상점들은 다음 급여일을 기다리는 이들에게 흔히 구명줄 같은 존재였다.[23] 19세기 말 이발소는 많은 아프리카계 미국인에게 안식처였다는 사실은 또 어떤가. 그들에게 이발소는 이발만 하는 곳이 아니라 남자들이 모여 체스나 도미노 게임을 하고 정치와 지역 문제를 논하는 공동체 공간이기도 했다.[24] 일부 지역 사업장은 사회학자 레이 올던버그가 1989년 저서 『제3의 장소』에서 언급한 바로 그 '제3의 장소'가 되었다. 집도 아니고 직장도 아닌, 하지만 단골들이 만나고 다양한 사회적·경제적 배경을 지닌 사람들이 교류하면서 유대를 형성하고 생각을 교환하고 의견을 나누는, 대화가 꽃피는 모임 공간. 올든버그는 이런 공간에서 "우리는 집에서와 같은 편안함을 느낀다"고 썼다.[25] 제3의 공간은 우리 사회의 기본 구조를 지탱하는 핵심 축이라고 할 수 있다. 왜냐하면 우리는 이러한 장소에서 공동체와 민주주의를 가장 포용적인 형식으로 연습할 수 있기 때문이다. 제3의 공간에서 사람들은 마치 독서회에 온 것처럼 아주 다양한 세계관과 삶의 경험을 드러내는 한편 이 공간이 계속 번창할 수 있도록 서로의 차이를 조율하고 조정하고 이해하고 논한다. 그리고 이 공간은 모두에게 중요하기 때문에 사람들은 기꺼이 이 일을 하겠다고 나선다. 모든 참가자가 그 공간에 지분을 갖고 있다. 이 공간에 단순히 들고나지만은 않기 때문에 자신과 개인적으로 관련된 부분뿐만 아니라 전체의 관점에서 기꺼이 관여하고 듣고 생각한다.

하지만 지금 우리는 한 가지 도전에 직면해 있다. 그것은 사회 구조를 지탱하고 공동체를 건설하는 데 이바지한 많은 지역 매장이 21세기를 맞아 실존적 위협에 처해 있다는 사실이다.

✤ **마지막 한 조각**

샌프란시스코 미션 디스트릭트의 심장부인 25번 스트리트와 미션 스트리트를 잇는 모퉁이에 내가 이 마을을 방문할 때마다 즐겨 찾던 카페가 있었다. 그 카페의 이름은 미션 파이Mission Pie였다.

샌프란시스코에 흔하디흔한 것이 카페이지만 미션 파이는 유독 내 눈길을 끌었다. 내가 처음 이 카페의 존재를 알아챈 것은 우스꽝스럽도록 커다란 파이와 양철 그릇과 포크 모형이 달린 카페 외부의 네온사인 간판 때문이었다. 바닥에서 천장까지 이어지는 통유리창 너머로 노란 칠이 된 카페 내부에 따뜻한 빛이 쏟아져 들어갔다. 안을 들여다보니 손님들이 게걸스레 먹어치우는 파이가 몹시 먹음직스러워 보였다. 카페에 들어서자 가장 눈에 띈 것은 오래되어 닳은 나무 바닥에 놓인 의자를 당겨 앉아 마주 보며 대화를 나누는 사람들이었다(그들은 내가 그곳을 다시 찾은 이유이기도 하다). 아침마다 커피를 마시러 오는 단골이 있었고, 오래 근무한 듯한 바리스타들이 손님과 담소를 나누었고, 공용 탁자에서는 수요일마다 뜨개질 모임이 열렸다. 미션 파이 손님과 베이커리 전문가 100여 명이 샌프란시스코 베이에어리어 셰프들의 레시피를 검증하는 자리인 연례 파이 굽기 대회가 열렸고, 빈티지 타자기가 전시된 가운데 손님들이 시 등 습작을 써보는 '전국 타자기의 날'도 열렸다.[26] 여러모로 미션 파이는 올든버그가 정의한 '제3의 공간'에 딱 들어맞는 장소였다. 커피 머그잔과 메뉴판 상단에 그려진 카페 상표에는 "좋은 음식, 매끼, 매일"이라는 마음이 편안해지는 단순한 문구가 적혀 있었다. 그러니까 2019년 9월 1일까지는. 이날 미션 파이는 마지막 한 조각의 파이를 팔고 12년간의 영업을 뒤로하며 문을 닫았다.

미션 파이의 폐점을 제대로 이해하려면 이 도시에 나타난 훨씬 더 큰 흐름과 이 사건의 관계를 이해해야 한다. 사실 미션 파이는 마지막까지 그 흐름에 적응하기 위해 무던히 애를 썼다.

미션 파이의 공동 소유자인 캐런 헤이슬러Karen Heisler와 크리스틴 루빈Krystin Rubin은 가치 중심의 소규모 사업장이 공동체와 환경 보전에 이바지할 수 있다는 신념에서 2007년 미션 파이를 열었다.[27] 두 사람은 캘리포니아 농원에서 식재료를 샀다. 복숭아, 딸기, 사과를 가장 신선하고 가장 맛있는 상태로 구입하기 위해 철마다 다른 과일을 썼고 카페를 운영하는 12년 내내 같은 생산자와 거래했다. 공동체의 젊은 사람들에게 직업 교육과 인턴십 기회를 제공하기도 했다. 종업원에게는 최저 임금보다 훨씬 높은 수준의 보수와 수당을 지급했다.[28] 기술 경제가 '빨리 움직이고 세상을 부서뜨리자'라는 악명 높은 슬로건에 바탕을 두었다면, 미션 파이는 천천히 움직이고 세상을 세우자는 생각을 바탕으로 성장했다.

이 과정에서 그들은 킴벌리 시코라 같은 예전 단골들이 제2의 가족으로 여기던 공동체를 만들어냈다. 34세의 예술가이자 교사인 킴벌리는 2009년 브루클린에서 이 마을로 이사 왔다. 미션 파이는 킴벌리가 이 도시에 도착해 맨 처음 들른 장소 가운데 하나였다. 친구 두 명이 같은 건물 위층에 살고 있었다.

킴벌리 역시 처음에는 큰 창과 빛이 가득한 카페 실내에 이끌려 이곳에 발을 디뎠다. 바나나 크림 파이에 반한 것도 사실이지만 킴벌리가 계속 이곳을 찾은 진짜 이유는 마치 집에 온 것 같은 편안한 분위기 때문이었다. "그곳이 제 거실이 되었어요." 킴벌리는 말했다. 킴벌리에게 미션 파이는 오랜 친구를 만나는 환경이자 새로운 우정을 키우는 장소였다. 이 도시에서 발이 넓어지자 킴벌리는 카페에서 일주일에 한 차례 수공예의 밤을 열기도 했다. 공용 탁자의 파이 접시

사이에 널려 있는 뜨개실 뭉치와 자수 실을 상상해보라. 그리고 킴벌리가 이 도시에서 살았던 마지막 몇 년간, 특히 스트레스가 많았던 그 시기에 킴벌리는 아침마다 카페로 와서 커피를 홀짝이며 그날의 계획을 떠올리고 타로 카드를 뽑았다. 킴벌리는 이곳에서 혼자일 때도 누군가에게 지지를 받고 있다고 느꼈다. "미션 파이는 사람들 주변에 머물 기회와 공동체를 느낄 기회를 항상 제공해주었습니다. 심지어 약간의 고독감이 필요할 때도요." 킴벌리가 말했다.

하지만 미션 파이의 담장 밖에서 샌프란시스코는 다른 방향으로 변화하고 있었다. 기술 경제는 원래의 근거지였던 실리콘밸리 바깥으로 확장해나갔고 그 과정에서 높은 임금을 받는 기술 노동자들이 샌프란시스코로 대거 유입되었다. 그 결과 임대료와 주택 가격이 상승하면서 샌프란시스코는 미국에서 주거비가 가장 비싼 지역으로 손꼽히게 되었다.[29] 재정적 압박은 미션 파이가 자리한 미션 디스트릭트 같은 마을의 주민과 사업주에게 특히 심각했다. 원래 이 지역은 라틴아메리카의 유산이 두드러졌고, 저소득층 비율이 높았으며, 미드마켓에서 불과 3킬로미터 정도밖에 떨어져 있지 않았다.[30] 미드마켓은 2010년대 초반 트위터, 우버, 젠데스크Zendesk 같은 기업이 매력적인 세금 우대 조치에 이끌려 몰려간 곳이었다. 샌프란시스코의 인구 구조가 변하자 사람들이 소규모 사업장, 특히 마을의 카페와 식당에서 상호작용하는 방식에도 변화가 나타났다.

이 문제의 책임은 상당 부분 기술기업에 있다. 기술기업 대부분은 새로 이사 온 지역에 일감을 가져오기보다는(이들 기업에 상당한 세금 우대 조치를 베풀면서 이곳으로 이주하라고 유도한 것은 부분적으로 이러한 이유에서였다) 직원들에게 수많은 특전을 제공해 사무실에 계속 머물게 했다. 특히 식사 시간이 그랬다. 거대 기술 기업의 호화로운 카페테리아에서 갓 잡은 하프문베이산 볼락, 붉은 고추와 생강을 넣은 음료를 제공한다는 사실을 기억하는가? 유동 인구가 다량 유입되어 그 지역 식당에 수익을 가져다줄 것이라는 샌프란시스코 공무원들의 기대는 현실화되지 않았다.[31]

아울러 배달 앱의 시대가 도래했다. 표면적으로는 마을 상인이 새로운 고객층과 거래할 기회이기도 했지만 여기에는 대가가 따랐다. 이 앱들은 식당에 주문당 30%의 수수료를 부과했기 때문에 식당 주인들은 수입액 감소를 감수할 것인지, 가격을 올릴 것인지라는 딜레마에 빠질 수밖에 없었다.[32]

그뿐만이 아니다. 배달 앱들은 단순히 영업이익에만 손해를 끼치지 않았다. 우리가 앞서 봤듯이 배달 앱은 비접촉 생활 방식을 부추긴다. 파이 한 조각을 20분 안에 문 앞으로 배달받는 것은 마을 카페에 들러 친근하고 수다스러운 바리스타에게 파이 한 조각을 사는 것보다 편하다. 그러니 식당 주인들이 배달 앱의 득실을 저울질하는 동안 외식하는 사람들의 수 자체가 점점 줄어들고 있었다.

미션 파이도 이러한 수많은 압력의 한가운데에 처했다. 이 지역의 생활비가 지나치게 상승해 종업원들에게 공정한 임금을 지급하는 것이 불가능해졌다. 배달 앱을 통해 판매하려면 수수료를 메우기 위해 가격을 올려야 했다. 하지만 그렇게 되면 이 카페를 처음 개업할 때 중시한 포용적 가치관에 어긋나는 행동을 하는 셈이었다. 단순히 생존을 위해서.[33] 식료품 매장에서 파이를 판매하는 것도 선택지에서 제외했다. 재료의 신선도를 어느 정도 포기해야 하기 때문이었다.

결국 캐런 헤이슬러와 크리스틴 루빈은 마지막 파이 굽기 대회를 연 다음 미션 파이의 문을 닫기로 했다.

"여러분이 미션 파이에 보내준 사랑 그리고 여러분과 매장에서 함께한 시간에 우리는 매일 놀라고 깊이 감동했습니다. 모닝커피, 매주 열리는 모임, 뜨개질하는 수요일, 바나나 크림 파이가 나오는 금요일 아침, 오후의 수프, 미처 다 헤아릴 수 없습니다. 마음 같아서는 하나하나 전부 열거하고 싶습니다." 두 사람은 2019년 6월 카페의 페이스북에 썼다. "우리는 여러분이 의미심장한 변화와 성취를, 중요한 성장을, 깊은 상실을, 새로운 시작을 통과해 가는 모습을 함께 지켜봐왔습니다. 우리는 여러분의 결혼식 파이를 구웠고 여러분의 자녀가 자라는 것을 봤습니다. 그리고 우리는 그보다 훨씬 많은 평범한 하루와 평범한 일주일을 함께 보냈습니다. 어느 때든 중요하지 않은 때가 없었습니다."[34]

폐점을 앞둔 며칠간 마지막 파이 한 조각을 사려는 충성 고객들이 길 모퉁이를 따라 길게 줄을 섰다.[35] 예전 단골들은 멀리서 상실을 슬퍼했다. 2016년 임대료가 좀 덜 부담스러우면서 조용한 생활 터전을 찾아 모하비 사막으로 이사한 킴벌리 시코라는 미션 파이에서 발견했던 공동체를 아직 찾지 못했다. 그렇긴 해도 킴벌리는 미션 파이의 결정이 옳았다고 믿는다. "혹시 온라인 주문을 받거나 가격을 올리거나 종업원 임금을 깎는 걸 보게 됐다면 매장 문을 닫는 것보다 훨씬 더 속상했을 거예요." 킴벌리는 말했다. "왜냐하면 그건 무관심과 이익을 앞세우는 사람들한테 지는 거니까요. 미션 파이는 그보다 훨씬 대단한 무언가를 만들어내려고 노력했어요."

문제는 "그보다 훨씬 대단한 무언가"는 살아남는 일과 항상 같이 갈 수는 없다는 것이다. 미션 파이의 폐점은 현실에서 수익과 포용적 공동체 정신이 항상 손잡고 갈 수는 없음을 분명하게 보여준다. 요즘의 힘든 경제 상황을 고려하면 지금 특히 더 그렇다.

따라서 오프라인 사업자가 온라인 사업자보다 불리한 상황을 바로잡기 위해 오프라인 사업자의 영업세를 조정해주어야 한다. 아울러 친^親공동체 사업장이라는 새로운 사업 카테고리를 신설해 특정 사업장이 포용성을 갖추고 사회적 통합에 도움이 된다고 판단될 때 해당 사업장에 세제 감면이나 인센티브나 지원금을 지급하는 정책을 도입한다면 우리 모두 혜택을 누릴 수 있을 것이다. 역사적으로 동네 서점들은 공동체의 허브 역할을 해왔으니 이러한 정부 지원을 받을 수 있을 것이다. 이를테면 영국 노퍽 윈덤의 케츠 북스^{Kett's Books}를 보자. 이 서점은 2019년에 '한 공동체 한 책' 사업을 추진했다. 각종 모임과 이벤트로 구성된 이 독서회에 사실상 온 마을이 참여했다. 케츠 북스에서 책을 무료로 나누어주지는 않았지만 20% 할인해주었고 마을 도서관에 몇 권을 증정했으며 도서관에서는 낭독회를 열어 이 책을 직접 읽을 수 없는 사람에게 도움을 주었다. 첫 번째 선정 도서인 프랜시스 리어뎃^{Frances Liardet}의 『우리는 용감해져야 한다^{We Must Be Brave}』는 2차 세계대전 중에 하나로 뭉칠 수밖에 없었던 영국의 어느 작은 마을을 둘러싼 이야기로, 마치 이 사업을 거울처럼 비추어 보여주는 듯했다.[36] 작가 리어뎃은 이 활동의 일환으로서 윈덤에서 몇 차례 낭독회를 열었다. 한 번은 노인 요양 시설에서 낭독회를 열었는데 노인

들은 전쟁과 관련한 각자의 기억과 경험에 관해 대화를 나누었다.[37]

비슷한 사례인 오스트레일리아 멜버른의 리딩즈 북스토어Readings Bookstore는 거의 매일 밤 11시까지 문을 열기 때문에 사람들이 늦은 시간까지 책을 구경하고 담소를 나누고 커피를 마시고 마을 시인의 무료 낭독회에 참석할 수 있다. 아늑한 휴게 공간이 있는 남아프리카공화국 케이프타운의 클라크스Clarke's는 단순히 "책을 위한 집"일 뿐만 아니라 "착상을 위한 은신처"이기도 하다. 금서들을 소장하고 있으며 남아프리카의 억압적 아파르트헤이트 정권이 장기 집권하는 내내 비밀 모임 장소가 되었다.[38] 일부에서는 오늘날 서점이 매출액을 늘리고 온라인 소매업자와 경쟁하려면 책 말고 다른 것(선물, 커피, 케이크, 공연)까지 서비스해야 한다며 한탄하기도 한다. 하지만 책은 언제나 그 자체로서 공동체 서점의 핵심 약속을 지지했다. 책은 생각, 이야기, 경험, 역사, 불편하지만 우리에게 활기를 불어넣는 진실을 통해 사람들을 하나로 모은다.

마을 공동체가 번성하려면 미션 파이 같은 카페나 케츠 북스 같은 서점이 살아남아야 한다. 마을에 이런 카페나 서점이 있는 운 좋은 사람들은 이 장소들에 찬사를 보내는 것으로만 그치지 말고 그들을 직접 후원하기 위해 노력해야 한다.

내가 사는 마을에서도 포용적이고 결속된 마을 공동체를 꾸리고자 독립 매장들이 열심히 노력한다. 안경사 애덤은 벽에 마을 화가 젠의 그림을 걸어두었다. 서점에서는 마을 커뮤니티센터와 협력해 정기적으로 작가와의 대화 자리를 마련한다. 요가원은 커다란 공용 탁자에 물병과 잡지를 비치해 사람들이 수업이 없는 날에도 시간을 보낼 수 있게 배려하고 연금 생활자나 미취업자에게 수업료를 할인해 준다. 청과물 상인 필은 내가 지갑 없이 가게에 들러 사과를 외상으로 사갈 수 있느냐고 묻는 날에도 미소 띤 얼굴로 나를 맞아준다. 마을 카페는 손님들이 애완동물을 데려와서 편안하게 커피를 마실 수 있도록 개들이 마실 물을 그릇에 담아 밖에 둔다. 개들이 근처의 다른 개를 보고 본능적으로 다가가려고 하면 서로 낯모르는 사람들이 자연스레 말을 섞는다. 이것은 그저 개인적인 경험이 아니다. 개를 데리고 다니면 낯선 사람과 대화하게 될 확률이 높다는 것은 여러 연구를 통해 사실로 입증되었다.[39]

우리는 독립 마을 상점이 그 지역의 공동체를 육성하고 기반을 다지는 데 중요한 역할을 하는 것을 수없이 봤다. 그리고 봉쇄 기간에는 여러 마을 상점이 어쩔 수 없이 영업을 쉬고 폐점을 걱정하면서도 공동체를 위해 더욱 헌신하는 모습을 보여주었고 이는 충분히 감동적이었다. 내가 사는 마을의 식당 주인 모퍼드 리처드스는 마을의 독거노인에게 무료 점심 도시락을 수백 개나 전달했고, 정육점은 취약 계층을 위한 기부 물품을 모으는 장소가 되었으며, 요가원은 보조금이 지급되는 공동체 수업을 온라인으로 운영했다.

그래서 우리는 이런 상점이 전자상거래의 무시무시한 성장세에 짓눌리도록 방치해서는 안 된다. 또한 디지털 시대와 코로나바이러스 이후의 경기 침체라는 이중의 타격에도 이들이 살아남을 수 있도록 시민과 정부가 힘을 합쳐 지역의 중심가를 강력히 지원해야 한다.

단지 고립된 고치 안에 사는 것에 만족하기보다 공동체의 일부라는 의식을 갖고 싶다면 마을의 사업가들이 우리를 하나로 묶어주는 일에서 어떤 역할을 하는지 충분히 이해해야 한다.

❖   **상품화된 공동체**

하지만 지역 상점에 기반한 공동체가 단순한 마케팅 수단에 그쳐서
는 안 된다. 대기업도 공동체가 브랜드상품으로서 가치가 있음을 인
식했지만, 그들이 내놓는 상품에 얼마나 진정성이 있는지는 매우 의
심스럽다.

　예를 들어 2017년 애플은 매장 브랜드를 '타운 스퀘어Town Square'로
변경했다.[40] 의미상 듣기는 좋지만 실제로는 단순히 상품이 진열된
복도를 '거리', 전시 공간을 '광장', 기술 안내대를 '숲'이라고 이름 붙
인 것에 지나지 않는다. 이것은 '어휘상 탈취'로 이 단어들이 표상하
는 실제 시민 공간을 그저 자기네 마음대로 끌어들인 것이다. 앤드루
힐이 《파이낸셜 타임스》에서 지적한 것처럼 이것은 진정한 공유의
정신과는 거리가 먼 걱정스러운 유행일 뿐이다. "애플 제품을 사용하
는 대다수 사람이 보이는 행태는 에어팟을 귀에 꽂고 고개를 푹 숙인
모습이다. 고개를 들어 주변을 바라보고 목소리를 들으라고 말하는
마을 광장의 정신과 어울리지 않는다." 힐은 썼다.[41]

　같은 해 이와 비슷하게 자본주의의 전제와 사회 운동의 전제를
자의적으로 뒤섞은 TV 광고에 한바탕 비난이 쏟아졌다. 오명을 뒤집
어쓴 이 광고에서 패션모델 켄달 제너Kendall Jenner는 데님 의상을 입고
펩시 캔 하나로 경찰과 시위대 사이의 긴장을 해소한다.[42] 미국 시민

운동 지도자 마틴 루서 킹 주니어 목사의 딸 버니스 킹Bernice King은 트위터에서 "아빠가 진작에 #펩시의 힘을 아셨더라면"이라는 말로 이 광고를 비꼬았다.[43] 펩시는 처음에는 이 광고가 "화합의 정신으로 함께 걸어 나온 다양한 계층의 사람들"을 강조하려는 의도였다고 주장했다. 하지만 그들은 사실 저항 운동에 참여하는 공동체의 언어, 심지어 그들의 미적 특징까지 마음대로 이용했고, 이 공동체가 무엇을 위해 싸우고 있는지 전혀 알지 못할뿐더러 관심조차 없음을 스스로 증명했다.[44] 그들은 그저 이 광고로 펩시를 더 많이 팔고 싶었을 뿐이다.

이 두 가지는 거대 기업이 공동체의 언어를 자기들 목적에 따라 이용한 수많은 사례 가운데 일부에 지나지 않는다. 대기업이 우리를 하나로 모으는 의미 있는 역할을 하려면 이런 종류의 수사학적 수식과 조작부터 극복해야 한다.

그런데 놀랍게도 지난 몇 년 동안 이전과 뚜렷이 구분되는 새로운 사업 모델이 부상하고 있다. 이 새로운 모델은 기존 공동체를 살찌우거나 사람들이 공유하는 열정을 중심으로 새로운 공동체를 창출할 방안을 모색하지 않는다. 이 모델은 공동체 그 자체를 상품으로, 그러니까 공동체를 포장해 팔 수 있는 하나의 제품으로 보고 상업화하는 데 심혈을 기울인다.

내가 지금 말하는 모델은 상업적인 공동 작업 공간인 커먼그라운즈CommonGrounds, 워크.라이프Work.Life, 컨빈Convene, 세컨드홈Second Home, 그리고 당연히 위워크WeWork 같은 기업들이다. 특히 위워크는 사업의 확장세가 최고점에 이르렀을 때 전 세계 86개 도시에 280개 이상의 매장을 두었으며 매장의 전체 너비가 400만 제곱미터를 넘었다.[45] 인스

타그램 사진에 담기 적당한 세련된 공간, 탁구대, 탭에서 바로 받아
마실 수 있는 무료 에일 맥주, 소량씩 로스팅된 원두로 만든 커피를
제공하는 이 사업장들은 공동체라는 약속을 마치 무사의 검처럼 휘
두른다. 실제로 신규 상장이 거부된 위워크의 사업설명서에는 '공동
체'라는 단어가 총 150회 등장했다(상장 시도는 실패로 끝났다. 사업설명
서 때문이 아니라 무분별한 낭비, 납득되지 않는 의사결정, 중대한 관리 실책이
드러나서였다).[46]

    지난 몇 년간 우리가 목격한 상업적 공유 주거 공간의 급격한 성
장세에도 주목하자. 미국에서는 몇 년 후면 공유 주거지의 수가 3배
로 증가할 것으로 추정된다.[47] 밀레니얼세대의 주택 보급률이 11%에
지나지 않는 아시아에서는 투자자들이 공동 주거에 상당한 투자 기
회가 있음을 알아챈 뒤 이 시장으로 자금이 몰리고 있다.[48] 심지어 신
체적 근접성이 부정적인 것으로 간주되었던 2020년 봄에도 이 부문
에 대한 투자 관심은 여전히 높았다. 예를 들어 샌프란시스코, 오클랜
드, 로스앤젤레스 근방에 12개 지점을 두고 있는 공유 주거 기업 스
타시티Starcity는 2020년 4월 말 약 3,000만 달러 규모의 시리즈 B 투자
유치를 마쳤다.

    이러한 새로운 범주의 아파트 건물은 '커먼Common', '소사이어티
Society', '콜렉티브Collective', '유플러스You+' 등 통합의 분위기를 풍기는 비
슷비슷한 이름을 달고 있다. 이러한 건물들은(가장 작은 공간의 너비는
겨우 8제곱미터 정도다) 사적인 주거 공간을 강조하지 않는다.[49] 그보다
는 이 건물들이 제공한다는 공동체 정신을 강조한다. "더 함께하세요
Be more together"는 콜렉티브의 구호다. 커먼은 "공동체를 위해 지어진"건

물에 "당신이 언제나 초대된다"고 자랑한다. 또 다른 공유 주거 기업 올리Ollie는 "공동체"가 서비스 목록의 "최고 옵션"에 포함되어 있었다.[50]

이런 공간을 조금 더 자세히 들여다보면 다양한 공동 공간(바, 옥상 정원, 공유 주방, 영화관람실)과 요가나 프랑스어 수업 같은 엄선된 강좌를 제공한다고 자랑한다. 기업 논Norn은 상실된 "대화의 기술"을 연습하는 회원제 모임으로 시작했다가, 2018년 공유 주거 사업부를 출범시켰다. 논의 거주자들은 "의미 있는 모임"이라는 명칭이 붙은 정기 토론에 참가할 기회를 제공받는다.[51]

어떤 면에서 이런 전망은 실제로 상당한 기대감을 불러일으킨다. 기업이 공동체를 규모 있게 제공하려는 것이기 때문이다. 이러한 공유 작업 또는 주거 공간이 정말로 '함께'라는 의식과 소속감을 제공해줄 수 있다면, 그래서 일단 남들과 함께 있는 것에 대한 두려움만이라도 완화해줄 수 있다면 오늘날 외로움 위기의 일부 요소가 해결되는 데 뜻깊은 역할을 해줄 것이다. "그냥 외로워 죽겠다"라고 말하는 재택근무자 존을 생각해보라. 아니면 저녁을 먹으며 사람들과 대화하는 것이 너무나 그리워서 동맹당이 여는 식사나 노래 모임에 갈수록 자주 참석하게 된다는 밀라노의 조르조는 어떤가. 그래픽 디자이너 프랭크는 지금의 아파트에 수년째 살고 있지만 커피 한잔 같이 마실 이웃이 없다. 점점 더 많은 사람이 혼자 살고 점점 더 많은 사람이 원격으로 근무하거나 긱 이코노미에 뛰어드는 지금 여기에는 분명 갈수록 커져가는 강력한 수요가 있다.

과연 상품화된 공동체가 '진정한' 더불어 살기를 경험시켜줄 수 있을
까? '공유 경제'란 또 다른 눈속임에 지나지 않는 것일까? 판매 소구
점으로 활용되는 '공동체'라는 단어는 그저 유독성 살충제 겉면에 쓰
여 있는 '친환경'이라는 단어만큼의 의미밖에 없는 것이 아닐까?

　　아직은 온갖 그림이 뒤죽박죽 섞여 있다. 일부는 상품화된 공동체
덕분에 삶이 덜 외롭다고 느낀다. "나는 위워크 같은 공동 작업 공간
을 알게 된 걸 내 사회생활에서 일어난 가장 좋은 일로 여겨요." 한 프
리랜서 웹 개발자가 말했다. 그는 집에서 일할 때는 기분이 처지고 심
지어 피곤하고 자주 아팠다고 한다. 우리가 신체 건강과 외로움에 관
해 알고 있는 것을 떠올리면 충분히 예측 가능한 상태다.[52] 하지만 그
는 위워크에서 "다소 내향적인 성향이 상당히 외향적으로 바뀌었고
정서적으로 성장"했다고 말한다.[53] 다른 사람들도 비슷한 경험을 했
다. 소프트웨어 기술자로 해외 거주 중인 대니얼은 1년 반째 파리의
위워크에서 작업해왔다. 대니얼은 공유 작업 공간을 통해 일과 관련
없는 사람들을 친구로 사귈 수 있는 것을 장점으로 꼽았다. "도시에
수없이 많은 사람이 있어도 아는 이 하나 없는데, 여기서는 비슷한 일
에 종사하지 않는 사람들도 만날 기회가 생기죠." 대니얼은 말한다.[54]

　　BBC 저널리스트 위니 아그본라허Winnie Agbonlahor는 런던의 공유 주
거 시설 두 군데에서 엿새를 지내며 행복해 보이는 거주민들을 만났
다.[55] 58세의 루실라는 파리에서 혼자 산 3년보다 공동 주거 공간인
콜렉티브스 로열 오크Collective's Royal Oak(디스코텍 분위기의 세탁실과 도자기

딜도 제작 공방으로 유명하다)에서 보낸 3개월간 더 많은 친구를 사귀었다고 말했다. 33세의 IT 전문가 매티는 더콜렉티브The Collective에서의 생활이 자신을 변화시켰다고 말했다.[56] 매티는 수년간 희귀한 신장 질환을 앓은 탓에 수차례 이식 수술을 받아야만 했다. 수술 후 매티는 에너지도 이동성도 사회적 자신감도 모두 박탈당한 "걸어다니는 시체"가 된 기분을 느꼈다. "여기로 이사 오면서 삶을 되찾았습니다." 매티는 아그본라허에게 말했다. "기분이 어떻냐고 물어봐주는 사람들이 주변에 있으면 모든 게 달라지죠."

다른 거주민 제프리는 더콜렉티브를 연구하는 피터 팀코Peter Timko에게 부동산 개발업자인 친구 이야기를 해주었다. 그 친구는 처음 이곳을 방문했을 때 공용 공간에 너무 많은 비용이 든다고 생각했었다. 하지만 로비에서 거주자들이 주고받는 소소한 상호작용을 보고 생각이 바뀌었다. "그러고는 즉시 입주했어요." 제프리는 회상했다. "그 친구가 사는 곳에서는 아무도 서로에게 인사를 건네지 않았거든요. 서로 눈도 맞추지 않았어요. 그런데 여기서는 사람들이 기꺼이 말을 섞고 '안녕하세요. 어떻게 지내세요? 요즘 일은 잘돼요? 제가 도와드릴까요? 문 잡아드릴까요?'라고 묻는 거죠."[57]

이것은 어쩌면 이웃과 눈을 맞춘다거나 문을 잡아주는 정도의 작은 호의조차 귀할 정도로 도시에서의 고립이 심하다는 것을 보여주는 사례일지 모른다. 하지만 우리가 이 책에서 줄곧 살펴보았듯이 날로 심해지는 도시의 부산스러움과 날로 빡빡해져가는 시간표와 우리의 강도 높은 디지털 중독 때문에 이렇듯 순간적인 상호작용(우리는 이런 것이 우리를 확실히 덜 외롭게 만든다는 것을 안다)도 갈수록 드문 것이 되어가고 있다. 상업화된 공동체들이 최소한 이러한 미세 상호작용만이라도 보장해준다면 그것만으로도 대단한 일이다. 하지만 정말 이것만으로 충분할까?

✥   **우리가 아닌 나**

거주 공간이든 작업 공간이든, 새로운 세대의 상업화된 공동체를 체험해본 일부 사람들은 그렇게 생각하지 않는다. 어쩌면 그들은 '공동체'라는 브랜드에 걸맞게 더 깊은 어떤 것, 더 가치 있는 어떤 것을 바랐는지도 모른다.

앰버는 가상 개인 비서 일과 소셜 미디어 관리 업무를 병행하는 긱 이코노미 노동자다. 앰버는 바르셀로나 위워크에서의 일상이 얼마나 외로웠는지 이야기했다. "위워크에 출근하면 여섯 명 정도가 멀찍이 떨어져서 일하고 있어요. 나까지 모든 사람이 헤드폰을 쓰고 서로 최대한 멀리 떨어져 있죠. 나는 낯선 사람이 내 노트북 화면을 보지 못하도록 동떨어진 곳에 놓인 편안한 소파에 혼자 앉아요. 대화라고는 커피머신 쪽으로 잠시 같이 걸어가면서 그 망할 기계를 대체 어떻게 쓰느냐고 물어본 게 전부였어요."

앰버의 경험을 듣고 있으니 내가 텔아비브 위워크를 방문했을 때가 생각났다. 무료로 나눠주는 음식을 받으려고 사람들이 줄서 있었다. 중동에서 흔한 간식인 장미수 우유 푸딩 말라비였다. '공동체' 행사로 제공되는 것이었지만 대화하는 사람은 아무도 없었다. 모두 고

개를 숙인 채 휴대전화를 보고 있다가 말라비를 받으면 유유히 자기 책상으로 돌아갔다. 이곳의 에토스는 '우리는 일한다'가 아닌 '나는 일한다'에 가까웠다.

더콜렉티브에 대해 매티, 루실라, 제프리가 내린 긍정적인 평가와 달리 다른 사람들은 아그본라허와의 인터뷰에서 의구심을 나타냈다. 한 거주민은 더콜렉티브의 마케팅 자료가 표방한 '공동체'는 가짜 광고에 지나지 않았다고 말했다. 그냥 과장된 정도가 아니라 이곳에는 공동체라는 게 사실상 없다는 것이었다. 소수 몇 명만 적극적으로 참여할 뿐이지 공동체 활동이 부족하다고 실망감을 드러냈다.[58]

팀코의 면담에서도 이러한 불만이 똑같이 드러났다. 한 거주자는 공동체 활동 참여율이 10% 정도밖에 되지 않을 것으로 보았다.[59] 다른 '공동 거주민' 마지는 "그냥 그림자처럼 살면서 공동체 활동에 한 번도 참여하지 않는 사람이 많다"고 설명했다. 사람들이 어울릴 기회를 제공하기 위해 더콜렉티브에서 마련한 무료 연어 베이글 브런치 행사에서도 마찬가지였다. "사람들이 내려와서 접시에 연어와 달걀을 담고는 다시 자기 방에 가서 먹어요. 원래는 그냥 자기 접시에 담아 자기 방으로 가져가서 혼자 먹으라는 게 아니라 내려와서 […] 서로 교류하고 유대감을 쌓으라는 거잖아요." 한 거주자가 불만에 차서 믿을 수 없다는 듯한 표정으로 팀코에게 말했다.[60]

앞서 우리는 집에서 딜리버루가 배달해준 음식을 먹으면서 남들과 함께할 수는 없음을 이미 보았다. 마찬가지로 공동 브런치 시간에 베이글을 테이크아웃하면서 남들과 함께할 수는 없다.

실제로 공동체에 대한 참여 부족은 다른 공동 작업 공간이나 공동 주거 공간에서도 핵심 문제다. 거주민 사이에서뿐만 아니라 이 공간을 운영하는 기업 사이에서도 그렇다.[61] 네 개 주요 공용 주거 벤처 기업이 베를린에서 개최한 회의에서도 '회원의 참여 부족'은 그들이 직면한 가장 핵심적인 도전 과제 가운데 하나로 지목되었다.[62] 물론 회원들의 의미 있는 참여가 있으려면 친교를 원하는 회원 수가 임계 질량에 이르러야 한다. 많은 상업적 공동체의 문제는 이런 참여가 전혀 보장되지 않는 데에 있다.

이 새롭고 반짝거리는 상업화된 공동체에 모이는 이들이 어떤 사람들인가 생각해보자. 그들은 공동체 건설에 필요한 시간이나 생활 방식을 가진 사람들이 아니다. 공용 주거나 공용 작업 공간의 원조 (1970년대 히피들이 세운 공동체나 이스라엘 키부츠 같은 상향식 주거공동체 운동, 연대와 서로에 대한 보살핌, 더불어 살기가 구성원들을 이끄는 원칙이었던 장소)와 다르게 오늘날 대부분의 공용 주거 공간이나 공용 작업 공간은 매우 개인주의적인 밀레니얼세대 전문직 종사자를 주요 대상자로 삼는다. 이들은 대개 긴 노동시간과 역시 긴 통근 시간에 시달리며 원형 감옥 같은 오픈플랜식 사무실에서 녹초가 되어 귀가하기 때문에 사람들과 어울리기에는 너무 지쳐 있다. 이들은 자신만의 디지털 고치 안에 머무는 데 익숙해진 도시인들이다. 설사 그렇지 않더라도 남들과 상호작용하는 것은 도시인에게 어울리지 않는 일이라고 생각한다. 어쩌면 그들에게는 생활 방식으로서의 공동체보다는 공동체라는 개념이 더 매력적인 건지도 모른다.

하지만 다른 사람들로부터 자꾸만 단절되려고 하는 습관을 우리가 버릴 수 있을까? 그리고 우리는 새로운 공동체적 습관을 개발할 수 있을까? 나는 두 질문 모두에 대한 답이 '예'라고 믿는다. 다만 진정한 노력과 의지가 있어야 한다.

기업도 노력을 기울이고 있다. 더콜렉티브의 공용 게시판은 조만간 열리는 행사를 알리는 전단으로 가득 채워져 있다. 수정 펜던트를 만드는 워크숍, 정신 건강에 관한 대화, 체모의 정치학 강의.[63] 심지어 봉쇄 기간에도 온라인으로나마 강좌가 계속 열렸다. 2020년 5월 한 주 동안 줌을 통해 열린 수업 가운데에는 '엘로이즈와 함께하는 빈야사 플로 요가'도 있고, '함께 그리는 그림'도 있었다. 자원자 한 명이 모델로 웹캠 앞에 앉아 자세를 취하면 나머지 사람들이 보고 그리는 모임이었다.

위워크의 한 중역은 상호작용을 극대화하기 위해 세세히 관심을 기울인다고 자랑스럽게 말하면서 심지어 계단과 복도의 배열까지 신경 썼다고 설명했다. 두 사람이 지나가기에는 좁아서(코로나바이러스 시대에 그리 좋은 구조는 아니다) "잠시나마 휴대전화에서 눈을 떼고 상대방이 지나갈 수 있도록 옆으로 비켜서야 합니다. 우리는 두 사람이 실제로 서로를 바라볼 수밖에 없도록, 서로 눈을 바라보고 인사할 수밖에 없도록 계단과 복도를 설계했습니다. 심지어 그냥 물을 뜨는 것처럼 일상적인 동작에서도요."

문제는, 그리고 이 업체들이 반드시 응해야 하는 도전은, 공동체는 돈으로 살 수 있는 무언가가 아니며, 운영진이 주도할 수 있는 무

언가도 아니라는 점이다. 공동체는 사람들이 시간을 들이고 주도적
으로 참여해야만 번성할 수 있다. 따라서 공용 주거나 공용 작업 공간
에서 아무리 많은 행사를 연다고 해도, 아무리 많은 무료 음식과 술을
제공한다고 해도, 복도를 아무리 좁힌다고 해도 거기서 살고 일하는
사람들이 의미 있는 방식으로 활발히 상호작용하지 않으면 공동체는
결코 구현될 수 없다. 공동체의 기반은 함께 무언가를 하는 사람들이
지, 단순히 함께 있거나 지나가다 부딪히는 사람들이 아니다. 이것은
'같이 있는 것'과 '각자 따로 같이 있는 것', 즉 적극적인 상태와 수동
적인 상태의 차이다.

　둘 중 어느 상태가 더 지배적일지 결정하는 데에는 공동체 '지도
부'의 스타일이 분명한 역할을 한다. 거주민들 스스로 힘을 갖고, 나들
이와 행사를 직접 기획하며, 공동체 회의를 직접 운영하는 공용 주거,
그리고 관리자들이 그들을 도와 새로운 집단 활동에 대한 아이디어를
이끌어내는 공용 주거는 순전히 하향식으로 공동체를 강요하는 곳보
다 훨씬 잘 해나간다. 이스라엘의 공용 주거 기업 벤Venn은 베를린, 텔
아비브, 브루클린에 지점을 두고 있다. 회원들은 설문 조사에서 벤에
입주하고 6개월간 외로움 수준이 평균 3분의 1 이상 감소했다고 응답
했다. 벤의 카리스마 넘치는 공동 설립자 첸 아브니Chen Avni는 실제로
벤의 성공 요인이 부분적으로는 이러한 자기 결정권의 원리를 알아본
것에 있다고 말한다. "다른 업체들은 포도주와 치즈의 밤이나 화요일
의 타코 같은 것으로 거주민의 참여를 유도합니다. 그들은 '우리가 세
우면 사람들이 찾아올 것'이라는 접근 방식을 취합니다. 하지만 우리
는 우리가 세우면 사람들이 찾아오는 게 아니라 '그들이 세워야 그들

이 계속 머문다'는 사실을 배웠습니다." 아브니는 설명했다.[64]

그래서 벤은 단지 '외로움을 경감시키는' 공동체 활동을 직접 기획하려고만 하지 않는다. 어떤 종류의 행사를 열고 싶은지 회원들에게 묻고 공동체 관리자들이 주도자 역할이 아닌 촉진자 역할을 하게 한다. 모든 회원이 주도적이 되어야 한다는 것은 아니다. 우리 대다수는 배에 사공이 많으면 안 된다는 것을 경험적으로 안다. 다만 호텔과 다름없던 장소가 집에 가까운 어떤 장소, 단순히 사고파는 상품이 아니라 나와 관련이 있는 어떤 곳으로 바뀌는 경험을 하게 만드는 것은 공동 창조 그리고 회원에게 힘을 실어주는 문화다.

실제로 아브니는 공동체 형성에 가장 크게 기여한 요소가 매달 열린 '저녁 듭시다dig-in dinner' 시간이었다고 말한다. 회원들이 직접 준비한 음식으로 여는 포틀럭 파티다(벤에서는 음료와 후식을 제공한다). 이어 아브니는 회원들이 직접 준비한 식사를 드는 동안 고참자는 신참자를 환영해주고 서로 안부를 나눈다고 설명했다. 회원들은 각자 준비한 메뉴를 고르기까지의 사연을 나누며 각자 가져온 음식이 불러일으키는 추억과 함께 고향 마을이나 고국에 대해 허심탄회하게 이야기한다. 회원들은 자신이 누구고 어디에서 왔는지에 관해 더 깊은 대화를 나눌 기회를 갖게 되면서 한층 더 의미 있는 유대를 형성할 수 있다. '저녁 듭시다'는 벤에서 열리는 행사 중에 참석률이 가장 높다.

혹시 더콜렉티브의 회원들도 무료 연어와 베이글 브런치를 제공받는 대신 함께 요리를 하라고 적극적으로 장려된다면 공동체 의식이 더 강해질까?

또 다른 문제점은 기업이 공동체를 정의하는 방식에서도 발견된다. '공동체 중심'을 표방하는 위워크의 경쟁 업체 노마드웍스 NomadWorks는 아주 노골적으로 회원 간의 '네트워킹 행사'를 회원 편의를 위해 제공되는 서비스로 꼽는다.[65] 내가 위워크의 한 중역에게 공동체와 관련해 당신 기업에서 기대하는 결과가 나오고 있는지 물었을 때 그가 제시한 '증거'(참으로 많은 것을 짐작하게 하는 대답이었다)는 회원들 사이에서 얼마나 많은 '거래'가 성사되었는지였다. 더 구체적으로는 다른 위워크 회원에게서 무언가를 적어도 한 번이라도 산 회원의 수를 공동체 강도의 측정 지수로 사용한다는 것이었다.

사실 이러한 임대 공간에 사는 사람들은 이처럼 뚜렷한 신자유주의적 프레임에 내재한 모순을 이미 눈치챘다. 위워크 런던의 무어게이트 건물은 유리벽으로 마감된 대형 빌딩이다. 이곳 화장실에는 "더욱 분투하라"는 문구가 찍혀 있다. 이곳에 입주했던 제임스는 자신의 경험을 이렇게 묘사했다. "여기 사람들은 지나치게 친근하게 굴어요. 그러다 내가 뭔가 사는 것에는 관심이 없다고 단호히 표현하면 나는 그 즉시 '초대받지 않은 손님'이 되지요. 단적으로, 아무도 나한테 탁구 하자는 소리를 안 해요."

물론 이러한 거래 중심 관계가 반드시 나쁜 것만은 아니다. 실제로 2014년 연구에서 공유 작업 공간 이용자의 절반 이상이 이러한 공간에서 새로운 고객이나 동료를 찾았다고 응답한 것은 적어도 이러한 공간의 회원이 되는 것에 확실히 사업성이 있음을 시사한다.[66] 더욱이 우정은 사업상의 일을 처리하는 와중에도, 네트워킹 행사에서도 생길 수 있다. 다만 나는 명함 한 움큼이 공동체를 만들어주지는 않는다고 말하고 싶다. 서로를 잠재적 목표물로 바라보는 사람들의 집단으로 공동체를 축소해버리는 것은 공동체라는 개념을 가치 절하하는 것이다. 공동체는 서로를 다그치는 것이 아니라 서로를 보살피고 돕는 것을 목표로 해야 한다.

이런 곳에서는 거의 마찰이 없다는 것도 우리가 답을 찾아야 할 문제다. 이러한 작업 공간에서는 일반적으로 공동체 못지않게 편의성도 강조된다는 점을 기억해두자. 일부 공유 주거에서는 세탁에서 공유 주방 청소와 공용 휴지통 비우기까지 모든 것을 대신해준다. 이 것은 무엇을 의미할까. 그렇다. 이곳에서는 걱정할 만한 집안일이 적은 만큼 공용 공간을 유지하기 위해 분담해야 할 책임도 줄고 당신이 당신 자신이 아닌 다른 누군가를 위해 해야 할 일도 줄어든다는 의미다. 공유 주택 공동체의 번성 요인을 탐색한 어느 연구에서는(공유 주거가 아닌 공유 주택이라는 용어는 거주민이 공간과 규칙을 직접 개발하고 장기적으로 협동하는 공동체임을 암시한다) 거주민이 단체 활동과 공간의 유지 관리(주간 당번 맡기, 쓰레기통 비우기, 세탁, 공동체 정원 잔디 뽑기, 아이 돌봄)에서 책임을 나누어지는 것이 사회적 연결 형성에 중요하다는 사실이 드러났다.[67]

이제 공유 주거와 공유 작업 공간이 지닌 모순의 핵심에 도달한 것 같다. 공유 주거 또는 공유 작업 공간 업체들은 남들과 가까이 살고 일하는 것이 지닌 이점을 팔고자 하지만 사회적 양보, 즉 공동체가 요구하는 힘든 일은 전혀 하게 하지 않는다. 진정한 우정이 그렇듯 진정한 공동체를 세우려면 일부 불편함을 참아내야 할 것이다.

당신이 가장 연결되어 있다고 느끼는 공동체를 떠올려보자. 짐작건대 그러한 공동체는 당신이 받기도 하지만 주기도 해야 하는, 약간의 노력을 기울여야 하는 환경일 것이다. 나는 매주 참여하는 즉흥연기 모임에 강한 소속감을 느끼는데 이 모임에서는 구성원들이 일과 책임을 분담한다. 나는 회비를 걷어 우리가 사용하는 교회 연습실의 사용료를 지불하고, 로드릭은 연습을 진행하며, 티에리는 열쇠 꾸러미에서 필요한 열쇠를 찾아내고, 케빈은 기타를 가져오며, 마이와 앰버는 발음하기 어려운 어구로 우리 입을 풀어주고, 루시는 로드릭이 없을 때 그를 대신해 연습을 맡는다. 그리고 우리 각자는 설사 기분이 내키지 않을 때라도 반드시 매주 모임에 참석하기 위해 최선을 다한다. 공동체라는 것이 공짜 에일 맥주와 말라비처럼 서비스로 주어지는 것이기만 하고 당신이 공동체에 이바지하는 아무런 활동도 필요로 하지 않는다면 당신이 공동체에 느끼는 의무감은 약해질 것이다.

꾸준한 참여가 관건이다. 이는 많은 상업화된 공동체가 겪는 또 다른 어려움이다. 이 공동체들은 회원 구성이 유동적이다. 이를테면 더콜렉티브는 회원의 연간 이동률이 50%다.[68] 공유 작업 공간의 회원 이동률은 계산하기가 어려운데(위워크 회원제에 가입하면 전 세계의 사무실을 이용할 수 있다) 핫데스킹 위주의 장소라면 어디든 "가장 뚜렷한 특징은 상시적인 변화"이기 때문이다.[69] 도시처럼 떠돌아다니는 사람들이 많은 공동체가 문제인 이유는 공동체에 얕게 뿌리 내린 사람은 그 공동체에 참여할 가능성이 더 적기 때문이다. 위워크 같은 공간은 유연성과 유동성을 그들이 파는 서비스에 포함된 특징으로 적극 강조함으로써 회원이나 거주민이 그 공동체를 자신의 것으로 여기고 거기에 적극적으로 노력을 투입할 가능성을 떨어뜨린다. 교회의 신자들이나 이스라엘 하레디 공동체, 심지어 사이클링 모임 등 유대감이 강한 공동체를 떠올려보자. 이러한 공동체에서 회원 사이의 유대가 강한 주된 이유 가운데 하나는 그들 사이에서 반복되는 상호 작용이다. 공동체의 힘은 공유하는 열정이나 가치관에서 나오지만 사람들이 서로 진정한 유대감을 느끼기까지는 역시나 시간이 필요하다. 연대와 상호 지지를 반복해서 경험할 기회가 주어지지 않으면 공동체 내의 관계는 언제나 결혼 생활보다는 휴일의 로맨스 비슷한 것으로 머물 것이고 신뢰는 언제나 부족할 것이다.

그러니 공유 주거 기업들의 베를린 회의에서 또 다른 핵심 사안 가운데 하나가 회원들 사이의 높은 불신이었다는 사실은 그리 놀랍지 않다. 더콜렉티브가 이 문제에 대처한 방법은 작업 공간 여기저기에 CCTV를 설치하고 그 옆에 "스마일, 사진 찍습니다"나 "공유 주방 음식이 발견되면 방에서 곧장 치우겠습니다" 같은 표지판을 부착하는 것이었다.[70] 다른 동료 거주민이 내 올리브오일을 훔쳐간다면 상당히 불쾌하겠지만 그렇다고 이러한 감시 체계가 공동체의 유대감 형성에 도움이 되는 것은 아니다.

❖   배타적인 공동체

코로나19 이후의 세계를 재건설하고 우리가 서로 재연결되는 최선의 방법을 고민할 때, 정부, 지역 당국, 건축가, 도시계획가, 기업들은 공동체를 자기네 상품의 중심에 놓았던 21세기 기업들로부터 장단점 모두를 배울 수 있을 것이고, 이는 분명 유용한 교훈이 될 것이다.

하지만 상업화된 공동체가 소속감을 어떤 방식으로 느끼게 해주든 여기에는 여전히 포용의 문제가 남는다. 입장료가 저렴한 한국의 콜라텍, 연금 생활자와 미취업자에게 수업료를 할인해주는 요가원, 보조금을 받는 독서회는 일반적인 것이 아니라 예외적인 사례다. 상업화된 공동체에 관해서라면 대개의 경우 충분한 비용을 내지 않으면 초대받지 못한다.

부티크 방식의 체력단련 수업을 예로 들어보자. 이들이 표방하는 모든 영적 문구와 '우리는 공동체'라는 이미지 마케팅에도 불구하고, 이런 수업은 누구에게나 문이 열려 있는 교회 예배와 다르다는 사실에 주목해야 한다. 이러한 수업들은 아주 높은 가격표가 붙은 사치품이며 일반적으로 부유한 동네에서 열린다. 일부 수업은 회당 요금이 40달러에 달한다.[71]

마찬가지로 음악 축제 입장료 가격도 지나치게 올랐다. 2018년 축제에 참가한 밀레니얼세대 3분의 1이 비용을 대기 위해 빚을 졌다.[72] 2020년 글래스턴베리 축제 입장료는 1인당 265파운드(한화 약 39만 원)였고 코첼라 기본 입장료는 429달러(한화 약 47만 원)에 '수수료 별도'였다. 우리 마을의 경우 양질의 지역 식료품점이 유지될 수 있는 이유는 우리 마을에서 상대적으로 부유한 주민들이 본질적으로 '공동체 세'라고 할 만한 돈(지역 식료품점은 거대 슈퍼마켓 체인점보다 높은 가격에 상품을 팔아야 유지된다)을 지불할 능력이 있고 또 기꺼이 이를 내주기 때문이다. 그렇지 않은 마을에서는, 앞서 미션 파이의 사례에서 봤듯, 공동체적 삶에서 필수적인 상점들이 폐점해야 하는 경우가 너무도 잦다.

그리고 공유 작업 공간이 긱 이코노미 노동자나 재택근무자의 외로움을 경감시켜줄지는 모르겠지만, 이 공간들의 가격 구조를 보면 이 공간을 이용할 수 있는 사람들은 고소득 화이트칼라 전문직 종사자들뿐이다. 예를 들어 2020년 초 위워크의 최저가 핫데스킹 회원제 요금은 런던에서 월 200파운드에서 600파운드(한화 약 29만 원에서 88만 원), 샌프란시스코에서는 월 최대 600달러(한화 약 66만 원)였다. 이 정도라면, 평균적인 태스크래빗 플랫폼 노동자는 사실상 이용이 불가능하다.

여러 공유 주거 기업에서 즐겨 쓰는 콘셉트인 '모든 것이 한 지붕 아래'에 관해 이야기하자면 공유 공간 내에 식료품점, 세탁실, 체력단련장, 바를 모두 갖추고 있다는 것은 사실상 사회적 분리를 유발할 수 있다. 거주민이 공유 시설 내에서 장을 보고 시설 내의 바에서 사람들과 어울리면 이 공간 밖의 마을 사람들과 교류할 기회를 갖기가 어렵다. 따라서 주변의 공동체로부터 소외될 우려가 있고 지역 주민들도 그들로부터 소외될 우려가 있다. 장기적으로는 사회 전체의 관점에서뿐만 아니라 공유 주거 기업들의 관점에서도 실패하는 전략이다. 사람들은 자신이 머무는 지역과 진정으로 연결되어야 강한 공동체 의식을 갖게 될 뿐만 아니라 그 마을에 오래 머무를 확률이 높아지기 때문이다.

의도가 진실하고 구성원의 참여에 진정성이 있다면 민간 부문의 공동체는 이 세기의 외로움 위기를 완화하는 데 일정 역할을 수행할 수 있다. 하지만 공적 영역의 공동체 공간이 해체되고, 모임 비용이 무료이거나 저렴한 장소를 갈수록 찾기 어려워지고, 마을의 중심가가 퇴락해가는 지금, 공동체라는 것이 자칫 특권층만 접근 가능한 것이 될 위험이 있다. 입장료를 지불할 수 있어야만 '당신의 영혼을 발견'할 수 있는 셈이다. 이렇게 되면 외로움은 오로지 부자만 '치료'할 수 있는 질병이 된다. 외로운 사람은 이미 금전적으로 어려운 경우가 많다는 점을 고려한다면 특히 우려스러운 상황이다.

사적 영역의 공동체가 또 다른 적대적 건축물(타인을 배제하고 격리하는 수단)이 되기보다는 개인의 외로움을 완화하고 사회를 폭넓게 다시 연결하는 두 가지 측면 모두에서 적극적인 역할을 하려면 약속을 실현하는 것뿐만 아니라 다수가 접근하고 혜택을 누릴 수 있게 해야 한다.

지평선 위로 점점이 떠오르는 밝은 빛도 있다. 2019년 말 뉴욕시가 추진하는 선구적인 주택 보급 프로그램 '셰어NYC'에서 계약 세 건이 체결됐다. 이 계약이 구현할 뉴욕시의 '공유 주택' 사업은 공유 주방, 공유 체력단련실 등 공동 주거를 이루는 몇 가지 요소와 유연한 임대 계약 조건을 담고 있으며, 아울러 사회경제적 격차를 좁혀줄 공공 지원 주택을 제공한다.[73] 이 사업으로 조성될 주거 공간에서는 아주 낮은 소득 계층부터 중간 소득 계층까지 매우 다양한 소득 계층의 가구가 모여 살게 될 것으로 기대된다. 이보다 상위 단위의 개발지구를 기준으로 3분의 1만 시장가격 주택으로 지어진다.[74] 아직 시작에 불과하지만, 이 사업의 추진자들은 앞서 보았던 로열 워프나 베일리스 올드 스쿨 개발지구에서 두드러졌던 분리주의적 사고방식을 벗어나려고 적극적으로 노력하는 것으로 보인다. 뉴욕시의 새 사업에서는 임대료에 상관없이 모든 구성원이 편의 시설과 서비스를 동등하게 이용할 수 있게 하고자 한다.[75] 이번만은 다양한 경제 계층의 아이들이 함께 놀고, 공유 공간이 모두를 환대하며, 누구나 공동체를 접할 수 있기를, 값비싼 가격표가 없는 그런 공동체이기를 희망한다.

11장

흩어지는
세계를
하나로
모으다

외로운 세기는 우리에게
정치·경제·사회·기술적 변화라는 도전 과제를 제시하고 있다.
분열이 아닌 통합의 미래를 위해,
민주주의에 대한 '연습'이 필요한 것이다.

외로움은 단지 주관적 마음의 상태만을 의미하는 것이 아니다.[1] 집단적 존재의 상태인 외로움은 개인과 사회 전체에도 크나큰 타격을 가한다. 매년 수백만 명의 죽음을 앞당기고, 세계 경제에 엄청난 손실을 입히며, 관용적이고 포용적인 민주주의에 강력한 위협을 제기한다.[2]

코로나바이러스가 우리를 공격하기 전에도 이 시대는 이미 외로운 세기였다. 그러나 그토록 많은 우리가 친구와 가족뿐만 아니라 고용주와 국가로부터도 돌봄과 지원을 받지 못한다고 느끼고 있음을, 그토록 많은 우리가 가장 친밀하게 연결된 사람들뿐만 아니라 우리의 이웃과 직장 동료와 정치 지도자로부터도 단절되었다고 느끼고 있음을, 코로나바이러스가 더욱 뚜렷이 부각시켰다.

개인 차원에서만이 아니라 사회 차원에서도 외로움을 줄이고자 한다면, 우리 삶을 변화시킬 지배적인 힘들이 우리에게 절실히 필요하며 그 변화를 통해 이 문제의 규모에 눈떠야 한다. 정부와 기업 그리고 개인으로서 우리 모두에게 중요한 역할이 있다. 어느 한 주체의 힘만으로 해결되기에는 외로움 위기가 너무도 복잡하고 다면적이다.

나는 바로 이 지점에서 외로움에 관한 저술을 남긴 수많은 정치적·경제적 사상가들과 맥을 달리한다. 그들은 외로움을 협소하게 정의 내렸을 뿐만 아니라 덜 전체론적이고 명백히 당파적인 접근법을 취할 때가 많았다.[3]

보수주의자는 흔히 '전통적 가족'의 붕괴, 교회 예배 참석률 감소, 과도하게 강력한 복지국가에 원인을 돌린다. 복지국가가 개인의 책임과 타인에 대한 우리의 의무를 약화시킨 주범이라는 것이다. 그래서 그들은 외로움 위기의 해법을 대개 개인에게서 찾는다. 그들은 우리가 우리 자신을 위해 그리고 주변 사람을 위해 더 노력하는 수밖에 없다고 소리 높여 외친다.

이와 대조적으로, 좌파는 이러한 문제가 발생한 본질적인 이유는 정부의 역할이 너무 많아서가 아니라 너무 적어서라고 말한다. 그들은 시민을 피해자로 묘사하며, 국가가 할 일에만 강조점을 두곤 한다. 적어도 공동체를 보살피고 사회적 질병을 치유할 책임에 관해서라면 상대적으로 개인은 무임승차가 허용된다.

외로움의 추동력이 무엇인가와 관련한 이 극단적인 이분법적 시각은 궁극적으로 도움이 되지 않으며 자멸적이다. 이 두 정치적 관점 모두 나름대로 진실을 담고 있지만 둘 다 완전한 그림을 제공하지도 이 위기를 해결할 효과적인 길을 제시하지도 못한다. 앞서 봤듯이, 외로움을 발생시키는 구조적 원인은 국가의 행동뿐만 아니라 개인과 기업의 행동 둘 다에 뿌리를 두고 있으며, 아울러 21세기 기술의 발전 양상에도 뿌리를 두고 있다. 우리가 여기서 이야기하는 것은 스마트폰 중독일 수도 있고, 일터에서의 감시일 수도 있으며, 긱 이코노미가 될 수도 있고, 날로 늘어가는 비접촉 경험이 될 수도 있다.

더욱이 이러한 외로움의 추동력들은 긴밀히 연결되어 있을 때가 많다. 당신의 고용주가 응급 상황에 부닥친 연로한 부모를 돌볼 시간을 주지 않으면, 당신은 부모 곁을 지키고 싶은 마음과 달리 그들과 함께하거나 도움을 주지 못할 것이다. 임대료가 자꾸 올라 계속 이사를 하느라 이웃을 잘 모르면 그들에게 도움을 주거나 마을 공동체에 기여할 마음이 별로 들지 않을 것이다. 만일 당신이 인스타그램의 도파민 쾌감에 중독되었거나 사무실 밖에서도 끊임없이 이메일을 확인한다면 가족이나 친구와 직접 상호작용하는 시간은 그만큼 줄어들 것이고, 설사 가족이나 친구와 함께한다고 해도 휴대전화 때문에 주의가 산만할 가능성이 크다. 거리에 놓인 유일한 벤치가 도시에서 '바람직하지 못한 사람들'을 몰아내려고 일부러 불편하게 만든 것이라면 당신은 거기 걸터앉아 지나가는 사람과 노닥거리지 않을 것이다. 이번 주에 일이 있을지 없을지 정확히 알지 못하면 당신은 자녀의 일요일 풋볼팀에서 코치를 맡겠다고 약속할 수 없을 것이다.

외로움은 단일한 힘이 아니다. 외로움은 생태계 안에 머문다. 따라서 외로움 위기를 극복하려면 체계적인 경제·정치·사회적 변화를 일으키는 동시에 우리 개인의 책임도 인정해야 한다.

✤ ## 자본주의를 다시 돌봄과 온정으로

우선 오늘날의 외로움 위기가 어디서 뚝 떨어진 것이 아니라는 점을 받아들여야 한다. 외로움 위기가 심각한 수준에 도달할 때까지 기름을 끼얹은 것은 신자유주의적 자본주의라는 특정한 정치 기획이다. 자기 본위로 자기 자신만 생각할 것을 부추기는 이 자본주의는 무관심을 일상화하고, 이기심을 미덕으로 만들고, 온정과 돌봄의 중요성을 축소했다. "자력갱생"과 "더욱 분투하라"를 외치는 이 자본주의는 공공 서비스와 마을 공동체가 역사적으로 인류의 번영에 중추적 역할을 해왔음을 부인하고 우리의 운명이 오로지 우리 손에 달려 있다는 서사를 영속화했다. 우리가 전에는 외로운 적이 없었다는 말이 아니다. 신자유주의적 자본주의는 지난 40년간 우리의 관계를 거래로 변질시키고, 시민에게 소비자라는 배역을 맡기고, 소득과 부의 격차를 갈수록 심화시키며, 이 과정에서 연대, 공동체, 더불어 살기, 친절 등의 가치를, 부드럽게 표현하면 주변부로 밀어냈고[4] 심하게 표현하면 말살했다. 우리는 새로운 형태의 정치, 그 심장부에 돌봄과 온정이 자리한 정치를 끌어안아야 한다.

시민들에게 누군가 그들의 등 뒤를 든든히 지켜보고 있다는 느낌을 주는 정치, 이러한 정치는 자본주의와 양립할 수 없는 것이 아니다. 사실 자본주의는 '먹고 먹히는 생존경쟁', '각자도생'을 강조하는 신자유주의적 형태밖에 없다는 생각은 자본주의에 대한 근본적인 오해다. 자유시장과 개인의 자유를 유려한 문장으로 옹호한 자본주의의 아버지 애덤 스미스조차도 『도덕감정론』(『국부론』에 앞서 쓴 책)에서 공감과 공동체와 다원주의의 중요성을 폭넓게 다루었다.[5] 애덤 스미스는 국가가 공동체의 기반 시설을 제공하는 역할을 맡아야 하며, 필요할 때는 사회를 보호하기 위해 시장의 고삐를 확실히 죄어야 한다는 점을 이해했다.[6] 20세기에 아시아, 스칸디나비아, 유럽 대륙에서 나타난 자본주의는 국가에 더 큰 역할을 부여하고 공동체적 가치를 강조했다는 점에서 신자유주의 전통과 달랐다. 자본주의는 단 한 번도 단일한 이데올로기였던 적이 없다.

따라서 신자유주의적 자본주의(사회 통합과 공동선을 희생시키면서 자유시장과 탈규제에 편중하고, 자본의 권익을 으뜸으로 여기며, 복지국가를 적대시하는 자본주의 형태)가 지난 40년간 세계 여러 지역에서 지배적이긴 했지만 앞으로도 이것만이 우리의 유일한 선택지인 것은 아니다. 우리는 함께 경제적 차원에서뿐만 아니라 사회적 차원에서도 더욱 협력적인 형태의 자본주의를 규정하고 창출해야 한다.

그리고 지금 이 일을 해야 한다. 미국 대통령 프랭클린 D. 루스벨트는 1930년대 대공황이 지나가고 뉴딜을 도입했다. 대규모 정부 지출 및 규제를 골자로 한 뉴딜은 경제 악화로 가장 큰 타격을 입은 사람들에게 구제, 회복 기회, 향상된 권익을 제공하는 것을 목표로 삼았다. 영국에서는 2차 대전 이후 전 국민을 대상으로 의료보험을 제공하겠다는 약속과 함께 국민보건서비스가 도입되었다. 평등과 온정을 실천하겠다는 새로운 결의를 보여주는 매우 상징적인 사건이었다. 이제 다시 한 번 게임의 규칙을 수정하고 급진적 조치를 취할 때가, 돌봄과 온정이 있는 자본주의를 시행할 때가 도래했다.

일단 정부는 그동안 코로나19 대유행으로 드러나고 심화된 뿌리 깊은 불평등 문제를 적극적으로 다루겠다고 시민들에게 약속해야 한다. 아울러 우리가 불가피하게 힘든 상황을 맞이했을 때 정부가 시민들을 떠받쳐줄 거라는 확신을 주어야 한다. 그러려면 많은 국가에서 복지, 사회보장, 교육, 의료보험에 지금보다 훨씬 더 많은 자원을 투입해야 한다. 가령 미국은 코로나19 대유행 전에도 사회복지 서비스 지출(주택수당, 실업수당, 일자리 창출 프로그램, 연금 지원에 쓴 비용 포함)을 OECD 평균에 맞추려면 GDP의 1.4%를 증액해야 했다.[7] 그리고 이러한 정책에는 국민의 지지가 따르리라는 것을 정치인들은 알아야 한다. 2020년 3월 트럼프 대통령은 2조 달러짜리 코로나바이러스 대응 경기부양책 법안에 서명했다. 그리고 즉시 실시된 여론조사에서 민주당원과 공화당원 모두 이 법안의 어마어마한 가격표를 보고서도 4분의 3 이상이 법안에 찬성했다.[8] 동시에 실시된 다른 여론조사에서는 미국 유권자의 무려 55%가 '전 국민 단일 건강보험'제도를 지지하는 것으로 나타났다. 이는 그해 1월 이래 9퍼센트포인트 상승한 수치였다.[9]

한편 영국에서는 이미 2017년에 세금 부담이 늘더라도 빈민층을 위한 복지 지출의 증대를 지지한다는 국민의 비율이 14년 만에 최고치에 도달했었다.[10] 그리고 코로나바이러스 위기가 확대되던 2020년 5월에는 가장 열렬한 친자유시장 성향의 싱크탱크 단체들도 정부에 세금 감면과 재정 긴축 기조를 버리고 공공지출을 늘리라고 촉구했다.[11]

현재 코로나19로 인해 경제적 압박이 거세지고 공적 자원을 사방에서 앞다퉈 요구하고 있다. 정부는 이 점을 고려해 코로나19 위기가 물러갔을 때 더욱 대담한 조치를 취하고 유례없는 규모의 노력을 기울여야 한다. 하지만 폭풍의 중심에서 벗어났을 때도 정부에서 추가적인 지원을 지속해야 할 이유가 있음도 알아야 한다. (북반구의 선진국에서) 인구가 급속히 고령화되고, 코로나바이러스가 초래한 경제적 피해의 여파가 오래갈 것이며, 앞으로 몇 년간 자동화 추세로 인한 추가적인 (그리고 심각한 수준의) 일자리 증발이 있을 것이다.

실업 문제와 관련해 국가가 제공하는 지원은 금전적인 것에 그쳐서는 안 된다. 정부는 로봇의 노동력 대체 속도를 늦추기 위해 조치를 취해야 하며, 앞서 나는 이러한 조치로서 로봇세 도입을 제안하기도 했다. 더 나아가, 현재 민간 부문이 직면한 어려움을 고려해 정부는 직접적으로는 대규모 공공사업을 통해, 간접적으로는 재정 정책을 통해 새로운 일자리를 대량으로 만들어내야 한다. 왜냐하면 우리는 노동을 통해(다만 존중받는 일자리여야 한다) 동료애와 목적의식, 그리고 가장 좋은 경우 공동체 정신도 발견할 수 있기 때문이다.

21세기의 공공 일자리 사업은 단순히 도로를 닦거나 농가에서 과일을 수확하는 일에 사람들을 배치하는 것이어서만은 안 된다. 풍력과 태양에너지를 개발하겠다고 믿음직하게 약속함으로써 상당히 많은 수의 새로운 일자리를 창출할 수 있다. 지역 당국은 나무를 더 심고, 시 건물의 에너지 설비를 개선하고, 전기자동차 충전소를 설치할 수 있다. 아울러 도서관이나 청년 센터, 커뮤니티센터 등 공동체의 기반을 복원하거나 우리 사회를 정신적으로 풍요롭게 만드는 사람들(예술가, 작가, 음악가)에게 작업을 의뢰해 일자리를 창출하는 것도 필요하다. 뉴딜이 시행될 때도 미국 전역에서 예술가를 고용해 벽화를 그리고 조각품을 만들고 미술 수업을 열고 연극을 제작했다. 여기에는 당시 루스벨트 대통령의 표현대로 미국인들에게 "풍요로운 생활"의 가능성을 보여주려는 의도가 담겨 있었다.[12] 오늘날 우리의 정치인들도 이만한 포부를 품지 못할 이유가 없다.

정부에서 할 수 있는 일이 또 있다. 실업 문제를 외로움 완화에 특화된 새로운 노동력을 창출할 기회로 바꾸는 것이다. 여기서 우리는 영국이 최근 시행한 이른바 '사회적 처방' 사업에서 영감을 얻을 수 있을지 모른다. 이 사업은 지역보건의에게 소속된 '연결 복지사'가 정신 건강 문제나 고립감이나 외로움으로 고통받는 사람들이 스스로를 제어할 수 있도록 미술 수업, 체육 수업, 멘스 그룹men's group(구성원 간의 정서 지원을 도모하는 소규모 남성 지역 단체—옮긴이) 등 마을에서 구할 수 있는 자원을 찾아 소개해주는 것이다. 다만 이런 사업이 진정으로 의미 있는 성과를 내려면 정부에서 충분한 자금을 지원해 '의뢰인'에게 내실 있으면서도 참가비가 부담스럽지 않은 수업이나 단체를 추천할 수 있어야 한다. 정부에서 급여 인상을 약속한다면 노인이나 아동을 돌볼 인력을 양성하는 과정을 중단기적으로 운영해볼 수도 있을 것이다.

물론 이 모든 조치를 취하려면 국가는 재원을 더 확보해야 한다. 우리가 처한 문제의 규모를 고려할 때 현재 아무리 금리가 낮다고 해도 무한정 돈을 빌리거나 찍어내다가는 장기적으로 심각한 경제적 폐해를 피할 수 없을 것이다.[13] 그렇다면 결국 우리 사회에서 가장 부유한 계층이 더 많은 세금을 낼 수밖에 없다. 그래야 공평하다. 하지만 이와 같은 추가 세금 부담을 부유한 개인에게만 지워서는 안 된다. 세율이 낮거나 제로인 곳에 수익을 신고한 다국적기업들도 그들이 매출을 올리는 국가에 정당한 몫의 세금을 내게 하는 강력한 법안을 도입해야 한다. 지금까지 이러한 비도덕적인 기업 관행으로 공공사업에 투입될 수도 있었던 세입 수십억 파운드가 공중으로 증발했다.

그리고 코로나바이러스 위기에 특수를 누린 온라인 식품 소매업자에게 우발적 소득에 대한 일회성 소득세를 부과하는 것도 합리적인 조치가 될 수 있다. 여기에도 역사적 선례가 있다. 미국에서는 양차 세계대전과 한국전쟁 시기에 '초과이득세'가 부과되었다.[14]

하지만 우리는 여전히 더 큰 포부를 품을 필요가 있다. 정부는 이 시기를, 변혁을 일으키고 우선순위를 근본적인 차원에서 재고할 귀한 기회로 삼아 포스트 코로나19 시대를 재건해야 한다. 여기서 뉴질랜드의 저신다 아던Jacinda Ardern 총리가 영감을 준다. 아던 총리는 2019년 5월 앞으로 국가 예산 정책 및 목표를 수립할 때 성장률과 생산성 같은 전통적인 기준만을 사용하지 않겠다고 발표했다. 그 대신 "친절과 온정이 우리를 이끌게 하겠다"면서 사회적 인식이 반영된 한층 폭넓고 통합적인 기준을 구체화할 것을 약속했다.[15] 이 기준은 국가가 환경을 보호하고, 제대로 된 교육을 제공하고, 기대수명, (우리의 목표에 비추어 중요한 문제인) 외로움, 동료 시민과 정부에 대한 신뢰, 전반적인 소속감과 관련된 수치를 얼마나 개선했는지에 대한 평가까지 아우른다.[16] 스코틀랜드와 아이슬란드도 예산 결정 과정에 이와 유사한 접근 방식을 도입하려 하고 있다.[17]

최근 몇 년간 다른 나라 정부에서도(특히 영국과 프랑스가 가장 주목할 만하다) 웰빙을 수치화하려는 시도를 보였지만, 뉴질랜드는 웰빙 예산을 정치적 의사결정 및 예산 수립 절차와 명시적으로 연계했다는 점에서 OECD 국가 가운데 가장 과감한 조치를 취한 것으로 여겨진다.[18] 프랑스와 영국의 시도는 아직 정책 결정이나 정부 지출을 실질적으로 변화시키지 못했다.[19] 이쯤에서 작은 외딴 국가 부탄을 언급하지 않는 것은 태만이 될 것이다. 부탄은 수십 년째 국민총행복 지수를 정책 결정 과정에 통합시킴으로써 이 주제에서 사실상 새로운 장을 열었다.[20]

자본주의가 돌봄과 조화를 이루려면 어서 빨리 경제에 사회 정의를 다시 연결해야 하며, 성공을 정의하는 전통적인 방식이 이제 더는 우리의 목적에 부합하지 않는다는 사실을 인정해야 한다.[21]

✣   **계산법을 바꾸다**

그런데 이것으로는 부족하다. 현재 이토록 많은 사람이 느끼는 버려진 기분을 제대로 다루려면 모든 시민에게 의미 있는 사회안전망을 확실히 제공하는 것만으로는 부족하다. 정부의 예산 목표를 시민들의 전반적인 웰빙에 명확히 맞추고, 인종과 젠더와 관련해 구조적인 불평등을 다루어야 한다. 아울러 사람들을 제대로 보살피고, 일터에서 보호하고, 거대 기업의 전반적인 사업 활동에서 발생할 수 있는 잠재적인 해악으로부터 지켜주어야 한다. '최소 국가, 최대 시장' 접근 방식을 옹호하는 신자유주의적 자본주의는 결코 이러한 것들을 약속한 적이 없다. 그리고 이것은 단순히 정부만의 일이 아니다. 기업과 기업가가 함께 나서야 한다.

2019년 8월에 열린 비즈니스 라운드 테이블(미국 200대 기업 최고 경영자로 구성된 협의체이자 이익단체—옮긴이)에서는 이러한 인식이 부분적으로나마 공유되었다. 아마존의 제프 베이조스, 애플의 팀 쿡, 시티그룹의 마이클 코뱃 등 선도적인 미국 기업의 영향력 있는 최고경영자가 모여[22] "주주의 이익에 봉사하는 것이 기업의 유일한 목적"[23]이라는 밀턴 프리드먼의 오래된 원칙을 버리고, 대신 기업의 모든 이해 당사자, 그러니까 주주는 물론이고 공급자, 공동체, 직원의 이익에 봉사하겠다고 약속했다. 특히 기업은 직원에게 "공정한 보상과 주요 수당을 제공"할 것이며 "다양성과 포용과 존엄과 존중"을 함양하겠다고 맹세했다.[24]

나는 이러한 새로운 기업 정서를 환영하며 이 말이 의미 있는 행동으로 이어지기를 소망하지만, 현실적으로는 단기 수익을 높여야 한다는 압박이 줄고 임원진이 받는 성과보수가 이것과 연동되지 않는다면 기업의 초점은 결국 '주주의 이익'이라는 협소한 정의로 되돌아가고 말 것이다(상장 기업이라면 더더욱 그렇다). 그리하여 디지털 감시 기기를 활용하거나 저비용에 제한된 권리만을 지니는 0시간 또는 단기 계약 노동자로 정규직 직원을 대체하는 전략으로 기업의 효율성을 높일 수만 있다면, 이러한 전략이 노동자의 이익과 공동체적 선에 아무리 해를 끼친다고 해도 가장 진보적인 사고방식을 지닌 CEO조차 유혹을 뿌리치기 쉽지 않을 것이다. 비용 절감이 강조되는 지금의 경제 상황에서는 특히 더 그렇다.

이미 비즈니스 라운드 테이블의 새로운 서약에 서명한 일부 기업이 스스로 지지한 목표를 웃음거리로 만드는 행보를 보였다. 아마존이 그 예다. 아마존 직원 크리스천 스몰스는 뉴욕에서 코로나19 감염자 수가 증가하자 자신이 '피커'로 일하는 스태튼아일랜드 창고에 보호 장비가 부족하고 위생 시설이 열악한 것이 갈수록 걱정스러웠다.

임원진이 스몰스의 문제 제기를 무시하자 그는 파업을 조직해, 보호 장비를 추가 마련하고, 유급 병가를 제공하고, 아마존 창고 근무자 가운데에서 발생한 코로나바이러스 감염 사례를 투명하게 공개하라고 요구했다.[25] "우리는 겁이 났습니다." 스몰스는 설명했다. "우리는 총괄 관리자 사무실에 찾아가 건물을 폐쇄하고 방역 소독을 해달라고 요구했습니다. 이 회사는 수십조 달러를 벌면서도 우리의 요구와 우려를 귓등으로도 듣지 않아요. 말도 안 되는 일이죠. 우리가 병에 걸려도 신경 쓰지 않습니다. 아마존은 우리를 소모품으로 생각해요."[26] 아마존의 반응은? 스몰스는 미심쩍은 '보건 검역' 조치의 첫 번째 대상자가 되었다(스몰스 말고는 아무에게도 이 조치를 취하지 않았다). 스몰스가 굴하지 않고 파업에 계속 참여하자 회사는 그를 해고했다.[27] 뉴욕주 법무장관 러티샤 제임스Letitia James는 이 해고가 "불명예스러운" 조치라고 선언하고 연방노동관계위원회에 진상 조사를 요구했다.[28]

거대 기업은 노동자를 온정적이고 사려 깊게 대할 수 없다는 말이 아니다. 오히려 우리는 코로나19 감염병으로 인한 봉쇄 기간에 일부 거대 기업이 보여준 선행에 감동을 받았다. 이를테면 마이크로소프트는 2020년 3월 초 태평양 북서부의 본사 구내에서 일하는 계약직 노동자(셔틀버스 운전기사, 카페 종업원, 시설 관리 직원과 청소 직원 등)에게 계속 급여를 지급하겠다고 밝혔다. 사실 재택근무 조치가 취해져 이들 노동자의 서비스가 사실상 필요 없는 상황이었다.[29] 하지만 자본주의의 계산법이 바뀌지 않는다면 이와 같은 친절과 공동체 정신에 기반한 행동은 특이한 것, 즉 특별히 진보적인 기업 경영자와 특별히 장기적 안목을 지닌 온정적인 주주들의 전유물로 치부되어버릴 위험이 있다.

이 점을 염두에 두면, 내가 이 책에서 줄곧 주장해왔듯이 우리에게는 21세기의 목적에 부합하고 노동자의 권리를 보호하는 새로운 법이 필요하다. 특히 저임금의 자유 계약 노동자, 긱 이코노미 노동자, 임시직 노동자, 0시간 계약 노동자의 권리를 보호해야 한다. 이들 가운데 다수가 봉쇄 기간에 우리 모두가 그토록 의지했던 '필수 노동자'다. 하지만 그들은 저임금과 적은 (아니면 전무한) 수당과 고용 불안정에 시달리고 있으며 일부 경우에는 안전하지 않은 작업 환경에서 일한다. 적어도 생활임금과 유급 병가가 반드시 제공되고 일터에서의 타당한 보건 안전 조항이 마련되어야 한다.

사람들이 보살핌을 받고 있다고 느끼려면, 소셜 미디어 기업의 유해한 행위로부터 우리 사회를 보호할 새 법안을 마련해야 한다. 오늘날 대부분의 국가에서 기업이 대기와 물을 오염시키거나 아동에게 담배를 판매하면 처벌을 받는 것과 마찬가지로 소셜 미디어 기업이 공동체와 사회의 응집력, 포용성, 웰빙에 끼치는 부정적 영향도 똑같이 규제받아야 한다. 특히 아동과 10대에게 미치는 영향에 적절히 대처해야 한다. 앞서 나는 소셜 미디어의 폐해로부터 우리 사회를 보호하기 위한 각종 규제를 소개했었다. 정부는 예방적인 차원에서라도 이 문제에 침묵해서는 안 된다.

다시 한 번 강조하지만, 이러한 조치에 대한 요구는 점점 늘고 있으며 이는 단지 대중 사이에서만 그런 것이 아니다. 정치적 스펙트럼의 양극단에 자리한 정치인들까지도 이제는 개인이 국가의 적절한 개입 없이 거대 기술기업의 병폐로부터 자신을 지킬 수 없음을 인정한다. 이들 기업은 적절한 규제 없이는 자신들이 우리 사회에 미치는 해악에 의미 있는 조치를 취하지 않을 것이다.[30]

❖ 우리가 보고 듣고 있다

고립되고 버려진 느낌을 줄이기 위해 우리가 할 수 있는 일이 더 있다. 지금까지 봐왔듯이 외로움은 단지 보살핌을 받지 못한다는 느낌만이 아니라 내가 남에게 보이지 않는 존재라는 느낌이기도 하다. 따라서 외로움 위기의 해결책은 사람들에게 우리가 그들을 보고 그들의 말을 듣고 있다는 확신을 주는 것이다.

의심의 여지없이 노동조합이 해야 할 중요한 역할이 있다. 고용주의 시야와 관심에서 벗어날 위험에 처한 긱 이코노미 노동자와 원격 근로자를 비롯해 모든 노동자의 발언권을 확대해야 한다. 업종과 고용 형태를 불문하고 모든 노동자가 결사의 자유를 누려야 하며, 노동조합이 그들의 요구를 더욱 강하게 주장해야 한다.

지금의 외로운 세기에 우리가 보이지 않는 존재가 된 듯한 느낌을 받는 데는 근본적인 이유가 있다. 그것은 우리의 우려와 절규에 귀기울이지 않는 정치 지도자들이 우리가 절대 동의하지 않을 의사결정을 우리 이름으로 내리고 있다는 느낌 때문이다.

물론 대의민주주의에서는 모든 사람의 관심사를 고려하거나 모든 사람의 관점에 똑같은 무게를 부여할 수 없는 것이 당연하다. 하지만 최근 몇 년 동안 국가와 시민의 유대가 이토록 허약해진 부분적인 이유는 의견이 지나치게 양극화되었고, 의사결정 과정이 지나치게 불투명했으며, 결과가 지나치게 불공평했기 때문이다. 부족한 발언권과 사회·경제적 불공정이 만났다면 이제 가장 시급한 일은 자원을 배분할 때 가장 주변화된 사람들을 최우선시하는 것이다. 또한 규제 개혁과 정부 보조금으로 가장 혜택을 입을 사람이 이미 지갑이 두둑한 사람이어서도, 막강한 로비력을 지닌 사람이어서도, 특정 인종·젠더·계층의 사람이어서도 안 된다.

아울러 시민이 발언권을 행사할 기회가 늘어나는 것이 중요하다. 몇 년에 한 번 투표소에서 목소리를 내는 것만으로는 부족하다. 우리가 지금보다 서로에게 그리고 정치에 연결되어 있다고 느끼기 위해서는 민주주의에 더 의미 있고 지속적인 방식으로 참여해야 한다. 국민투표를 자주 실시하자는 것이 아니다. 국민투표는 특히 지금처럼 '가짜 뉴스'가 범람하는 시대에 다수결 원칙을 적용하는 가장 무딘 방식으로 소수자 이익의 복잡성과 절박함을 무시하기 쉽다. 그보다는 오늘날의 숙의 민주주의의 실천 사례에서 교훈을 얻을 수 있다.

런던 캠든 의회의 사례를 보자. 캠든 의회는 2019년 여름 주민 56명(건축업자와 학생, 기업가와 공무원, 이민자와 연금 생활자)을 모아 캠든 의회가 기후변화와 관련해 어떤 접근 방식을 취해야 할지 의논했다. 인구 집단을 기준으로 젠더·민족·사회경제적 배경에 따라 해당 공동체를 대표하는 주민들이었다. 어떻게 사람들에게 지역 농산물 소비를 권장할 수 있을까? 어떻게 하면 친환경적 선택에 드는 비용을 줄일 수 있을까? 주택을 새로 지을 때 탄소 중립 기준을 준수하도록 의회에서 강제해야 할까? 이날 모인 주민들에게 제시된 질문들이다.[31]

처음에 참가자들은 서로 다른 관점을 드러냈다. 기후 변화를 노골적으로 부정하는 참가자는 그 자리에 없었지만 일부는 분명히 다른 사람들보다 회의적이었다. 이 문제 자체를 거의 처음 접한 참가자들도 있었다. 하지만 토론 과정은 매우 구조화되어 있었고, 논의를 이끄는 훈련된 퍼실리테이터facilitator(촉진자. 논의가 용이하고 원활하게 진행되도록 도움을 주는 이들을 말하며, 그러한 작업은 퍼실리테이션이라고 부른다—옮긴이)들은 모든 사람이 동등한 발언권을 갖고 가장 말이 없는 사람도 의견을 피력할 수 있도록 세심하게 마음을 썼다. 두 차례의 저녁 회의와 온종일 진행된 한 차례의 회의를 통해 참가자들은 17단계 권고안에 합의했다. 권고 사항은 일반적인 것("차 없는 구역 및 차 없는 날을 정한다")부터 구체적인 것("자전거 도로를 확실히 분리한다")까지 다양했다. 이 집단 토론에서 나온 권고안은 전체적으로 캠든 의회의 '2020 기후 실천 계획'의 근간이 될 것이다.[32]

타이완에서 시행되는 절차도 내용은 비슷하지만 규모가 훨씬 더 크다. 2015년부터 지금까지 20만여 명의 사람들이 숙의 민주주의 절차에 온라인으로 참여해왔다.[33] 지금까지 논의된 주제로는 드론 규제, 우버의 타이완 시장 진출, 온라인 주류 판매, 플라스틱 빨대 사용 금지, 비동의 성적 영상물 게시(이른바 '보복성 음란물') 등이 있었다. 타이완 정부는 총 80%의 사례에서 이 절차로 도출된 최종 권고안을 근거로 법안을 통과시키거나 정책을 개선했다.[34] 정부에서 최종 권고안을 받아들이지 않았을 때는 그 이유를 구체적으로 제시했다.[35]

도출된 권고안이 쉽게 무시되지 않는다는 전제하에 이러한 움직임은 우리를 하나로 모으는 데 실질적인 역할을 할 수 있다. 이러한 절차를 통하면 일반적인 방식보다 더 많은 유권자에게 발언권을 줄 수 있다. 하지만 이것만이 이유가 아니다. 우리 사이에서 일치된 의견을 도출하는 것을 목표로 삼음으로써 우리는 민주주의를 연습하게 된다. 우리는 이 과정에서 적극적으로 숙고하고, 상대의 관점을 수용하고, 나와 다른 사람을 그저 침묵시키려고 하기보다 차이를 조율하는 방법을 배운다.[36]

사실 캠든 회의 영상을 보면서 가장 마음에 와 닿았던 건 참가자들이 발언자를 바라보며 짓는 너그러운 미소, 그들 사이의 눈 맞춤, 서로 의견이 다를 때조차 상대의 말을 경청하며 몸을 기울이는 모습이었다.[37] 이 책 전반에서 우리는 포용적이고 관용적인 사회를 원한다면 민주주의를 연습할 필요가 있음을 강조해왔다. 캠든타운의 사례는 바로 이것, 즉 민주주의 연습을 제도화하고 세부 사항을 세심하게 조정해서 나온 한 가지 모습이었다.[38]

✤   **고립의 시대를 넘어, 민주주의를 연습하다**

민주주의를 연습하기 위해 반드시 정식 퍼실리테이션이 필요한 것은 아니다. 실은 우리가 사는 지역의 조합이나 모임에서 회원으로 활동하는 것이 민주주의의 핵심(시민성, 친절, 관용)을 정기적으로 연습하는 가장 좋은 방법일 수도 있다. 내가 월요일 밤마다 참여하는 즉흥연기 모임, 학부모·교사회, 교회의 연례 축제를 위해 조직된 위원회 활동 등이 그런 예가 될 수 있다.

직장도 민주주의를 연습할 기회를 제공할 수 있다. 미국 소프트
웨어 기업 시스코가 사내에서 고마움을 표시하는 습관을 제도화한
사례를 생각해보자. 더 사소하게는 가정에서 허드렛일을 하는 것도
포용적 민주주의의 핵심 원리(가끔 우리는 공동체적 선을 위해 우리 것을
희생하거나 우리 시간을 사심 없이 내주어야 할 때가 있다는 것)를 실천하는
것일 수 있다.

그렇지만 공동체를 가장 잘 연습할 기회는 우리의 마을에서 찾을
수 있다.[39] 단순히 지리적인 공동체만을 말하는 것은 아니다(나는 소
셜 미디어 플랫폼에 대해 강도 높게 비판했지만 이 측면에서 소셜 미디어 플랫
폼이 할 수 있는 중요한 역할도 인정했다). 하지만 지금까지 봐왔듯이 사람
들 간의 교류는 면대면이고 반복적이어야 쉽게 유대감이 생긴다. 그
리고 이것은 우리 대다수가 지리적으로 같은 마을에 사는 주민일 때
가능한 일이다.

우리가 마을 식료품점에서 만난 이웃 주민과 잠시 근황을 나누고,
마을 바리스타에게서 커피를 받아들며 "잘 지내시죠?"라고 인사말을
교환하고, 우리 이름을 부르며 인사를 건네는 마을 세탁소 주인에게
미소를 짓는 순간 따뜻한 기분을 느끼게 된다. 이처럼 우리와 같은 도
로에 사는 사람들과 깊은 관계를 맺을 때 벽은 허물어지고 이방인이
이웃이 되며 공동체가 선다. 그리고 우리가 마을에 더 많이 이바지할
수록 더 많이 공동체에 소속되며 더 진정한 공동체를 느끼게 된다.

마을에 부유하는 인구를 줄이기 위해 임대료 안정화 조치를 장려
해야 하는 이유가 여기에 있다. 아울러 1년에 절반 이상이 공실 상태
인 주택의 소유자에게는 추가 세금을 매겨서 불이익을 주는 조치도

고려해야 한다.

공동체를 이루려면 벽돌과 사람, 둘 다 있어야 한다. 우리 지역이 진정한 마을로 느껴지려면 사람들이 들어와서 살아야 하고 상점과 카페가 사람들로 붐벼야 한다. 우리 지역 중심가가 미래에 활기를 유지할 방법을 모색하는 것 또한 필수적이다.

이러한 환경을 조성하기 위해 일부 지방자치단체는 이미 행동에 나섰다. 벨기에 루셀라러에서 도입한 공실 상점세는 건물주가 임대료를 올리기 위해 상점을 비워둔 채 버티는 행위를 효과적으로 견제하는 것으로 증명되었다. 마을의 전통 상점들은 온라인 소매업자와 교외의 대형 할인 매장 그리고 지금의 경기 침체까지 삼중고에 시달리고 있다는 사실을 고려하면 중앙정부와 지방자치단체가 이들을 훨씬 더 많이 지원해야 한다. 영업세 감면과 대출 지원은 현실적인 변화를 꾀하는 실질적인 방법이 될 것이다. 국가가 온라인 소매업자에게 세금을 공정하게 부과하는 것도 중요하다. 우리의 지역 중심가는 여러 면에서 공공재이고 그렇게 대우받아야 한다. 외부의 위협이 많은 요즘 같은 때 특히 더 그렇다.

코로나19 대유행 이후 우리가 개인으로서 꼭 해야 할 중요한 역할이 있다. 많은 사람이 봉쇄 기간에 온라인 쇼핑에 전보다 익숙해졌다. 디지털 거래를 조금씩 줄이고 우리의 공동체에 봉사하는 우리 마을 소상공인을 지원하는 것 역시 중심가를 살리기 위한 중요한 실천이다.

이러한 소상공인 가운데에는 포용적 공동체 정신을 상점 운영의 중심으로 삼고 특별히 노력하는 이들이 있다. 마을 전체를 대상으로 독서회를 운영하는 마을 서점 케츠 북스, 수요일마다 뜨개질 모임을 열었던 미션 파이, 입장료가 파격적으로 낮은 한국의 콜라텍 등이 그 예다. 우리는 이들에 대해 추가적인 세금 감면과 재정적 지원을 고려해야 한다. 이것은 두 가지 측면에서 중요하다. 첫째는 이들 소상공인의 혁신 정신을 장려하기 위해서이고, 둘째는 '외로움 경제'를 이끄는 이러한 새로운 사업가 정신으로부터 혜택을 받는 이들이 단지 부유층만이어서는 안 되기 때문이다.

더 근본적으로 정부는 최근 몇 년간 서서히 황폐해진 우리 마을의 물리적인 공동 공간을 되살리겠다고 약속해야 한다. 우리가 외로움 위기를 이겨내고 서로 다시 연결되고자 한다면 사회의 모든 구성원이 소득, 민족, 나이, 젠더, 종교에 상관없이 접근할 수 있는 제대로 된 공동체 기반 시설이 필수다. 2008년부터 전 세계 대다수 지역에서 공공장소에 대한 자금 지원이 삭감되었다. 이 흐름을 하루빨리 되돌려야 한다. 아울러 새로운 공공장소도 추가로 조성해야 한다. 스페인 바르셀로나 의회가 추진한 보행자 중심의 '슈퍼블록'에는 공원과 놀이터가 있고 마을이라는 의식이 있다. 미국 시카고의 공공 주택 개발단지는 다양한 소득층과 연령층의 사람이 함께 모여 친교를 다질 수 있도록 도서관 가까이 조성되었다. 현대사회의 원자화 현상을 효과적으로 타개하기 위해서는 공동체 기반 시설을 재정적으로 지원하고 영리하게 설계해야 한다. 그리고 정부에서는 포스트 코로나19 시대의 경기 침체를 핑계로 이 일을 미루어서는 안 된다.

우리가 차이를 넘어서서 행동하고 공통 기반을 발견하고자 한다면 우리와 다른 사람(사회경제적 배경이나 민족성 또는 정치적 신념이 다른 사람, 우리와 역사·문화·관점을 반드시 공유하지는 않는 사람)과 함께 일을 도모하는 것이 필수적이다.[40] 마을의 공공장소가 서로 다른 사람들끼리 어울리게 해줄 수 있다. 말하자면 예전에 지역 교회, 사원, 회당이 하던 역할과 어느 정도 비슷하다. 하지만 많은 마을이 동질성을 특징으로 한다는 점을 고려하면 마을 공공장소에서조차 서로 비슷한 사람끼리만 교류할 수 있다. 이렇게 되면 다양한 사람과 만나고 경험을 함께 쌓는 능력, 즉 포용적 민주주의의 가장 중요한 요소(우리의 차이를 공정하게 조율하고 '타자'의 인간성을 인정하는 것)를 효과적으로 연습할 기회가 제한된다.

그러므로 우리에게 주어진 도전 과제는 다양한 사람이 함께 시간을 보낼 방안을 찾는 것이다. 다행히 전 세계 각지에 우리가 배울 만한 고무적인 사례가 많다. 예를 들어 독일에서는 4만 명 이상이 독일 신문《디 차이트》가 후원하는 '독일이 말하다Deutschland Spricht' 운동에 참여했다.[41] 이 운동은 2017년 독일 정치가 갈수록 양극화되고 사람들이 각자 자기 진영에만 갇혀 있는 세태에 자극받은《디 차이트》기자들이 추진한 야심 찬 계획에서 시작되었다. 서로 안면이 없고 정치 스펙트럼의 반대편에 있는 사람을 개인적으로 만나서 대화를 나누겠다는 이들을 두 사람씩 짝지어 만나게 한 것이다. 기자들이 내부적으로 계획을 짤 때 썼던 명칭처럼, 이것은 말하자면 '정치적 틴더(소개팅)'였다.[42]

짝 배정은 정치적 관점이 다르고 거주지가 20킬로미터 반경 이내인 두 사람을 연결하도록 프로그래밍한 알고리즘에 기반해 결정되었다. 일단 짝이 배정되면 두 사람은 만나야 했다. 참가자의 4분의 1

이 실제로 만났다.[43] 독일 전역의 카페, 교회, 맥줏집 노천 탁자에서 IT 컨설턴트와 예비군 장교, 경찰관과 엔지니어, 공무원과 물리학자, 신생아 돌봄 전문가와 법정 관리인이 만났다.[44] 《디 차이트》의 편집장 요헨 베크너도 기계설비 기사와 만남을 가졌다.[45] 이민자 정책에 강하게 반대하는 사람들이 망명 신청자들과 한자리에 앉아 대화를 나눴다. 원자력발전을 단호히 반대하는 사람들이 열렬한 옹호자들과 커피를 마셨다. 유럽연합 지지자들이 독일 마르크로 돌아갈 것을 요구하는 사람들과 맥주를 마셨다.[46] 그들에게는 상대방의 관점을 알고 싶다는 공동의 목표가 있었다.

결과는 의미심장했다. 대화 전과 후에 실시한 설문 조사 결과 단 두 시간의 대화만으로도 참가자들은 상대방의 관점을 이해하기 시작했고 편견을 걷어낼 수 있었다.[47] 대화 후에는 자신과 다른 견해를 가진 사람들이 악의적이고 무능하고 정보가 부족하다는 이전의 생각에서 다소 벗어날 수 있었다.[48] 또한 그런 사람들을 자기가 속한 사회 집단에 기꺼이 들이고 싶다는 뜻을 드러냈으며 그들 사이에 공통점(보통은 가족을 중시하는 마음이었다)이 있음을 알게 되었다고 응답했다.[49] 또한 놀랍게도 참가자들은 전반적으로 동료 독일인들을 더 신뢰하게 되었다고 응답했으며, 프로그램에 참가하기 전보다 "독일인은 전반적으로 타인의 안녕에 관심이 있다"라는 문장에 더 동의한다고 말했다.

전 세계 각지에서 이와 유사한 고무적인 운동이 일어나고 있다. 하나같이 서로 다른 사람들을 한데 모으는 것을 목표로 삼고 있다. 영국 브리스톨의 '세계적인 도시를 건설하는 91가지 방법'이라는 캠페인은 음식에 사람들을 단결시키는 힘이 있다는 점에 착안해 다양한 문화적·민족적 유산에 뿌리를 둔 사람들을 하나로 모은다. 양파를 썰고 감자를 으깨고 페이스트리 반죽을 치대는 사이 장벽은 무너지고 진정한 유대가 형성되며 공통의 기반이 다져진다.[50] 뉴욕에서는 다양한 사회경제적 배경의 사람들을 한자리에 불러모음으로써 그들 사이에 다리를 놓고자 했던 고대 극장의 전통에 따라 공공 극장을 짓고 있다. 뉴욕시 다섯 개 자치구 모두 이 극장에서 연극을 올리고 관람할 것이다.[51] '시민을 위한 극장일 뿐만 아니라 시민에 의한 시민의 극장'이라는 약속에 걸맞게 이 '공공사업'에는 계획 단계에서 시민 수백 명이 참여했으며, 누구의 이야기를 어떻게 말할 건지, 그 이야기에 어떻게 경의를 표할 건지에 관한 토론의 장이 마련되었다.[52]

스포츠도 맡을 만한 역할이 있다. 흔히 축구는 사람들을 하나로 단결시키는 운동으로 여겨진다. 이 기대에 걸맞게 콜롬비아에서는 전 FARC(콜롬비아 무장 혁명군) 게릴라들과 민간인 희생자들이 축구로 하나가 되기도 했다.[53] 이탈리아에서는 망명자들과 지역 주민들이 함께 축구를 했고[54] 중동에서는 이스라엘 어린이들과 팔레스타인 어린이들이 어울려 축구 시합을 벌였다.[55]

우리의 나라, 도시, 공동체가 얼마나 원자화되고 양극화되었든, 서로 다른 사람들이 함께 협력과 온정과 배려의 근육을 키운다면 서로 더 큰 연결감을 느낄 수 있고 우리가 공동의 운명을 지닌 동일한 곳에 소속되어 있다는 의식을 키울 수 있을 것이다.

이 장에 소개된 사례에서는 모든 참여가 자발적으로 이루어졌다. 우리에게 주어진 더 큰 질문은 함께하지 않기로 선택한 사람들을 어떻게 모을 것인가다. 여기서도 정부가 할 수 있는 역할이 있다. 그리고 여기서도 선례를 찾을 수 있다. 이번에는 르완다에서다.

산이 많은 르완다의 수도 키갈리의 도로는 언제나 삶의 활력으로 가득하다. 낡디낡은 1980년대 승용차와 매끈한 수입 SUV 관용 자동차 사이를 오토바이 택시들이 날렵하게 지나다닌다. 진흙이 말라붙은 지프차와 랜드 크루저도 거칠게 스쳐 간다. 대개가 화산국립공원에서 나온 차량이다(화산국립공원이 내준 허가증을 소지한 하이커들은 여섯 시간을 걸어가면 희귀한 마운틴고릴라를 몇 미터 떨어진 곳에서 구경할 수 있다). 하지만 매달 마지막 토요일이면 평소 붐비던 도로가 텅 비고 주요 도로의 검문소를 경찰관이 지킨다. 혹시 도로를 지나다니는 사람이 있으면 경찰관이 다가와 공손히 묻는다. 무슨 급한 일로 오늘 '우무간다Umuganda' 운동에 불참하셨습니까?라고.

'우무간다'는 '공동의 목표를 위해 협동하여 결실을 얻다'라는 의미다.[56] 우무간다 운동은 여러 가지 형식을 띤다. 일부 공동체에서는 고등학교 건설 현장에서 세 시간 동안 공공 근로 봉사 활동을 한다. 1994년 르완다에서 끔찍한 학살 사건이 벌어진 뒤 치유 과정의 일부로 우무간다 운동이 정식으로 시작된 1998년 이래 총 3,000개 이상의 교실이 이러한 노력으로 지어졌다.[57] 일부 공동체에서는 정원을 가꾼다. 공공의 울타리를 다듬고 꽃밭을 가꾸고 쓰레기를 줍고 도로의 구멍을 메운다. 이와 같은 무상 노동은 르완다 경제에 크나큰 영향을 미쳤다. 르완다의 경제 가치는 2007년 한 해에만 6,000만 달러로 추산되었다.[58] 하지만 우무간다 운동에는 공동체를 세운다는 더 중요한 목적이 있다. "이웃을 만날 수 있는 거의 유일한 날이어서 대부분의 사람이 즐거워합니다." 키갈리의 한 은행에서 근무하는 파우스틴 지히가는 말한다.[59] 그는 우무간다 운동에 참여하는 날에 남성들과 정원 작업을 하며 활기차게 이야기꽃을 피운다. 그는 말한다. "저기 저 사람들, 대화가 한창인 것 보이시죠? 일주일 내내 얼굴을 보지 못하다가 지금 저렇게 만난 겁니다. 서로 자주 봐야 사회적으로 더 연결되니까요. 참 좋은 일이죠."[60]

세 시간의 공공 근로만큼 중요한 것은 그 뒤에 이어지는 한 시간짜리 공동체 회의다. 적어도 시골 지역에서만큼은 이 회의가 반드시 열리고, 동네 사람들은 이 자리에서 중요한 사안을 의논한다.[61] 캠든 시민 의회가 비교적 새로운 형태의 공동체 대화인 것과 달리 우무간다 회의는 '우부데헤ubudehe'라는 수백 년 된 관습에 뿌리를 두고 있다. 공동체 작업과 의사결정을 일컫는 우부데헤는 19세기에 시작된 벨기에와 독일의 식민 통치기보다 훨씬 앞서는 전통이다. 이 공동체 회의는 오늘날 중요성이 더욱 커졌다. 이웃끼리 서로 반목하게 한 초유의 폭력 사태로 나라가 분열된 지 겨우 25년밖에 지나지 않았기 때문이다.

우무간다 운동은 르완다의 공동체에서 신뢰가 회복되는 데 핵심적인 역할을 해왔다. 우무간다 운동은 단순히 도로를 정비하고 학교를 세우는 작업, 그 이상이기 때문이다. "가령 어느 이웃이 지나치게 시끄럽게 구는 등 구체적인 어려움이나 사회 문제가 생기면 이 자리에서 말하면 됩니다. 그러면 공동체 구성원들이 그를 찾아가 무엇이 문제인지 살피죠." 지히가가 말한다. 또는 "거동이 힘든 어르신 집에 지붕을 새로 얹어드려야 한다면 사람들이 힘을 합쳐 도와드립니다."[62] 르완다의 역사적 맥락을 고려할 때 우무간다 운동은 특별히 더 주목할 만하다. 학살 사건의 생존자와 가해자 모두가 공동체의 구성원으로 함께하기 때문이다.[63]

물론 의무적인 봉사 활동 프로그램인 우무간다 운동을 의심스러운 눈길로 바라보는 사람들도 있다. 단순히 우무간다 운동을 또 다른 중앙정부의 통제 수단으로 보는 시각이다. 르완다 정부가 엄격하고 권위적인 성격을 띤다는 점을 고려하면 충분히 이해할 만하다. 일부는 부유한 사람들이 작업에 참여하지 않고 그냥 벌금을 내는 행태를 걱정스럽게 바라보며, 일부는 작업 배분이 기존의 계급·권력·젠더 구분에 따라 이루어진다고 우려하기도 한다.[64] 전부 다 타당한 우려다. 하지만 우무간다 운동을 떠받치는 동기(공동체 작업이라는 르완다의 오랜 전통을 끌어안고, 모든 시민 간의 유대를 강화하기 위해 얼굴을 맞대고 나란히 함께하는 것)는 여전히 강력하고 고무적이다. 더욱이 분열을 극복하려는 노력을 개인들에게 맡긴다면 결국 자기 선택적 편향에 따라 비교적 작은 단체가 구성될 가능성이 크다. 우리가 더욱 포용적으로 되고자 한다면, 서로의 차이를 더욱 수용하고자 한다면, 우리가 함께라는 의식과 우리에게 공동의 목표가 있다는 의식을 더욱 키우고자 한다면 서로 다른 사람들끼리 정기적이고 구조화된 상호작용을 가질 기회를 마련해야 한다. 그리고 이 일을 가능하게 하려면 정부의 역할이 중요하다.

　이것은 현실적으로 충분히 가능한 일이다. 스위스, 한국, 이스라엘 등 수많은 나라가 의무 병역 제도를 두고 있으니, 정부에서 공동체 봉사 활동 참여를 의무화하는 것은 그리 대단한 일이 아닐 수 있다. 그리고 일부 지역에서는 이미 비슷한 사업이 시험적으로 운영되고 있다. 2019년 여름 프랑스 대통령 에마뉘엘 마크롱은 10대를 대상으로 의무적 시민 봉사 제도를 시험 운영했다.[65] 15세와 16세 청소년 2,000명이 무작위로 배정된 집단에서 한 달간 함께 생활했던 것이다.[66] 첫 2주 동안은 오리엔테이션으로 원정과 소풍을 다녀오고 워크숍에 참여하고 응급 처치 요령을 배우는 등 일련의 활동을 통해 서로에 관해 알아나갔다. 날마다 저녁 식사 후에는 퍼실리테이터의 안내에 따라 차별이나 젠더 평등 같은 사회 문제를 주제로 토론하는 등 구조화된 방식으로 생각과 의견을 서로 나누었다. 프로그램 후반부에는 지역 자선단체나 지방정부에서 자원봉사 활동을 했다. 참가 청소년들의 협업은 봉사 활동 시간에만 국한되지 않았다. 숙식이 제공된 집에서도 스스로 집안일을 분담해야 했다. 또 다른 흥미로운 점은 저녁에 한 시간을 제외하고는 휴대전화 사용이 금지되었다는 사실이다. 첨단 기기의 방해 없이 참가자끼리 의미 있는 유대를 맺을 시간을 확보하기 위해서였다.[67]

　이것 말고도 정부나 지역 당국에서 고려해볼 만한 프로그램들이 있다. 다양한 사회경제적·민족적·종교적 배경의 초등학생들을 모아 요리나 연극, 스포츠 수업을 매주 의무적으로 받게 하면 어떨까? 또는 모든 계층에서 16세 청소년들을 모아 국가가 비용을 지원하는 캠핑 여행에 매년 의무적으로 참가하게 하면? 학생들이 각자 자기가 참여할 행사를 직접 정하게 한다면 사업의 효과가 훨씬 커질 것이다. 참가자들이 스스로 하는 일이 많을수록 행사에 더욱 적극적으로 참여할 것이기 때문이다. 그러니 만약에 요리 수업을 한다면 매주 차려낼 식단을 학생들이 직접 정하게 하자. 연극이라면 학생들이 직접 분석하고 토의해 각자의 경험을 기초로 구조화된 즉석 연기를 펼쳐보게 하면 어떨까?

서로 다른 배경의 어린이들이 적극적으로 협업할 수 있는 정기적이고 구조화된 상호작용의 장을 마련한다면 우리는 다음 세대에게 서로의 말을 경청하고 차이를 조율하는 방법과 아울러 공동의 이해를 찾아냄으로써 서로 연결된 느낌을 더욱 강하게 느낄 방법을 배우도록 도울 수 있을 것이다.

❖ 미래는 우리 손안에 있다

지금의 외로운 세기는 우리에게 독특한 경제·정치·사회·기술적 도전 과제를 제시한다. 사람들이 서로 연결되기 쉬웠던 적은 결코 없지만, 이 시대에는 너무도 많은 사람이 외로움을 느낀다. 우리는 갈수록 서로를 차이에 기초해 파악하려고 하지만 결국에는 우리의 삶이 전 세계적으로 타인과 긴밀히 얽혀 있음을 인식하게 된다. 우리의 지역 공동체는 꼭 강화되어야 하며 서로 다른 공동체들 사이를 연결하는 다리도 건설해야 한다.

커다란 도전과 모순의 시대이지만 아울러 희망의 시대이기도 하다. 우리가 이제까지와는 확실히 다른 미래를 함께 만들어갈 진짜 기회가 우리 앞에 놓여 있기 때문이다. 이 미래에 우리는 자본주의를 공동체와 온정에 다시 연결하고, 모든 사회 집단의 말에 귀를 기울이며, 모두에게 발언권을 부여하고, 포용적·관용적인 공동체를 활발히 운영할 수 있을 것이다. 우리는 지금처럼 외롭고 원자화된 기분을 더는 느끼지 않아도 된다.

이 야망을 현실화하려면 입법과 재정에서 우선순위를 바꿔야 한다. 우리의 정치인과 기업가가 사회적·인종적 정의의 실현과 노동자 보호 문제에서 진정한 변화를 약속해야 한다. 하지만 사회의 변화는 단순히 하향식으로만 이룰 수 없다. 우리도 사회를 창조한다. 따라서 우리가 덜 외롭고 서로 더 연결되고자 한다면 날마다 개인적인 의무를 다하는 것도 중요하다. 우리가 일상을 만들고 영위하는 방식에서 의미 있는 변화를 일구어내야 하며, 아울러 우리가 손에 쥐고 있는 패가 경제적·사회적 변화의 크기에 영향을 미친다는 사실을 인식할 필요가 있다.

시작은 작은 한 걸음이어도 좋다. 처음에는 그리 대단해 보이지 않지만, 점차 쌓이면 나중에는 의미 있는 영향을 미치게 될 것이다. 사무실 동료들과 나누어 먹을 비스킷을 가져가거나, 휴대전화를 한쪽에 치워두고 파트너나 가족과 더 많은 시간을 보내자. 이웃을 초대해 커피를 들거나 마을 상점에서 물건을 사고 마을 행사에 참여하자. 우리가 이미 속해 있는 단체에서 더 많은 책임을 맡거나 다소 벅차더라도 새로운 모임에 합류해보자.

그다음에는 우리에게 좀 더 많은 것을 요구하는 일을 해볼 수 있다. 분열이 아닌 통합을 말하는 정치인의 선거 운동에 참여할 수도 있고, 부당하게 비난·차별받는 집단에 연대의 손을 내밀 수도 있으며, 가혹한 노동조건을 요구하는 기업에 대해 불매운동을 펼칠 수 있다.

전체적으로는 마음가짐의 변화가 필요한 문제다. 우리는 소비자에서 시민으로, 받는 사람에서 주는 사람으로, 무심한 관찰자에서 적극적인 참여자로 배역을 바꿔야 한다. 노동에서든 가정생활에서든 우정에서든 다른 사람의 말에 귀를 기울이는 연습을 하자. 가끔은 우리 자신의 직접적인 이익과 맞지 않아도 공동체에 가장 좋은 선택을 받아들이자. 위험을 무릅써야 할 불편한 상황이더라도 긍정적인 변화를 끌어내기 위해 우리 목소리를 내겠다고 다짐하자. 비록 치열한 일상에서 쉽게 잊어버리곤 하겠지만 적극적으로 공감을 실천하겠다고 한 번 더 다짐을 되새기자.

일부에서는 '부드러운' 가치에 강조점을 둔다고 비난할지도 모르지만, 우리는 친절과 배려를 길잡이별로 삼고, 코로나19 대유행이 한창일 때도 전 세계에서 수많은 사람이 보여준 이타적인 행동에서 영감을 얻을 필요가 있다. 영국 잉글랜드 웨스트미들랜즈의 한 자원봉사자는 봉쇄 기간에 마을을 뒤져 병에 담긴 우유를 파는 상점을 찾아냈다. 꼭 병에 든 우유여야 냉장고에 든 각기 다른 용기와 구분할 수 있는 한 시각장애인 남성을 돕기 위해서였다.[68] 어느 이탈리아 대학생들은 이탈리아 남부 도시인 바리의 아파트 층계에 쪽지를 남겼다. 노인을 비롯한 취약한 거주민에게 장보기 등을 도와주겠다고 제안하는 쪽지였다.[69] 미국 아칸소주의 어느 10대는 《뉴욕타임스》에 문자를 보내거나 전화를 거는 것 말고는 자신이 다른 사람들을 생각하고 있다는 사실을 알리기 위해 대단히 많은 일을 하지는 못했지만 "평소에 대화를 나눠보지 못한 사람들과 이야기를 나누려고 노력하고 있어요. 세상일을 잠시나마 잊을 수 있게 같이 재미있는 대화를 나누는 거죠"라는 감동적인 글을 남겼다.[70]

아울러 우리는 여유를 갖고 걸음을 멈추어 더 대화할 필요가 있다. 그 상대는 이따금 서로 지나치지만 한 번도 말을 걸지는 않았던 이웃이어도 좋고, 길을 잃은 낯선 사람이어도 좋고, 외로워 보이는 누군가여도 좋다. 일이 너무 많고 바쁠 때라도 말이다. 헤드폰을 쓰고 휴대전화 화면의 스크롤을 만지작거리는 것이 평소 습관이더라도 자신을 질식시키는 디지털 프라이버시 고치를 박차고 나와 주변 사람과 어울려야 한다. 우리 아이들에게 점심시간에 혼자 앉아 있는 친구에게 같이 있어주길 바라는지 물어보라고 권하라. 우리 역시 항상 책상에서 혼자 점심을 먹는 직장 동료에게 같은 질문을 건네보자. 우리 사회에서 남을 돌보는 일에 종사하는 사람들에게 감사를 표현하고, 우리의 파트너에게도 우리의 직장 동료에게도, 심지어 알렉사 같은 우리의 새로운 AI 도우미에게도 고맙다고 더 자주 인사하자.

나는 이 모든 것이 제기하는 도전을 과소평가하지 않는다. 우리 스스로 기대에 미치지 못하는 때도 분명히 있을 것이다. 하지만 이러한 걸음들이 중요하다. 우리가 서로를 돌보는 의무를 게을리할수록(그것은 아픈 환자의 팔을 쓰다듬는 것일 수도 있고, 힘든 시간을 보내는 친구와 통화하는 것일 수도 있으며, 그저 이웃을 향해 미소를 건네는 일일 수도 있다) 서로를 돌보는 방법을 점차 잊어버리게 될 것이고, 필연적으로 우리 사회는 비인간적으로 변해갈 것이다.

외로운 세기의 해독제는 궁극적으로 우리가 서로를 위해 있어주는 것일 수밖에 없다. 상대가 누구라도 상관없이 말이다. 흩어져가는 세계에서 우리가 하나가 되고자 한다면 이것은 최소한의 요구다.

흔히 아이 하나를 키우려면 온 마을이 필요하다고들 한다. 이 책도 그랬다.

특히 다음 분들께 감사드린다.

내 책의 편집자, 항상 통찰력 있는 피드백을 주고 작업에 헌신적으로 임했으며 늘 나를 배려해준 셉터Sceptre의 줄리엣 브룩Juliet Brooke과 크라운Crown의 털리아 크론Talia Krohn. 두 분에게 더는 바랄 수 없을 만큼의 도움을 받았다.

초반부터 나와 내 책을 신뢰해주었으며 줄곧 현명하고 사려 깊은 조언을 해준 조니 겔러Jonny Geller, 내게 조언과 지지를 아끼지 않은 크리스틴 달Kristine Dahl, 나와 내 책을 응원해준 데이브 비르차프터Dave Wirtschafter.

『고립의 시대』가 전 세계에서 출판되도록 탁월한 능력을 보여준 리베카 폴랜드Rebecca Folland, 멜리스 다고글루Melis Dagoglu, 그레이스 맥크럼Grace McCrum. 표지를 멋지게 디자인해준 케이트 브런트Kate Brunt, 키션 라자니Kishan Rajani. 꼼꼼하게 작업해준 데이비드 밀너David Milner, 어맨다 워터스Amanda Waters. 뛰어난 능력과 열정으로 이 책을 홍보해준 헬렌 플러드Helen Flood, 마리아 가버트-루서로Maria Garbutt-Lucero, 루이스 커트Louise Court. 크라운의 훌륭한 직원들, 그중에서도 특히 데이비드 드레이크David Drake, 앤슬리 로스너Annsley Rosner, 질리언 블레이크Gillian Blake, 메건 페리트Megan Perritt, 레이철 올드리치Rachel Aldrich. 그리고 또 내게 도움을 준 비올라 헤이든Viola Hayden, 키아라 피넌Ciara Finan, 태머라 카와Tamara Kawar.

다음 분들께도 이루 다 말할 수 없을 만큼 감사드린다.

몇몇 장의 초안을 읽고 사려 깊은 조언을 준 데버라 스파Debora Spar 교수, 누리엘 루비니Nouriel Roubini 교수, 이언 골딘Ian Goldin 교수, 안톤 에마뉘엘Anton Emmanuel 교수, 애밋 수드Amit Sood 교수, 필리프 말리에르Philippe Marliere 교수, 질리언 필Gillian Peele 교수, 제이미 바틀릿Jamie Bartlett, 제이미 서스킨드Jamie Susskind, 앤 드 솔러Ann De Sollar, 리런 모러브Liran Morav.

예리한 지성과 꼼꼼한 주의력과 열정적인 헌신을 보여준 내 수석 연구조교 루시 플레밍Lucy Fleming. 조사 과정에서 귀한 도움을 준 대니얼 제인스Daniel Janes, 타티아나 피그넌Tatiana Pignon, 제리 오시어Jerry O'Shea, 숀 매튜스Shaun Matthews, 에이셔 소베이Aisha Sobey, 카라 클라슨Cara Claassen, 라파엘레 부오노Raffaele Buono, 제노비 퍼비스Xenobe Purvis, 커리스 허스태드Karis Hustad. 다양한 장에 도움을 준 애덤 로랜드Adam Lorand, 로메인 치넷Romain Chenet, 몰리 러셀Molly Russell, 에이미 오브라이언Amy O'Brien, 조나스 에버하르트Jonas Eberhardt, 티퍼니 램Tiffany Lam, 벤저민 브룬두-곤잘레스Benjamin Brundu-Gonzalez, 크리스토퍼 램빈Christopher Lambin, 에밀리 럼바도Emily Lombardo, 레비 호드Levi Hord, 로언 하트Rowan Hart, 샘 홀Sam Hall, 패멀라 컴비니도Pamela Combinido, 대니얼 스미스Daniel Smith, 해나 콕커Hannah Cocker, 테오 코사르트Theo Cosaert, 올리버 퍼넬Oliver Purnell, 리스 토머스Rhys Thomas, 올리 콜레트

Ollie Collett, 앨리 디키아러Allie Dichiara, 팀 화이트Tim White, 데브라 윈버그Debra Winberg, 니콜로 펜누치Nicolo Pennucci, 킴 다러Kim Darrah. 모든 분의 노고에 감사드린다.

우리 가족, 특히 나의 동생 애러벨 허츠Arabel Hertz, 아버지 조녀선 허츠Jonathan Hertz, 이모 쇼샤나 젤먼Shoshana Gelman. 돌아가신 내 어머니 레아 허츠Leah Hertz에게 감사드린다. 어머니의 탁월함과 사랑은 내게 지금도 날마다 영감을 준다.

내 친구들, 장기간 글쓰기 고치 속으로 사라져버리는 나를 변함없이 이해해주고 내 곁을 지켜주는 든든한 친구들. 특히 팀 새뮤얼스Tim Samuels, 애덤 네이글Adam Nagel, 애비 터크Abby Turk, 에스텔레 루비오Estelle Rubio, 제임스 플레처James Fletcher, 캐롤린 대니얼Caroline Daniel, 몰리 나이먼Molly Nyman, 줄리아 릴 하톡Julia Leal Hartog, 미셸 콘Michelle Kohn, 루스 조지프Ruth Joseph와 데이비드 조지프David Joseph, 렌 블러바트닉Len Blavatnik, 레이철 바이스Rachel Weisz, 조슈아 라모Joshua Ramo, 다이앤 맥그러스Diane McGrath, 앨릭스 쿡Alex Cooke, 크레이그 코헌Craig Cohon, 지나 벨먼Gina Bellman, 마크와 다이애나, 요닛 레비Yonit Levi, 샤오란 슈에ShaoLan Hsueh. 대서양 너머 워새치 산맥에 있는 내 가족, 그중에서도 특히 내가 공동체에 속한 기분을 느끼고 일주일간 즐거운 시간을 보내게 해준 로더릭 밀러Roderick Miller, 티에리 라푸즈Thierry Lapouge, 앰버 조라Amber Zohra, 케빈 플럼머Kevin Plummer, 매티 가빈Mattie Garvin, 엘리 루돌프Ellie Rudolph, 토니 바너바Tony Varnava, 샌드라 버고Sandra Virgo, 루시 수터Lucy Soutter. 지금은 고인이 된 필립 굴드Philip Gould와 데이비드 헬드David Held와 나눈 우정 그리고 그들이 내게 준 조언에 깊은 감사를 느낀다.

너그러움과 재능을 나눠준 사이먼 햴폰Simon Halfon. 지혜를 나눠준 가브리엘 리프킨드Gabrielle Rifkind. 내 생각을 정리할 수 있게 도움을 준 제니퍼 모리스Gennifer Morris. 내가 책상에서 보낸 그 모든 시간에 도움을 준 리사 코손Lisa Cawthorn, 진지 가랜드Jinji Garland, 스테파니 나이팅게일Stephanie Nightingale, 개리 트레이너Gary Trainer. 항상 긍정적인 모습을 보여준 사마라 패고티 잘라울Samara Fagoti Jalloul. 특별히 친절한 내 이웃 윌 웬트워스Will Wentworth, 신디 팔마노Cindy Palmano. 항상 온정이 넘치는 모임을 열어준 코헨 가족. 내게는 학문적 고향인 유니버시티칼리지 런던으로 돌아오게 해준 헨리에타 무어Henrietta Moore 교수, 데이비드 프라이스David Price 교수.

내가 누구보다 고마운 사람은 너그럽고 지성적이며 내게 애정을 아끼지 않는 대니 코헨Danny Cohen이다. 그의 조언과 지지가 없었다면 이 책은 지금의 모습을 갖추지 못했을 것이고 집필 과정도 훨씬 외로웠을 것이다. 어느 모로 보든 나는 굉장히 운이 좋은 사람이다.

- Alberti, Fay Bound. *A Biography of Loneliness: The History of an Emotion* (Oxford: Oxford University Press, 2019).

- Arendt, Hannah. *The Origins of Totalitarianism* (New York: Harcourt, 1951). 한국어판은 한나 아렌트 저, 『전체주의의 기원 1, 2』(한길사, 2006).

- Aristotle. *Nicomachean Ethics*. Translated and edited by Roger Crisp (Cambridge: Cambridge University Press, 2000). 한국어판은 아리스토텔레스 저, 『니코마코스 윤리학』(도서출판 숲, 2013) 등 다양한 번역본이 있다.

- Bartlett, Jamie. *The People vs. Tech: How the Internet is Killing Democracy, and How We Can Save It* (London: Ebury Press, 2018).

- Bloodworth, James. *Hired: Six Months Undercover in Low-Wage Britain* (London: Atlantic Books, 2018).

- Buller, E. Amy. *Darkness Over Germany: A Warning from History* (London: Longmans, Green, & Co., 1943).

- Cacioppo, J. and William Patrick. *Loneliness: Human Nature and the Need for Social Connection* (New York: W.W. Norton & Co., 2009). 한국어판은 존 카치오포·윌리엄 패트릭 저, 『인간은 왜 외로움을 느끼는가』(민음사, 2013).

- Carpenter, Julie. *Culture and Human-Robot Interaction in Militarized Spaces: A War Story* (Farnham: Ashgate, 2016).

- Deaton, Angus, and Anne Case. *Deaths of Despair and the Future of Capitalism* (Princeton: Princeton University Press, 2020).

- De Tocqueville, Alexis. *Democracy in America*. Translated by Henry Reeve. Edited by Isaac Kramnick (New York: W.W. Norton & Co., 2007). 한국어판은 알렉시 드 토크빌 저, 『아메리카의 민주주의 1, 2』(아카넷, 2018)

- Dewey, John. *Democracy and Education* (New York: Macmillan, 1916). 한국어판은 존 듀이 저, 『민주주의와 교육/철학의 개조』(동서문화사, 2016).

- Durkheim, Émile. *The Elementary Forms of the Religious Life*. Translated by Carol Cosman. Edited by Mark Cladis (Oxford: Oxford University Press, 2008). 한국어판은 에밀 뒤르켐 저, 『종교생활의 원초적 형태』(한길사, 2020).

- Field, Tiffany. *Touch*. Second Edition (Cambridge, Mass: MIT Press, 2014). 한국어판은 티파니 필드 저, 『터치: 치유와 성장을 부르는 촉각의 과학』(한울, 2019).

- Frey, Carl Benedikt. *The Technology Trap* (Princeton: Princeton University Press, 2019).

- Gray, Mary L., and Siddharth Suri. *Ghost Work: How to Stop Silicon Valley from Building a New Global Underclass* (New York: Houghton Mifflin, 2019).

- Harcourt, Bernard E. *Illusion of Order: The False Promise of Broken Windows Policing* (Cambridge, Mass: Harvard

University Press, 2001).

- Held, David. *Models of Democracy*. Third Edition (Cambridge: Polity Press, 2006). 한국어판은 데이비드 헬드 저, 『민주주의의 모델들』(후마니타스, 2010).

- Hortulanus, R., A. Machielse, and L. Meeuwesen, eds. *Social Isolation in Modern Society* (London: Routledge, 2009).

- Jacobs, Jane. *The Death and Life of Great American Cities* (New York: Random House, 1961). 한국어판은 제인 제이콥스 저, 『미국 대도시의 죽음과 삶』(그린비, 2010).

- Jung, Carl. *Memories, Dreams, Reflections*. Translated by Clara Winston and Richard Winston. Edited by Aniela Jaffe (New York: Vintage, 1989). 한국어판은 카를 구스타프 융 저, 『카를 융, 기억 꿈 사상』(김영사, 2007).

- Levy, David. *Love and Sex With Robots* (New York: HarperCollins, 2007).

- Lynch, James. *A Cry Unheard: New Insights into the Medical Consequences of Loneliness* (Baltimore: Bancroft Press, 2000).

- Marx, Karl, and Friedrich Engels. *Karl Marx, Friedrich Engels: Collected Works*. Vol. 3 (London: Lawrence & Wishart, 1975). 한국어판은 칼 마르크스·프리드리히 엥겔스 저, 『칼 맑스 프리드리히 엥겔스 저작 선집 1, 2』(박종철출판사, 1997).

- Mudde, Cas, and Cristobal Rovira Kaltwasser. *Populism: A Very Short Introduction* (Oxford: Oxford University Press, 2017). 한국어판은 카스 무데·크리스토발 로비라 칼트바서 저, 『포퓰리즘』(교유서가, 2019).

- Norris, Pippa, and Ronald Inglehart. *Cultural Backlash: Trump, Brexit, and Authoritarian Populism* (Cambridge: Cambridge University Press, 2019).

- Nowak, Martin A., and Roger Highfield. *SuperCooperators: Beyond the Survival of the Fittest: Why Cooperation, Not Competition, is the Key of Life* (Edinburgh: Canongate, 2012). 한국어판은 로저 하이필드·마틴 노왁 저, 『초협력자: 세상을 지배하는 다섯 가지 협력의 법칙』(사이언스북스, 2012).

- Oldenburg, Ray. *The Great Good Place* (Philadelphia: Da Capo, 1999). 한국어판은 레이 올든버그 저, 『제3의 장소: 작은 카페, 서점, 동네 술집까지 삶을 떠받치는 어울림의 장소를 복원하기』(풀빛, 2019).

- Piketty, Thomas. *Capital in the Twenty-First Century*. Translated by Arthur Goldhammer (Cambridge, Mass: Harvard University Press, 2014). 한국어판은 토마 피케티 저, 『21세기 자본』(글항아리, 2014).

- Putnam, Robert. *Bowling Alone: The Collapse and Revival of American Community* (New York: Simon & Schuster, 2000). 한국어판은 로버트 D. 퍼트넘 저, 『나 홀로 볼링-볼링 얼론: 사회적 커뮤니티의 붕괴와 소생』(페이퍼로드, 2009).

- Quart, Alissa. *Squeezed: Why Our Families Can't Afford America* (New York: Ecco, 2018).

- Riess, Helen, and Liz Neporent. *The Empathy Effect* (Boulder, Colorado: Sounds True, 2018). 한국어판은 헬렌 리스·리즈 네포렌트 저, 『최고의 나를 만드는 공감 능력』(코리아닷컴, 2019).

- Roberts, Sarah T. *Behind the Screen: Content Moderation in the Shadows of Social Media* (New Haven: London: Yale University Press, 2019).

- Rosenblum, Nancy. *Good Neighbors: The Democracy of Everyday Life in America* (Cambridge, Mass: Princeton University Press, 2018).

- Schawbel, Dan. *Back to Human: How Great Leaders Create Connection in the Age of Isolation* (New York: Da Capo, 2018). 한국어판은 댄 쇼벨 저, 『다시, 사람에 집중하라: 비대면 업무 시대, 리더는 어떻게 소통과 화합을 이끌어야 하나?』(예문아카이브, 2020).

- Smith, Adam. *The Theory of Moral Sentiments*. Edited by Ryan Patrick Hanley (New York: Penguin Random House,

2010). 한국어판은 애덤 스미스 저, 『도덕감정론』(한길사, 2016).

- Susskind, Daniel. *A World Without Work: Technology, Automation and How we Should Respond* (London: Allen Lane, 2020). 한국어판은 대니얼 서스킨드 저, 『노동의 시대는 끝났다: 기술 빅뱅이 뒤바꿀 일의 표준과 기회』(와이즈 베리, 2020).

- Susskind, Jamie. *Future Politics* (Oxford: Oxford University Press, 2018).

- Turkle, Sherry. *Alone Together: Why We Expect More from Technology and Less from Each Other*. Revised Edition (New York: Basic Books, 2017). 한국어판은 셰리 터클 저, 『외로워지는 사람들: 테크놀로지가 인간관계를 조정한다』(청 림출판, 2012).

- Twenge, Jean M. *iGen: Why Today&s Super-Connected Kids Are Growing Up Less Rebellious, More Tolerant, Less Happy - and Completely Unprepared for Adulthood - and What That Means for the Rest of Us* (New York: Simon & Schuster, 2017). 한국어판은 진 트웬지 저, 『#i세대: 스마트폰을 손에 쥐고 자란 요즘 세대 이야기』(매일경제신문사, 2018).

- Yang, Keming. *Loneliness: A Social Problem* (London: New York: Routledge, 2019).

- Zuboff, Shoshana. *The Age of Surveillance Capitalism: The Fight for a Human Future at the New Frontier of Power* (New York: Public Affairs, 2019).

주

1장 — 지금은 외로운 세기다

1. 'Covid-19: One Third of Humanity under Virus Lockdown', *The Economic Times*, 25 March 2020, https://economictimes.indiatimes.com/news/international/world-news/covid-19-one-third-of-humanity-under-virus-lockdown/articleshow/74807030.cms?from=mdr; Mia Jankowicz, 'More People Are Now in "Lockdown" Than Were Alive During World War II', *ScienceAlert*, 25 March 2020, https://www.sciencealert.com/one-third-of-the-world-s-population-are-now-restricted-in-where-they-can-go.

2. Ido Efrati, 'Calls to Israel's Mental Health Hotlines Spike during Coronavirus Crisis', Haaretz.com, 22 March 2020, https://www.haaretz.com/israel-news/.premium-calls-to-israel-s-mental-health-hotlines-spike-during-coronavirus-crisis-1.8698209?=&ts=_1585309786959.

3. 'Coronavirus: "My Mum Won't Hug Me" – Rise in Calls to Childline about Pandemic', Sky News, 27 March 2020, https://news.sky.com/story/coronavirus-my-mum-wont-hug-me-rise-in-calls-to-childline-about-pandemic-11964290. 급격히 외로움에 시달리는 것은 아동에게만 나타난 현상이 아니다. 3월 23일 영국에 봉쇄 조치가 내려진 직후 영국 성인 10%가 지난 2주간 외로움을 느꼈다고 응답했다. 4월 3일 이 통계 수치(같은 설문 조사 기관에서 측정됐다)는 2배 이상 증가해 24%를 기록했고, 18세에서 24세 사이 연령층의 경우 봉쇄 기간에 외로움을 경험할 확률이 거의 3배나 증가했다. 2020년 4월 미국에서 수행된 설문 조사에서도 봉쇄 기간에 외로움이 현저히 증가한 것으로 나타났다. 특히 이 현상은 밀레니얼세대와 K세대에서 두드러졌다. 각각에 대해 다음의 보고서를 보라. 'Loneliness During Coronavirus', Mental Health Foundation, 16 June 2020, https://www.mentalhealth.org.uk/coronavirus/coping-with-loneliness; 'Report: Loneliness and Anxiety During Lockdown', SocialPro, April 2020, https://socialpronow.com/loneliness-corona/.

4. Peter Hille, 'Coronavirus: German Phone Helplines at "Upper limits"', DW.com, 24 March 2020, https://www.dw.com/en/coronavirus-german-phone-helplines-at-upper-limits/a-52903216.

5. Cigna, 'Loneliness and the Workplace: 2020 U.S. Report', January 2020, https://www.multivu.com/players/English/8670451-cigna-2020-loneliness-index/docs/CignaReport_1579728920153-379831100.pdf.

6. 'Two Thirds of Germans Think the Country Has a Major Loneliness Problem', *The Local* (Germany), 23

March 2018, https://www.thelocal.de/20180323/two-thirds-of-germans-think-the-country-has-a-major-loneliness-problem.

7. Janene Pieters, 'Over a Million Dutch Are Very Lonely', *NL Times*, 21 September 2017, https://nltimes.nl/2017/09/21/million-dutch-lonely.

8. Rick Noack, 'Isolation is rising in Europe. Can loneliness ministers help change that?', *Washington Post*, 2 February 2018, https://www.washingtonpost.com/news/worldviews/wp/2018/02/02/isolation-is-rising-in-europe-can-loneliness-ministers-help-change-that/.

9. 'Einsamkeitsgefuhl', Bundesamt fur Statistik, 2017, https://www.bfs.admin.ch/bfs/de/home/statistiken/bevoelkerung/migration-integration/integrationindikatoren/indikatoren/ einsamkeitsgefuehl.html.

10. Barbara Taylor, 'Are We More Lonely than Our Ancestors?', BBC Radio 3: Free Thinking, 2019, https://www.bbc.co.uk/programmes/articles/2hGYMPLFwx5lQyRPzhTHR9f/are-we-more-lonely-than-our-ancestors. '조 콕스 외로움 위원회'에서 2017년에 발표한 보고서에 따르면 영국에서 900만 명 이상이 가끔 또는 항상 외로움을 느끼며, 2014년 자선단체 릴레이트에서 수행한 설문 조사에 따르면 42%는 직장에 친구가 없다. 다음을 보라. 'Combatting Loneliness One Conversation at a Time: A Call to Action' (Jo Cox Commission on Loneliness, 15 December 2017), 8, https://www.ageuk.org.uk/globalassets/age-uk/documents/reports-and-publications/reports-and-briefings/active-communities/rb_dec17_jocox_commission_finalreport.pdf; 'Friends', Relate.org, 2014, https://www.relate.org.uk/policy-campaigns/our-campaigns/way-we-are-now-2014/friends.

11. Connor Ibbetson, 'A Quarter of Britons Don't Have a Best Friend', YouGov, 25 September 2019, https://yougov.co.uk/topics/relationships/articles-reports/2019/09/25/quarter-britons-dont-havebest-friend; Alexandra Topping, 'One in 10 Do Not Have a Close Friend and Even More Feel Unloved, Survey Finds', *Guardian*, 12 August 2014, https://www.theguardian.com/lifeandstyle/2014/aug/12/one-in-ten-people-have-no-close-friends-relate.

12. Emma Elsworthy, 'More than Half of Britons Describe Their Neighbours as "Strangers"', *Independent*, 29 May 2018, https://www.independent.co.uk/news/uk/home-news/britons-neighbours-strangers-uk-community-a8373761.html; Emma Mamo, 'How to Combat the Rise of Workplace Loneliness', Totaljobs, 30 July 2018, https://www.totaljobs.com/insidejob/how-to-combat-the-rise-of-workplace-loneliness/.

13. 한국 자료는 다음을 보라. Ju-young Park, 'Lonely in Korea? You're Not Alone', *Korea Herald*, 3 April 2019, http://www.koreaherald.com/view.php?ud=20190403000445; 'South Korea: Likelihood of Feeling Lonely Often 2020', Statista, accessed 1 June 2020, https://www.statista.com/statistics/1042186/south-korea-likelihood-loneliness/. 중국 자료는 다음을 보라. Ye Luo and Linda J. Waite, 'Loneliness and Mortality Among Older Adults in China', *The Journals of Gerontology Series B, Psychological Sciences and Social Sciences* 69, no. 4 (July 2014), 633-45, https://doi.org/10.1093/geronb/gbu007. 일본 자료는 다음을 보라. Michael Hoffman, 'Japan Struggles to Keep Loneliness at Arm's Length', *Japan Times*, 10 November 2018, https://www.japantimes.co.jp/news/2018/11/10/national/media-national/japan-struggles-keep-loneliness-arms-length/#.XtUW01 NKhok. 인도에서는 설문 응답자의 50%가 2020년도를 외롭게 보낼 것 같다고 생각했다. 다음을 보라. 'India - Opinion on Likelihood of Loneliness 2019 and 2020', Statista, 28 January

2020, https://www.statista.com/statistics/1041015/india-opinion-likelihood-of-loneliness/. 오스트레일리아인 다섯 명 중 한 명이 '대화할 사람이 거의 또는 전혀 없다'고 응답했다. 다음을 보라. Melissa Davey, 'Loneliness Study Finds One in Five Australians Rarely or Never Have Someone to Talk To', *Guardian*, 8 November 2018, https://www.theguardian.com/australia-news/2018/nov/09/loneliness-study-finds-one-in-five-australians-rarely-or-never-have-someone-to-talk-to. 남아메리카와 아프리카의 외로움에 관한 통계 자료는 찾기가 어려운데, 이는 외로움 수준이 낮다는 증거라기보다는 조사가 부족한 탓이다. 예를 들어 남아프리카에서는 나이 든 성인 열 명 중 한 명은 이미 극심한 외로움을 경험하고 있다. 다음을 보라. Nancy Phaswana-Mafuya and Karl Peltzer, 'Prevalence of loneliness and associated factors among older adults in South Africa,' 2017, http://ulspace.ul.ac.za/bitstream/handle/10386/2783/phaswana-mafuya_prevalence_2017.pdf. 라틴아메리카와 카리브해 지역 성인 여섯 명 중 한 명이 외로움을 느끼는 것으로 조사되었다. 다음을 보라. S.R. Sauter, L.P. Kim and K.H. Jacobsen, 'Loneliness and friendlessness among adolescents in 25 countries in Latin America and the Caribbean', *Child and Adolescent Mental Health* 25 (2020), 21-27, https://doi.org/10.1111/camh.12358. 라틴아메리카의 저개발국가를 대상으로 한 연구 조사도 사회적 고립 및 외로움이 가난과 상관관계가 높음을 보여준다. 다음을 보라. Ruben Kaztman, 'Seduced and Abandoned: The Social Isolation of the Urban Poor', *Cepal Review* 75 (2001).

14. Jason Danely, 'The Limits of Dwelling and Unwitnessed Death', *Cultural Anthropology* 34, no. 2 (2019), https://doi.org/10.14506/ca34.2.03.

15. '사이토 상'은 여러 실제 사례를 토대로 만든 가상의 인물임을 밝힌다. 세부사항은 다음 기사의 내용을 각색한 것이다. Shiho Fukada, 'Japan's Prisons Are a Haven for Elderly Women', *Bloomberg*, 16 March 2018, https://www.bloomberg.com/news/features/2018-03-16/japan-s-prisons-are-a-haven-for-elderly-women.

16. 'Jailed for Stealing Grapes: The Motives of Japan's Elderly Inmates', BBC News, 18 February 2019, https://www.bbc.com/news/world-asia-47197417.

17. Asakuma Mei, 'Japan's Jails a Sanctuary for Seniors', *NHK World*, 25 December 2019, https://www3.nhk.or.jp/nhkworld/en/news/backstories/761/.

18. Fukada, 'Japan's Prisons Are a Haven for Elderly Women'.

19. 'Jailed for Stealing Grapes: The Motives of Japan's Elderly Inmates'; Hiroyuki Kuzuno, 'Neoliberalism, Social Exclusion, and Criminal Justice: A Case in Japan', *Hitosubashi Journal of Law and Politics*, 40 (2012), 15-32.

20. Tom Underwood, 'Forgotten Seniors Need Time, Care', *AJC Atlanta News*, 5 October 2010, https://www.ajc.com/news/opinion/forgotten-seniors-need-time-care/s6mdH3uUuYzZRcApmVYmvL/.

21. 'Over a Million Older People in the UK Regularly Feel Lonely', Age UK, 3 May 2014, https://www.ageuk.org.uk/latest-news/archive/over-1-million-older-people-in-uk-feel-lonely/.

22. Emily Rauhala, 'He Was One of Millions of Chinese Seniors Growing Old Alone. So He Put Himself up for Adoption', *Washington Post*, 2 May 2018, https://www.washingtonpost.com/world/asia_pacific/he-was-one-of-millions-of-chinese-seniors-growing-old-alone-so-he-put-himself-up-for-adoption/2018/05/01/53749264-3d6a-11e8-912d-16c9e9b37800_story.html.

23. 이 경험이 내가 'K세대'라고 부르는 세대에서 보이는 외로움을 연구하게 된 계기다. K세대('K'는 이 세대의

해로인 캣니스 애버딘Katniss Everdeen에서 따왔다)에 관해 내가 수행한 연구의 간단한 소개는 다음을 보라. 'Think Millennials Have It Tough? For Generation K, Life Is Even Harsher', *Guardian*, 19 March 2016, https://www.theguardian.com/world/2016/mar/19/think-millennials-have-it-tough-for-generation-k-life-is-even-harsher.

24. Jamie Ballard, 'Millennials Are the Loneliest Generation', YouGov, 30 July 2019, https://today.yougov.com/topics/lifestyle/articles-reports/2019/07/30/loneliness-friendship-new-friends-poll-survey.

25. Clare Murphy, 'Young More Lonely than the Old', BBC News, 25 May 2010, http://news.bbc.co.uk/1/hi/health/8701763.stm; 'Children's and Young People's Experiences of Loneliness', Office for National Statistics, 2018, https://www.ons.gov.uk/peoplepopulationandcommunity/wellbeing/articles/childrensandyoungpeoplesexperiencesofloneliness/2018#how-common-is-loneliness-in-children-and-young-people.

26. 'Daily Chart - Loneliness is pervasive and rising, particularly among the young', *Economist*, 31 August 2018, https://www.economist.com/graphic-detail/2018/08/31/loneliness-is-pervasive-and-rising-particularly-among-the-young.

27. 이 수치들은 외로움이 기대수명에 미치는 영향과 관련이 있다. 다음을 보라. Julianne Holt-Lunstad, Timothy B. Smith and J. Bradley Layton, 'Social Relationships and Mortality Risk: A Meta-Analytic Review', *PLOS Medicine* (2010), https://doi.org/10.1371/journal.pmed. 특히 그림 6을 보라. 이 연구에서는 '적절한 사회적 관계 대비 빈약하거나 불충분한 사회적 관계'라는 용어를 사용하며, 적절한 사회적 관계를 맺는 사람은 빈약하거나 불충분한 사회적 관계를 맺는 사람에 비해 생존 가능성이 50% 높다는 사실을 밝힌다. 하지만 이 분석을 끌어내기 위해 사용된 하위 연구들에서는 이 용어만 사용하지 않는다. 일부 연구에서는 '사회적 고립'을 보고, 일부는 '외로움'을, 일부는 '사회적 지지의 결핍'을 본다. 2015년 후속 연구에서는 이전의 메타 분석과 비교해 하위 연구 수는 2배, 참가자 수는 10배 늘었으며, 사회적 고립 조사와 외로움 조사의 분리를 시도했다. 저자들은 사회적 고립과 외로움 둘 다 유사하게 사망률에 부정적인 영향을 미친다는 것을 발견했다. 다음을 보라. Julianne Holt-Lunstad et al., 'Loneliness and Social Isolation as Risk Factors for Mortality: A Meta-Analytic Review', *Perspectives on Psychological Science*, 10, no. 2 (2015). 외로움과 사회적 고립이 건강에 미치는 영향의 수치화 과정을 자세히 알고 싶다면 2장을 보라.

28. Julianne Holt-Lunstad, 'The Potential Public Health Relevance of Social Isolation and Loneliness: Prevalence, Epidemiology, and Risk Factors', *Public Policy & Aging Report* 27, no. 4 (2017), 127-30, https://doi-org.libproxy.ucl.ac.uk/10.1093/ppar/prx030. 다른 연구에서 외로움을 정의하는 방식에 관한 더 자세한 논의를 보고 싶다면 2장, 주 7번과 8번을 보라.

29. Holt-Lunstad et al., 'Social Relationships and Mortality Risk'; 다음도 참조하라. Holt-Lunstad et al., 'Loneliness and Social Isolation as Risk Factors for Mortality'.

30. Corinne Purtill, 'Loneliness costs the US almost $7 billion extra each year', *Quartz*, 28 October 2018, https://qz.com/1439200/loneliness-costs-the-us-almost-7-billion-extra-each-year/.

31. HM Treasury, 'Policy paper: Spending Round 2019', Gov.uk, 4 September 2019, https://www.gov.uk/government/publications/spending-round-2019-document/spending-round-2019.

32. Kate Ferguson, 'Lonely Brits are costing the economy £1.8 billion a year, report reveals', *The Sun*, 20 March 2019, https://www.thesun.co.uk/news/8675568/lonely-brits-are-costing-the-economy/.

33. Emma Mamo, 'How to combat the rise of workplace loneliness', Total Jobs, https://www.totaljobs.com/insidejob/how-to-combat-the-rise-of-workplace-loneliness/.

34. 엄밀히 말하면, '개정된 UCLA 외로움 척도'다. 1980년에 사용된 질문은 더 높은 점수를 받기를 '원하는' 경향성을 유도하기 위해 더 긍정적인 표현을 사용했다. 다음을 보라. D. Russell, L.A. Peplau and C.E. Cutrona, 'The Revised UCLA Loneliness Scale: Concurrent and Discriminant Validity Evidence', *Journal of Personality and Social Psychology* 39, no. 3 (1980), 472-80. 원논문은 1,500회 이상 인용되었다.

35. 일부 답변은 점수가 역순으로 배치된 것에 주목하자. 학문적 목적에서 정식으로 사용될 때는 어느 질문의 점수가 역순으로 매겨지는지 답변자가 알 수 없다.

36. Rhitu Chatterjee, 'Americans Are A Lonely Lot, And Young People Bear The Heaviest Burden', NPR, 1 May 2018, https://www.npr.org/sections/health-shots/2018/05/01/606588504/americans-are-a-lonely-lot-and-young-people-bear-the-heaviest-burden; 'Loneliness and the Workplace: 2020 U.S. Report', Cigna, January 2020, 3, https://www.multivu.com/players/English/8670451-cigna-2020-loneliness-index/docs/CignaReport_1579728920153-379831100.pdf.

37. 다음의 예를 참조하라. E.G. West, 'The Political Economy of Alienation: Karl Marx and Adam Smith', *Oxford Economic Papers* 21, no. 2 (March 1969), 1-23, https://www.jstor.org/stable/2662349?seq=1; Fay Bound Alberti, 'Stop medicalising loneliness – history reveals it's society that needs mending', *The Conversation*, 19 November 2019, https://theconversation.com/stop-medicalising-loneliness-history-reveals-its-society-that-needs-mending-127056; Bill Callanan, 'Loneliness as a Theme in the Life and Writings of C.G. Jung', *Irish Association of Humanistic and Integrative Psychotherapy* 31 (Winter 1997), https://iahip.org/inside-out/issue-31-winter-1997/loneliness-as-a-theme-in-the-life-and-writings-of-c-g-jung%E2%80%A8; Sean Redmond, 'The loneliness of science fiction', *Disruptr*, 5 May 2019, https://disruptr.deakin.edu.au/ society/the-loneliness-of-science-fiction/; Aldous Huxley, *The Doors of Perception* (Chatto & Windus, 1954) 한국어판은 올더스 헉슬리 저, 『올더스 헉슬리 지각의 문 천국과 지옥』(김영사, 2017) ; *Black Mirror* Season 4, Episode 4, 'Hang the D.J.' 한국어판은 〈블랙 미러〉, 시즌 4, 4화 '시스템의 연인'; Marie Hendry, *Agency, Loneliness and the Female Protagonist in the Victorian Novel* (Cambridge Scholars Publishing, 2019). 한나 아렌트의 외로움과 전체주의의 연관성에 관한 논의는 3장에 있다.

38. 'Majority Worldwide Say Their Society Is Broken – an Increasing Feeling among Britons', Ipsos MORI, 12 September 2019, https://www.ipsos.com/ipsos-mori/en-uk/global-study-nativist-populist-broken-society-britain.

39. 갤럽의 보고서 'State of the Global Workplace'(2017)를 보면 현재 상황이 얼마나 심각한지 알 수 있다. 155개 국가에서 자료를 모았으며 다음에서 볼 수 있다. https://www.gallup.com/workplace/238079/state-global-workplace-2017.aspx.

40. 'GSS Data Explorer: Can People Be Trusted', NORC at the University of Chicago, https://gssdataexplorer.norc.org/variables/441/vshow.

41. 'Pope Francis' morning Mass broadcast live every day', *Vatican News*, 8 March 2020, https://www.vaticannews.va/en/pope/news/2020-03/pope-francis-daily-mass-casa-santa-marta-coronavirus.html; Shirley Ju, 'How DJ D-Nice's Club Quarantine Became an Isolation Sensation', *Variety*, 28 March

2020, https://variety.com/2020/music/news/dj-d-nice-club-quarantine-rihanna-michelle-obama-interview-1203541666/. 2019년 12월에서 2020년 3월까지 중국인 혐오 발언이 900% 증가하고, 아동과 청소년의 온라인 채팅방에서 혐오 발언이 70% 증가했다. 다음을 보라. 'Rising Levels of Hate Speech & Online Toxicity During This Time of Crisis', *Light*, 2020, https://l1ght.com/Toxicity_during_coronavirus_Report-L1ght.pdf; Elise Thomas, 'As the Coronavirus Spreads, Conspiracy Theories Are Going Viral Too', *Foreign Policy*, 14 April 2020, https://foreignpolicy.com/2020/04/14/as-the-coronavirus-spreads-conspiracy-theories-are-going-viral-too/; Queenie Wong, 'Coronavirus sparks a different kind of problem for social networks', CNet, 25 March 2020, https://www.cnet.com/news/on-twitter-facebook-and-tiktok-racism-breaks-out-amid-coronavirus-pandemic/?ftag=CAD-03-10aaj8j.

42. 인종과 외로움의 상호작용에 관해서는 다음 예를 참조하라. British Red Cross, 'Barriers to Belonging: An exploration of loneliness among people from Black, Asia and Minority Ethnic Backgrounds' (British Red Cross, 2019), 12. 보고서 원본은 다음 주소에서 다운로드받을 수 있다. https://www.redcross.org.uk/about-us/what-we-do/we-speak-up-for-change/barriers-to-belonging#Key%20findings; 'Loneliness and the Workplace: 2020 U.S. Report' (Cigna, 2020), https://www.cigna.com/static/www-cigna-com/docs/about-us/newsroom/studies-and-reports/combatting-loneliness/cigna-2020-loneliness-report.pdf. 8세 정도의 어린 초등학생에게 인종적 차별 경험은 9개월 뒤에 외로움과 우울을 겪을 강력한 예측 인자라는 사실에 주목하라. 다음을 보라. N. Priest et al., 'Effects over time of self-reported direct and vicarious racial discrimination on depressive symptoms and loneliness among Australian school students', *BMC Psychiatry* 17, no. 50 (2017), https://doi.org/10.1186/s12888-017-1216-3. 성차별 행동과 외로움에 관한 논의는 다음을 보라. Y. Joel Wong et al., 'Meta-Analyses of the Relationship Between Conformity to Masculine Norms and Mental Health-Related Outcomes', *Journal of Counseling Psychology* 64, no. 1 (2017), 80-93, http://dx.doi.org/10.1037/cou0000176; Mark Rubin et al., 'A confirmatory study of the relations between workplace sexism, sense of belonging, mental health, and job satisfaction among women in male-dominated industries', *Journal of Applied Social Psychology* 49, no. 5 (2019), 267-282, https://doi.org/10.1111/jasp.12577.

43. 예를 들어 종교의식 참석률 하락에 관해서는 다음을 보라. Lydia Saad, 'Catholics' Church Attendance Resumes Downward Slide', Gallup News, 9 April 2018, https://news.gallup.com/poll/232226/church-attendance-among-catholics-resumes-downward-slide.aspx; 'In U.S., Decline of Christianity Continues at Rapid Pace', Pew Research Center, 17 October 2019, https://www.pewforum.org/2019/10/17/in-u-s-decline-of-christianity-continues-at-rapid-pace/; The Church of England Research and Statistics, 'Statistics for Mission 2018', Research and Statistics 2019, https://www.churchofengland.org/sites/default/files/2019-10/2018StatisticsForMission.pdf; 다른 유럽 국가에 관해서는 다음을 보라. Philip S. Brenner, 'Cross-National Trends in Religious Service Attendance', *Public Opinion Quarterly* 80, no. 2 (May 2016), 563-83, https://www.ncbi.nlm.nih.gov/pmc/articles/PMC4888582/; Harry Freedman, 'Are American synagogues on the road to renewal - or perdition?', *Jewish Chronicle*, 21 December 2018, https://www.thejc.com/judaism/features/are-american-synagogues-on-the-road-to-renewal-or-perdition-1.474204. 그러나 아프리카의 사하라사막 이남·중동·남아시아 지역 무슬림, 그리고 아프리카 사하라사막 이남

과 라틴아메리카 지역 기독교인은 종교의식 참여율이 여전히 높다. 'How religious commitment varies by country among people of all ages', Pew Research Center, 13 June 2018, https://www.pewforum. org/2018/06/13/how-religious-commitment-varies-by-country-among-people-of-all-ages/. 학부모·교사회, 노동조합, 친목 모임의 쇠퇴에 관해서는 다음 예를 참조하라. Segann March, 'Students, parents pay the price for PTA membership declines', *Shreveport Times*, 6 May 2016, https://eu.shreveporttimes. com/story/news/education/2016/05/06/students---and-their-parents---pay-price-pta-membership-declines/83970428/; Brittany Murray, Thurston Domina, Linda Renzulli and Rebecca Boylan, 'Civil Society Goes to School: Parent-Teacher Associations and the Equality of Educational Opportunity', *RSF* 5, no. 3 (March 2019), 41-63, https://doi.org/10.7758/RSF.2019.5.3.0; Camilla Turner, 'Working mothers now too busy to join parent teacher associations, leading headmistress says', *the Telegraph*, 18 November 2019, https://www.telegraph.co.uk/news/2019/11/18/working-mothers-now-busy-join-parent-teacher-associations-leading/; Niall McCarthy, 'The State of Global Trade Union Membership I.E., [Infographic]', *Forbes*, 6 May 2019, https://www.forbes.com/sites/niallmccarthy/2019/05/06/the-state-of-global-trade-union-membership-infographic/#3584b31c2b6e; Miller McPherson, Lynn Smith-Lovin, and Matthew E. Brashears, 'Social Isolation in America: Changes in Core Discussion Networks over Two Decades', *American Sociological Review* 71, no. 3 (June 2006), 353-75, https://doi.org/10.1177/000312240607100301.

44. 신체적 접촉의 감소에 관한 자세한 내용은 다음을 보라. Tiffany Field, *Touch*, 2nd ed. (MIT Press, 2014). 미국 사례: Jean M. Twenge, Ryne A. Sherman, Brooke E. Wells, 'Declines in Sexual Frequency among American Adults, 1989-2014', *Archives of Sexual Behavior* 46 (2017), 2389-401, https://doi.org/10.1007/s10508-017-0953-1; 다음도 참조하라. Kate Julian, 'Why Are Young People Having So Little Sex?,' *The Atlantic*, December 2018, https://www.theatlantic.com/magazine/archive/2018/12/the-sex-recession/573949/; 영국 사례: 'British people "having less sex" than previously', BBC, 8 March 2019, https://www.bbc. co.uk/news/health-48184848; 세계 통계 수치(특히 오스트레일리아, 핀란드, 일본): 'Are we really in the middle of a global sex recession?', *Guardian*, 14 November 2018, https://www.theguardian.com/lifeandstyle/ shortcuts/2018/nov/14/are-we-really-in-the-middle-of-a-global-sex-recession.

45. Alison Flood, 'Britain has closed almost 800 libraries since 2010, figures show', *Guardian*, 5 December 2019, https://www.theguardian.com/books/2019/dec/06/britain-has-closed-almost-800-libraries-since-2010-figures-show; 'Table 1: IMLS Appropriations History, 2008-2015 (Budget Authority in 000s)', Institute of Museum and Library Services, 2015, https://www.imls.gov/assets/1/News/FY14_ Budget_Table.pdf; Peggy McGlone, 'For third year in a row, Trump's budget plan eliminates arts, public TV and library funding', *Washington Post*, 18 March 2019, https://www.washingtonpost.com/ lifestyle/style/for-third-year-in-a-row-trumps-budget-plan-eliminates-arts-public-tv-and-library-funding/2019/03/18/e946db9a-49a2-11e9-9663-00ac73f49662_story.html.

46. Jonathan D. Ostry, Prakash Loungani and Davide Furceri, 'Neoliberalism: Oversold?', IMF, June 2016, https://www.imf.org/external/pubs/ft/fandd/2016/06/pdf/ostry.pdf.

47. Lawrence Mishel and Julia Wolfe, 'CEO compensation has grown 940% since 1978', *Economic Policy Institute*, 14 August 2019, https://www.epi.org/publication/ceo-compensation-2018/.

48. Richard Partington, 'Inequality: is it rising, and can we reverse it?', *Guardian*, 9 September 2019, https://www.theguardian.com/news/2019/sep/09/inequality-is-it-rising-and-can-we-reverse-it. 원자료 출처는 IFS 디튼 리뷰(IFS Deaton Review)다. 다음 글에 등장하는 노동조합총협의회의 '국가안보실 자산 설문 조사'(ONS Wealth and Assets Survey, 가장 최근 수치이며, 2016년 4월에서 2018년 3월까지의 기간을 다룬다) 자료도 참조하라. Nikki Pound, 'Record wealth inequality shows why our economy is rigged against working people', Trade Unions Congress, 6 December 2019, https://www.tuc.org.uk/blogs/record-wealth-inequality-shows-why-our-economy-rigged-against-working-people.

49. 가난은 사회적 고립과 외로움, 두 가지 모두의 위험 요인이다. 다음을 보라. Jan Eckhard, 'Does Poverty Increase the Risk of Social Isolation? Insights Based on Panel Data from Germany', *The Sociology Quarterly* 59, no. 2 (May 2018), 338-59, https://doi.org/10.1080/00380253.2018.1436943; 'How do you identify or recognise the most lonely?', Campaign to End Loneliness, 2020, https://www.campaigntoendloneliness.org/frequently-asked-questions/identify-most-isolated/; Emily Cuddy and Richard V. Reeves, 'Poverty, isolation, and opportunity', The Brookings Institution, 31 March 2015, https://www.brookings.edu/blog/social-mobility-memos/2015/03/31/poverty-isolation-and-opportunity/; Miriam J. Stewart et al., 'Poverty, Sense of Belonging and Experiences of Social Isolation', *Journal of Poverty* 13, no. 2 (May 2009), 173-195, https://www.researchgate.net/publication/240235963_Poverty_Sense_of_Belonging_and_Experiences_of_Social_Isolation.

50. '2020 Edelman Trust Barometer', Edelman Holdings, 19 January 2020, https://www.edelman.com/trustbarometer.

51. 'Margaret Thatcher Interview for *Sunday Times*', Margaret Thatcher Foundation, 1 May 1981, https://www.margaretthatcher.org/document/104475.

52. 그 예로 다음을 참조하라. Martin A. Nowak and Roger Highfield, *SuperCooperators: Beyond the Survival of the Fittest: Why Cooperation, Not Competition, is the Key of Life* (Canongate, 2012).

53. Jean M. Twenge, W. Keith Campbell, and Brittany Gentile, 'Increases in individualistic words and phrases in American books, 1960-2008', *PloS One 7*, no. 7 (2012), https://doi.org/10.1371/journal.pone.0040181.

54. John Tierney, 'A Generation's Vanity, Heard Through Lyrics', *The New York Times*, 25 April 2011, https://www.nytimes.com/2011/04/26/science/26tier.html.

55. Xi Zou and Huajian Cai, 'Charting China's Rising Individualism in Names, Songs, and Attitudes', *Harvard Business Review*, 11 March 2016, https://hbr.org/2016/03/charting-chinas-rising-individualism-in-names-songs-and-attitudes.

2장 — 죽음에 이르는 병, 외로움

1. 그 예로 다음을 보라. Louise C. Hawkley and John P. Capitanio, 'Perceived social isolation, evolutionary fitness and health outcomes: a lifespan approach', *Philosophical Transactions of the Royal Society* (May 2015), https://doi.org/10.1098/rstb.2014.0114.

2. 외로움과 만성 염증에 관해서는 다음을 보라. K. Smith, S. Stewart, N. Riddell and C. Victor, 'Investigating the Relationship Between Loneliness and Social Isolation With Inflammation: A Systematic Review', *Innovation in Aging* 2, no. 2 (November 2018), 839-40, https://doi.org/10.1093/geroni/igy023.3129.; Lisa M. Jaremka et al., 'Loneliness promotes inflammation during acute stress', *Psychological Science* 24, no. 7 (July 2013), 1089-97, https://doi.org/10.1177/0956797612464059. 외로움과 면역계에 관해서는 다음을 보라. Angus Chen, 'Loneliness May Warp Our Genes, And Our Immune Systems', NPR, 29 November 2015, https://www.npr.org/sections/health-shots/2015/11/29/457255876/loneliness-may-warp-our-genes-and-our-immune-systems.

3. 다음을 보라. N. Grant, M. Hamer and A. Steptoe, 'Social Isolation and Stress-related Cardiovascular, Lipid, and Cortisol Responses', *Annals of Behavioral Medicine* 37 (2009), 29-37, https://doi.org/10.1007/s12160-009-9081-z; Andrew Steptoe et al., 'Loneliness and neuroendocrine, cardiovascular, and inflammatory stress responses in middle-aged men and women', *Psychoneuroendocrinology* 29, no. 5 (2004), 593-611, https://www.ncbi.nlm.nih.gov/pubmed/15041083; L. D. Doane and E. K. Adam, 'Loneliness and cortisol: Momentary, day-to-day, and trait associations', *Psychoneuroendocrinology* 35 (2010), 430-41, doi: 10.1016/j.psyneuen.2009.08.005.

4. L.C. Hawkley, R. A. Thisted, C. M. Masi and J. T. Cacioppo, 'Loneliness predicts increased blood pressure: 5-year cross-lagged analyses in middle-aged and older adults', *Psychology and Aging* 25, no. 1 (March 2010), 132-41, https://doi.org/10.1037/a0017805; Kerry J. Ressler, 'Amygdala activity, fear, and anxiety: modulation by stress', *Biological Psychiatry* 67, no. 12 (June 2010), 1117-19, https://doi.org/10.1016/j.biopsych.2010.04.027.

5. Steven W. Cole, John P. Capitanio, Katie Chun, Jesusa M. G. Arevalo, Jeffrey Ma and John T. Cacioppo, 'Myeloid differentiation architecture of leukocyte transcriptome dynamics in perceived social isolation', *Proceedings of the National Academy of Sciences* 112, no. 49 (December 2015), 15142-47, https://www.pnas.org/content/pnas/early/2015/11/18/1514249112.full.pdf; 다음은 일반인이 쉽게 읽을 수 있는 글이다. 'Loneliness triggers cellular changes that can cause illness, study shows', University of Chicago, 23 November 2015, https://www.sciencedaily.com/releases/2015/11/151123201925.htm.

6. 'Stress Weakens the Immune System', *American Psychological Association*, 23 February 2006, https://www.apa.org/research/action/immune.

7. 서로 다른 23건의 연구에 대한 메타 분석에서 나왔다. "어느 사회적 관계가 외로움(남들과 맺는 관계가 불충분하다는 인식과 연관된 주관적이고 부정적 느낌)에 대한 정의와 일치하는 경우 이 사회적 관계는 외로움의 포함 기준을 충족시키는 것으로 보고 그 수치를 반영했다." 메타 분석이기 때문에 이 분석의 하위 연구에서 사용된 외로움의 정의는 매우 다양하며, 이 가운데 일부는 만성적 외로움이었다. N. K. Valtorta et al., 'Loneliness and social isolation as risk factors for coronary heart disease and stroke: systematic review and meta-analysis of longitudinal observational studies', *BMJ Journals: Heart* 102, no. 13 (2016), 1009-16, http://dx.doi.org/10.1136/heartjnl-2015-308790; J. H. Tjalling et al., 'Feelings of loneliness, but not social isolation, predict dementia onset: results from the Amsterdam Study of the Elderly (AMSTEL)', *Journal of Neurology Neurosurgery and Psychiatry* (2012), doi: 10.1136/jnnp-2012-302755.

8.　J. Holt-Lunstad et al., 'Loneliness and social isolation as risk factors for mortality: a meta-analytic review'. 여기서도 메타 분석이 사용되었고, 따라서 외로움에 대한 정의가 다양하다. 메타 분석은 동일하거나 매우 유사한 주제를 다룬, 경우에 따라 수백 건에 달하는 연구 자료를 살펴 패턴을 찾고 광범위한 결론들을 끌어낸다. 실로 수천 개에 달하는 자료점을 아우르는 통찰을 결합하는 굉장히 유용한 방법이다. 그렇지만 외로움에 관한 개괄적 연구에서는 수백 건의 '원천 연구'에서 사용된 외로움에 대한 정의나 특정 기간에 걸쳐 측정된 외로움이 서로 조금씩 달라서 메타 분석에 어려움이 따른다. 따라서 이 경우 만성적 외로움과 상황에 의한 일시적 외로움 사이의 연관성을 단언할 수는 없다. 이 메타 분석에 사용된 여러 하위 연구들에서 외로움에 대한 정의가 상이하거나 구체적으로 명시되지 않았기 때문이다(UCLA 외로움 척도는 정확히 그 순간의 외로움 정도를 알려줄 뿐이다).

9.　전반적으로는 다음을 보라. S. Shiovitz-Ezra and L. Ayalon, 'Situational versus chronic loneliness as risk factors for all-cause mortality', *International Psychogeriatrics* 22, no. 3 (2010), 455-62, doi:10.1017/ S1041610209991426; 최소 15일 동안 독방에 감금된 재소자를 대상으로 한 연구는 다음을 보라. B.A. Williams et al., 'The Cardiovascular Health Burdens of Solitary Confinement', *Journal of General Internal Medicine* 34 (2019), 1977-80, https://doi.org/10.1007/s11606-019-05103-6. 다음도 참조하라. Adam Gabbatt, '"Social recession": how isolation can affect physical and mental health', *Guardian*, 18 March 2020, https://www.theguardian.com/world/2020/mar/18/coronavirus-isolation-social-recession-physical-mental-health; Gabriel Banschick, 'How to Manage the Psychological Effects of Quarantine', Psychology Today, 20 March 2020, https://www.psychologytoday.com/us/blog/the-intelligent-divorce/202003/how-manage-the-psychological-effects-quarantine; 그리고 토론토에서 2002년부터 2004년까지 사스바이러스로 인한 격리 조치의 영향을 연구하기 위해 격리 해제된 개인 129명 설문 조사했다. 응답자의 28.9%는 외상 후 스트레스가, 31.9%는 우울증이 생긴 것으로 확인되었다. 다음을 보라. L. Hawryluck et al., 'SARS control and psychological effects of quarantine, Toronto, Canada', *Emerging Infectious Diseases* 10, no. 7 (2004), 1206-12, https://doi.org/10.3201/eid1102.040760.

10.　James Lynch, *A Cry Unheard: New Insights into the Medical Consequences of Loneliness* (Bancroft Press, 2000), p.91.

11.　S. Shiovitz-Ezra and L. Ayalon, 'Situational versus Chronic Loneliness as Risk Factors for All-Cause Mortality', *International Psychogeriatrics* 22, no. 3 (2010), 455-62.

12.　다음을 보라. Nora Rubel, *Doubting the Devout: The Ultra-Orthodox in the Jewish-American Imagination* (Columbia University Press, 2009).

13.　Avi Weiss, 'A Picture of the Nation', Taub Center, 14 (2018), http://taubcenter.org.il/wp-content/files_mf/ pon201895.pdf; Tzvi Lev, 'Education rising, poverty dropping among haredim', *Israel National News*, 31 December 2017, http://www.israelnationalnews.com/News/News.aspx/240041.

14.　'7배' 수치의 원자료는 2011~2012년 것이다. 그 예로 다음을 보라. Shmuly Yanklowitz, 'An Obesity Problem in the Orthodox Community?' 25 April 2012, https://jewishweek.timesofisrael.com/an-obesity-problem-in-the-orthodox-community/; Ari Galahar, 'Haredi sector suffers from obesity', *Ynet News*, 1 September 2011, https://www.ynetnews.com/articles/0,7340,L-4116222,00.html.

15.　Nitsa Kasir and Dmitri Romanov, 'Quality of Life Among Israel's Population Groups: Comparative Study' (The Haredi Institute for Public Affairs, May 2018), 51.

16. Melrav Arlosoroff, 'Israel's Economic Future is Wasting Away in Israel's Yeshivas', *Haaretz*, 13 November 2018, https://www.haaretz.com/israel-news/business/.premium-israel-s-economic-future-is-wasting-away-in-israel-s-yeshivas-1.6652106; 'Israeli women do it by the numbers', Jewish *Chronicle*, 7 April 2014, https://www.thejc.com/israeli-women-do-it-by-the-numbers-1.53785.

17. Tali Heruti-Sover, 'Ultra-Orthodox Women Work Less, Earn Less – and Not by Choice, Study Shows', *Haaretz*, 30 April 2019, https://www.haaretz.com/israel-news/.premium-ultra-orthodox-women-work-less-earn-less-and-not-by-choice-study-shows-1.7183349; Sagi Agmon, 'Report: Haredi employment is down; Haredi poverty is up', Hiddush News, 21 December 2018, http://hiddush.org/article-23296-0Report_Haredi_employment_is_down;_Haredi_poverty_is_up.aspx.

18. Dan Zaken, 'Haredim aren't as poor as you think', *Globes*, 17 December 2018, https://en.globes.co.il/en/article-haredim-arent-as-poor-as-you-think-1001265187.

19. 'Live Long and Prosper: Health in the Haredi Community', Taub Center for Social Policy Studies in Israel, 31 May 2016, http://taubcenter.org.il/does-money-make-you-live-longer-health-in-the-haredi-community/.

20. 하레디 공동체의 건강에 관해 조사한 연구자들도 자기 보고로 파악한 건강 수치는 신뢰성이 약하다는 데 동의한다. 일반 연구자들에게 자기 건강이 좋지 않다고 인정함으로써 치부를 드러내고 싶지 않다고 생각하는 분위기가 응답자들 사이에서 보이기 때문이다. 하지만 기대수명에 관한 통계 수치가 자기 보고로 드러난 수치를 뒷받침한다. 아울러 하레디 공동체는 전체 이스라엘 국민과 비교해 코로나바이러스 감염률이 높지만(모순적이지만 부분적으로는 그들이 중시하는 공동체 때문이다) 요점은 변하지 않는다. 즉 하레디 공동체의 기대수명이 평균보다 높다. 공동체는 일반적으로 기대수명에 긍정적인 영향을 미친다는 사실도 마찬가지로 변하지 않는다. 다음을 보라. ibid.; 그리고 코로나19 수치는 다음을 보라. Nathan Jeffay, 'Two Ultra-Orthodox Bastions Account for 37% of Israel's Virus Deaths', *The Times of Israel*, 10 May 2020, https://www.timesofisrael.com/two-ultra-orthodox-bastions-account-for-37-of-israels-virus-deaths/.

21. Dov Chernichovsky and Chen Sharony, 'The Relationship Between Social Capital and Health in the Haredi Sector', Taub Center for Social Policy Studies in Israel (December 2015), 3, http://taubcenter.org.il/wp-content/files_mf/therelationshipbetweensocialcapitalandhealthintheharedisectorenglish.pdf.

22. 다음을 보라. ibid., Figure 1.

23. 다음의 예를 보라. 'Measuring and Assessing Well-being in Israel', OECD, 31 January 2016, Figure 3, https://www.oecd.org/sdd/measuring-and-assessing-well-being-in-Israel.pdf.

24. David G. Myers, 'Religious Engagement and Well-Being', in *The Oxford Handbook of Happiness*, ed. Ilona Boniwell, Susan A. David and Amanda Conley Ayers (Oxford University Press, 2013); Bruce Headey, Gerhard Hoehne and Gert G. Wagner, 'Does Religion Make You Healthier and Longer Lived? Evidence for Germany', *Social Indicators Research* 119, no. 3 (2014), 1335-61, https://doi.org/10.1007/s11205-013-0546-x; Daniel E. Hall, 'Religious Attendance: More Cost-Effective Than Lipitor?', *Journal of the American Board of Family Medicine* 19, no. 2 (2006), https://pubmed.ncbi.nlm.nih.gov/16513898/.

25. Robert A. Hummer et al., 'Religious Involvement and U.S. Adult Mortality', *Demography* 36, no. 2 (1999), 273-85, https://pubmed.ncbi.nlm.nih.gov/10332617/; 또한 다음을 보라. Tyler J. VanderWeele, 'Religious

Communities and Human Flourishing', *Current Directions in Psychological Science* 26, no. 5 (2017), 476-81, https://doi.org/10.1177/0963721417721526.

26. Nitsa Kasir and Dmitri Romanov, 'Quality of Life Among Israel's Population Groups: Comparative Study' (The Haredi Institute for Public Affairs, May 2018), 51.

27. Rabbi Dow Marmur, 'Ultra-Orthodox Jews Are Poorer, But Live Longer. How Come?', *Canadian Jewish News*, 1 March 2017, https://www.cjnews.com/perspectives/opinions/ultra-orthodox-jews-poorer-live-longer-how-come.

28. Rock Positano, 'The Mystery of the Rosetan People', *Huffington Post*, 28 March 2008, https://www.huffpost.com/entry/the-mystery-of-the-roseta_b_73260.

29. B. Egolf et al., 'The Roseto effect: a 50-year comparison of mortality rates', *American Journal of Public Health* 82, no. 8 (August 1992), 1089-92, https://doi.org/10.2105/ajph.82.8.1089.

30. Ibid.; 또한 다음을 보라. John G. Bruhn, Billy U. Philips and Stewart Wolf, 'Social readjustment and illness patterns: Comparisons between first, second and third generation Italian-Americans living in the same community', *Journal of Psychosomatic Research* 16, no. 6 (October 1972), 387-94, https://doi.org/10.1016/0022-3999(72)90063-3: "첫 번째 세대는 가족 생활의 변화를 더 많이 보고했고, 두 번째 세대는 개인 생활의 변화를 더 많이 경험했으며, 세 번째 세대는 일과 재산에 관련한 변화를 더 많이 보고했다."

31. Nicole Spector, '"Blue Zones": 6 secrets to borrow from people who live the longest', NBC News, 20 October 2018, https://www.nbcnews.com/better/health/blue-zones-6-secrets-borrow-people-who-live-longest-ncna921776.

32. Ibid.

33. 그 예로 다음을 보라. Joan B. Silk, 'Evolutionary Perspectives on the Links Between Close Social Bonds, Health, and Fitness', in *Sociality, Hierarchy, Health: Comparative Biodemography* (National Academies Press, 2014), p.6; Zack Johnson, 'The Brain On Social Bonds: Clues From Evolutionary Relatives', *Society for Personality and Social Psychology*, 29 June 2015, http://www.spsp.org/news-center/blog/brain-social-bonds; Mary E. Clark, 'Meaningful Social Bonding as a Universal Human Need', in *Conflict: Human Needs Theory*, ed. John Burton (Palgrave Macmillan, 1990), 34-59.

34. Monte Burke, 'Loneliness Can Kill You', *Forbes*, 6 August 2009, https://www.forbes.com/forbes/2009/0824/opinions-neuroscience-loneliness-ideas-opinions.html#75ec4deb7f85.

35. 'The Consultation Letters of Dr William Cullen (1710-1790) at the Royal College of Physicians of Edinburgh', The Cullen Project, http://www.cullenproject.ac.uk/docs/4509/. 컬런의 저술이 발표되고 한 세기 후 여성의 '신경증'에 대한 '치료법'은 주로 침대에서의 휴식, 고립, 사회적 활동 피하기(심지어 독서까지) 등 정반대일 때가 많았다는 점에서 그의 처방은 더욱 흥미롭다. 이러한 방식의 치료법은 샬럿 퍼킨스 길먼의 단편「누런 벽지」를 통해 가장 잘 알려졌다. 이 소설에서 주인공은 이름이 언급되지 않는 어떤 비슷한 증상 때문에 1인용 침대가 있는 침실에 갇혀 지내다 서서히 환각 증세를 보인다.

36. 다음도 참조하라. 'The Harvard Study of Adult Development', *Adult Development Study*, 2015, https://www.adultdevelopmentstudy.org. 현재 그다음 세대에 대한 추적 조사가 수행되고 있다!

37. Liz Mineo, 'Good Genes Are Nice, but Joy Is Better', *Harvard Gazette*, 11 April 2017, https://news.harvard. edu/gazette/story/2017/04/over-nearly-80-years-harvard-study-has-been-showinghow-to-live-a-healthy-and-happy-life/.

38. 염증은 박테리아 감염과 극심한 신체 손상에 대처하는 유용한 방법이며, 둘 다 다른 사람을 통한 바이러스 감염과 달리 자기 혼자 키우는 문제다. 우리가 고립감을 느낄 때 염증 수준이 증가하는 현상은 그런 의미에서 쉽게 이해된다. 다음을 보라. Angus Chen, 'Loneliness May Warp Our Genes, And Our Immune Systems', NPR, 29 November 2015, https://www.npr.org/sections/health-shots/2015/11/29/457255876/loneliness-may-warp-our-genes-and-our-immune-systems.

39. Elitsa Dermendzhiyska, 'Can Loneliness Kill You?', *Medium*, 7 November 2018, https://medium.com/s/story/can-loneliness-kill-you-6ea3cab4eab0.

40. Philip Hunter, 'The inflammation theory of disease', *EMBO Reports* 13, no. 11 (November 2012), 968-70, https://www.ncbi.nlm.nih.gov/pmc/articles/PMC3492709. UCLA 의학과 및 정신과 교수 스티브 콜은 외로움이 염증 반응에 미치는 영향은 "외로운 사람이 암, 신경퇴행성 질환, 바이러스 감염에 걸릴 위험성이 큰 이유"를 설명해준다고 말한다. Angus Chen, 'Loneliness May Warp Our Genes, And Our Immune Systems', NPR, 29 November 2015, https://www.npr.org/sections/health-shots/2015/11/29/457255876/loneliness-may-warp-our-genes-and-our-immune-systems.

41. Bert N. Uchino et al., 'Social Support and Immunity', in *The Oxford Handbook of Psychoneuroimmunology*, ed. Suzanne Segerstrom (Oxford University Press, 2012), https://www.oxfordhandbooks.com/view/10.1093/oxfordhb/9780195394399.001.0001/oxfordhb-9780195394399-e-12. Rhinoviruses (common colds), HIV and some cancer-causing viruses are more active in socially isolated patients.

42. I. S. Cohen, 'Psychosomatic death: Voodoo death in modern perspective', *Integrative Psychiatry*, 16 (1985), 46-51, https://psycnet.apa.org/record/1985-25266-001.

43. J. K. Kiecolt-Glaser et al., 'Psychosocial Modifiers of Immunocompetence in Medical Students', *Psychosomatic Medicine* 46, no. 1 (1984): 7-14, https://pubmed.ncbi.nlm.nih.gov/6701256/; idem, 'Urinary cortisol levels, cellular immunocompetency and loneliness in psychiatric inpatients', *Psychosomatic Medicine*, 46 (1984), 15-23.

44. N. Grant et al., 'Social isolation and stress-related cardiovascular, lipid, and cortisol responses', *Annals of Behavioral Medicine* 37, no. 1 (February 2009), 29-37, https://www.ncbi.nlm.nih.gov/pubmed/19194770; Y. C. Yang et al., 'Social isolation and adult mortality: the role of chronic inflammation and sex differences', *Journal of Health and Social Behavior* 54 (2013), 183-203, https://www.ncbi.nlm.nih.gov/pmc/articles/PMC3998519/.

45. 'Loneliness can be as bad for health as a chronic long-term condition, says GP leader', Royal College of General Practitioners, 12 October 2017, https://www.rcgp.org.uk/about-us/news/2017/october/loneliness-can-be-as-bad-for-health-as-a-chronic-long-term-condition-says-gp-leader.aspx.

46. 다음을 보라. Rachel P. Maines, *The Technology of Orgasm: 'Hysteria', the Vibrator, and Women's Sexual Satisfaction* (Johns Hopkins University Press, 1999).

47. H. Meltzer et al., 'Feelings of Loneliness among Adults with Mental Disorder,' *Social Psychiatry and Psychiatric*

Epidemiology 48, no. 1 (2013), 5-13, doi: 10.1007/s00127-012-0515-8. 이 연구는 2007년 자료에 근거해 수행되었다.

48. 다음을 보라. John D. Cacioppo, Louise C. Hawkley, and Ronald A. Thisted, 'Perceived Social Isolation Makes Me Sad: Five Year Cross-Lagged Analyses of Loneliness and Depressive Symptomatology in the Chicago Health, Aging and Social Relations Study', *Psychology and Aging* 25, no. 2 (June 2010): 453-463, https://doi.org/10.1037/a0017216. 네덜란드에서 우울증을 겪는 나이 든 성인들을 대상으로 한 연구에서 83%가 외로움을 느낀다고 응답했다. 우울증이 없는 사람들은 32%만이 외로움을 느낀다고 응답했다. B. Hovast et al., 'Loneliness Is Associated with Poor Prognosis in Late-Life Depression: Longitudinal Analysis of the Netherlands Study of Depression in Older Persons', *Journal of Affective Disorders* 185 (2015), 1-7, doi:10.1016/j.jad.2015.06.036. 10대를 대상으로 한 최근 조사에서 외로운 청소년일수록 우울증을 겪을 가능성이 더 크며, 우울증을 겪는 정도에 따라 외로운 수준도 달라짐을 발견했다. 다음을 보라. R. Rich et al., 'Causes of depression in college students: A cross-lagged panel correlational analysis', *Psychological Reports* 60 (1987), 27-30, https://doi.org/10.2466/pro.1987.60.1.27; Marina Lalayants and Jonathan D. Price, 'Loneliness and depression or depression related factors among child welfare-involved adolescent females', *Child and Adolescent Social Work Journal* 324 (April 2015), 167-76, https://doi-org.gate3.library.lse. ac.uk/10.1007/s10560-014-0344-6.

49. Louise Boyle, 'When everyday environments become anxious spaces', Wellcome Collection, 14 November 2018, https://wellcomecollection.org/articles/W-BEUREAAASpazif.

50. 이를테면 뉴욕 웨일 코넬 의과대 의사이자 연구원 드루부 쿨라(Dhruv Khullar)는 단기간에 경험한 외로움이 '며칠 내' 불안증이나 우울증 악화를 유발할 수 있다고 말한다. Adam Gabbatt, "Social recession": how isolation can affect physical and mental health', *Guardian*, 18 March 2020, https://www.theguardian.com/world/2020/mar/18/coronavirus-isolation-social-recession-physical-mental-health. 포유류 연구에서 2주 정도의 단기간에 경험한 사회적 고립이 뇌에서 뚜렷한 화학적 변화를 유발해 공격성과 불안한 행동을 자극할 수 있음을 발견했다. California Institute of Technology, 'How social isolation transforms the brain: A particular neural chemical is overproduced during long-term social isolation, causing increased aggression and fear', *ScienceDaily*, 17 May 2018, https://www.sciencedaily.com/releases/2018/05/180517113856.htm.

51. X. Liu et al., 'Depression after exposure to stressful events: lessons learned from the severe acute respiratory syndrome epidemic', *Comprehensive Psychiatry* 53 (2012), 15-23. 격리 기간의 중간값은 14일이었다.

52. P. Wu et al., 'Alcohol abuse/dependence symptoms among hospital employees exposed to a SARS outbreak', *Alcohol and Alcoholism* 43 (2008), 706-12, https://doi.org/10.1093/alcalc/agn073; idem., 'The psychological impact of the SARS epidemic on hospital employees in China: exposure, risk perception, and altruistic acceptance of risk', *Canadian Journal of Psychiatry* 54 (2009), 302-11, https://pubmed.ncbi.nlm.nih. gov/19497162/.

53. J. K. Hirsch et al., 'Social problem solving and suicidal behavior: ethnic differences in the moderating effects of loneliness and life stress', *Archives of Suicide Research*, 16, no. 4 (2012), 303-15, https://doi.org/10. 1080/13811118.2013.722054.

54. Francie Hart Broghammer, 'Death by Loneliness', *Real Clear Policy*, 6 May 2019, https://www. realclearpolicy.com/articles/2019/05/06/death_by_loneliness_111185.html.

55. Rebecca Nowland, 'The Role of Loneliness in Suicidal Behaviour' (APPG Meeting on Suicide and Self-Harm Prevention, 30 April 2019); S. Wiktorsson et al., 'Attempted suicide in the elderly: characteristics of suicide attempters 70 years and older and a general population comparison group', *American Journal of Geriatric Psychiatry* 18, no. 1 (2010), 57-67, https://pubmed.ncbi.nlm.nih.gov/20094019/; Henry O'Connell et al., 'Recent developments, Suicide in older people', *BMJ* 329 (October 2004), 895-99, https://www.ncbi.nlm.nih. gov/pmc/articles/PMC523116.

56. R.E. Roberts et al., 'Suicidal thinking among adolescents with a history of attempted suicide', *Journal of the American Academy of Child and Adolescent Psychiatry* 37, no. 12 (December 1998), 1294-300, https://www.ncbi. nlm.nih.gov/pubmed/9847502.

57. M. L. Goodman et al., 'Relative social standing and suicide ideation among Kenyan males: the interpersonal theory of suicide in context', *Social Psychiatry and Psychiatric Epidemiology* 52, no. 10(October 2017): 1307-1316, https://www.ncbi.nlm.nih.gov/pubmed/28821916; Bimala Sharma et al., 'Loneliness, Insomnia and Suicidal Behavior among School-Going Adolescents in Western Pacific Island Countries: Role of Violence and Injury', *International Journal of Environmental Research and Public Health* 14, no. 7 (July 2017): 791, https:// www.ncbi.nlm.nih.gov/pmc/articles/ PMC5551229/.

58. Katherine C. Schinka et al., 'Psychosocial Predictors and Outcomes of Loneliness Trajectories from Childhood to Early Adolescence', *Journal of Adolescence* 36, no. 6 (December 2013), 1251-60, https://doi. org/10.1016/j.adolescence.2013.08.002.

59. 미국에서 이 모든 요인과 관련한 절망사를 분석한 결정적인 보고서는 다음과 같다. Angus Deaton and Anne Case, *Deaths of Despair and the Future of Capitalism* (Princeton University Press, 2020). 이혼에 관해서는 다음을 보라. Anne Case, 'Morbidity and Mortality in the 21st Century', *Brookings Papers on Economic Activity* (Spring 2017), 431, https://www.brookings.edu/wp-content/uploads/2017/08/casetextsp17bpea.pdf; Charles Fain Lehman, 'The Role of Marriage in the Suicide Crisis', *Institute for Family Studies*, 1 June 2020, https://ifstudies.org/blog/the-role-of-marriage-in-the-suicide-crisis. 종교의식 참석률 하락에 관해서 는 다음을 보라. W. Bradford Wilcox et al., 'No Money, No Honey, No Church: The Deinstitutionalisation of Religious Life Among the White Working Class', *Research on Social Work Practice* 23 (2012): 227-250, https://doi.org/10.1108/S02772833(2012)0000023013. 정치적 영향과 노동정책에 관해서는 다음을 보라. Shannon M. Monnat, 'Deaths of Despair and Support for Trump in the 2016 Presidential Election', *The Pennsylvania State University Department of Agricultural Economics, Sociology, and Education*, 4 December 2016, https://aese.psu.edu/directory/smm67/Election16. pdf. 다음도 참조하라. Robert Defina et al., 'De-unionization and Drug Death Rates', *Social Currents* 6, no. 1 (February 2019), 4-13, https://doi. org/10.1177/2329496518804555; Jerzy Eisenberg-Guyot et al., 'Solidarity and disparity: Declining labor union density and changing racial and educational mortality inequities in the United States', *American Journal of Industrial Medicine* 63, no. 3 (March 2020), 218-231, https://doi.org/10.1002/ajim.23081; Steven H. Woolf and Heidi Schoomaker, 'Life Expectancy and Mortality Rates in the United States, 1959-2017', *JAMA*

322, no. 20 (November 2019), 1996-2016, doi:10.1001/jama.2019.16932. '절망사'라는 표현이 비(非)히스
패닉 백인 미국인에게만 사용될 때가 많지만(이를테면 대부분 케이스Case와 디튼Deaton의 연구를 포함해) 여기 언급
된 패턴은 인종에 상관없이 나타난다는 강력한 증거가 있다. 그 예로 다음을 보라. Peter A. Muennig et al.,
'America's Declining Well-Being, Health, and Life Expectancy: Not Just a White Problem', *American Journal
of Public Health* 108, no. 12 (2018), 1626-31, https://doi.org/10.2105/AJPH.2018.304585.

60. Laura Entis, 'Scientists are working on a pill for loneliness', *Guardian*, 26 January 2019, https://www.
theguardian.com/us-news/2019/jan/26/pill-for-loneliness-psychology-science-medicine.

61. M. P. Roy, A. Steptoe and C. Kirschbaum, 'Life events and social support as moderators of individual
differences in cardiovascular and cortisol reactivity', *Journal of Personality and Social Psychology* 75, no. 5
(November 1998), 1273-81, https://pubmed.ncbi.nlm.nih.gov/9866187/.

62. Robin Wright, 'How Loneliness from Coronavirus Isolation Takes Its Own Toll', *New Yorker*, 23 March
2020, https://www.newyorker.com/news/our-columnists/how-loneliness-from-coronavirusisolation-
takes-its-own-toll/amp; J. A. Coan, H. S. Schaefer, and R. J. Davidson, 'Lending a hand: social regulation
of the neural response to threat', *Psychological Sciences* 17, no. 12 (December 2006), 1032-39, doi:10.1111/
j.1467-9280.2006.01832.x.

63. X. Pan and K. H. Chee, 'The power of weak ties in preserving cognitive function: a longitudinal study of
older Chinese adults', *Aging and Mental Health* (April 2019), 1-8, doi:10.1080/13607863.2019.1597015.

64. "18세에서 24세까지(77%)와 25세에서 36세까지(76%) 청년은 봉사 활동이 고립감을 줄여주었다고 말할
가능성이 가장 큰 연령 집단이다. […] 봉사 활동자 4분의 3 이상(77%)이 봉사 활동으로 정신 건강과 웰빙
이 향상되었다고 응답했다. 정신 건강에서 얻은 혜택은 신체 건강상의 혜택보다 더 광범위했다(53%). Amy
McGarvey et al., 'Time Well Spent: A National Survey on the Volunteer Experience', National Council for
Voluntary Organisations, January 2019, https://www.ncvo.org.uk/images/documents/policy_and_research/
volunteering/Volunteer-experience_Full-Report.pdf. 다음도 참조하라. D. C. Carr et al., 'Does Becoming A
Volunteer Attenuate Loneliness Among Recently Widowed Older Adults?', *Journal of Gerontology* B 73, no. 3
(2018), 501-10. doi:10.1093/geronb/gbx092.

65. Alexander L. Brown, Jonathan Meer and J. Forrest Williams, 'Why Do People Volunteer? An Experimental
Analysis of Preferences for Time Donations', *The National Bureau of Economic Research*, May 2013, https://
www.nber.org/papers/w19066.

66. C. Schwartz et al., 'Altruistic Social Interest Behaviors Are Associated With Better Mental Health',
Psychosomatic Medicine 65, no.5 (September 2003), 778-85, doi:10.1097/01.PSY.0000079378.39062.D4.

67. R. W. Hierholzer, 'Improvements in PSTD patients who care for their grandchildren', *American Journal of
Psychiatry* 161 (2004), 176, https://pubmed.ncbi.nlm.nih.gov/14702274/.

68. M. F. Field et al., 'Elder retired volunteers benefit from giving message therapy to infants', *Journal of Applied
Gerontology* 17 (1998), 229-39, https://doi.org/10.1177/073346489801700210.

69. Commission on Children at Risk, *Hardwired to Connect: The New Scientific Case for Authoritative Communities*
(Institute for American Values, 2003).

70. S. L. Brown et al., 'Providing Social Support May Be More Beneficial than Receiving It: Results from a Prospective Study of Mortality', *Psychological Sciences* 14, no. 4 (2003), 320-27, https://doi.org/10.1111/1467-9280.14461.

71. Kelli Harding, *The Rabbit Effect: Live Longer, Happier, and Healthier with the Groundbreaking Science of Kindness* (Atria Books, 2019).

72. 이를테면 미국에서 연방노동관계위원회는 1935년 설립되었고 현재까지 "피고용자의 단체협상권을 보장하는 일"을 한다. 'Our History', National Labor Relations Board, 2020, https://www.nlrb.gov/about-nlrb/who-we-are/our-history. 다음도 참조하라. Christopher Conte and Albert R. Karr, *Outline of the U.S. Economy* (U.S. Dept. of State, Office of International Information Programs, 2001). 영국에서는 국민보건서비스가 1948년 창설되었다. 다음을 보라. Peter Greengross, Ken Grant and Elizabeth Collini, 'The History and Development of The UK National Health Service 1948 - 1999', DFID Health Systems Resource Centre, July 2009, https://assets.publishing.service.gov.uk/media/57a08d91e5274a31e000192c/The-history-and-development-of-the-UK-NHS.pdf.

73. 이 조사는 영국 사이트 www.jobsite.co.uk에서 수행되었다. 구인 광고에 명시된 임금 수준을 영국 임금 중간값에 비교했다.

74. William Booth, Karla Adam and Pamela Rolfe, 'In fight against coronavirus, the world gives medical heroes standing ovation', *Washington Post*, 26 March 2020, https://www.washingtonpost.com/world/europe/clap-for-carers/2020/03/26/3d05eb9c-6f66-11ea-a156-0048b62cdb51_story.html.

3장 — 그들은 왜 히틀러와 트럼프를 지지했는가

1. Graziano Pinna et al., 'In Socially Isolated Mice, the Reversal of Brain Allopregnanolone down-Regulation Mediates the Anti-Aggressive Action of Fluoxetine', *Proceedings of the National Academy of Sciences of the United States of America* 100, no. 4 (2003), 2035, https://doi.org/10.1073/pnas.0337642100. 흥미롭게도 암컷 생쥐들은 공격성이 나타나지 않았다.

2. 정신분석가 그리고리 질부르크(Gregory Zilboorg)가 1938년에 최초로 연관성을 제기했고 이후 여러 연구 결과로 뒷받침되었다. James V. P. Check, Daniel Perlman, Neil M. Malamuth, 'Loneliness and Aggressive Behaviour', *Journal of Social and Personal Relationships* 2, no. 3 (1985), 243-52, https://www.sscnet.ucla.edu/comm/malamuth/pdf/85jspr2.pdf; D. Segel-Karpas and L. Ayalon, 'Loneliness and hostility in older adults: A cross-lagged model', *Psychology and Aging* 35, no. 2 (2020), 169-76, https://doi.org/10.1037/pag0000417; Ben Mijuskovic, 'Loneliness and Hostility', *Psychology: A Quarterly Journal of Human Behavior* 20, nos. 3-4 (1983), 9-19, https://eric.ed.gov/?id=EJ297686. 또한 외로움은 분노감을 증가시키고 사회적 기술을 약화시키는 것으로 나타났다. (다음을 보라. John T. Cacioppo et al., 'Loneliness within a Nomological Net: An Evolutionary Perspective', *Journal of Research in Personality* 40, no. 6 (2006), 1054-85, https://doi.org/10.1016/j.jrp.2005.11.007). 한편 과거 격리 기간에 경험한 고립 역시 외로움을 초래하는 것으로 보인다. Samantha K. Brooks et al., 'The psychological impact of quarantine and how to reduce it: rapid review of the evidence', *Lancet* 395, no. 10227 (March 2020), 919-20, https://doi.org/10.1016/ S0140-6736(20)30460-8.

3.	Mark Brown, 'In a lonely place', *One in Four Magazine*, 2010, http://www.oneinfourmag.org/index.php/in-a-lonely-place/.

4.	Gillian A. Matthews et al., 'Dorsal Raphe Dopamine Neurons Represent the Experience of Social Isolation', *Cell* 164, no. 11 (2016), 617–31, doi 10.1016/j.cell.2015.12.040; Janelle N. Beadle et al., 'Trait Empathy as a Predictor of Individual Differences in Perceived Loneliness', *Psychological Reports* 110, no. 1 (2012), 3–15, https://doi.org/10.2466/07.09.20.PR0.110.1.3–15; Ryota Kanai et al., 'Brain Structure Links Loneliness to Social Perception', *Current Biology* 22, no. 20 (2012), 1975–9, https://doi.org/10.1016/j.cub.2012.08.045.

5.	John T. Cacioppo et al., 'In the Eye of the Beholder: Individual Differences in Perceived Social Isolation Predict Regional Brain Activation to Social Stimuli', *Journal of Cognitive Neuroscience* 21, no. 1 (January 2009), 83–92, https://doi.org/10.1162/jocn.2009.21007; Stephanie Cacioppo et al., 'Loneliness and Implicit Attention to Social Threat: A High-Performance Electrical Neuroimaging Study', *Cognitive Neuroscience* 7, nos. 1–4 (2015), https://www.tandfonline.com/doi/abs/10.1080/17588928.2015.1070136.

6.	John T. Cacioppo, Hsi Yuan Chen and Stephanie Cacioppo, 'Reciprocal Influences Between Loneliness and Self-Centeredness: A Cross-Lagged Panel Analysis in a Population-Based Sample of African American, Hispanic, and Caucasian Adults', *Personality and Social Psychology Bulletin* 43, no. 8 (13 June 2017), 1125–35, https://doi.org/10.1177/0146167217705120.

7.	Randy Rieland, 'Can a Pill Fight Loneliness?', *Smithsonian Magazine*, 8 February 2019, https://www.smithsonianmag.com/innovation/can-pill-fight-loneliness-180971435/.

8.	이를테면 그들은 난동이 벌어지는 등 마을에서 문제가 생겼을 때 공동의 문제를 이웃이 같이 해결하려 들지 않을 거라고 생각했다. 'No Such Thing as Friendly Neighbourhoods for Lonely Young People', *Kings College London News*, 8 April 2019. 원 연구는 다음과 같다. Timothy Matthews et al., 'Loneliness and Neighborhood Characteristics: A Multi-Informant, Nationally Representative Study of Young Adults', *Psychological Science* 30, no. 5 (April 2019), 765–75, https://doi.org/10.1177/0956797619836102.

9.	포퓰리즘과 그 역동적 정의에 관한 자세한 소개는 다음을 보라. Cas Mudde and Cristobal Rovira Kaltwasser, *Populism* (Oxford University Press, 2017). 다음 연구자들도 이 주제로 훌륭한 작업을 했다. Paul Taggart, Margaret Canovan, Jan-Werner Mueller, Michael Kazin, John Judis, Catherine Fieschi.

10.	Elisabeth Young-Bruehl, *Hannah Arendt: For the Love of the World* (Yale University Press, 2004), p.4.

11.	Ibid., 105–7; Patrick Hayden, *Hannah Arendt: Key Concepts* (Routledge, 2014), p.4.

12.	Young-Bruehl, *Hannah Arendt: For the Love of the World*, p.159.

13.	David S. Wyman, *Paper Walls: America and the Refugee Crisis, 1938–1941* (University of Massachusetts Press, 1968), p.28.

14.	이제 일부 학자는 독일 인구의 30~40%가 나치의 계획을 알고 있었다고 생각한다. 그 예로 다음을 보라. Peter Longerich, *Davon haben wir nichts gewusst! Die Deutschen und die Judenverfolgung 1933-1945* (Siedler Verlag, 2006); 다음도 참조하라. Robert Gellately, *Backing Hitler. Consent and Coercion in Nazi Germany* (Oxford University Press, 2001).

15.	Young-Bruehl, *Hannah Arendt: For the Love of the World*, p.28.

16.	Hannah Arendt, *The Origins of Totalitarianism: Part Three* (Harcourt, Brace & World, 1968), p.128.

17. Ibid., p.15.

18. Ibid., p.475.

19. Elisabeth Zerofsky, 'How Viktor Orban Used the Coronavirus to Seize More Power', *New Yorker*, 9 April 2020, https://www.newyorker.com/news/letter-from-europe/how-viktor-orban-used-the-coronavirus-to-seize-more-power; Amy Goodman and Natashya Gutierrez, 'As Virus Spreads in Philippines, So Does Authoritarianism: Duterte Threatens Violence Amid Lockdown', Democracy Now, 3 April 2020, https://www.democracynow. org/2020/4/3/coronavirus_asia_philippines_rodrigo_duterte; Maya Wang, 'China: Fighting COVID-19 With Automated Tyranny', Human Rights Watch, 1 April 2020, https://www.hrw.org/news/2020/04/01/china-fighting-covid-19-automated-tyranny; Isaac Chotiner, 'The Coronavirus Meets Authoritarianism in Turkey', *New Yorker*, 3 April 2020, https://www.newyorker.com/news/q-and-a/the-coronavirus-meets-authoritarianism-in-turkey; Kenneth Roth, 'How Authoritarians Are Exploiting the COVID-19 Crisis to Grab Power', Human Rights Watch, 3 April 2020, https://www.hrw.org/news/2020/04/03/how-authoritarians-are-exploiting-covid-19-crisis-grab-power.

20. R. Hortulanus, A. Machielse, and L. Meeuwesen, eds., *Social Isolation in Modern Society* (Routledge, 2009); Jan Eckhard, 'Does Poverty Increase the Risk of Social Isolation? Insights Based on Panel Data from Germany', *The Sociology Quarterly* 59, no. 2 (May 2018), 338-59, https://doi.org/10.1080/00380253.2018.1436943; Beatrice d'Hombres et al., 'Loneliness - an unequally shared burden in Europe', *European Commission: Science for Policy Briefs*, 2018, https://ec.europa.eu/jrc/sites/jrcsh/files/fairness_pb2018_loneliness_jrc_i1.pdf.

21. Arendt, *The Origins of Totalitarianism: Part Three*, p.176.

22. 그 예로 다음을 보라. Pippa Norris and Ronald Inglehart, *Cultural Backlash: Trump, Brexit, and Authoritarian Populism* (Cambridge University Press, 2019); John Springford and Simon Tilford, 'Populism - Culture Or Economics?' Centre for European Reform, 30 October 2017, https://www.cer.eu/insights/populism-%E2%80%93-culture-or-economics.

23. Nonna Mayer and Pascal Perrineau, 'Why Do They Vote for Le Pen?', *European Journal of Political Research* (1992), https://doi.org/10.1111/j.1475-6765.1992.tb00308.x.

24. C. Berning and C. Ziller, 'Social trust and radical right-wing populist party preferences', *Acta Politica* 52 (2017), 198-217, https://doi.org/10.1057/ap.2015.28.

25. Timothy P. Carney, 'How the Collapse of Communities Gave Us Trump', *Washington Examiner*, 15 February 2019, https://www.washingtonexaminer.com/opinion/how-the-collapse-ofcommunities-gave-us-trump; 원 자료는 다음을 보라. 'American Family Survey Summary Report', 2016, http://csed.byu.edu/wp-content/uploads/2016/10/AFS2016Report.pdf.

26. Daniel Cox and Robert P. Jones, 'Two-Thirds of Trump Supporters Say Nation Needs a Leader Willing to Break the Rules', PRRI, 7 April 2016, https://www.prri.org/research/prri-atlantic-poll-republican-democratic-primary-trump-supporters/; Yoni Appelbaum, 'Americans Aren't Practicing Democracy Anymore', *The Atlantic*, October 2018, https://www.theatlantic.com/magazine/archive/2018/10/losing-the-democratic-habit.

27. Tito Boeri et al., 'Populism and Civil Society', *IMF Working Papers* 18, no. 245 (2018), 5, https://doi.org/10.5089/9781484382356.001.

28. 민주주의에는 적극적인 연습이 필요하다는 생각은 존 듀이, 알렉시스 드 토크빌, 낸시 로젠블룸 등 다양한 사상가의 저서에서 나타난다. 그 예로 다음을 보라. Alexis de Tocqueville, *Democracy in America, Part I* (orig. Saunders and Otley, 1835). John Dewey, *Democracy and Education* (Macmillan, 1916).; Nancy Rosenblum, *Good Neighbors: The Democracy of Everyday Life in America* (Princeton University Press, 2018). 요니 아펠바움의 통찰력 있는 다음 에세이도 참조하라. Yoni Appelbaum, 'Americans Aren't Practicing Democracy Anymore', *The Atlantic*, October 2018, https://www.theatlantic.com/magazine/archive/2018/10/losing-the-democratic-habit.

29. Carl Jung, *Memories, Dreams, Reflections*, edited by Aniela Jaffe, translated by Clara Winston and Richard Winston (Vintage, 1989), p. 356.

30. 팀 새뮤얼스(Tim Samuels)의 2016년 미방영 철도 노동자 인터뷰.

31. 그 예로 다음을 보라. Timothy P. Carney, *Alienated America: Why Some Places Thrive While Others Collapse* (HarperCollins, 2019). 다음도 참조하라. Thomas Ferguson et al., 'The Economic and Social Roots of Populist Rebellion: Support for Donald Trump in 2016', Working Paper No. 83, Institute for New Economic Thinking, October 2018, https://www.ineteconomics.org/uploads/papers/WP_83-Ferguson-et-al.pdf; Lee Fang, 'Donald Trump Exploited Long-Term Economic Distress to Fuel His Election Victory, Study Finds', *Intercept*, 31 October 2018, https://theintercept.com/2018/10/31/donald-trump-2016-election-economic-distress/.

32. Declan Walsh, 'Alienated and Angry, Coal Miners See Donald Trump as Their Only Choice', *New York Times*, 19 August 2016, https://www.nytimes.com/2016/08/20/world/americas/alienatedand-angry-coal-miners-see-donald-trump-as-their-only-choice.html; Sarah Sanders and Christina Mullins, '2016 West Virginia Overdose Fatality Analysis', West Virginia Bureau for Public Health, 20 December 2017, https://dhhr.wv.gov/bph/Documents/ODCP%20Reports%202017/2016%20West%20Virginia%20Overdose%20Fatality%20Analysis_004302018.pdf; Ed Pilkington, 'What happened when Walmart left,' *Guardian*, 9 July 2017, https://www.theguardian.com/us-news/2017/jul/09/what-happened-when-walmart-left; Calvin A. Kent, 'Crisis in West Virginia's Coal Counties', National Association of Counties, 17 October 2016, https://www.naco.org/articles/crisis-west-virginia's-coal-counties.

33. Dartunorro Clark, 'Pelosi says no Covid-19 relief before election day, blames White House for failing "miserably"', NBC News, 27 October 2020.

34. Angelique Chrisafis, 'Jean-Marie Le Pen fined again for dismissing Holocaust as "detail"', *Guardian*, 6 April 2016, https://www.theguardian.com/world/2016/apr/06/jean-marie-le-pen-fined-again-dismissing-holocaust-detail.

35. Lara Marlowe, 'Marine Le Pen: "The EU is dead. Long live Europe"', *Irish Times*, 23 February 2019, https://www.irishtimes.com/news/world/europe/marine-le-pen-the-eu-is-dead-long-live-europe-1.3801809.

36. Angelique Chrisafis, 'Marine Le Pen not guilty of inciting religious hatred', *Guardian*, 15 December 2015, https://www.theguardian.com/world/2015/dec/15/marine-le-pen-not-guilty-inciting-religious-hatred-

lyon-french-front-national.

37. Peter H. Koepf, 'The AfD's populist rhetoric attracts those who are traumatized by the past and scared of the future', *German Times*, October 2019, http://www.german-times.com/the-afds-populist-rhetoric-attracts-those-who-are-traumatized-by-the-past-and-scared-of-the-future/; Johannes Hillje, 'Return to the Politically Abandoned: Conversations in Right-Wing Populist Strongholds in Germany and France', Das Progressive Zentrum, 2018, https://www.progressives-zentrum.org/wp-content/uploads/2018/10/Return-to-the-politically-abandoned-Conversations-in-right-wing-populist-strongholds-in-Germany-and-France_Das-Progressive-Zentrum_Johannes-Hillje.pdf; Sean Clarke, 'German elections 2017: full results', *Guardian*, 25 September 2017, https://www.theguardian.com/world/ng-interactive/2017/sep/24/german-elections-2017-latest-results-live-merkel-bundestag-afd.

38. Claude Brodesser-Akner, 'I Went to a Trump Rally Last Night and Mingled with the Crowd. Here's What Happened', New Jersey Advance Media, August 2018, https://www.nj.com/politics/2018/08/i_put_on_my_best_camouflage_shorts_and_went_to_a_t.html; Kim Willsher, 'Rural France pledges to vote for Le Pen as next president', *Guardian*, 4 September 2016, https://www.theguardian.com/world/2016/sep/03/rural-france-pledges-to-vote-for-le-pen-president.

39. OECD, 'All in it together? The experience of different labour market groups following the crisis', *OECD Employment Outlook*, 2013, http://dx.doi.org/10.1787/empl_outlook-2013-5-en; Jason Furman, 'The American Working Man Still Isn't Working', *Foreign Affairs*, 19 September 2019, https://www.foreignaffairs.com/articles/united-states/2019-09-19/american-working-man-still-isnt-working. 이 시기에 여성보다 남성이 정신 건강이 좋지 않았다는 사실 역시 주목하자. A. Bacigalupe, S. Esnaola, and U. Martin, 'The impact of the Great Recession on mental health and its inequalities: the case of a Southern European region, 1997-2013', *International Journal for Equity in Health* 15 (2016), https://doi.org/10.1186/s12939-015-0283-7. 그렇지만 남성이 여성보다 직장을 빨리 다시 구했다는 사실에도 주목하자. Dominic Rushe, 'Women Hit Hardest in US Economic Recovery as Jobs Growth Slows', *Guardian*, 6 April 2012, https://www.theguardian.com/business/2012/apr/06/women-hit-hard-us-economic-recession; Brian Groom, 'Low-skilled workers hit hardest by recession', *Financial Times*, 20 July 2011, https://www.ft.com/content/9e874afa-b2b4-11e0-bc28-00144feabdc0.

40. 프린스턴대 노엄 기드론과 하버드대 피터 홀은 1987년에서 2014년까지 20개 고소득 국가(영국, 미국, 프랑스 포함)에서의 투표 양상을 분석했다. 두 사람은 응답자가 '자신 같은 사람들'의 사회적 지위가 지난 25년 간 하락했다고 인식할수록 우파 포퓰리스트에게 표를 줄 가능성이 더 커짐을 발견했다. 사회적 지위가 가장 하락했다고 인식하는 집단은 대학 졸업장이 없는 백인 노동자 계층이었다. Noam Gidron and Peter A. Hall, 'The politics of social status: economic and cultural roots of the populist right', *The British Journal of Sociology* (2017), https://scholar.harvard.edu/files/hall/files/gidronhallbjs2017.pdf. 작고한 경제학자 앨런 크루거는 더 이상 노동 활동을 하지 않고 지낼 때 남자가 느끼는 정서적 고통의 측정치가 여자보다 더 크다는 점에서 여자보다 남자가 노동을 통해 자신의 정체성을 규정한다고 보았다. 다음을 보라. Alan B. Krueger, 'Where Have All the Workers Gone? An Inquiry into the Decline of the U.S. Labor Force Participation Rate,' *Brookings Papers on Economic Activity* 2 (2017), 1-87, https://doi.org/10.1353/eca.2017.0012.

41. 'Trump: We're putting our great coal miners back to work', Fox Business, 21 August 2018, https://www.youtube.com/watch?v=XnSlzBcLLGs.

42. Noam Gidron and Peter A. Hall, 'The politics of social status: economic and cultural roots of the populist right', *The British Journal of Sociology* 68, no. 1 (November 2017), S57–S84, https://doi.org/10.1111/1468-4446.12319; idem., 'Understanding the political impact of white working-class men who feel society no longer values them', *The London School of Economics*, 28 December 2017, https://blogs.lse.ac.uk/politicsandpolicy/understanding-the-political-impact-of-white-working-class-men/. 아울러, 주류 담론에서 인종·젠더 평등이 강조되면서 문화적 체계에 변화가 일어났고, 자신의 사회적 지위에 대한 의식을 백인이나 남성이라는 정체성에 의지했던 사람들에게는 이러한 변화가 자신의 주관적인 사회적 신분에 대한 위험으로 다가왔다. 다음도 보라. Noam Gidron and Peter A. Hall, 'Populism as a Problem of Social Integration', The Hebrew University Department of Political Science, December 2018, https://scholar.harvard.edu/files/hall/files/gidronhalldec2018.pdf.

43. 다음에서 인용되었다. Noam Gidron and Peter A. Hall, 'The politics of social status: economic and cultural roots of the populist right'.

44. 도널드 트럼프 트위터 글, 2020년 10월 28일 오후 5시 5분.

45. 공동체에의 호소는 특히 더 매혹적이다. 다음을 보라. Seymour Martin Lipset, 'Democracy and Working-Class Authoritarianism', *American Sociological Review* 24, no. 4 (1959), 482–501, https://doi.org/10.2307/2089536.

46. 'List of post-election Donald Trump rallies', Wikipedia, 2016, https://en.wikipedia.org/wiki/List_of_post-election_Donald_Trump_rallies.

47. 오바마의 임기 중 집회와 비교된다. 오바마 집회는 (일화적으로 말해) 복장이 훨씬 덜 통일되어 있었고 민주당원 옷이 아닌 일상복을 입은 사람이 월등히 더 많았다. 다음을 보라. Katy Tur, 'Why Barack Obama's Rallies Feel so Different from Donald Trump's', NBC News, 5 November 2018, https://www.nbcnews.com/politics/donald-trump/what-i-learned-last-weekend-s-rallies-donald-trump-barack-n931576.

48. Claude Brodesser-Akner, 'I Went to a Trump Rally Last Night and Mingled with the Crowd. Here's What Happened', *New Jersey Advance Media*, August 2018, https://www.nj.com/politics/2018/08/i_put_on_my_best_camouflage_shorts_and_went_to_a_t.html.

49. Lauren Katz, 'Trump rallies aren't a sideshow – they're his entire campaign', *Vox*, 6 November 2019, https://www.vox.com/policy-and-politics/2019/11/6/20950388/donald-trump-rally-2020-presidential-election-today-explained.

50. 'Inside a Trump rally', *Vox: Today, Explained*, https://podcasts.apple.com/gb/podcast/inside-a-trump-rally/id1346207297?i=1000456034947.

51. Alexandra Homolar and Ronny Scholz, 'The power of Trumpspeak: populist crisis narratives and ontological security,' *Cambridge Review of International Affairs* 32, no. 3 (March 2019), 344–64, https://doi.org/10.1080/09557571.209.1575796.

52. Johnny Dwyer, 'Trump's Big Tent Revival', *Topic Magazine*, April 2019, https://www.topic.com/trump-s-big-tent-revival.

53. 이를테면 '그리고', 정관사 '그', '그러나' 등 기능어를 제외하고 내용어만 봤을 때 가장 흔하게 등장하는 단어다. 다음 글에서 표 1(Table 1)을 확인하라. Alexandra Homolar and Ronny Scholz, 'The power of Trump-speak: populist crisis narratives and ontological security', *Cambridge Review of International Affairs* 32, no. 3 (2019), 344-64, https://doi.org/10.1080/09557571.2019.1575796.

54. Johnny Dwyer, 'Trump's Big Tent Revival'.

55. Ibid.

56. 그 예로 다음을 보라. John Hendrickson, 'Donald Down the Shore', *The Atlantic*, 29 January 2020, https://www.theatlantic.com/politics/archive/2020/01/trumps-wildwood-new-jersey-rally-showed-2020-plan/605704/; Josie Albertson-Grove, 'Trump rally draws thousands, many less involved in politics', Union Leader Corp, 10 February 2020, https://www.unionleader.com/news/politics/voters/trump-rally-draws-thousands-many-less-involved-in-politics/article_e7ece61ba391-5c44-91f2-7cebff6fd514.html; Roy F. Baumeister and Mark R. Leary, 'The need to belong: Desire for interpersonal attachments as a fundamental human motivation', *Psychological Bulletin* 117, no. 3 (1995), 497-529, https://doi.org/10.1037/0033-2909.117.3.497.

57. Laurens Cerulus, 'Inside the far right's Flemish victory,' *Politico*, 27 May 2019, https://www.politico.eu/article/inside-the-far-rights-flemish-victory/.

58. Lori Hinnant, 'Europe's far-right parties hunt down the youth vote', AP News, 16 May 2019, https://apnews.com/7f177b0cf15b4e87a53fe4382d6884ca.

59. Judith Mischke, 'Meet the AfD Youth', *Politico*, 31 August 2019, https://www.politico.eu/article/meet-the-afd-youth-germany-regional-election-far-right/.

60. Hinnant, 'Europe's far right parties'; Cerulus, 'Inside the far right's Flemish victory'.

61. 그 예로 다음을 보라. Giovanna Greco, 'European elections 2019, interview Massimo Casanova - Lega Foggia, Lesina and the South give Europe to the Bolognese Casanova: Salvini's "fraternal friend" is the most voted league player', *Foggia Today*, 27 May 2019, https://www.foggiatoday.it/politica/massimo-casanova-elezionieuropee-sud-intervista.html.

62. Daniele Albertazzi, Arianna Giovannini and Antonella Seddone, '"No Regionalism Please, We Are Leghisti!" The Transformation of the Italian Lega Nord under the Leadership of Matteo Salvini', *Regional & Federal Studies* 28, no. 5 (20 October 2018), 645-71, https://doi.org/10.1080/13597566.2018.1512977.

63 'EU election results: Italy's League wins more than a third of vote', The Local Italy, 27 May 2019, https://www.thelocal.it/20190527/italy-european-election-resullts.

64. Alexander Stille, 'How Matteo Salvini pulled Italy to the far right', *Guardian*, 9 August 2018, https://www.theguardian.com/news/2018/aug/09/how-matteo-salvini-pulled-italy-to-the-far-right.

65. 공동체를 향한 갈망은 프랑스에서 노란 조끼 운동의 출현에도 기여했다. 노란 조끼 운동은 사람들이 서로 단절되어 외롭게 생활하는 교외 지역에서 시작되었다. 교외 지역 사람들은 대도시의 사회적·문화적 활기뿐만 아니라 소도시의 공동체 지향적인 생활도 누리지 못한다. 이들은 사람들이 모이고 소속감을 불러일으키는 물리적인 공간인 교차로(roundabouts)에서 위로를 얻었다.

66. Enrique Hernandez and Hanspeter Kriesi, 'The electoral consequences of the financial and economic

crisis in Europe', European University Institute, 2016, https://core.ac.uk/download/pdf/131933452.pdf; Hanspeter Kriesi, 'The Political Consequences of the Financial and Economic Crisis in Europe: Electoral Punishment and Popular Protest', *Swiss Political Science Review* 18, no. 4 (2012), 518-22, doi:10.1111/spsr.12006.

67. David Smith and Emily Holden, 'In shadow of pandemic, Trump seizes opportunity to push through his agenda', *Guardian*, 9 April 2020, https://www.theguardian.com/us-news/2020/apr/09/in-shadow-of-pandemic-trump-seizes-opportunity-to-push-through-his-agenda; Will Steakin, 'Inside Trump's reelection effort amid the pandemic: Digital canvassing, virtual trainings and marathon press briefings', ABC News, 30 March 2020, https://abcnews.go.com/Politics/inside-trumps-pandemic-reelection-effort-digital-canvassing-virtual/story?id=69800843.

68. Guy Hedgecoe, 'Spanish elections: How the far-right Vox party found its footing', BBC News, 11 November 2019, https://www.bbc.co.uk/news/world-europe-46422036; 'Vlaams Belang breaks half a million likes on Facebook', *Brussels Times*, 18 February 2020, https://www.brusselstimes.com/belgium/95666/vlaams-belang-breaks-past-half-a-million-likes-as-it-splurges-big-on-facebook/. 이를테면 스페인의 우파 포퓰리스트 정당인 복스당은 모든 주요 정당들 가운데에서 2020년 4월에 소셜 미디어에서 상호작용이 가장 활발했다('Spain's far right, the clear leaders in social media', France 24, 27 April 2019, https://www.france24.com/en/20190427-spains-far-right-clear-leader-social-media). 반면 최근 조직된 극우 정당 일부는 코로나19 위기를 소셜 미디어에서 가짜 뉴스를 대량으로 퍼트릴 기회로 이용했다. 'Extremist groups are using coronavirus to push fake news on social media, report warns', *Brussels Times*, 8 May 2020, https://www.brusselstimes.com/belgium/110431/extremist-groups-are-using-coronavirus-to-pump-fake-news-on-social-mediareport-warns/.

69. M. Salmela and C. von Scheve, 'Emotional Dynamics of Right- and Left-wing Political Populism', *Humanity & Society* 42, no. 4 (September 2018), 434-54, https://doi.org/10.1177/0160597618802521.

70. Jia Lynn Yang, 'When Asian-Americans Have to Prove We Belong', *New York Times*, 10 August 2020, https://www.nytimes.com/2020/04/10/sunday-review/coronavirus-asian-racism.html.

71. Marc Champion, 'A Virus to Kill Populism, Or Make It Stronger', *Bloomberg*, 27 March 2020, https://www.bloomberg.com/news/articles/2020-03-27/will-coronavirus-kill-populism-or-strengthen-leaders-like-trump; 'Hungary's Orban blames foreigners, migration for coronavirus spread', *France 24*, 13 March 2020, https://www.france24.com/en/20200313-hungary-s-pm-orban-blames-foreign-students-migration-for-coronavirus-spread.

72. Jeremy Cliffe, 'How populist leaders exploit pandemics', *New Statesman*, 18 March 2020, https://www.newstatesman.com/world/2020/03/how-populist-leaders-exploit-pandemics.

73. 가령 중세에 유대인은 전염병 보균자로 묘사되었고 14세기에 유럽을 강타한 흑사병 위기 때 일부러 '우물에 독을 뿌렸다'는 비난을 받았다. Donald G. McNeil, Jr., 'Finding a Scapegoat When Epidemics Strike', *New York Times*, 31 August 2009, https://www.nytimes.com/2009/09/01/health/01plague.html; 다음도 보라. Simon Schama, 'Plague time: Simon Schama on what history tells us', *Financial Times*, 10 April 2020, https://www.ft.com/content/279dee4a-740b-11ea-95fe-fcd274e920ca.

74. Laura Gohr, 'Angry Germans Explain Their Country's Surging Right-Wing Movement', *Vice*, 27 September 2017, https://www.vice.com/en_uk/article/xwgg9w/wir-haben-afd-wahlerunmittelbar-nach-ihrer-stimmabgabe-gefragt-warum; Jefferson Chase, 'Germany's populist AfD party seeks to reboot migrant fears', DW, 21 August 2017, https://www.dw.com/en/germanyspopulist-afd-party-seeks-to-reboot-migrant-fears/a-40176414.

75. Aamna Mohdin, 'How Germany took in one million refugees but dodged a populist uprising', *Quartz*, 22 September 2017, https://qz.com/1076820/german-election-how-angela-merkel-took-in-one-million-refugees-and-avoided-a-populist-upset/.

76. Gohr, 'Angry Germans Explain.'

77. Mara Bierbach, 'How much money do refugees in Germany get?', Infomigrants, 12 September 2017, https://www.infomigrants.net/en/post/5049/how-much-money-do-refugees-in-germany-get; Nihad El-Kayed and Ulrike Hamann, 'Refugees' Access to Housing and Residency in German Cities: Internal Border Regimes and Their Local Variations', *Social Inclusion* 6, no. 1 (2018), 135, https://doi.org/10.17645/si.v6i1.1334. 이민자에게 무전취식자라는 프레임을 씌우려는 우파 포퓰리스트들은 사회적으로 배제되거나 외면받고 있다고 느끼는 사람은 그렇지 않은 사람에 비해 음모 이론에 더 쉽게 설득되고 상황을 잘못 이해하는 경향이 있다는 사실에서 이득을 본다. 다음을 보라. Matthew Hutson, 'Conspiracy Theorists May Really Just Be Lonely', *Scientific American*, 1 May 2017, https://www.scientificamerican.com/article/conspiracy-theorists-may-really-just-be-lonely/; 원 연구: Damaris Graeupner and Alin Coman, 'The dark side of meaning-making: How social exclusion leads to superstitious thinking', *Journal of Experimental Social Psychology* 69 (October 2016), https://doi.org/10.1016/j.jesp.2016.10.003. 다음도 참조하라. 'Chaos at the gates of Paris: Inside the sprawling migrant camps nobody talks about,' *The Local* (France), 29 March 2019, https://www.thelocal.fr/20190329/out-of-sight-but-still-there-the-scandal-of-squalid-paris-migrant-camps; Louis Jacobson and Miriam Valverde, 'Donald Trump's False claim veterans treated worse than illegal immigrants', Politifact, 9 September 2016, https://www.politifact.com/truth-o-meter/statements/2016/sep/09/donald-trump/trump-says-veterans-treated-worse-illegal-immigrants/.

78. Vera Messing and Bence Sagvari, 'What drives anti-migrant attitudes?', *Social Europe*, 28 May 2019, https://www.socialeurope.eu/what-drives-anti-migrant-attitudes.

79. Ibid., 그리고 미국에 관해서는 다음을 참조하라. Sean McElwee, 'Anti-Immigrant Sentiment Is Most Extreme in States Without Immigrants', Data for Progress, 5 April 2018, https://www.dataforprogress.org/blog/2018/4/5/anti-immigrant-sentiment-is-most-extreme-in-states-without-immigrants.

80. Senay Boztas, 'Dutch prime minister warns migrants to "be normal or be gone", as he fends off populist Geert Wilders in bitter election fight', *Telegraph*, 23 January 2017, https://www.telegraph.co.uk/news/2017/01/23/dutch-prime-minister-warns-migrants-normal-gone-fends-populist/.

81. Jon Henley, 'Centre-left Social Democrats victorious in Denmark elections', *Guardian*, 5 June 2019, https://www.theguardian.com/world/2019/jun/05/centre-left-social-democrats-set-to-win-indenmark-elections; idem., 'Denmark's centre-left set to win election with anti-immigration shift', 4 June 2019, *Guardian*, https://www.theguardian.com/world/2019/jun/04/denmark-centre-left-predicted-win-

election-social-democrats-anti-immigration-policies.

82. Hannah Arendt, *The Origins of Totalitarianism* (Harcourt, 1951), p.356.

83 E. Amy Buller, *Darkness Over Germany: A Warning from History* (Longmans, Green, & Co., 1943).

4장 — 아무도 말을 걸지 않는다

1. Judith Flanders, *The Victorian City: Everyday Life in Dickens' London* (Atlantic Books, 2012), p.438.

2. Nick Tarver, 'Loneliness Affects "Half of Adults"', BBC News, 18 October 2013, https://www.bbc.com/news/uk-england-24522691.

3. '도시 지표 조사'는 2016년 9월 네 개 대륙 18개 도시의 2만 명 독자로부터 응답을 수집했다. Guy Parsons, 'London Is among the Loneliest Cities in the World', *Time Out*, 16 February 2017, https://www.timeout.com/london/blog/london-is-among-the-loneliest-cities-in-the-world-021617.

4. 'Rural Loneliness Is Making People Die Earlier. Here Are Four Ways to Tackle It', *Apolitical*, 26 November 2018, https://apolitical.co/en/solution_article/rural-loneliness-making-people-die-earlier-four-ways-to-tackle-it; Margaret Bolton, 'Loneliness: The State We're In', Age UK Oxfordshire, 2012, https://www.campaigntoendloneliness.org/wp-content/uploads/Loneliness-The-State-Were-In.pdf; Jane Hart, 'Older People in Rural Areas: Vulnerability Due to Loneliness and Isolation' (Rural England, April 2016), https://ruralengland.org/wp-content/uploads/2016/04/Final-report-Loneliness-and-Isolation.pdf.

5. 더구나 유럽연합통계청(Eurostat) 자료를 보면 유럽의 도시 거주자는 시골 거주자보다 외롭다. 다음을 보라. 'Do Europeans Feel Lonely?', European Commission: Eurostat, 28 June 2017, https://ec.europa.eu/eurostat/web/products-eurostat-news/-/DDN-20170628-1; 'Children's and Young People's Experiences of Loneliness: 2018', Office for National Statistics, 2018, https://www.ons.gov.uk/peoplepopulationandcommunity/wellbeing/articles/childrensandyoungpeoplesexperiencesofloneliness/2018#how-common-is-loneliness-in-children-and-young-people. 미국에서 시골 거주자는 사회적 관계를 더 많이 맺고 외로움을 덜 겪는 것으로 밝혀졌다. 다음을 보라. Carrie Henning-Smith, Ira Moscovice and Katy Kozhimannil, 'Differences in Social Isolation and Its Relationship to Health by Rurality', *The Journal of Rural Health* 35, no. 4 (2019), https://doi.org/10.1111/jrh.12344. 다음도 참조하라. Keming Yang, *Loneliness: A Social Problem* (Routledge, 2019). 그렇지만 외로움에 관한 대다수 연구는 도시를 대상으로 수행되었으므로 시골 지역의 외로움 현상에 관한 경험적 자료가 상대적으로 적다는 점에 유의하자.

6. 젊은 층이 노년층을 남겨두고 학문적·경제적 기회를 찾아 이주하는 것은 전 세계에서 나타나는 현상이다. 이 흐름이 코로나19 이후 꺾일지는 아직 지켜봐야 한다. 그 예로 다음을 보라. Hu Xiaochu, 'China's Young Rural-to-Urban Migrants: In Search of Fortune, Happiness, and Independence', Migration Policy.org, 4 January 2012, https://www.migrationpolicy.org/article/chinas-young-rural-urban-migrants-search-fortune-happiness-and-independence; 'Rural America Is Losing Young People - Consequences and Solutions', Wharton Public Policy Initative, 23 March 2018, https://publicpolicy.wharton.upenn.edu/live/news/2393-rural-america-is-losing-young-people-; 'Britain "Growing Apart" as Young People Leave

Rural Areas', Rural Services Network, 28 October 2019, http://www.rsnonline.org.uk/britain-growing-apart-as-young-people-leave-rural-areas.

7. 예를 들어 영국에서 이런 현상이 나타난다. 다음을 보라. Paul Swinney, 'Is It Fair That Cities Get More Money than Rural Areas?', Centre for Cities, 26 February 2019, https://www.centreforcities.org/blog/is-it-fair-that-cities-get-more-money-than-rural-areas/.

8. Stanley Milgram, 'The Experience of Living in Cities', *Science* 167, no. 3924 (13 March 1970), 1461-68, https://doi.org/10.1126/science.167.3924.1461; Jamil Zaki, 'The Technology of Kindness', *Scientific American*, 6 August 2019, https://www.scientificamerican.com/article/the-technology-of-kindness/.

9. Denis Corroyer and Gabriel Moser, 'Politeness in the Urban Environment: Is City Life Still Synonymous With Civility?', *Environment and Behavior* 33, no. 5 (September 2003), 611-25, https://doi.org/10.1177/00139160121973151.

10. 여섯 가지만 있을 때는 30%의 사람들이 잼을 구입했지만 24가지가 있을 때는 3%만이 구입했다. Sheena S. Iyengar and Mark R. Lepper, 'When Choice Is Demotivating: Can One Desire Too Much of a Good Thing?', *Journal of Personality and Social Psychology* 79, no. 6 (2000), 995-1006.

11. 많은 논란을 몰고 다닌 사회심리학자 스탠리 밀그램이 1970년 최초로 주장한 이 '도시 과부하 이론'은 수년간 비난을 불러일으키긴 했지만, 외로움을 제삼자의 개입이 아닌 내면적인 상태로 볼 경우 여전히 중요한 요인으로 간주된다. 다음은 일반인이 읽기 쉽게 쓰인 개괄적인 글이다. Madhavi Prashant Patil, 'Overload and the City', Urban Design Mental Health, 6 March 2016, https://www.urbandesignmentalhealth.com/blog/overload-and-the-city; 밀그램의 원글은 다음을 보라. Stanley Milgram, 'The Experience of Living in Cities,' *Science* 167, no. 3924 (1970), 1461-8, https://doi.org/10.1126/science.167.3924.1461.

12. Shannon Deep, '"Hello" Isn't Always "Hello" in NYC', *Huffington Post*, 6 January 2015: https://www.huffpost.com/entry/new_3_b_6103200.

13. 상하이, 홍콩, 이스탄불, 바르셀로나에서 소음의 데시벨 수준이 이렇게 높기 때문에 평균적인 거주자는 심각한 청각 손상을 경험할 것으로 예상된다. 2017년 청력 검사 앱 미미(Mimi)에서 실시한 조사에 따르면 '세계 청각 지수'의 상위를 차지하는 도시의 평균적인 거주자는 청력이 실제 나이보다 10~20년 더 나이 든 사람의 청력과 비슷한 것으로 나타났다. 다음을 보라. 'Worldwide Hearing Index 2017', Mimi, 8 March 2017, https://www.mimi.io/en/blog/2017/3/8/worldwide-hearing-index-2017; Alex Gray, 'These are the cities with the worst noise pollution', World Economic Forum, 27 March 2017, https://www.weforum.org/agenda/2017/03/these-are-the-cities-with-the-worst-noise-pollution/.

14. 예를 들어 다음을 보라. Veronica-Diana Armaşu, 'Modern Approaches to Politeness Theory: A Cultural Context', *Lingua: Language and Culture* 11, no. 1 (2012); 다음도 참조하라. James Cooray Smith, 'The Tube Chat badges show that London isn't rude: it has a negative politeness culture', *City Metric*, 30 September 2016, https://www.citymetric.com/horizons/tube-chat-badges-show-london-isnt-rude-it-has-negative-politeness-culture-2481.

15. 'What Walking Speeds Say About Us', BBC News, 2 May 2007, http://news.bbc.co.uk/1/hi/magazine/6614637.stm.

16. 'Welcome to the Pace of Life Project', Pace of Life, http://www.richardwiseman.com/quirkology/pace_home.htm.

17. Robert V. Levine and Ara Norenzayan, 'The Pace of Life in 31 Countries', *Journal of Cross-Cultural Psychology* 30, no. 2 (March 1999), 178-205, https://doi.org/10.1177/0022022199030002003.

18. Eric Jaffe, 'Why People in Cities Walk Fast', *CityLab*, 21 March 2012, https://www.citylab.com/life/2012/03/why-people-cities-walk-fast/1550/.

19. John M. Darley and C. Daniel Batson, '"From Jerusalem to Jericho": A study of Situational and Dispositional Variables in Helping Behavior', *Journal of Personality and Social Psychology* 27, no. 1 (1973), 100-108, https://doi.org/10.1037/h0034449.

20. 사람들은 더 익숙한 파트너와 사회적 상호작용을 나눈 뒤에 더 긍정적인 정서를 느낀다(J. R. Vittengl and Craig S. Holt, 'Positive and negative affect in social interactions as a function of partner familiarity, quality of communication, and social anxiety', *Journal of Social and Clinical Psychology* 17, no. 2 (1998b), 196-208, https://doi.org/10.1521/jscp.1998.17.2.196). 사람들은 친밀하고 의미 있는 대화를 나눌 때 외로움을 덜 느끼고 행복감과 관계성을 더 많이 느낀다고 응답했다. 다음을 보라. L. Wheeler, H. Reis, and J. Nezlek, 'Loneliness, social interaction, and sex roles', *Journal of Personality and Social Psychology* 45, no. 4 (1983), 943-53, https://doi.org/10.1037/0022-3514.45.4.943; Matthias R. Mehl et al., 'Eavesdropping on happiness: Well-being is related to having less small talk and more substantive conversations', *Psychological Science* 21, no. 4 (2010), 539-41, https://doi.org/10.1177/0956797610362675; H. Reis et al., 'Daily Well-Being: The Role of Autonomy, Competence, and Relatedness', *Personality and Social Psychology Bulletin* 26, no. 4 (April 2000), 419-35, https://doi.org/10.1177/0146167200266002.

21. Gillian M. Sandstrom and Elizabeth W. Dunn, 'Is Efficiency Overrated?: Minimal Social Interactions Lead to Belonging and Positive Affect', *Social, Psychological and Personality Science* 5, no. 4 (May 2014), 437-42, https://doi.org/10.1177/1948550613502990.

22. 이러한 예에서 얼마나 냉소적인 느낌을 받을지는 당연히 여기서도 문화적 차이가 있을 것이다.

23. Manuel G. Calvo, Hipolito Marrero and David Beltran, 'When does the brain distinguish between genuine and ambiguous smiles? An ERP study', *Brain and Cognition* 81, no. 2 (2013), 237-46, https://doi.org/10.1016/j.bandc.2012.10.009; Manuel G. Calvo, Aida Gutierrez-Garcia, Pedro Avero and Daniel Lundqvist, 'Attentional mechanisms in judging genuine and fake smiles: Eye-movement patterns', *Emotion* 13, no. 4 (2013), 792-802, https://doi.org/10.1037/a0032317; Manuel G. Calvo, Andres Fernandez-Martin and Lauri Nummenmaa, 'Perceptual, categorical, and affective processing of ambiguous smiling facial expressions', *Cognition* 125, no. 3 (2012), 373-93, https://doi.org/10.1016/j.cognition.2012.07.021.

24. Gillian M. Sandstrom, 'Social Interactions and Well-being: the Surprising Power of Weak Ties', The University of British Columbia, 2013: 86, https://pdfs.semanticscholar.org/822e/cdd2e3e02a3e56b507fb93262bab58089d44.pdf.

25. 예를 들어 다음을 보라. Wendell Cox, 'Length of Residential Tenure: Metropolitan Areas, Urban Cores, Suburbs and Exurbs', *New Geography*, 17 October 2018, https://www.newgeography.com/content/006115-residential-tenure.

26. 'In London, Renters Now Outnumber Homeowners', CityLab, 25 February 2016, https://www.citylab. com/equity/2016/02/londons-renters-now-outnumber-homeowners/470946/; 'Good News For Landlords - Average UK Tenancy Lengths Increase', Letslivehere, 2018, https://www.letslivehere.co.uk/ average-uk-tenancy-lengths-increase/.

27. 'Series IB: All Occupied Housing Units by Tenure, United States Census Bureau, 2014, https://www. census.gov/data/tables/time-series/demo/nychvs/series-1b.html, 다음 자료를 보라. 'Year Householder Moved Into Unit' and 'Reason Householder Moved from Previous Residence'; 'New York City Housing and Vacancy Survey (NYCHVS)', United States Census Bureau, https://www.census.gov/programs-surveys/ nychvs/data/tables.html. 미국에서는 경제적 요인과 인구통계학적 요인이 결합해 평균적으로 한 장소에 서 더 오래 머무는데도 많은 도시에서 주택 보유자에 비해 세입자의 비율이 더 높고 거주지를 임대하는 사 람이 소유하는 사람보다 훨씬 더 자주 이사한다. 그 예로 다음을 보라. Sabrina Tavernise, 'Frozen In Place: Americans Are Moving at the Lowest Rate on Record', *New York Times*, 20 November 2019, https://www. nytimes.com/2019/11/20/us/american-workers-moving-states-.html. 2019년 11월, 미국 인구조사국 은 미국인이 이사하는 비율이 수십 년간 최저치를 기록했다고 발표했다. Balazs Szekely, 'Renters Became the Majority Population in 22 Big US Cities', Rent Café Blog, 25 January 2018, https://www.rentcafe.com/ blog/rental-market/market-snapshots/change-renter-vs-owner-population-2006-2016; Wendell Cox, 'Length of Residential Tenure: Metropolitan Areas, Urban Cores, Suburbs and Exurbs', *New Geography*, 17 October 2018, https://www.newgeography.com/content/006115-residential-tenure.

28. Kim Parker, Juliana Menasce Horowitz, Anna Brown, Richard Fry, D'Vera Cohn and Ruth Igielnik, 'What Unites and Divides Urban, Suburban and Rural Communities', Pew Research Center, 22 May 2018, https://www.pewsocialtrends.org/2018/05/22/what-unites-and-divides-urban-suburban-and-rural- communities/.

29. Peter Stubley, 'Berlin to freeze rents and give tenants rights to sue landlords after rising costs force residents out to suburbs', *Independent*, 23 October 2019, https://www.independent.co.uk/news/world/europe/berlin- rent-freeze-tenants-sue-landlords-housing-crisis-germany-a9167611.html.

30. Ben Knight, 'Berlin's new rent freeze: How it compares globally', *Deutsche Welle*, 23 October 2019, https:// www.dw.com/en/berlinsnew-rent-freeze-how-it-compares-globally/a-50937652.

31. Prasanna Rajasekaran, Mark Treskon, Solomon Greene, 'Rent Control: What Does the Research Tell Us about the Effectiveness of Local Action?', Urban Institute, January 2019, https://www.urban. org/sites/default/files/publication/99646/rent_control._what_does_the_research_tell_us_about_the_ effectiveness_of_local_ action_1.pdf. 다음에서 예를 확인할 수 있다. Noah Smith, 'Yup, Rent Control Does More Harm Than Good'.*Bloomberg Opinion*, 18 January 2018, https://www.bloomberg.com/opinion/ articles/2018-01-18/yup-rent-control-does-more-harm-than-good. 여기에는 네덜란드 암스테르담도 포함된다. 암스테르담에서는 2019년 전 주택을 대상으로 연간 30박까지만 임대할 수 있게 하는 법을 도 입했다. 아이슬란드 레이캬비크, 독일 함부르크, 캐나다 토론토, 덴마크·그리스·이탈리아 전역에서도 비 슷한 규제가 시행되고 있다. 런던은 2017년 임대 일수를 90일로 제한했지만, 주택 보유자들은 여러 플랫 폼에 임대 광고를 내는 방법으로 적발을 피한다고 응답했다. 싱가포르에서는 주택을 3개월보다 짧은 기

간으로 임대하는 것을 불법화했고, 보안 요원들이 불법으로 예약한 관광객을 적발하는 것으로 알려져 있다. 뉴질랜드를 비롯한 다른 나라 정부의 경우 단기 임대 행위에 불이익을 주는 과세 방안을 고민하고 있다. 다음을 보라. Mallory Lochlear, 'Amsterdam will limit Airbnb rentals to thirty days a year', *Engadget*, 10 January 2018, https://www.engadget.com/2018-01-10-amsterdam-airbnb-rental-30-day-limit. html; 'How London hosts can manage around Airbnb's 90-day limit', Happyguest, 2 June 2018, http://www.happyguest.co.uk/blog/how-london-hosts-can-manage-around-airbnbs-90-day-limit; Ian Lloyd Neubauer, 'Countries that are cracking down on Airbnb', *New Daily*, 30 August 2019, https://thenewdaily.com.au/life/travel/2019/08/30/countries-crack-down-airbnb/.

32. Joseph Stromberg, 'Eric Klinenberg on Going Solo', *Smithsonian Magazine,* February 2012, p.4, https://www.smithsonianmag.com/science-nature/eric-klinenberg-on-going-solo-19299815/.

33. 'All by myself', NYU Furman Center, 16 September 2015, https://furmancenter.org/thestoop/entry/all-by-myself; 'Cities with the largest percentage of single-person households in the United States in 2018', Statista, September 2019, https://www.statista.com/statistics/242304/top-10-us-cities-by-percentage-of-one-personhouseholds/.

34. 2010년 미국 인구조사국 자료는 다음에서 구할 수 있다. https://census.gov; 다음도 참조하라. Chuck Bennett, 'Poll: Half of Manhattan Residents live alone', *New York Post,* 30 October 2009, https://nypost.com/2009/10/30/poll-half-of-manhattan-residents-live-alone/. 2015년 기준, 원룸과 침실 하나짜리 아파트는 뉴욕시에서 새로 지어지는 전체 주택의 54.4%를 차지한다. 다음을 보라. Jay Denton, 'Millennials Drive One-Bedroom Apartment Trend, But That Might Change', *Forbes*, 11 November 2015, https://www.forbes.com/sites/axiometrics/2015/11/11/millennials-drive-one-bedroom-apartment-trend-but-thatmight-change/#7d0a58f439a9.

35. 'People in the EU: Statistics on Households and Family Structures', Eurostat, 26 May 2020, 8, https://ec.europa.eu/eurostat/statistics-explained/pdfscache/41897.pdf. 도쿄를 비롯한 일본 주요 도시에서의 독거에 관한 자료는 다음을 보라. Richard Ronald, Oana Druta and Maren Godzik, 'Japan's urban singles: negotiating alternatives to family households and standard housing pathways', *Urban Geography* 39, no. 7 (2018), 1018–40, https://doi.org/10.1080/02723638.2018.1433924.

36. Ibid.

37. A. K. L. Cheung and W. J. J. Yeung, 'Temporal-spatial patterns of one-person households in China, 1982-2005', *Demographic Research* 32, no. 44 (2015), 1209–38, https://doi.org/10.4054/DemRes.2015.32. 44; Bianji Wu Chengliang, '"Empty-nest" youth reaches 58 million in China', *People's Daily Online*, 13 February 2018, http://en.people.cn/n3/2018/0213/c90000-9427297.html; 'Loneliness in the city', CBRE, https://www.cbre.co.uk/research-and-reports/our-cities/loneliness-in-the-city.

38. 미국 인구조사국의 2013년 연구에서는 독거 인구의 비율이 경기 팽창 시기에 가장 빠르게 증가한다는 사실이 발견되었다. 사람들이 프라이버시라는 사치품을 '구입'하기 때문이다. 다음을 보라. Rose M. Kreider and Jonathan Vespa, 'The Changing Face of Living Alone, 1880-2010', https://paa2014.princeton.edu/papers/140867.

39. Stromberg, 'Eric Klinenberg on Going Solo'.

40. Ibid.; Klinenberg, *Going Solo* (Penguin Random House, 2013).

41. Danielle Braff, 'Until Honeymoon We Do Part', *New York Times*, March 13 2019, https://www.nytimes.com/2019/03/13/fashion/weddings/until-honeymoon-we-do-part.html.

42. Beatrice d'Hombres, Sylke Schnepf, Matina Barjakova and Francisco Teixeira Mendonca, 'Loneliness – an unequally shared burden in Europe', European Commission, 2018, https://ec.europa.eu/jrc/sites/jrcsh/files/fairness_pb2018_loneliness_jrc_i1.pdf.

43. Kimberley J. Smith and Christina Victor, 'Typologies of loneliness, living alone and social isolation, and their associations with physical and mental health', *Ageing Society* 39, no. 8 (August 2019), 1709-30, https://doi.org/10.1017/s0144686x18000132; A. Zebhauser et al., 'How much does it hurt to be lonely? Mental and physical differences between older men and women in the KORA-Age Study', *International Journal of Geriatric Psychiatry* 29, no. 3 (March 2014), 245-52; Gerdt Sundstrom et al., 'Loneliness among older Europeans', *European Journal of Ageing* 6, no. 4 (2009), 267-75, https://doi.org/10.1007/s10433-009-0134-8; 'Loneliness – What characteristics and circumstances are associated with feeling lonely? Analysis of characteristics and circumstances associated with loneliness in England using the Community Life Survey, 2016 to 2017', Office for National Statistics, 10 April 2018, https://www.ons.gov.uk/peoplepopulationandcommunity/wellbeing/articles/lonelinesswhatcharacteristicsandcircumstancesareassociatedwithfeelinglonely/2018-04-10; Alana Schetzer, 'Solo households on the rise, and so is feeling lonely and less healthy', *The Age*, 14 December 2015, https://www.theage.com.au/national/victoria/solo-households-on-the-rise-and-so-is-feeling-lonely-and-less-healthy-20151214-gln18b.html.

44. Zoe Wood, 'Tesco targets growing number of Britons who eat or live alone', *Guardian*, 6 July 2018, https://www.theguardian.com/business/2018/jul/06/tesco-targets-growing-number-of-britons-whoeat-or-live-alone.

45. 먹방이란 '먹다'와 '방송'을 뜻하는 한국어 단어에서 첫 글자를 따서 만든 합성어다.

46. Anjali Venugopalan, 'Feast & stream: Meet India's biggest mukbangers', *Economic Times*, 7 September 2019, https://economictimes.indiatimes.com/magazines/panache/feast-stream-meet-indias-biggest-mukbangers/articleshow/71027715.cms; 다음도 참조하라. Jasmin Barmore, 'Bethany Gaskin is the Queen of Eating Shellfish Online', *New York Times*, 11 June 2019, https://www.nytimes.com/2019/06/11/style/youtube-mukbang-bloveslife-bethany-gaskin.html; 'The Pleasure and Sorrow of the "Mukbang" Super Eaters of Youtube', *News Lens*, 25 June 2019, https://international.thenewslens.com/article/118747.

47. Tan Jee Yee, 'Google: The Future Consumer of APAC Will Do More than just Consume', *Digital News Asia*, 20 March 2020, https://www.digitalnewsasia.com/digital-economy/google-future-consumer-apac-will-do-more-just-consume.

48. 그 예로 다음을 보라. Hillary Hoffower, 'A 25-year-old YouTuber quit her job and now makes 6 figures recording herself eating, and it's a trend more and more influencers are cashing in on', *Business Insider*, April 10 2019, https://www.businessinsider.com/mukbang-influencers-youtube-money-six-figures-2019-4.

49. Andrea Stanley, 'Inside the Saucy, Slurpy, Actually Sorta Sexy World of Seafood Mukbang Influencers', *Cosmopolitan*, 9 April 2019, https://www.cosmopolitan.com/lifestyle/a27022451/mukbang-asmr-seafood-

videos-youtube-money/.

50. 'The Pleasure and Sorrow of the 'Mukbang' Super Eaters of Youtube', *News Lens*, 25 June 2019, https://international.thenewslens.com/article/118747.

51. Kagan Kircaburun, Andrew Harris, Filipa Calado and Mark D. Griffiths, 'The Psychology of Mukbang Watching: A Scoping Review of the Academic and Non-academic Literature', *International Journal of Mental Health and Addiction* (2020), https://doi.org/10.1007/s11469-019-00211-0.

52. Hanwool Choe, 'Eating together multimodally: Collaborative eating in mukbang, a Korean livestream of eating', *Language in Society* (2019), 1-38, https://doi.org/10.1017/s0047404518001355.

53. Andrea Stanley, 'Inside the Saucy, Slurpy, Actually Sorta Sexy World of Seafood Mukbang Influencers'.

54. 'This Rookie Korean Broadcast Jockey Earned $100,000 Through One Live Broadcast', Kpoptify, 30 July 2019, https://www.thekpoptify.co/blogs/news/this-rookie-korean-broadcast-jockey-earned-100-000-through-one-live-broadcast.

55. Victoria Young, 'Strategic UX: The Art of Reducing Friction', *Telepathy*, https://www.dtelepathy.com/blog/business/strategic-ux-the-art-of-reducing-friction; Yasmin Tayag, 'Neuroscientists just gave lazy humans a free pass', *Inverse*, 21 February 2017, https://www.inverse.com/article/28139-laziness-neuroscience-path-of-least-resistance-effort. 다음도 참조하라. Nobuhiro Hagura, Patrick Haggard and Jorn Diedrichsen, 'Perceptual decisions are biased by the cost to act', *eLife*, 21 February 2017, https://doi.org/10.7554/eLife.18422.

56. Melissa Matthews, 'These Viral 'Mukbang' Stars Get Paid to Gorge on Food - at the Expense of Their Bodies', *Men's Health*, 18 January 2019, https://www.menshealth.com/health/a25892411/youtube-mukbang-stars-binge-eat/.

57. 이러한 조치의 중요성에 관해서는 세이모어 마틴 립셋이 쓴 중요한 1959년 논문을 참조하라. Seymour Martin Lipset, 'Some Social Requisites of Democracy', *The American Political Science Review* 53, no. 1 (1959), 69-105.

58. 물론 '시민'에는 여성, 20세 미만 남성, 노예, 아테네 밖에서 태어난 외국인은 포함되지 않았다.

5장 — 도시는 어떻게 그들을 배제하는가

1. Andrea Cheng, 'Amazon Go Looks to Expand As Checkout-Free Shopping Starts to Catch On Across the Retail Landscape', *Forbes*, 21 November 2019, https://www.forbes.com/sites/andriacheng/2019/11/21/thanks-to-amazon-go-checkout-free-shopping-may-become-a-real-trend/#753d0285792b. 미국 월마트, 중국 알리바바, 영국 테스코 등 다른 주요 기업에서도 움직임을 보이기 시작했다. 모두가 제프 베저스의 공룡 기업 아마존과 경쟁할 수 있는 자동화된 식료품 매장을 시험 운영 중이다. Nick Wingfield, Paul Mozur and Michael Corkery, 'Retailers Race Against Amazon to Automate Stores', *New York Times*, 1 April 2018, https://www.nytimes.com/2018/04/01/technology/retailer-stores-automation-amazon.html.

2. Melissa Gonzalez, M. J. Munsell and Justin Hill, 'The New Norm: Rewriting the Future of Purchasing

Behaviour', *Advertising Week* 360, https://www.advertisingweek360.com/the-new-norm-rewriting-the-future-of-purchasing-behavior/.

3. Ulrike Malmendier and Stefan Nagel, 'Depression Babies: Do Macroeconomic Experiences Affect Risk Taking?', *The Quarterly Journal of Economics* 126, no. 1 (February 2011): 373-416, https://eml.berkeley.edu/~ulrike/Papers/DepressionBabies_59.pdf.

4. 예를 들어 2009년(Stephanie Rosenbloom, 'Don't Ask, You Can Afford It', *New York Times*, 1 May 2009, https://www.nytimes.com/2009/05/02/business/02dollar.html)과 2012년(Nin-Hai Tseng, 'Why dollar stores are thriving, even post-recession', *Fortune*, 2 April 2012, 304 https://fortune.com/2012/04/02/why-dollar-stores-are-thriving-even-post-recession/)과 2020년 4월(Pearl Wang, '2 Discount Retailers That Will Thrive in a Recession', *Motley Fool*, 22 April 2020, https://www.fool.com/investing/2020/04/22/two-discount-retailers-that-will-thrive-in-a-reces.aspx)의 할인·염가 매장 보급률을 비교해보라.

5. Frank Swain, 'Designing the Perfect Anti-Object', *Medium*, 5 December 2013, https://medium.com/futures-exchange/designing-the-perfect-anti-object-49a184a6667a; 'Unpleasant Design & Hostile Urban Architecture', *99% Invisible*, 7 May 2016, https://99percentinvisible.org/episode/unpleasant-design-hostile-urban-architecture/.

6. 원래 트위터 메시지를 다음에서 볼 수 있다. https://twitter.com/rebel_machine/status/940199856425046017?lang=en; Josh Cohen, 'New Anti-Homeless Architecture: Seattle Uses Bike Racks to Block Rough Sleepers', *Guardian*, 24 January 2018, https://www.theguardian.com/cities/2018/jan/24/anti-homeless-architecture-seattle-bike-racks-block-rough-sleepers.

7. Jasmine Lee, 'The Unpleasant Truth of Hong Kong's Anti-Homeless Urban Design', *Harbour Times*, 15 May 2017, https://harbourtimes.com/2017/05/15/the-unpleasant-truth-of-hong-kongs-anti-homeless-urban-design/.

8. 성당 측에서는 이 행동에 다른 의도가 없었다고 주장했다. 'Saint Mary's Cathedral Drenches Homeless With Water', CBS SF Bay Area, 18 March 2015, https://sanfrancisco.cbslocal.com/2015/03/18/homeless-saint-marys-cathedral-archdiocese-san-francisco-intentionally-drenched-water-sleeping/.

9. 'What is the Mosquito', Moving Sound Technologies, https://www.movingsoundtech.com; 'Sonic Science: The High-Frequency Hearing Test', 23 May 2013, https://www.scientificamerican.com/article/bring-science-home-high-frequency-hearing/.

10. Michaela Winberg, 'Can You Hear It? Sonic Devices Play High Pitched Noises to Repel Teens', NPR, 10 July 2019, https://www.npr.org/2019/07/10/739908153/can-you-hear-it-sonic-devices-play-high-pitched-noises-to-repel-teens?t=1570361354751.

11. John Metcalfe, 'Pink Lights, Talking Cameras, and High-Pitched Squeals: The World's Weirdest Anti-Loitering Technologies,' *City Lab*, 20 March 2012, https://www.citylab.com/life/2012/03/pink-lights-talking-cameras-and-high-pitched-squeals-worlds-weirdest-anti-loitering-technologies/1533/.

12. 'Pink lights put off spotty teens', BBC News, 25 March 2009, http://news.bbc.co.uk/1/hi/england/nottinghamshire/7963347.stm; 다음도 참조하라. John Metcalfe, 'Pink Lights, Talking Cameras, and High-Pitched Squeals: The World's Weirdest Anti-Loitering Technologies'.

13. 'Broken Windows Policing', Center for Evidence-Based Crime Policy, https://cebcp.org/evidence-based-

policing/what-works-in-policing/research-evidence-review/broken-windows-policing/.

14. Shankar Vedantum, Chris Benderev, Tara Boyle, Renee Klahr, Maggie Penman and Jennifer Schmidt, 'How A Theory of Crime And Policing Was Born, And Went Terribly Wrong', WBUR, 1 November 2016, https://www.wbur.org/npr/500104506/broken-windowspolicing-and-the-origins-of-stop-and-frisk-and-how-it-went-wrong.

15. Ted Anderson, 'What happened to SF's controversial 'sit-lie' ordinance?', *SF Gate*, 18 October 2018, https://www.sfgate.com/bayarea/article/What-happened-to-SF-s-controversial-sit-lie-13303216.php.

16. 콜롬비아대 법학과 교수 버나드 하코트(Bernard Harcourt)가 뉴욕에서 '깨진 유리창'의 영향에 관한 두 건의 주요 연구를 수행하고 이렇게 말했다. 다음을 보라. Sarah Childress, 'The Problem With "Broken Windows" Policing', PBS Frontline, 28 June 2016, https://www.pbs.org/wgbh/frontline/article/the-problem-with-broken-windows-policing/.

17. 더 자세한 내용은 다음을 보라. Bernard E. Harcourt, *Illusion of Order: The False Promise of Broken Windows Policing* (Harvard University Press, 2001).

18. Mary H. Osgood, 'Rural and urban attitudes toward welfare', *Social Work* 22, no. 1 (January 1977), 41-7, https://www.jstor.org/stable/23711620?seq=1.

19. John Elledge, 'Are cities more liberal? Of course: all your liberal mates moved to one', *New Statesman*, 9 January 2017, https://www.newstatesman.com/politics/2017/01/are-cities-more-liberal-courseall-your-liberal-mates-moved-one; David A. Graham, 'Red State, Blue City', *The Atlantic*, March 2017, https://www.theatlantic.com/magazine/archive/2017/03/red-state-blue-city/513857/.

20. Farhad Manjoo, 'America's Cities Are Unlivable. Blame Wealthy Liberals', *New York Times*, 22 May 2019, https://www.nytimes.com/2019/05/22/opinion/california-housing-nimby.html.

21. 다음 예를 보라. Richard T. LeGates and Frederic Stout, eds., *The City Reader*, Seventh Edition (Routledge, 2020).

22. Meri T. Long, 'Who has more compassion, Republicans or Democrats?', *Chicago Tribune*, 11 January 2019, https://www.chicagotribune.com/opinion/commentary/ct-perspec-compassion-democrats-republicans-who-has-more-0113-story.html.

23. 이러한 불일치가 두드러진 예로, 돌로레스 선교원 마을 주민들은 노숙자가 인도에서 자는 것을 막으려고 사실상 돈을 모아 인도에 커다란 바윗돌들을 가져다 두었다('Boulders placed on San Francisco sidewalk to keep homeless residents away', KTVU FOX 2, 30 September 2019, https://www.ktvu.com/news/boulders-placed-on-san-francisco-sidewalk-to-keep-homeless-residents-away). 한 지역에서는 노숙자 휴게소 설치에 반대해 법적인 싸움을 현재 18개월 넘게 이어가고 있다(Trisha Thadani, 'SF residents vow to keep fighting Navigation Center as supes weigh its fate', *San Francisco Chronicle*, 24 June 2019, https://www.sfchronicle.com/politics/article/Fate-of-controversial-Navigation-Center-now-in-14037517.php). 다른 예에서는 적대적 건축물에 대한 책임이 아예 시(市)에 있다. 전철역 입구의 '뒤집힌 단두대'나(Lina Blanco, 'BART's Fare Evasion Crackdown Exposes the 'Deadly Elegance' of Hostile Design', *KQED*, 23 July 2019, https://www.kqed.org/arts/13861966/barts-fare-evasion-crackdown-exposes-the-deadly-elegance-of-hostile-design) 공공 도서관 밖에 놓인 뾰족한 바윗돌, 화장실을 사용하기 어려운 노숙자가 소변을 누면 소변이 그에게 되뿌려지는 특수 페인트를 바른 벽도 있다(Kaitlin Jock, 'You are not welcome here: Anti-homeless architecture crops up nationwide', *Street*

Roots News, 7 June 2019, https://news.streetroots.org/2019/06/07/you-are-not-welcome-here-anti-homeless-architecture-crops-nationwide). 샌프란시스코는 전체 노숙자 수가 가장 많지는 않지만, 미국에서 노숙자 수가 가장 빨리 느는 도시로 손꼽힌다. 어느 조사에서 2017년에서 2018년까지 무려 30%가 증가한 것으로 파악되었다(Jill Cowan, 'San Francisco's Homeless Population Is Much Bigger Than Thought, City Data Suggests', *New York Times*, 19 November 2019, https://www.nytimes.com/2019/11/19/us/san-francisco-homeless-count.html).

24. James Walker, 'Invisible in plain sight: fighting loneliness in the homeless community', *Open Democracy*, 31 July 2019, https://www.opendemocracy.net/en/opendemocracyuk/invisible-plain-sight-fighting-loneliness-homeless-community/.

25. 다음을 보라. Jane Jacobs, *The Death and Life of Great American Cities* (Random House, 1961).

26. 'Welcome to the neighbourhood', Royal Wharf, https://www.royalwharf.com/neighbourhood/.

27. Robert Booth, 'Subsidised tenants are excluded from pool and gym in London block', *Guardian*, 1 November 2018, https://www.theguardian.com/society/2018/nov/01/subsidised-tenants-are-excluded-from-pool-and-gym-in-london-tower.

28. Harriet Grant, 'Too poor to play: children in social housing blocked from communal playground', *Guardian*, 25 March 2019, https://www.theguardian.com/cities/2019/mar/25/too-poor-to-play-children-in-social-housing-blocked-from-communal-playground.

29. 건설 회사 측은 결코 분리를 정책으로 삼은 적이 없다고 주장한다.

30. Harriet Grant, 'Disabled children among social tenants blocked from communal gardens', *Guardian*, 27 September 2019, https://www.theguardian.com/cities/2019/sep/27/disabled-children-among-social-tenants-blocked-from-communal-gardens.

31. 'New UWS development could have separate entrance for poorer people', *West Side Rag*, 12 August 2013, https://www.westsiderag.com/2013/08/12/new-uws-development-could-have-separate-entrance-for-poorer-people; Adam Withnall, '"Poor door" controversy extends to Washington DC as affordable housing "wing" given entrance on different street – next to the loading bay', *Independent*, 4 August 2014, https://www.independent.co.uk/news/world/americas/poor-door-controversy-extends-to-washington-dc-as-affordable-housing-wing-givenentrance-on-9646069.html; Hilary Osborne, 'Poor doors: the segregation of London's inner-city flat dwellers', *Guardian*, 25 July 2014, https://www.theguardian.com/society/2014/jul/25/poor-doors-segregation-london-flats.

32. Adam Withnall, '"Poor door" controversy extends to Washington, D.C. as affordable housing "wing" given entrance on different street – next to the loading bay'; 뉴욕은 이제 별도 출입구가 설치된 건물에 '포용적 주택'을 위한 세금 우대 혜택이 돌아가지 않도록 법의 허점을 보완했다. 다음을 보라. Jana Kasperkevic, 'New York bans "poor doors" in win for low income tenants', *Guardian*, 29 June 2015, https://www.theguardian.com/us-news/2015/jun/29/new-york-poor-door-low-income-tenants-rent.

33. Carlito Pablo, 'Poor door at proposed Vancouver West End condo tower raises issue of stigma', *Georgia Straight*, 12 July 2018, https://www.straight.com/news/1102166/poor-door-proposed-vancouver-west-end-condo-tower-raises-issue-stigma; 'Vancouver ranked North America's 2nd least affordable city for housing', *Daily Hive*, 28 March 2019, https://dailyhive.com/vancouver/vancouver-most-expensive-

housing-market-canada-2019; Aric Jenkins, 'The Least Affordable City in North America Is Not in the U.S.', *Money*, 10 November 2017, http://money.com/money/5017121/least-affordable-expensive-cities-north-america/.

34. Carlito Pablo, 'Poor door at proposed Vancouver West End condo tower raises issue of stigma'.

35. 'Seesaws let kids on each side of US-Mexico border play together', Yahoo! News, 30 July 2019, https://news.yahoo.com/seesaws-let-kids-side-us-mexico-border-play-181653457.html.

36. Patrick Sturgis, Ian Brunton-Smith, Jouni Kuha and Jonathan Jackson, 'Ethnic diversity, segregation and the social cohesion of neighbourhoods in London', *Ethnic and Racial Studies* 37, no. 8 (2014), 1286-309, https://doi.org/10.1080/01419870.2013.831932.

37. Nikolay Mintchev and Henrietta L Moore, 'Super-diversity and the prosperous society', *European Journal of Social Theory* 21, no. 1 (2018), 117-34, https://doi.org/10.1177/1368431016678629.

38. Dietlind Stolle, Stuart N. Soroka and Richard Johnston, 'When Does Diversity Erode Trust? Neighborhood Diversity, Interpersonal Trust and the Mediating Effect of Social Interactions', *Political Studies* 56, no. 1 (2008), 57-75, https://doi.org/10.1111/j.1467-9248.2007.00717.x; Patrick Sturgis, Ian Brunton-Smith, Sanna Read and Nick Allum, 'Does Ethnic Diversity Erode Trust? Putnam's "Hunkering-Down" Thesis Reconsidered', *British Journal of Political Science* 41, no. 1 (2011), 57-82, https://doi.org/10.1017/S0007123410000281.

39. Alison Flood, 'Britain has closed almost 800 libraries since 2010, figures show', *Guardian*, 6 December 2019, https://www.theguardian.com/books/2019/dec/06/britain-has-closed-almost-800-libraries-since-2010-figures-show. 다음도 참조하라. 'Decade of austerity sees 30% drop in library spending', Chartered Institute of Public Finance and Accountancy, 12 June 2019, https://www.cipfa.org/about-cipfa/press-office/latest-press-releases/decade-of-austerity-sees-30-drop-in-library-spending.

40. May Bulman, 'Youth services "decimated by 69 percent" in less than a decade amid surge in knife crime, figures show', *Independent*, 24 September 2019, https://www.independent.co.uk/news/uk/home-news/knife-crime-youth-services-cuts-councils-austerity-ymca-a9118671.html.

41. Jamie Roberton, 'Government accused of fuelling loneliness crisis as day centres disappear', ITV News, 25 September 2018, https://www.itv.com/news/2018-09-25/government-accused-of-fuelling-loneliness-crisis-as-day-centres-disappear/.

42. William Eichler, 'Councils slash £15 million from parks budgets', Local Gov, 21 June 2018, https://www.localgov.co.uk/Councils-slash-15m-from-parks-budgets/45519.

43. 예를 들어 유럽과 미국은 금융 위기에서 벗어날 때 각기 다른 경로를 밟았지만, 사회적 기반 시설에 투입되는 자금이 부족한 것은 여전히 전 세계적으로 공통된 만성적인 문제다. 다음을 보라. Georg Inderst, 'Social Infrastructure Finance and Institutional Investors: A Global Perspective', *SSRN* (2020), https://doi.org/10.2139/ssrn.3556473.

44. 이를테면 영국에서는 도시에 사는 사람이 교외나 시골 지역에 사는 사람보다 1인당 삭감된 예산이 거의 2배 가까이 높았다. 다음을 보라. 'Austerity hit cities twice as hard as the rest of Britain', Centre for Cities, 28 January 2019, https://www.centreforcities.org/press/austerity-hit-cities-twice-as-hard-as-the-rest-

of-britain/.

45. Sara Freund, 'Looking at John Ronan's colorful library and housing project in Irving Park', *Curbed Chicago*, 17 October 2019, https://chicago.curbed.com/2019/10/17/20919476/john-ronan-irving-park-affordable-housing-library-project.

46. Jared Brey, 'Chicago Opens Up New Libraries and Affordable Housing Projects After Design Competition', *Next City*, 28 May 2019, https://nextcity.org/daily/entry/chicago-opens-new-libraries-and-affordable-housing-projects-after-design-co.

47. Eva Fedderly, 'Community building: Chicago experiment links libraries and apartments', *Christian Science Monitor*, 24 October 2018, https://www.csmonitor.com/The-Culture/2018/1024/Community-building-Chicago-experiment-links-libraries-and-apartments.

48. Oliver Wainwright, 'Smart lifts, lonely workers, no towers or tourists: architecture after coronavirus', *Guardian*, 13 April 2020, https://www.theguardian.com/artanddesign/2020/apr/13/smart-lifts-lonely-workers-no-towers-architecture-after-covid-19-coronavirus.

49. Winnie Hu, 'What New York Can Learn From Barcelona's "Superblocks"', *New York Times*, 16 September 2016, https://www.nytimes.com/2016/10/02/nyregion/what-new-york-can-learn-from-barcelonas-superblocks.html.

50. Feargus O'Sullivan, 'Barcelona's Car-Taming "Superblocks" Meet Resistance', *CityLab*, 20 January 2017, https://www.citylab.com/transportation/2017/01/barcelonas-car-taming-superblocks-meet-resistance/513911/.

51. Ibid.

52. 'Barcelona's Superblocks: Change the Grid, Change your Neighborhood', Streetfilms, 2018, https://vimeo.com/282972390.

53. 물론 이는 선진국에서 사회적 관계는 재산과 연관 관계를 보이는 경향성이 드러난 것이기도 하다. 1969년 원연구를 40년 뒤에 다시 수행해 같은 결과를 얻었다. 다음을 보라. Joshua Hart and Graham Parkhurst, 'Driven to excess: Impacts of motor vehicles on the quality of life of residents of three streets in Bristol UK', *World Transport Policy & Practice* 17, no. 2 (January 2011), 12-30, https://uwe-repository.worktribe.com/output/968892. 원 연구: Donald Appleyard, 'The Environmental Quality of City Streets: The Residents' Viewpoint', *Journal of the American Planning Association* 35 (1969), 84-101.

54. Natalie Colarossi, '18 times people around the world spread love and kindness to lift spirits during the coronavirus pandemic', *Insider*, 26 March 2020, https://www.insider.com/times-people-spread-kindness-during-coronavirus-pandemic-2020-3.

55. 'Taxi driver applauded by medics after taking patients to hospital for free – video', *Guardian*, 20 April 2020, https://www.theguardian.com/world/video/2020/apr/20/taxi-driver-applauded-by-doctors-after-giving-patients-free-journeys-to-hospital-video.

56. Matt Lloyd, '"Happy to chat" benches: The woman getting strangers to talk', BBC News, 19 October 2019, https://www.bbc.co.uk/news/uk-wales-50000204.

1. A.D. Morrison-Low, 'Sir David Brewster (1781-1868)', *Oxford Dictionary of National Biography*, 9 January 2014, https://www.oxforddnb.com/view/10.1093/ref:odnb/9780198614128.001.0001/odnb-9780198614128-e-3371.

2. *The Literary Panorama and National Register*, vol. 8 (Simpkin and Marshall, 1819), p.504.

3. Letter dated 23 May 1818, quoted by Nicole Garrod Bush, 'Kaleidoscopism: The Circulation of a Mid-Century Metaphor and Motif', *Journal of Victorian Culture* 20, no. 4 (1 December 2015), https://academic.oup.com/jvc/article/20/4/509/4095158.

4. Megan Richardson and Julian Thomas, *Fashioning Intellectual Property: Exhibition, Advertising and the Press, 1789-1918* (Cambridge University Press, 2012), p.57.

5. Bush, 'Kaleidoscopism'.

6. Margaret Gordon, *The Home Life of Sir David Brewster* (Cambridge University Press, 2010 [1869]), p.95.

7. *The Literary Panorama and National Register*, 504.

8. Jason Farman, 'The Myth of the Disconnected Life', *The Atlantic*, 7 February 2012, https://www.theatlantic.com/technology/archive/2012/02/the-myth-of-the-disconnected-life/252672/.

9. *The Letters of Percy Bysshe Shelley*, vol. 2, ed. Frederick L. Jones (Clarendon Press, 1964), p.69.

10. Alexander Rucki, 'Average smartphone user checks device 221 times 312 a day, according to research', *Evening Standard*, 7 October 2014, https://www.standard.co.uk/news/techandgadgets/average-smartphone-user-checks-device-221-times-a-day-according-to-research-9780810.html.

11. Rani Molla, 'Tech companies tried to help us spend less time on our phones. It didn't work', *Vox*, 6 January 2020, https://www.vox.com/recode/2020/1/6/21048116/tech-companies-time-well-spent-mobile-phone-usage-data.

12. 퓨 리서치 센터에 따르면 2018년에 미국 10대의 95%가량이 스마트폰을 소유하거나 사용했고, 이는 2014~15년의 73%보다 증가한 수치다. 2014~15년 조사에서 10대의 24%가 '거의 항상' 온라인 상태라고 응답했지만, 이 수치는 2018년에 45%로 훌쩍 뛰어올랐다. 게다가 2018년에 이 조사에 참가한 10대의 44%가 하루에 수차례 온라인 활동을 한다고 응답했다. 다음을 보라. Monica Anderson and Jingjing Jiang, 'Teens, Social Media & Technology 2018', Pew Research Center, 31 May 2018, https://www.pewresearch.org/internet/2018/05/31/teens-social-media-technology-2018/.

13. 'Global Mobile Consumer Trends, 2nd Edition', Deloitte, 2017, 8, https://www2.deloitte.com/global/en/pages/technology-media-and-telecommunications/articles/gx-global-mobile-consumer-trends.html#country.

14. 퓨 리서치 센터에 따르면 2018년 기준 오스트레일리아는 스마트폰 보급률이 90%이며, 이스라엘은 세계에서 소셜 미디어 사용량이 가장 많고 스마트폰 보급률은 한국에 이어 두 번째로 높다. 'Smartphones are common in Europe and North America, while sub-Saharan Africa and India lag in ownership', Pew Research Center, 14 June 2018, https://www.pewresearch.org/global/2018/06/19/social-media-use-continues-to-rise-in-developing-countries-but-plateaus-across-developed-ones/pg_2018-06-19_

global-tech_0-03/.

15. Adam Carey, 'Mobile fiends now need not look up as Melbourne tests street-level traffic lights,' *The Age*, 27 March 2017, https://www.theage.com.au/national/victoria/mobile-fiends-now-need-not-look-up-as-melbourne-tests-streetlevel-traffic-lights-20170327-gv73bd.html.

16. 여기에는 아이러니가 있다. 여기 등장하는 '소크라테스'는 사실상 플라톤이 만든 인물이고 오늘날 우리가 플라톤의 생각을 접할 수 있는 것은 그가 글로 써서 남겼기 때문이다. 다음을 보라. Plato, *Phaedrus*, trans. Harold N. Fowler (Harvard University Press, 1925).

17. Johannes Trithemius, *In Praise of Scribes* (De Laude Scriptorum), trans. Roland Behrendt, ed. Klaus Arnold (Coronado Press, 1974).

18. Adrienne LaFrance, 'How Telephone Etiquette Has Changed', *The Atlantic*, 2 September 2015, https://www.theatlantic.com/technology/archive/2015/09/how-telephone-etiquette-has-changed/403564/.

19. Robert Rosenberger, 'An experiential account of phantom vibration syndrome', *Computers in Human Behavior* 52 (2015), 124-31, https://doi.org/10.1016/j.chb.2015.04.065.

20. K. Kushlev et al., 'Smartphones reduce smiles between strangers', *Computers in Human Behavior* 91 (February 2019), 12-16.

21. 이러한 사건이 미국, 몰타, 영국, 싱가포르, 중국을 비롯해 전 세계에서 일어났다. '6 year old drowns while dad busy on phone', YoungParents.com, 18 September 2016, https://www.youngparents.com.sg/family/6-year-old-drowns-while-dad-busy-phone/; Matthew Xuereb, 'Mum whose baby drowned in bath given suspended sentence', *Times of Malta*, 12 June 2015, https://www.timesofmalta.com/articles/view/20150612/local/mum-whose-baby-drowned-in-bath-given-suspended-sentence.572189; Lucy Clarke-Billings, 'Mother chatted on Facebook while toddler drowned in the garden', *Telegraph*, 10 October 2015, https://www.telegraph.co.uk/news/uknews/crime/11923930/Mother-chatted-on-Facebook-while-toddler-son-drowned-in-the-garden.html; Martine Berg Olsen, 'Baby drowned in bath while mum "spent 50 minutes on phone to girlfriend"', *Metro*, 6 March 2019, https://metro.co.uk/2019/03/06/baby-drowned-bath-mum-spent-50-minutes-phone-girlfriend-8828813/; 'Toddler drowns while mum texts on mobile just yards away', *Express*, 5 January 2016, https://www.express.co.uk/news/world/750540/drowning-toddler-mobile-phone-china-ocean-spring-resort-mum-texting; Zach Dennis, 'Police: 3 children drowned while a Texas mom was on cell phone', AJC, 14 July 2015, https://www.ajc.com/news/national/police-children-drowned-while-texas-mom-was-cell-phone/R5cDdBhwac5bjGFTxeM4sM/.

22. Will Axford, 'Police: Texas mom was on Facebook when her baby drowned in the bathtub', *Houston Chronicle*, 23 June 2017, https://www.chron.com/news/houston-texas/texas/article/Texas-mom-Facebook-baby-drowned-11239659.php.

23. Jemima Kiss, '"I was on Instagram. The baby fell down the stairs": is your phone use harming your child?', *Guardian*, 7 December 2018, https://www.theguardian.com/lifeandstyle/2018/dec/07/mother-on-instagram-baby-fell-down-stairs-parental-phone-use-children.

24. Brandon T. McDaniel, 'Parent distraction with phones, reasons for use, and impacts on parenting and

child outcomes: A review of the emerging research', *Human Behavior and Emergent Technology* (2019), 72-80, https://doi.org/10.1002/hbe2.139; J. Radesky et al., 'Maternal mobile device use during a structured parent-child interaction task', *Academic Pediatrics* 15, no. 2 (2015), 238-44; R.P. Golen and A. K. Ventura, 'What are mothers doing while bottle-feeding their infants? Exploring the prevalence of maternal distraction during bottle-feeding interactions', *Early Human Development* 91, no. 12 (2015), 787-91.

25. Ibid.; 다음도 참조하라. B. T. McDaniel and J. Radesky, 'Technoference: Parent technology use, stress, and child behavior problems over time', *Pediatric Research* 84 (2018), 210-18; Tanja Poulain et al., 'Media Use of Mothers, Media Use of Children, and Parent-Child Interaction Are Related to Behavioral Difficulties and Strengths of Children'. *International Journal of Environmental Research and Public Health* 16, no. 23 (2019), 4651, https://doi.org/10.3390/ijerph16234651.

26. L.A. Stockdale et al., 'Parent and child technoference and socioemotional behavioral outcomes: A nationally representative sample of 10- to 20-year-old adolescents', *Computers in Human Behavior* 88 (2018), 219-26.

27. '함께이지만 혼자(alone together)'라는 개념에 관해서는 다음을 보라. Sherry Turkle, *Alone Together: Why We Expect More from Technology and Less from Each Other, Revised Edition* (Basic Books, 2017).

28. 'The iPhone Effect: when mobile devices intrude on our face-to-face encounters', The British Psychological Society Research Digest, 4 August 2014, http://bps-research-digest.blogspot.com/2014/08/the-iphone-effect-when-mobile-devices.html. 다음도 참조하라. S. Misra et al., 'The iPhone Effect: The Quality of In-Person Social Interactions in the Presence of Mobile Devices Environment and Behavior', *Environment and Behavior* 48, no. 2 (2014), 275-98, https://doi.org./10.1177/0013916514539755.

29. '인간 독특성(Human Uniqueness)' 보조척도에는 "일반적으로 고차원적 인지 능력과 지적 역량과 연관된 여섯 가지 항목이 있다. 평가자는 연사를 '고상하고 세련된', '합리적이고 논리적인', '자제력'이 부족한(역순으로 점수화), '투박한'(역순으로 점수화), '유치하지 않고 어른스러운', '인간이라기보다는 동물 같은'(역순으로 점수화) 가운데 하나로 평가했다. Juliana Schroeder, Michael Kardas and Nicholas Epley, 'The Humanizing Voice: Speech Reveals, and Text Conceals, a More Thoughtful Mind in the Midst of Disagreement', *Psychological Science* 28, no. 12, 1745-62, https://doi.org/10.1177/0956797617713798.

30. Jamil Zaki, 'The Technology of Kindness', *Scientific American,* 6 August 2019, https://www.scientificamerican.com/article/the-technology-of-kindness/.

31. Rurik Bradbury, 'The digital lives of Millennials and Gen Z', Liveperson Report, 2018, https://liveperson.docsend.com/view/tm8j45m.

32. Belle Beth Cooper, '7 Powerful Facebook Statistics You Should Know for a More Engaging Facebook Page', Buffer.com, https://buffer.com/resources/7-facebook-stats-you-should-know-for-a-more-engaging-page.

33. 이 통계치의 출처는 버라이즌(Verizon)이지만 다른 전화 서비스 제공 업체의 사용량도 반영되어 있다. 오투는 영국에 봉쇄 조치가 내려지고 첫 한 주간 영국 사용자의 전화 사용량이 57% 증가했다고 보고했다. 특히 일부 통신 업체는 와이파이와 음성 통화 사용량의 급격한 증가로 잠시 서비스 중단 사태가 발생하기도 했다. 다음을 보라. Cecilia Kang, 'The Humble Phone Call Has Made a Comeback', *New York Times,* 9

April 2020, https://www.nytimes.com/2020/04/09/technology/phone-calls-voice-virus.html; Emma Brazell, 'UK mobile networks go down as people work from home due to coronavirus', *Metro*, 17 March 2020, https://metro.co.uk/2020/03/17/uk-mobile-networks-o2-ee-vodafone-3-go-people-work-home-12410145/.

34. Kang, 'The Humble Phone Call Has Made a Comeback'.

35. 'The Phone Call Strikes Back', O2 News, 23 April 2020, https://news.o2.co.uk/press-release/the-phone-call-strikes-back/.

36. 표정이 인간의 상호작용에서 갖는 중요성을 고려하면 표정을 인식할 수 없는 사람들(안면실인증을 겪은 올리버 색스 같은 사람들)이 사회적으로 어색한 행동을 하거나 수줍음을 타고 은둔적이며 심하게는 자폐적이기도 한 것은 (그들의 행동은 여전히 타인에게 실례가 되겠지만) 충분히 이해할 수 있다. 다음을 보라. Oliver Sacks, 'Face-Blind', *New Yorker*, 30 August 2010, https://www.newyorker.com/magazine/2010/08/30/face-blind.

37. Jing Jiang et al., 'Neural Synchronization During Face-to-Face Communication', *Journal of Neuroscience* 32, no. 45 (November 2012), 16,064-9, https://doi.org/10.1523/JNEUROSCI.2926-12.2012.

38. Emily Green, 'How technology is harming our ability to feel empathy', Street Roots, 15 February 2019, https://news.streetroots.org/2019/02/15/how-technology-harming-our-ability-feel-empathy. 다음도 참조하라. Helen Riess and Liz Neporent, *The Empathy Effect* (Sounds True Publishing, 2018).

39. F. Grondin, A. M. Lomanowska and P. L. Jackson, 'Empathy in Computer-Mediated Interactions: A Conceptual Framework for Research and Clinical Practice', *Clinical Psychology: Science and Practice* e12298, https://doi.org/10.1111/cpsp.12298.

40. Kate Murphy, 'Why Zoom is Terrible', *New York Times*, 29 April 2020, https://www.nytimes.com/2020/04/29/sunday-review/zoom-video-conference.html.

41. Hannah Miller et al., '"Blissfully happy" or "ready to fight": Varying interpretations of emoji', Grouplens Research, University of Minnesota, 2016, https://www-users.cs.umn.edu/~bhecht/publications/ICWSM2016_emoji.pdf.

42. M. A. Riordan and L. A. Trichtinger, 'Overconfidence at the Keyboard: Confidence and accuracy in interpreting affect in e-mail exchanges', *Human Communication Research* (2016), https://doi.org/10.1111/hcre.12093.

43. Heather Cicchese, 'College class tries to revive the lost art of dating', *Boston Globe*, 16 May 2014, https://www.bostonglobe.com/lifestyle/2014/05/16/boston-college-professor-assigns-students-dates/jHXENWsdmp7cFlRPPwf0UJ/story.html.

44. 실제 과제의 원본을 다음 사이트에서 온라인으로 볼 수 있다. https://www.bc.edu/content/dam/files/schools/lsoe/pdf/DatingAssignment.pdf.

45. Heather Cicchese, 'College class tries to revive the lost art of dating'.

46. 실제 사이트: https://www.wikihow.com/Ask-Someone-Out.

47. Angie S. Page et al., 'Children's Screen Viewing is Related to Psychological Difficulties Irrespective of Physical Activity', *Pediatrics* 126, no. 5 (2010), e1011-17.

48. Katie Bindley, 'When Children Text All Day, What Happens to Their Social Skills?', *Huffington Post*, 9

December 2011, https://www.huffpost.com/entry/children-texting-technology-social-skills_n_1137570.

49. 'Children, Teens, and Entertainment Media: The View from the Classroom' (Common Sense Media, 2012), 19, https://www.commonsensemedia.org/research/children-teens-and-entertainment-media-the-view-from-the-classroom.

50. V. Carson et al., 'Physical activity and sedentary behavior across three time-points and associations with social skills in early childhood', *BMC Public Health* 19, no. 27 (2019), https://doi.org/10.1186/s12889-018-6381-x.

51. Vera Skalicka et al., 'Screen time and the development of emotion understanding from age 4 to age 8: A community study', *British Journal of Developmental Psychology* 37, no. 3 (2019), 427-43, https://doi.org/10.1111/bjdp.12283.

52. 그 예로 다음을 보라. Douglas B. Downey and Benjamin G. Gibbs, 'Kids These Days: Are Face-to-Face Social Skills among American Children Declining?', *American Journal of Sociology* 125, no. 4 (January 2020), 1030-83, https://doi.org/10.1086/707985.

53. Yalda T. Uhls et al., 'Five Days at Outdoor Education Camp without Screens Improves Preteen Skills with Nonverbal Emotion Cues', *Computers in Human Behavior* 39 (2014), 387-92, https://www.sciencedirect.com/science/article/pii/S0747563214003227.

54. Belinda Luscombe, 'Why Access to Screens Is Lowering Kids' Social Skills', *Time*, 21 August 2014, https://time.com/3153910/why-access-to-screens-is-lowering-kids-social-skills/.

55. 이를테면 미국에서는 11세 아동의 53%가 그렇다. Anya Kamenetz, 'It's a Smartphone Life: More Than Half of U.S. Children Now Have One', NPR Education, 31 October 2019, https://www.npr.org/2019/10/31/774838891/its-a-smartphone-lifemore-than-half-of-u-s-children-now-have-one; Zoe Kleinman, 'Half of UK 10-year-olds own a smartphone', BBC News, 4 February 2020, https://www.bbc.co.uk/news/technology-51358192.

56. 'Most children own mobile phone by age of seven, study finds', *Guardian*, 30 January 2020, https://www.theguardian.com/society/2020/jan/30/most-children-own-mobile-phone-by-age-of-seven-study-finds.

57. Nick Bilton, 'Steve Jobs Was a Low-Tech Parent', *New York Times*, 10 September 2014, https://www.nytimes.com/2014/09/11/fashion/steve-jobs-apple-was-a-low-tech-parent.html; Chris Weller, 'Bill Gates and Steve Jobs Raised Their Kids Tech-Free and It Should Have Been a Red Flag', *Independent*, 24 October 2017, https://www.independent.co.uk/life-style/gadgets-and-tech/bill-gates-and-steve-jobs-raised-their-kids-techfree-and-it-shouldve-been-a-redflag-a8017136.html.

58. Matt Richtel, 'A Silicon Valley School That Doesn't Compute', *New York Times*, 22 October 2011, https://www.nytimes.com/2011/10/23/technology/at-waldorf-school-in-silicon-valley-technology-can-wait.html.

59. Nellie Bowles, 'Silicon Valley Nannies Are Phone Police for Kids', *New York Times*, 26 October 2018, https://www.nytimes.com/2018/10/26/style/silicon-valley-nannies.html.

60. Nellie Bowles, 'The Digital Gap Between Rich and Poor Kids Is Not What We Expected', *New York Times*,

26 October 2018, https://www.nytimes.com/2018/10/26/style/digital-divide-screens-schools.html.

61. 기기를 소지한 아동 가운데에서의 비율이다. Rani Molla, 'Poor kids spend nearly 2 hours more on screens each day than rich kids', *Vox*, 29 October 2019, https://www.vox.com/recode/2019/10/29/20937870/ kids-screentime-rich-poor-common-sense-media. 원자료는 다음을 보라. 'The Common Sense Census: Media Use by Tweens and Teens, 2019' (Common Sense Media, 2019), https://www.commonsensemedia.org/ research/the-common-sense-census-media-use-by-tweens-and-teens-2019.

62. 개인적인 대화, 2019년 10월.

63. Ben Hoyle, 'Jittery American pupils can hold on to their phones', *The Times*, 22 January 2020, https://www. thetimes.co.uk/article/jittery-american-pupils-can-hold-on-to-their-phones-z0zxr972c.

64. CAGE는 다음의 질문에서 온 줄임말이다. 1. 술을 줄여야겠다고(Cut) 느낀 적이 있습니까? 2. 당신의 술버 릇을 비난하는 사람들이 거슬립니까(Annoy)? 3. 술을 마시는 것에 죄책감이 든 적이(Guilty) 있습니까? 4. 아 침에 눈을 뜨자마자 술 생각이 납니까(Eye-opener)?

65. 그 예로 다음을 보라. Jamie Bartlett, *The People vs. Tech: How the Internet is Killing Democracy (and How We Can Save It)* (Ebury Press, 2018); Sherry Turkle, *Alone Together: Why We Expect More from Technology and Less from Each Other*, Revised Edition (Basic Books, 2017) 사용자의 몰입을 유도하는 제품 디자인에 관해서는 다음을 참조 하라. Joseph Dickerson, 'Walt Disney: The World's First UX Designer', *UX Magazine*, 9 September 2013, http://uxmag.com/articles/walt-disney-the-worlds-first-ux-designer.

66. Lo Min Ming, 'UI, UX: Who Does What? A Designer's guide to the Tech Industry', *Fast Company*, 7 July 2014, https://www.fastcompany.com/3032719/ui-ux-who-does-what-a-designers-guide-to-the- tech-industry; Stefan Stieger and David Lewetz, 'A Week Without Using Social Media: Results from an Ecological Momentary Intervention Study Using Smartphones', *Cyberpsychology, Behavior, and Social Networking* 21, no. 10 (2018), https://www.liebertpub.com/doi/abs/10.1089/cyber.2018.0070.

67. Olivia Solon, 'Ex-Facebook president Sean Parker: site made to exploit human "vulnerability"', *Guardian*, 9 November 2017, https://www.theguardian.com/technology/2017/nov/09/facebook-sean-parker- vulnerability-brain-psychology.

68. Jean M. Twenge, Brian H. Spitzberg and W. Keith Campbell, 'Less In-Person Social Interaction with Peers among US Adolescents in the 21st Century and Links to Loneliness', *Journal of Social and Personal Relationships* 36, no. 6 (19 March 2019), 1892–913, https://doi.org/10.1177/0265407519836170.

69. Brian A. Primack et al., 'Social Media Use and Perceived Social Isolation Among Young Adults in the US', *American Journal of Preventive Medicine* 53, No. 1 (1 July 2017), 1-8, https://doi.org/10.1016/ j.amepre.2017.01.010.

70. Twenge et al., 'Less In-Person Social Interaction with Peers'.

71. Ibid.; 다음의 원자료도 보라. https://www.pewresearch.org/internet/2018/05/31/teens-social-media- technology-2018/. 정신 건강에 관한 논의의 중심에 10대의 스마트폰 사용을 두었던 진 트웬지는 다음 저 서의 저자다. Jean Twenge, *iGen* (Simon & Schuster, 2017). 그 외에도 조너선 하이트와 그레그 루키아노프가 다 음 저서에서 10대의 스마트폰 사용을 강도 높게 비판했다. Jonathan Haidt and Greg Lukianoff, *The Coddling of the American Mind* (Penguin, 2018). 한국어판은 조너선 하이트, 그레그 루키아노프 저, 『나쁜 교육』 (프시케의

숲, 2019).

72. Hunt Allcott et al., 'The Welfare Effects of Social Media' (2019), 6, https://web.stanford.edu/~gentzkow/research/facebook.pdf.

73. Melissa G. Hunt et al., 'No More FOMO: Limiting Social Media Decreases Loneliness and Depression', *Journal of Social and Clinical Psychology* 37, no. 10 (8 November 2018), 751-68, https://doi.org/10.1521/jscp.2018.37.10.751.

74. Hunt Allcott et al., 'The Welfare Effects of Social Media', 23.

75. Kyt Dotson, 'YouTube sensation and entrepreneur Markee Dragon swatted on first day of YouTube Gaming', Silicon Angle, 28 August 2015, https://siliconangle.com/2015/08/28/youtube-sensation-and-entrepreneur-markee-dragon-swatted-on-first-day-of-youtube-gaming. 다음도 보라. Jason Fagone, 'The Serial Swatter', *New York Times* magazine, 24 November 2015, https://www.nytimes.com/2015/11/29/magazine/the-serial-swatter.html.

76. Matthew Williams, 'The connection between online hate speech and real-world hate crime', OUP Blog, 12 October 2019, https://blog.oup.com/2019/10/connection-between-online-hate-speech-real-world-hate-crime/. 다음도 보라. Williams, *The Science of Hate* (Faber & Faber, forthcoming 2020).

77. 'The Rise of Antisemitism on Social Media: Summary of 2016' (The World Jewish Congress, 2016), 184, http://www.crif.org/sites/default/fichiers/images/documents/antisemitismreport.pdf.

78. J. J. Van Bavel et al., 'Emotion shapes the diffusion of moralized content in social networks', *PNAS* 114, no. 28 (July 2017), 7313-7318. 다음에서 보충 정보를 확인하라. https://www.pnas.org/content/pnas/suppl/2017/06/20/1618923114.DCSupplemental/pnas.1618923114.sapp.pdf, 17-18.

79. Zeynep Tufekci, 'It's the (Democracy-Poisoning) Golden Age of Free Speech', *Wired*, 16 January 2018, https://www.wired.com/story/free-speech-issue-tech-turmoil-new-censorship/.

80. Richard Seymour, 'How addictive social media fuels online abuse', *Financial Times*, 4 November 2019, https://www.ft.com/content/abc86766-fa37-11e9-a354-36acbbb0d9b6.

81. 이 책을 쓰는 지금, 원래 트윗과 경고 메시지를 다음 주소에서 볼 수 있다. https://twitter.com/realDonaldTrump/status/1266231100780744704.

82. Tony Romm and Allyson Chiu, 'Twitter flags Trump, White House for "glorifying violence" after tweeting Minneapolis looting will lead to "shooting"', *Washington Post*, 30 May 2020, https://www.washingtonpost.com/nation/2020/05/29/trump-minneapolis-twitter-protest/; Kate Conger, 'Twitter had been drawing a line for months when Trump crossed it', *New York Times*, 30 May 2020, https://www.nytimes.com/2020/05/30/technology/twitter-trump-dorsey.html. 역사적 맥락은 다음을 보라. Barbara Sprunt, 'The History Behind "When the Looting Starts, the Shooting Starts"', NPR Politics, 29 May 2020, https://www.npr.org/2020/05/29/864818368/the-history-behind-when-the-looting-starts-the-shooting-starts.

83. Mike Isaac and Cecilia Kang, 'While Twitter confronts Trump, Zuckerberg keeps Facebook out of it', *New York Times*, 29 May 2020, https://www.nytimes.com/2020/05/29/technology/twitter-facebook-zuckerberg-trump.html.

84. Derrick A. Paulo and Ellen Lokajaya, '3 in 4 youngsters say they have been bullied online', *CNA Insider*, 1 March 2018, https://www.channelnewsasia.com/news/cnainsider/3-in-4-teens-singapore-cyberbullying-bullied-online-survey-10001480.

85. Christo Petrov, 'Cyberbullying Statistics 2020', Tech Jury, 2 June 2020, https://techjury.net/stats-about/cyberbullying/#Cyber bullying_around_the_world.

86. 'The Annual Bullying Survey 2017' (Ditch the Label, 2017), 28, https://www.ditchthelabel.org/wp-content/uploads/2017/07/The-Annual-Bullying-Survey-2017-2.pdf.

87. Simon Murphy, 'Girl killed herself after intense social media activity, inquest finds', *Guardian*, 17 April 2019, https://www.theguardian.com/uk-news/2019/apr/17/girl-killed-herself-social-media-inquest-jessica-scatterson.

88. Clyde Haberman, 'What the Kitty Genovese Killing Can Teach Today's Digital Bystanders', *New York Times*, 4 June 2017, https://www.nytimes.com/2017/06/04/us/retro-report-bystander-effect. html; Carrie Rentschler, 'Online abuse: we need Good Samaritans on the web', *Guardian*, 19 April 2016, https://www.theguardian.com/commentisfree/2016/apr/19/online-abuse-bystanders-violence-web.

89. Gordon Harold and Daniel Aquah, 'What works to enhance interparental relationships and improve outcomes for children?' (Early Intervention Foundation, 2016), https://www.eif.org.uk/report/what-works-to-enhance-interparental-relationships-and-improve-outcomes-for-children/.

90. 이러한 현상이 가장 극명하게 드러나는 경우가 바로 이런 일이 자기 직업인 사람들이다. 현재 '콘텐츠 관리자'로 고용된 사람들(흔히 소셜 미디어 회사에 직접 고용되지 않고 용역 업체를 통해 고용된다)의 수가 10만 명이 넘는다. 이들이 하는 일은 특정 게시물이 삭제가 필요할 정도로 잔인한지, 인종차별적인지, 외설적인지, 불쾌한지 판단하는 것이다. 이런 사람들은 폭력적인 콘텐츠를 보고 몇 달 후 외상 후 스트레스 장애를 경험할 때가 많고, 제도적 지원을 거의 받지 못한다. 예전에 마이스페이스(MySpace)에서 콘텐츠 관리자로 일한 한 여성은 일을 그만두고 3년간 사람들과 악수를 하지 못했다. 저널리스트 케이시 뉴턴이 페이스북과 계약을 맺은 관리 업체에서의 끔찍한 노동환경을 《더버지》에 폭로한 후 이 업체는 거대 소셜 미디어 업체 페이스북과 사업 관계를 중단하겠다고 발표했다. 다음을 보라. Casey Newton, 'The Trauma Floor: The secret lives of Facebook moderators in America', *The Verge*, 25 February 2019, https://www.theverge.com/2019/2/25/18229714/cognizant-facebook-content-moderator-interviews-trauma-working-conditions-arizona; 'Facebook firm Cognizant quits,' BBC News, 31 October 2019, https://www.bbc.co.uk/news/technology-50247540; Isaac Chotiner, 'The Underworld of Online Content', *New Yorker*, 5 July 2019, https://www.newyorker.com/news/q-and-a/the-underworld-of-online-content-moderation; Sarah T. Roberts, *Behind the Screen: Content Moderation in the Shadows of Social Media* (Yale University Press, 2019).

91. Sebastian Deri, Shai Davidai and Thomas Gilovich, 'Home alone: why people believe others' social lives are richer than their own', *Journal of Personality and Social Psychology* 113, no. 6 (December 2017), 858-77.

92. 'Childline: More children seeking help for loneliness', BBC News, 3 July 2018, https://www.bbc.co.uk/news/uk-44692344.

93. J. Clement, 'U.S. group chat frequency 2017, by age group'. Statista, 5 November 2018, https://www.

statista.com/statistics/800650/group-chat-functions-age-use-text-online-messaging-apps/.

94. Shoshana Zuboff, *The Age of Surveillance Capitalism* (Public Affairs, 2019). 다음도 참조하라. John Harris, 'Death of the private self: how fifteen years of Facebook changed the human condition', *Guardian*, 31 January 2019, https://www.theguardian.com/technology/2019/jan/31/how-facebook-robbed-us-of-our-sense-of-self.

95. Josh Constine, 'Now Facebook says it may remove Like counts', TechCrunch.com, 2 September 2019, https://techcrunch.com/2019/09/02/facebook-hidden-likes/; Greg Kumparak, 'Instagram will now hide likes in 6 more countries', TechCrunch.com, 17 July 2019, https://techcrunch.com/2019/07/17/instagram-will-now-hide-likes-in-6-more-countries/.

96. Amy Chozick, 'This Is the Guy Who's Taking Away the Likes', *New York Times*, 17 January 2020, https://www.nytimes.com/2020/01/17/business/instagram-likes.html.

97. 'Over Three Quarters of Brits Say Their Social Media Page is a Lie', Custard Media, 6 April 2016, https://www.custard.co.uk/over-three-quarters-of-brits-say-their-social-media-page-is-a-lie/.

98. Sirin Kale, 'Logged off: meet the teens who refuse to use social media', *Guardian*, 29 August 2018, https://www.theguardian.com/society/2018/aug/29/teens-desert-social-media.

99. Harris, 'Death of the private self'.

100. Rebecca Jennings, 'Facetune and the internet's endless pursuit of physical perfection', *Vox*, 25 July 2019, https://www.vox.com/the-highlight/2019/7/16/20689832/instagram-photo-editing-app-facetune.

101. Chris Velazco, 'Apple highlights some of the best (and most popular) apps of 2019', Engadget, 3 December 2019, https://www.engadget.com/2019/12/03/apple-best-apps-of-2019-iphone-ipad-mac/.

102. Elle Hunt, 'Faking it: how selfie dysmorphia is driving people to 324 seek surgery', *Guardian*, 23 January 2019, https://www.theguardian.com/lifeandstyle/2019/jan/23/faking-it-how-selfie-dysmorphia-is-driving-people-to-seek-surgery.

103. Jessica Baron, 'Does Editing Your Selfies Make You More Likely to Want Plastic Surgery?', *Forbes*, 27 June 2019, https://www.forbes.com/sites/jessicabaron/2019/06/27/plastic-surgeons-ask-if-selfie-editing-is-related-to-a-desire-for-plasticsurgery/#87499d11e021. 다음도 보라. Susruthi Rajanala, Mayra B.C. Maymone, and Neelam A. Vashi, 'Selfies-Living In the Era of Filtered Photographs', *JAMA Facial Plastic Surgery* 20, no. 6 (November 2018), 443-44.

104. Cass Sunstein, 'Nudging Smokers', *New England Journal of Medicine* 372, no. 22 (May 2015), 2150-51, https://doi.org/10.1056/NEJMe1503200.

105. Michael Zelenko, 'The High Hopes of the Low-Tech Phone', *The Verge*, 4 September 2019, https://www.theverge.com/2019/9/4/20847717/light-phone-2-minimalist-features-design-keyboard-crowdfunding.

106. 다음을 보라. Jonathan Haidt and Nick Allen, 'Scrutinizing the effects of digital technology on mental health', *Nature*, News and Views Forum, 10 February 2020, https://www.nature.com/articles/d41586-020-00296-x?sf229908667=1.

107. 'Children Unprepared for Social Media "Cliff Edge" as They Start Secondary School, Children's

Commissioner for England Warns in New Report', Children's Commissioner of England, 4 January 2018, https://www.childrenscommissioner.gov.uk/2018/01/04/children-unprepared-for-social-media-cliff-edge-as-they-start-secondary-school-childrens-commissioner-for-england-warns-in-new-report/. 전체 보도는 다음을 보라. 'Life in "Likes": Children's Commissioner Report into Social Media Use among 8-12 Year Olds' (Children's Commissioner of England, 2018).

108. 대부분의 나라에서 적용되는 담배 판매 금지 연령보다 낮지만, 젊은 층 다수가 노동인구에 진입하고 있으며 일터에서의 상호작용이 이러한 플랫폼에서 상당 부분 일어난다는 점을 고려할 때 이보다 높은 연령의 10대에게 사용을 금지하는 것은 불합리한 조치일 것이다.

109. 역사적 맥락을 더 알고 싶다면 다음을 보라. 'How has the seatbelt law evolved since 1968?', Road Safety GB, 9 April 2018, https://roadsafetygb.org.uk/news/how-has-the-seatbelt-law-evolved-since-1968/. 원법안은 다음에서 볼 수 있다. http://www.legislation.gov.uk/uksi/1989/1219/made.

110. 영국에서 미성년자와 동승 상태로 차에서 흡연하는 행위는 2015년부터 불법이었다(UK Department of Health and Social Care, 'Smoking in Vehicles', 17 July 2015, https://www.gov.uk/government/news/smoking-in-vehicles). 미국의 주와 카운티에서는 규제가 각기 다르다. 캘리포니아주의 경우 2007년부터 불법이었다(http://leginfo.legislature.ca.gov/faces/codes_displaySection.xhtml?lawCode=HSC&sectionNum=118948).

111. 다음을 보라. Jacob Shamsian, 'Facebook's head of policy says it would allow "denying the Holocaust" in the weeks before banning high-profile anti-Semitic conspiracy theorists', *Business Insider*, 3 May 2019, https://www.insider.com/facebook-allows-holocaust-denial-anti-semitic-ban-2019-5.

112. 'Social media global revenue 2013-2019', Statista, 14 July 2016, https://www.statista.com/statistics/562397/worldwide-revenue-from-social-media/. 2016~9년 자료는 보고가 아닌 예측치임에 유의하라.

113. Jamil Zaki, 'The Technology of Kindness'.

114. Mark Zuckerberg, 'The Internet needs new rules. Let's start in these four areas', *Washington Post*, 30 March 2019, https://www.washingtonpost.com/opinions/mark-zuckerberg-the-internet-needs-new-rules-lets-start-in-these-four-areas/2019/03/29/9e6f0504-521a-11e9-a3f7-78b7525a8d5f_story.html.

115. 'Australian government pushes through expansive new legislation targeting abhorrent violent material online', Ashurst Media Update, 10 April 2019, https://www.ashurst.com/en/news-and-insights/legal-updates/media-update-new-legislation-targeting-abhorrent-violent-material-online/.

116. 그러나 어구의 모호함으로 법안의 강도가 약해질 가능성이 있다. 벌써 '혐오(abhorrent)'와 '신속히(expeditiously)' 같은 핵심 단어를 어떻게 정의할 것인가에 관한 논쟁으로 논점이 흐려질 위험성이 보인다. 다음을 보라. ibid.

117. Jamil Zaki, 'The Technology of Kindness'.

118. Jonathan Rauch, 'Twitter Needs a Pause Button', *The Atlantic*, August 2019, https://www.theatlantic.com/magazine/archive/2019/08/twitter-pause-button/592762/.

119. 'Age Appropriate Design: A Code of Practice for Online Services. Full Version to be Laid in Parliament' (Information Commissioner's Office, 22 January 2020), 68, https://ico.org.uk/media/for-organisations/guide-to-data-protection/key-data-protection-themes/age-appropriate-design-a-code-of-practice-for-online-

services-0-0.pdf.

120. 'Online Harms White Paper' (UK Department for Digital, Culture, Media & Sport and the UK Home Office, updated 12 February 2020), https://www.gov.uk/government/consultations/onlineharms-white-paper/online-harms-white-paper.

121. 'Impact of social media and screen-use on young people's health', HC 822 (House of Commons, 2019), https://publications.parliament.uk/pa/cm201719/cmselect/cmsctech/822/822.pdf.

122. Allan M. Brandt, 'Inventing Conflicts of Interest: A History of Tobacco Industry Tactics', *American Journal of Public Health* 102, no. 1 (January 2012), 63-71, https://doi.org/10.2105/AJPH.2011.300292.

123. Alex Hern, 'Third of advertisers may boycott Facebook in hate speech revolt', *Guardian*, 30 June 2020, https://www.theguardian.com/technology/2020/jun/30/third-of-advertisers-may-boycott-facebook-in-hate-speech-revolt.

124. 'More Companies Join Facebook Ad Boycott Bandwagon', *New York Times*, 29 June 2020, https://www.nytimes.com/reuters/2020/06/29/business/29reuters-facebook-ads-boycott-factbox.html. '이익을 위한 혐오를 중단하라' 캠페인은 다음을 보라. for Profit, https://stophateforprofit.org.

7장 — 21세기의 노동은 외롭다

1. Dan Schawbel, *Back to Human: How Great Leaders Create Connection in the Age of Isolation* (Da Capo, 2018), Introduction. 댄 쇼벨은 설문 조사 대상을 사무직 근로자에 국한했다고 명시하지 않지만, 저서를 읽어보면 조사의 초점은 분명히 압도적으로 화이트칼라 사무직 근로자에 맞춰져 있음을 알 수 있다. 다음 글도 참조하라. David Vallance, 'The workplace is a lonely place, but it doesn't have to be', Dropbox, 15 July 2019, https://blog.dropbox.com/topics/work-culture/tips-for-fixing-workplace-loneliness.

2. Emma Mamo, 'How to combat the rise of workplace loneliness', TotalJobs, 30 July 2018, https://www.totaljobs.com/insidejob/how-to-combat-the-rise-of-workplace-loneliness/; Jo Carnegie, 'The rising epidemic of workplace loneliness and why we have no office friends', *Telegraph*, 18 June 2018, https://www.telegraph.co.uk/education-and-careers/0/rising-epidemic-workplace-loneliness-have-no-office-friends/. 2014년 기준, 영국인 42%가 사무실에 친구가 한 명도 없다고 응답했다.

3. 'Most white-collar workers in China anxious and lonely: survey', *China Daily*, 23 May 2018, https://www.chinadaily.com.cn/a/201805/23/WS5b04ca17a3103f6866eea0e9.html.

4. 'Research on friends at work', Olivet Nazarene University, https://online.olivet.edu/news/research-friends-work; 'Loneliness and the Workplace', Cigna, January 2020, https://www.cigna.com/static/www-cigna-com/docs/about-us/newsroom/studies-and-reports/combatting-loneliness/cigna-2020-loneliness-report.pdf, p.7.

5. 'Loneliness during coronavirus', Mental Health Foundation, 3 June 2020, https://www.mentalhealth.org.uk/coronavirus/coping-with-loneliness.

6. 'State of the Global Workplace', Gallup, https://www.gallup.com/workplace/238079/state-global-workplace-2017.aspx.

7.   Jane Ammeson, 'Storytelling with Studs Terkel', *Chicago Life*, 28 May 2007, http://chicagolife.net/content/interview/Storytelling_with_Studs_Terkel; Teenage Telephone Operator Reveals Loneliness In Terkel's 'Working'", NPR, 27 September 2016, https://www.npr.org/templates/transcript/transcript.php?storyId=495671371.

8.   Dan Schawbel, *Back to Human* (Da Capo, 2018). 다음도 참조하라. Kerry Hannon, 'People with pals at work more satisfied, productive', *USA Today*, 13 August 2013, http://usatoday30.usatoday.com/money/books/reviews/2006-08-13-vital-friends_x.htm.

9.   Dan Schawbel, 'How technology created a lonely workplace', MarketWatch, 2 December 2018, https://www.marketwatch.com/story/how-technology-created-a-lonely-workplace-2018-11-13; '40% of Australians feel lonely at work', *a future that works*, 8 July 2019, http://www.afuturethatworks.org.au/media-stories/2019/7/8/40-of-australians-feel-lonely-at-work; Hakan Ozcelik and Sigal G. Barsade, 'No Employee an Island: Workplace Loneliness and Job Performance', *Academy of Management Journal* 61, no. 6 (11 December 2018): 2343, https://doi.org/10.5465/amj.2015.1066.

10. 'Loneliness on the Job: Why No Employee Is an Island', *Knowledge@Wharton*, 9 March 2018, https://knowledge.wharton.upenn.edu/article/no-employee-is-an-island/.

11. 정규직 노동자 1,624명을 대상으로 한 설문 조사. 다음과 비교하라. Shawn Achor, Gabriella Rosen Kellerman, Andre Reece and Alexi Robichaux, 'America's Loneliest Workers, According to Research', *Harvard Business Review*, 19 March 2018, https://hbr.org/2018/03/americas-loneliest-workers-according-to-research; 'Loneliness Causing UK Workers to Quit Their Jobs', TotalJobs, 26 July 2018, http://press.totaljobs.com/release/loneliness-causing-uk-workers-to-quit-their-jobs/.

12. 'Global Study Finds That Dependency on Technology Makes Workers Feel Isolated, Disengaged and Less Committed to Their Organizations', The Work Connectivity Study, 13 November 2018 (Cached 1 June 2020), https://workplacetrends.com/the-work-connectivity-study/.

13. S. Y. Park et al., 'Coronavirus Disease Outbreak in Call Center, South Korea' (박신영 외, '한국 콜센터에서의 코로나바이러스 집단발병'), *Emerging Infectious Diseases* 26, no. 8 (2020), https://doi.org/10.3201/eid2608.201274. 다음도 참조하라. Sean Fleming, 'COVID-19: How an office outbreak in South Korea shows that protecting workers is vital for relaxing lockdown', *World Economic Forum*, 4 May 2020, https://www.weforum.org/agenda/2020/05/protecting-office-workers-vital-for-relaxing-lockdown-south-korea/.

14. 'The State of the Open Office Research Study', Stegmeier Consulting Group, https://cdn.worktechacademy.com/uploads/2018/01/Open-Office-Research-Study-Stegmeier-Consulting-Group.pdf; Jeremy Bates, Mike Barnes and Steven Lang, 'What Workers Want: Europe 2019', Savills PLC, 17 June 2019, https://www.savills.co.uk/research_articles/229130/283562-0/what-workers-want-europe-2019; Brian Borzykowski, 'Why open offices are bad for us', BBC, 11 January 2017, https://www.bbc.com/worklife/article/20170105-open-offices-are-damaging-our-memories.

15. Ethan S. Bernstein and Stephen Turban, 'The impact of the "open" workspace on human collaboration', *Philosophical Transactions of the Royal Society B* 1753, no. 373 (July 2018), https://doi.org/10.1098/

rstb.2017.0239

16. John Medina and Ryan Mullenix, 'How Neuroscience Is Optimising the Office', *Wall Street Journal*, 1 May 2018, https://www.wsj.com/articles/how-neuroscience-is-optimizing-the-office-1525185527. 다음도 참조하라. Barbara Palmer, 'Sound Barriers: Keeping Focus in a Noisy Open Office, *PCMA*, 1 December 2019, https://www.pcma.org/open-office-spaces-distractions-noise/.

17. 'Too Much Noise', *Steelcase*, https://www.steelcase.com/research/articles/topics/open-plan-workplace/much-noise/.

18. Zaria Gorvett, 'Why office noise bothers some people more than others', BBC, 18 November 2019, https://www.bbc.com/worklife/article/20191115-office-noise-acceptable-levels-personality-type

19. Jeremy Luscombe, 'When All's Not Quiet On the Office Front, Everyone Suffers', *TLNT*, 4 May 2016, https://www.tlnt.com/whenalls-not-quiet-on-the-office-front-everyone-suffers/.

20. Vinesh Oommen, Mike Knowles and Isabella Zhao, 'Should Health Service Managers Embrace Open-Plan Work Environments? A Review', *AsiaPacific Journal of Health Management* 3, no. 2 (2008), 37-43.

21. Therese Sprinkle, Suzanne S. Masterson, Shalini Khazanchi and Nathan Tong, 'A spacial model of work relationships: The relationship-building and relationship-straining effects of workspace design', *The Academy of Management Review* 43, no. 4 (June 2018), https://doi.org/10.5465/amr.2016.0240.

22. 'Divisive practice of hot desking heightens employee stress', Consultancy.uk, 7 May 2019, https://www.consultancy.uk/news/21194/divisive-practice-of-hot-desking-heightens-employee-stress.

23. 개인적인 대화. 프라이버시를 보호하기 위해 '칼라'라는 가명을 사용했다.

24. Sarah Holder, 'Can "Pods" Bring Quiet to the Noisy Open Office?' CityLab, 2 July 2019, https://www.citylab.com/design/2019/07/open-plan-offices-architecture-acoustics-privacy-pods/586963/; Josh Constine, 'To fight the scourge of open offices, ROOM sells 330 rooms', *TechCrunch*, 15 August 2018, https://techcrunch.com/2018/08/15/room-phone-booths/?guccounter=1&guce_referrer_us=aHR0cHM6Ly93d3cuZ29vZ2xlLmNvbvS8&guce_referrer_cs=p6XDk_kXhi4qkZLStN5AfA.

25. Cubicall, https://www.cubicallbooth.com/.

26. Chip Cutter, 'One Architects Radical Vision to Replace the Open Office', *Wall Street Journal*, 9 January 2020, https://www.wsj.com/articles/one-architects-radical-vision-to-replace-the-open-office-11578578407?emailToken=3d0330849f5ede15b0c7196985e56f38CBKL.

27. 'Why offices are becoming more "open"', InterviewQ's, https://www.interviewqs.com/blog/closed_open_office.

28. 항상 회사 직원의 40%는 자기 자리에 있지 않다. Jeff Pochepan, 'Here's What Happens When You Take Away Dedicated Desks for Employees', *Inc.*, 10 May 2018, https://www.inc.com/jeff-pochepan/heres-what-happens-whenyou-take-away-dedicated-desks-for-employees.html; Niall Patrick Walsh, 'Is Coronavirus the Beginning of the End of Offices?', *Arch Daily*, 11 March 2020, https://www.archdaily.com/935197/is-coronavirus-the-beginning-of-the-end-of-offices.

29. Dan Schawbel, 'How technology created a lonely workplace', MarketWatch, 2 December 2018, https://www.marketwatch.com/story/how-technology-created-a-lonely-workplace-2018-11-13. 주요 미디어

회사에서 내게 공유해준 내부 이메일 감사 결과 자료도 사용되었다.

30. Ibid.

31. Lori Francis, Camilla M. Holmvall, and Laura E. O'Brien, 'The influence of workload and civility of treatment on the perpetration of email incivility', *Computers in Human Behavior* 46 (2015), 191-201, https://doi.org/10.1016/j.chb.2014.12.044.

32. 다음을 보라. Gina Luk, 'Global Mobile Workforce Forecast Update 2017-2023', Strategy Analytics, 18 May 2018, https://www.strategyanalytics.com/access-services/enterprise/mobile-workforce/market-data/report-detail/global-mobile-workforce-forecast-update-2017-2023. 이 예상치는 대다수 사무실 근로자에게 재택근무가 일반적인 근무 형태가 된 코로나19 기간 전에 나온 것이다. 재택근무의 비중이 증가할 가능성이 크다.

33. Erica Dhawan and Tomas Chamorro-Premuzic, 'How to Collaborate Effectively If Your Team Is Remote', *Harvard Business Review*, 27 February 2018, https://hbr.org/2018/02/how-to-collaborate-effectively-if-your-team-is-remote.

34. Bryan Robinson, 'What Studies Reveal About Social Distancing And Remote Working During Coronavirus', *Forbes*, 4 April 2020, https://www.forbes.com/sites/bryanrobinson/2020/04/04/what-7-studies-show-about-social-distancing-and-remote-working-during-covid-19/.

35. Hailley Griffis, 'State of Remote Work 2018 Report: What It's Like to be a Remote Worker In 2018', *Buffer*, 27 February 2018, https://open.buffer.com/state-remote-work-2018/.

36. 원래 트윗을 보라. https://twitter.com/hacks4pancakes/status/1106743840751476736?s=20.

37. Ryan Hoover, 'The Problems in Remote Working', LinkedIn, 19 March 2019, https://www.linkedin.com/pulse/problems-remote-working-ryan-hoover/?trackingId=KaDtuFRVTiy7DDxgnaFy5Q%3D%3D.

38. 원래 트윗을 보라. https://twitter.com/hacks4pancakes/status/1106743840751476736?s=20; https://twitter.com/SethSandler/status/1106721799306244096?s=20.

39. 원래 트윗을 보라. https://twitter.com/john_osborn/status/1106570727103348738?s=20.

40. 원래 트윗을 보라. https://twitter.com/ericnakagawa/status/1106567592225890305?s=20.

41. 원래 트윗을 보라. https://twitter.com/ahmed_sulajman/status/1106561023652302848?s=20. 다른 트윗의 내용은 이렇다. "일부러 작업 공동체를 찾는 중. 팀원들과 나누던 수동적인 대화가 그립다." @DavidSpinks; "사회적인 활력이 부족하다. 다른 사람과 대화하지 않으면/못하면 제정신이 아니고 혼자만의 생각에 갇힌다." @jkwade; "사람과 대화할 일이 없음" @belsito; "온라인보다는 동료들과 함께 있을 때 문제를 해결하기가 더 쉽다." @GabbarSanghi; "대단한 일을 해냈을 때 함께 하이파이브해줄 사람이 없다는 게 가장 속상하다." @MadalynSklar; "사무실에서의 사회적 상호작용을 놓치고 있다. […] 마법은 관계 속에서 일어나는 법인데!" @EraldoCavalli; Ryan Hoover, 'The Problems in Remote Working', LinkedIn, 19 March 2019, https://www.linkedin.com/pulse/problems-remote-working-ryan-hoover/?trackingId=KaDtuF RVTiy7DDxgnaFy5Q%3D%3D.

42. Jenni Russell, 'Office life is more precious than we admit', *The Times*, 6 May 2020, https://www.thetimes.co.uk/article/office-life-is-more-precious-than-we-admit-q3twmh8tv.

43. Nicholas Bloom, James Liang, John Roberts and Zhichun Jenny Ying, 'Does Working From Home Work?'

Evidence from a Chinese Experiment', *The Quarterly Journal of Economics* 130, no. 1 (November 2014), 165–218, https://doi.org/10.1093/qje/qju032.

44. Isabella Steger, 'A Japanese aquarium under lockdown wants people to video call its lonely eels', *Quartz*, 30 April 2020, https://qz.com/1848528/japan-aquarium-asks-people-to-video-call-eels-under-lockdown/.

45. Kevin Roose, 'Sorry, But Working From Home is Overrated', *New York Times*, 10 March 2020, https://www.nytimes.com/2020/03/10/technology/working-from-home.html.

46. Ibid.

47. 영국 버밍엄, 브라질 브라질리아, 캐나다 토론토, 터키 이스탄불, 콜롬비아 보고타, 브라질 리우데자네이루, 미국 로스앤젤레스 등 다양한 도시에서 평균적인 하루 통근 시간은 한 시간 반 이상이다. 도심에서의 주거 비용이 중산층 노동자가 감당할 수 없는 수준이 되었기 때문이다. Julia Watts, 'The Best and Worst Cities for Commuting', Expert Market, https://www.expertmarket.co.uk/vehicle-tracking/best-and-worst-cities-for-commuting. 다음에서 원자료를 볼 수 있다. https://images.expertmarket.co.uk/wp-content/uploads/sites/default/files/FOCUSUK/Commuter%20Carnage/The%20Best%20and%20Worst%20Cities%20for%20Commuting%20-%20Expert%20Market.pdf?_ga=2.6892788.710211532.1591291518-1056841509.1591291518.

48. Alison Lynch, 'Table for one: Nearly half of all meals in the UK are eaten alone', *Metro*, 13 April 2016, https://metro.co.uk/2016/04/13/table-for-one-nearly-half-of-all-meals-in-the-uk-are-eaten-alone-5813871/.

49. Malia Wollan, 'Failure to Lunch', *New York Times*, 25 February 2016, https://www.nytimes.com/2016/02/28/magazine/failure-to-lunch. html; Olivera Perkins, 'Eating lunch alone, often working at your desk: the disappearing lunch break (photos)', Cleveland.com, 14 September 2015, https://www.cleveland.com/business/2015/09/eating_lunch_alone_often_worki.html.

50. Robert Williams, Kana Inagaki, Jude Webber and John Aglionby, 'A global anatomy of health and the workday lunch', *Financial Times*, 14 September 2016, https://www.ft.com/content/a1b8d81a-48f5-11e6-8d68-72e9211e86ab.

51. Stan Herman, 'In-work dining at Silicon Valley companies like Google and Facebook causes spike in divorce rate', *Salon*, 24 June 2018, https://www.salon.com/2018/06/24/in-work-dining-in-silicon-valley-companies-like-google-and-facebook-cause-spike-in-divorce-there/; Lenore Bartko, 'Festive Feasts Around the World', InterNations.org, https://www.internations.org/magazine/plan-prepare-feast-and-enjoy-tips-for-celebrating-national-holidays-abroad-17475/festive-feasts-around-the-world-2.

52. 다음의 논의를 보라. Anthony Charuvastra and Marylene Cloitre, 'Social Bonds and Post-Traumatic Stress Disorder', *Annual Review of Psychology* 59 (2008), 301–28.

53. 원연구에서 소방관들의 신원 보호 차 도시명을 밝히지 않았다. Kevin M. Kniffin, Brian Wansink, Carol M. Devine and Jeffery Sobal, 'Eating Together at the Firehouse: How Workplace Commensality Relates to the Performance of Firefighters', *Human Performance* 28, no. 4 (2015), 281–306, https://doi.org/10.1080/08959 285.2015.1021049.

54. Susan Kelley, 'Groups that eat together perform better together', *Cornell Chronicle*, 19 November 2015, https://news.cornell.edu/stories/2015/11/groups-eat-together-perform-better-together. 다음도 참조하라. Kniffin et al., 'Eating Together at the Firehouse'; 'TeamBuilding in the Cafeteria', *Harvard Business Review*, December 2015, https://hbr.org/2015/12/team-building-in-the-cafeteria.

55. Kelley, 'Groups that eat together perform better together'. 'Team-Building in the Cafeteria'.

56. Trevor Felch, 'Lunch at Google HQ is as Insanely Awesome as You Thought', *Serious Eats*, 8 January 2014, https://www.seriouseats.com/2014/01/lunch-at-google-insanely-awesome-as-you-thought.html; Katie Canales, 'Cayenne pepper ginger shots, homemade lemon tarts, and Michelin-starred chefs – here's what employees at Silicon Valley's biggest tech companies are offered for free', *Business Insider*, 31 July 2018, https://www.businessinsider.com/free-food-silicon-valley-tech-employees-apple-google-facebook-2018-7?r=US&IR=T#apple-employees-dont-get-free-food-but-they-do-get-subsidized-cafes-2.

57. 'Team-Building in the Cafeteria'.

58. Alex Pentland, 'The New Science of Building Great Teams', *Harvard Business Review*, April 2012, https://hbr.org/2012/04/the-new-science-of-building-great-teams; Ron Miller, 'New Firm Comines Wearables And Data To Improve Decision Making', *TechCrunch*, 24 February 2015, https://techcrunch.com/2015/02/24/new-firm-combines-wearables-and-data-to-improve-decision-making/.

59. Jen Hubley Luckwaldt, 'For the Love of the Job: Does Society Pay Teachers What They Are Worth?', PayScale, https://www.payscale.com/data-packages/most-and-least-meaningful-jobs/teacher-pay-versus-job-meaning; 'Nurses are undervalued because most of them are women, a new study shows', Oxford Brookes University, 29 January 2020, https://www.brookes.ac.uk/about-brookes/news/nurses-are-undervalued-because-most-of-them-are-women-a-new-study-finds/. 원자료는 다음과 같다. 'Gender and Nursing as a Profession', Royal College of Nursing and Oxford Brookes University, January 2020; Jack Fischl, 'Almost 82 Per cent Of Social Workers Are Female, and This is Hurting Men', *Mic*, 25 March 2013, https://www.mic.com/articles/30974/almost-82-percent-of-social-workers-are-female-and-this-is-hurting-men; 직무기술서 분석은 totaljobs.com에서 볼 수 있다.

60. Sarah Todd, 'Can nice women get ahead at work?', *Quartz*, https://qz.com/work/1708242/why-being-nice-is-a-bad-word-at-work/.

61. Sarah Todd, 'Finally, a performance review designed to weed out "brilliant jerks"', *Quartz*, 22 July 2019, https://qz.com/work/1671163/atlassians-new-performance-review-categories-weed-out-brilliant-jerks/.

62. Sarah Todd, 'Can nice women get ahead at work?'.

63. Joan C. Williams and Marina Multhaup, 'For Women and Minorities to Get Ahead, Managers Must Assign Work Fairly', *Harvard Business Review*, 5 March 2018, https://hbr.org/2018/03/for-women-and-minorities-to-get-ahead-managers-must-assign-work-fairly.

64. Patrick Moorhead, 'Why No One Should be Surprised Cisco Named "World's Best Workplace" for 2019', *Forbes*, 1 November 2019, https://www.forbes.com/sites/moorinsights/2019/11/01/why-no-one-should-be-surprised-cisco-named-worlds-best-workplace-for-2019/#5d7032443886.

65. Paul Verhaghe, 'Neoliberalism has brought out the worst in us', *The Guardian*, 29 September 2014, https://www.theguardian.com/commentisfree/2014/sep/29/neoliberalism-economic-system-ethics-personality-psychopathicsthic.

66. 이를테면 네덜란드와 독일에서 1950년에서 2012년 사이에 직원당 연간 노동시간은 40% 정도 감소했다. 미국에서 이 수치는 10% 정도 낮다. Matthew Yglesias, 'Jeb Bush and longer working hours: gaffesplainer 2016', *Vox*, 9 July 2015, https://www.vox.com/2015/7/9/8920297/jeb-bush-work-longer; Derek Thompson, 'Workism Is Making Americans Miserable', *The Atlantic*, 24 February 2019, https://www.theatlantic.com/ideas/archive/2019/02/religion-workism-making-americans-miserable/583441/.

67. Anna S. Burger, 'Extreme working hours in Western Europe and North America: A new aspect of polarization', LSE 'Europe in Question' Discussion Paper Series, May 2015, http://www.lse.ac.uk/europeanInstitute/LEQS%20Discussion%20Paper%20Series/ LEQSPaper92.pdf. 이 연구는 대학 학위가 있는 사람들을 대상으로 수행되었다. 전문 인력은 이들의 부분집합으로서 비슷한 추세를 따르리라고 합리적으로 추측할 수 있다. Heather Boushey and Bridget Ansel, 'Overworked America', Washington Center for Equitable Growth, 16 May 2016, https://equitablegrowth.org/research-paper/overworked-america/. 또한 1985년에서 2010년 사이 대졸 남성의 주당 여가 시간은 2.5시간 하락했으며, 이는 다른 모든 인구집단보다 큰 수치다. Derek Thompson, 'Are We Truly Overworked? An Investigation – in 6 Charts', *The Atlantic*, June 2013, https://www.theatlantic.com/magazine/archive/2013/06/are-we-truly-overworked/309321/.

68. Steven Clarke and George Bangham, 'Counting the hours', Resolution Foundation, January 2018, https://www.resolutionfoundation.org/app/uploads/2018/01/Counting-the-hours.pdf.

69. Justin McCurry, 'Japanese woman "dies from overwork" after logging 159 hours of overtime in a month', *Guardian*, 5 October 2017, https://www.theguardian.com/world/2017/oct/05/japanese-woman-dies-overwork-159-hours-overtime.

70. Rita Liao, 'China's Startup Ecosystem is hitting back at demanding 336 working hours', *TechCrunch*, 13 April 2019, https://techcrunch.com/2019/04/12/china-996/.

71. 현재 미국에서는 20년 전과 비교해 생활비가 30% 상승했다. Larry Getlen, 'America's middle class is slowly being 'wiped out'', MarketWatch, 23 July 2018, https://www.marketwatch.com/story/americas-middle-class-is-slowly-being-wiped-out-2018-07-23. 다음도 참조하라. Alissa Quart, *Squeezed: Why Our Families Can't Afford America* (Ecco, 2018). 영국에서도 마찬가지여서 1980년에서 2010년 사이 중산층 가정의 수가 27% 줄었다. 한편 3분의 2에 달하는 EU 국가에서도 2008년 금융 위기 이래 중산층이 줄어들었다. 다음을 보라. Daniel Boffey, 'How 30 years of a polarised economy have squeezed out of the middle class', *Guardian*, 7 March 2015, https://www.theguardian.com/society/2015/mar/07/vanishing-middle-class-london-economy-divide-rich-poor-england; Liz Alderman, 'Europe's Middle Class Is Shrinking. Spain Bears Much of the Pain', *New York Times*, 14 February 2019, https://www.nytimes.com/2019/02/14/business/spain-europe-middle-class.html.

72. Jennifer Szalai, 'Going for Broke, the Middle Class Goes Broke', *New York Times*, 27 June 2018, https://www.nytimes.com/2018/06/27/books/review-squeezed-alissa-quart.html.

73. Sarah Graham, 'Meet The Young Nurses Who Need A Side Hustle Just To Pay Their Bills', *Grazia*, 12 July

2017, https://graziadaily.co.uk/life/real-life/meet-young-nurses-need-side-hustle-just-pay-bills/.

74. 'Nursing Shortage: 52% of US Nurses Say It's Gotten Worse', Staffing Industry Analysts, 12 November 2019, https://www2.staffingindustry.com/site/Editorial/Daily-News/Nursing-shortage-52-of-US-nurses-say-it-s-gotten-worse-51871. 미국과 영국 학계 종사자들도 이 함정에 빠질 수 있다. 영국: 동료들과의 대화. 미국의 경우는 다음의 예를 참조하라. Seth Freed Wessler, 'Your College Professor Could Be On Public Assistance', NBC News, 6 April 2015, https://www.nbcnews.com/feature/in-plain-sight/poverty-u-many-adjunct-professors-food-stamps-n336596; Matt Saccaro, 'Professors on food stamps: The shocking true story of academia in 2014', *Salon*, 21 September 2014, https://www.salon.com/test/2014/09/21/professors_on_food_stamps_the_shocking_true_story_of_academia_in_2014/.

75. Katherine Schaeffer, 'About one-in-six U.S. teachers work second jobs – and not just in the summer', Pew Research Center, 1 July 2019, https://www.pewresearch.org/fact-tank/2019/07/01/about-one-in-six-u-s-teachers-work-second-jobs-and-not-just-in-thesummer/; Michael Addonizio, 'Are America's teachers really underpaid?', *The Conversation*, 11 April 2019, https://theconversation.com/are-americas-teachers-really-underpaid-114397.

76. Szalai, 'Going for Broke, the Middle Class Goes Broke'.

77. Sylvia Ann Hewlett and Carolyn Buck Luce, 'Extreme Jobs: The Dangerous Allure of the 70-Hour Workweek', *Harvard Business Review*, December 2006, https://hbr.org/2006/12/extreme-jobs-the-dangerous-allure-of-the-70-hour-workweek.

78. 'New statistics reveal effect of modern day lifestyles on family life', British Heart Foundation, 12 May 2017, https://www.bhf.org.uk/what-we-do/news-from-the-bhf/news-archive/2017/may/new-statistics-reveal-effect-of-modern-day-lifestyles-on-family-life.

79. Emma Seppala and Marissa King, 'Burnout at Work Isn't Just About Exhaustion. It's Also About Loneliness', *Harvard Business Review*, 29 June 2017, https://hbr.org/2017/06/burnout-at-work-isnt-just-about-exhaustion-its-also-about-loneliness.

80. Christina Zdanowicz, 'Denver is so expensive that teachers have to get creative to make ends meet', CNN, 11 February 2019, https://edition.cnn.com/2019/02/10/us/denver-teacher-strike-multiple-jobs/index.html.

81. Zoe Schiffer, 'Emotional Baggage', *The Verge*, 5 December 2019, https://www.theverge.com/2019/12/5/20995453/away-luggage-ceo-steph-korey-toxic-work-environment-travel-inclusion.

82. '일어나 일하라'는 미국 TV 리얼리티 쇼 〈샤크 탱크(Shark Tank)〉의 스타이자 힙합 의류 회사 후부(FUBU)의 설립자 데이몬드 존(Daymond John)이 쓴 책 *Rise and Grind* (Currency 2018)의 제목이자 나이키의 최근 광고 테마다. https://www.youtube.com/watch?v=KQSiiEPKgUk.

83. 'The Relationship Between Hours Worked and Productivity', Crunch Mode: Programming to the Extreme, https://cs.stanford.edu/people/eroberts/cs201/projects/crunchmode/econ-hours-productivity.html; Sarah Green Carmichael, 'The Research Is Clear: Long Hours Backfire for People and for Companies', *Harvard Business Review*, 19 August 2015, https://hbr.org/2015/08/the-research-is-clear-long-hours-backfire-for-people-and-for-companies.

84. 'Volkswagen turns off Blackberry email after work hours', BBC News, 8 March 2012, https://www.bbc.co.uk/news/technology-16314901.

85. 'Should holiday email be deleted?', BBC News, 14 August 2014, https://www.bbc.co.uk/news/magazine-28786117.

86. 나는 워너 뮤직 그룹의 이사진에 속해 있다.

87. 'French workers get "right to disconnect" from emails out of hours', BBC News, 31 December 2016, https://www.bbc.co.uk/news/world-europe-38479439.

88. Daniel Ornstein and Jordan B. Glassberg, 'More Countries Consider Implementing a "Right to Disconnect"', *The National Law Review*, 29 January 2019, https://www.natlawreview.com/article/more-countries-consider-implementing-right-to-disconnect.

89. Raquel Florez, 'The future of work – New rights for new times', *Freshfields*, 5 December 2018, https://digital.freshfields.com/post/102f6up/the-future-of-work-new-rights-for-new-times; Ornstein and Glassberg, 'More Countries Consider Implementing a "Right to Disconnect"'.

90. 'Banning out-of-hours email "could harm employee wellbeing"', BBC News, 18 October 2019, https://www.bbc.co.uk/news/technology-50073107.

91. Evgeny Morozov, 'So you want to switch off digitally? I'm afraid that will cost you…', *Guardian*, 19 February 2017, https://www.theguardian.com/commentisfree/2017/feb/19/right-to-disconnect-digital-gig-economy-evgeny-morozov.

92. Peter Fleming, 'Do you work more than 39 hours per week? Your job could be killing you', *Guardian*, 15 January 2018, https://www.theguardian.com/lifeandstyle/2018/jan/15/is-28-hours-ideal-working-week-for-healthy-life.

93. 'Two in five low-paid mums and dads penalised by bad bosses, TUC study reveals', Trades Union Congress, 1 September 2017, https://www.tuc.org.uk/news/two-five-low-paid-mums-and-dadspenalised-bad-bosses-tuc-study-reveals-0. 코로나19 위기가 확대될 위험이 커지자, 영국 노동조합총연맹은 일하는 부모들을 보호해달라고 정부에 요구했다. 일하는 부모들은 저임금 노동과 코로나19 위기로 보육 분야가 붕괴할 위험을 맞아 가족을 안전하게 지켜야 할 필요 사이에서 하나를 선택해야 하는 어려움을 겪고 있다. 'Forced out: The cost of getting childcare wrong', Trades Union Congress, 4 June 2020, https://www.tuc.org.uk/research-analysis/reports/forced-out-cost-getting-childcare-wrong.

94. Brian Wheeler, 'Why Americans don't take sick days', BBC News, 14 September 2014, https://www.bbc.co.uk/news/world-us-canada-37353742.

95. Harriet Meyer, 'Part-time workers "trapped" in jobs with no chance of promotion', *Guardian*, 8 July 2013, https://www.theguardian.com/money/2013/jul/08/part-time-workers-trapped-jobs; Richard Partington, 'Mothers working part-time hit hard by gender pay gap, study shows', *Guardian*, 5 February 2018, https://www.theguardian.com/society/2018/feb/05/mothers-working-part-time-hit-hard-by-gender-pay-gap-study-shows; Paul Johnson, 'We must not ignore plight of low-paid men as once we ignored that of working women', Institute for Fiscal Studies, 12 November 2018, https://www.ifs.org.uk/publications/13706.

96. 그 예로 다음을 보라. Ariane Hegewisch and Valerie Lacarte, 'Gender Inequality, Work Hours, and the Future of Work', Institute for Women's Policy Research, 14 November 2019, https://iwpr.org/publications/gender-inequality-work-hours-future-of-work/.

97. Dominic Walsh, 'Centrica staff get extra paid leave to care for sick relatives', *The Times*, 7 May 2019, https://www.thetimes.co.uk/article/centrica-staff-get-extra-paid-leave-to-care-for-sick-relatives-6397f7vs8.

98. Joe Wiggins, '9 Companies That Offer Corporate Volunteering Days', Glassdoor, 6 May 2019, https://www.glassdoor.co.uk/blog/time-off-volunteer/.

99. Kari Paul, 'Microsoft Japan tested a four-day work week and productivity jumped by 40%', *Guardian*, 4 November 2019, https://www.theguardian.com/technology/2019/nov/04/microsoft-japan-four-day-work-week-productivity.

8장 — 감시 자본주의와 조작된 경제

1. Robert Booth, 'Unilever saves on recruiters by using AI to assess job interviews', *Guardian*, 25 October 2019, https://www.theguardian.com/technology/2019/oct/25/unilever-saves-on-recruiters-by-using-ai-to-assess-job-interviews; The Harvey Nash HR Survey 2019, https://www.harveynash.com/hrsurvey/fullreport/charts/#summary.

2. 'HireVue surpasses ten million video interviews completed worldwide', HireVue, 21 May 2019, https://www.hirevue.com/press-release/hirevue-surpasses-ten-million-video-interviewscompleted-worldwide.

3. 'EPIC Files Complaint with FTC about Employment Screening Firm HireVue', Electronic Privacy Information Center, 6 November 2019, https://epic.org/2019/11/epic-files-complaintwith-ftc.html; 고소장 전문을 다음에서 볼 수 있다. https://epic.org/privacy/ftc/hirevue/EPIC_FTC_HireVue_Complaint.pdf.

4. Loren Larsen, 'HireVue Assessments and Preventing Algorithmic Bias', HireVue, 22 June 2018, https://www.hirevue.com/blog/hirevue-assessments-and-preventing-algorithmic-bias; cf. Emma Leech, 'The perils of AI recruitment', *New Statesman*, 14 August 2019, https://tech.newstatesman.com/emerging-technologies/ai-recruitment-algorithms-bias; Julius Schulte, 'AI-assisted recruitment is biased. Here's how to make it more fair', World Economic Forum, 9 May 2019, https://www.weforum.org/agenda/2019/05/ai-assistedrecruitment-is-biased-heres-how-to-beat-it/.

5. Drew Harwell, 'A face-scanning algorithm increasingly decides whether you deserve the job', *Washington Post*, 6 November 2019, https://www.washingtonpost.com/technology/2019/10/22/ai-hiring-face-scanning-algorithm-increasingly-decides-whether-youdeserve-job/.

6. Reuters, 'Amazon ditched AI recruiting tool that favoured men for technical jobs', *Guardian*, 11 October 2018, https://www.theguardian.com/technology/2018/oct/10/amazon-hiring-aigender-bias-recruiting-engine.

7. Kuba Krys et al., 'Be Careful Where You Smile: Culture Shapes Judgments of Intelligence and Honesty of Smiling Individuals', *Journal of Nonverbal Behavior* 40 (2016), 101-16, https://doi.org/10.1007/s10919-015-0226-4. 속담에 등장하거나 고정관념으로 굳어진 이러한 추정들은 이제 44개국의 정량 분석 결과로 뒷받침되고 있다.

8. 역사적 다양성이 풍부한 나라, 가령 전체 인구에서 언어나 문화 규범이 다른 이민자의 비중이 높은 나라에서는 웃음이 흔하며 사회적 화폐(사회적으로 남에게 잘 보이는 데 도움이 되는 어떤 것—옮긴이)로 사용된다는 것이 널리 받아들여지는 이론이다. 다음을 보라. Khazan, 'Why Americans smile so much', *The Atlantic*, 3 May 2017, https://www.theatlantic.com/science/archive/2017/05/why-americans-smile-somuch/524967/.

9. 거대 소매 업체 월마트가 결국 독일 매장을 폐업한 것은 문화적 기대 차이에 적응하지 못해서라고 분석가들은 추측한다. Mark Landler and Michael Barbaro, 'Wal-Mart Finds That Its Formula Doesn't Fit Every Culture', *New York Times*, 2 August 2006, https://www.nytimes.com/2006/08/02/business/worldbusiness/02walmart.html. 다음도 참조하라. Khazan, 'Why Americans smile so much'.

10. 하이어뷰사 웹사이트의 면접자가 '자주 묻는 질문(FAQ)' 페이지에서 이러한 내용이 암시된다. "은행원처럼 고객과 대면하는 직무는 일정 수준의 친근한 태도와 타인에 대한 집중력을 요합니다. 기술 직무는 이와 동일한 수준의 사회적 상호작용을 요하지 않으므로 이 경우에는 웃음이나 눈 맞춤 등의 요인은 평가 모델에 포함되지 않을 가능성이 큽니다." HireVue, https://www.hirevue.com/candidates/faq.

11. Stéphanie Thomson, 'Here's why you didn't get that job: your name', World Economic Forum, 23 May 2017, https://www.weforum.org/agenda/2017/05/job-applications-resume-cv-namediscrimination/.

12. Dave Gershgorn, 'AI is now so complex its creators can't trust why it makes decisions', *Quartz*, 7 December 2017, https://qz.com/1146753/ai-is-now-so-complex-its-creators-cant-trust-why-itmakes-decisions/.

13. Jordi Canals and Franz Heukamp, *The Future of Management in an AI World: Redesigning Purpose and Strategy in the Fourth Industrial Revolution* (Springer Nature, 2019), p.108.

14. 영상 면접뿐만 아니라 정신력 측정 '게임', '플레이'도 해야 했다. 게임의 결과가 평가에 얼마나 반영되었는지는 분명하지 않다.

15. Terena Bell, 'This bot judges how much you smile during your job interview', *Fast Company*, 15 January 2019, https://www.fastcompany.com/90284772/this-bot-judges-how-much-you-smileduring-your-job-interview.

16. '제인'은 가공의 인물이다.

17. Cogito Corporation, https://www.cogitocorp.com.

18. '잭'도 가공의 인물이다.

19. Ron Miller, 'New Firm Combines Wearables And Data To Improve Decision Making', *TechCrunch*, 24 February 2015, https://techcrunch.com/2015/02/24/new-firm-combines-wearables-anddata-to-improve-decision-making/.

20. Jessica Bruder, 'These Workers Have a New Demand: Stop Watching Us', *The Nation*, 27 May 2015, https://www.thenation.com/article/archive/these-workers-have-new-demand-stop-watching-us/.

21. Ceylan Yeginsu, 'If Workers Slack Off, the Wristband Will Know. (And Amazon Has a Patent for It.)', *New York*

Times, 1 February 2018, https://www.nytimes.com/2018/02/01/technology/amazonwristband-tracking-privacy.html.

22. James Bloodworth, *Hired: Six Months Undercover in Low-Wage Britain* (Atlantic Books, 2018).

23. Luke Tredinnick and Claire Laybats, 'Workplace surveillance', *Business Information Review* 36, no. 2 (2019), 50-2, https://doi.org/10.1177/0266382119853890.

24. Ivan Manokha, 'New Means of Workplace Surveillance: From the Gaze of the Supervisor to the Digitalization of Employees', *Monthly Review*, 1 February 2019, https://monthlyreview.org/2019/02/01/new-means-of-workplace-surveillance/.

25. Zuboff, *The Age of Surveillance Capitalism*.

26. Olivia Solon, 'Big Brother isn't just watching: workplace surveillance can track your every move', *Guardian*, 6 November 2017, https://www.theguardian.com/world/2017/nov/06/workplace-surveillance-big-brother-technology.

27. Ibid.

28. 판매량에는 '시험 사용'도 포함되었다. 예를 들어 소프트웨어 허브스태프(Hubstaff)의 공급 업체는 고용주들이 직원들의 재택근무가 필요해짐에 따라 자사의 시간 추적 상품을 시험 사용하는 회사 수가 3배로 증가했다고 보고했다. 다른 기업체에서는 자사 상품에 대한 관심이 6배 증가했다고 말했다. Jessica Golden and Eric Chemi, 'Worker monitoring tools see surging growth as companies adjust to stay-at-home orders', CNBC, 13 May 2020, https://www.cnbc.com/2020/05/13/employee-monitoring-tools-see-uptick-as-more-people-work-from-home.html.

29. 이 앱은 자발적으로 설치하는 것으로 바뀌었다가 한 교사가 파업을 감행한 후 결국 제거되었다. Jess Bidgood, '"I Live Paycheck to Paycheck": A West Virginia Teacher Explains Why She's on Strike', *New York Times*, 1 March 2018, https://www.nytimes.com/2018/03/01/us/west-virginia-teachers-strike.html?.

30. Bruder, 'These Workers Have a New Demand: Stop Watching Us'.

31. Padraig Belton, 'How does it feel to be watched at work all the time?', BBC News, 12 April 2019, https://www.bbc.com/news/business-47879798.

32. Ibid.

33. Ellen Ruppel Shell, 'The Employer-Surveillance State', *The Atlantic*, 15 October 2018, https://www.theatlantic.com/business/archive/2018/10/employee-surveillance/568159/.

34. Antti Oulasvirta et al., 'Long-term effects of ubiquitous surveillance in the home', Proceedings of the 2012 ACM Conference on Ubiquitous Computing (2012), https://doi.org/10.1145/2370216.2370224.

35. Shell, 'The Employer-Surveillance State'.

36. 제도화된 강제 노동과 오늘날의 일터 사이에도 분명한 연결점이 있지만, 나는 포스트 산업화 자본주의 시대의 '일터'에만 집중했다. 하지만 많은 학자가 고대 세계에서든, 미국 플랜테이션 체계에서든, 노예제도의 사회적 통제, 비인간화 등의 많은 예를 발견할 수 있다고 본다. 인종에 따른 차별적 감시에 관한 글을 더 읽고 싶다면 다음을 보라. Simone Browne, *Dark Matters: On the Surveillance of Blackness* (Duke University Press, 2015).

37. 'Pinkerton National Detective Agency', *Encyclopaedia Britannica*, 25 September 2017, https://www.

britannica.com/topic/PinkertonNational-Detective-Agency.

38. Ifeoma Ajunwa, Kate Crawford and Jason Schultz, 'Limitless Worker Surveillance', *California Law Review* 105, no. 3 (2017), 735-6.

39. Julie A. Flanagan, 'Restricting electronic monitoring in the private workplace', *Duke Law Journal* 43 (1993), 1256, https://scholarship.law.duke.edu/cgi/viewcontent.cgi?article=3255&context=dlj.

40. 심지어 1980년대에도 경고하는 학자들이 있었다. 그 예로 다음을 보라. Shoshana Zuboff, *In the Age of the Smart Machine: The Future of Work and Power* (Basic Books, 1988); Barbara Garson, *The Electronic Sweatshop: How Computers Are Turning the Office of the Future into the Factory of the Past* (Simon & Schuster, 1988); Michael Wallace, 'Brave New Workplace: Technology and Work in the New Economy', *Work and Occupations* 16, no. 4 (1989), 363-92.

41. Ivan Manokha, 'New Means of Workplace Surveillance: From the Gaze of the Supervisor to the Digitalization of Employees', *Monthly Review*, 1 February 2019, https://monthlyreview.org/2019/02/01/new-means-of-workplace-surveillance/.

42. 1985년에 OECD 노동자의 30%가 노동조합에 가입되어 있었다. 2019년 이 수치는 16%까지 떨어졌다. Niall McCarthy, 'The State Of Global Trade Union Membership', Statista, 7 May 2019, https://www.statista.com/chart/9919/the-state-of-the-unions/.

43. 노동조합 가입자 수는 거의 전 세계적으로 1980년대 이래 절반 수준으로 줄었다. Niall McCarthy, 'The State of Global Trade Union Membership', *Forbes*, 6 May 2019, https://www.forbes.com/sites/niallmccarthy/2019/05/06/the-state-of-global-trade-unionmembership-infographic/); ONS, 'Trade Union Membership Statistics 2018', Department for Business, Energy and Industrial Strategy, https://assets.publishing.service.gov.uk/government/uploads/system/uploads/attachment_data/file/805268/tradeunion-membership-2018-statistical-bulletin.pdf.

44. Richard Feloni, 'Employees at the world's largest hedge fund use iPads to rate each other's performance in real-time - see how it works', *Business Insider*, 6 September 2017, https://www.businessinsider.com/bridgewater-ray-dalio-radical-transparency-appdots-2017-9?IR=T.

45. https://www.glassdoor.com/Reviews/Employee-Review-Bridgewater-Associates-RVW28623146.htm.

46. https://www.glassdoor.com/Reviews/Employee-Review-Bridgewater-Associates-RVW25872721.htm.

47. https://www.glassdoor.com/Reviews/Employee-Review-Bridgewater-Associates-RVW25450329.htm; Allana Akhtar, 'What it's like to work at the most successful hedge fund in the world, where 30% of new employees don't make it and those who do are considered "intellectual Navy SEALs"', *Business Insider*, 16 April 2019, https://www.businessinsider.com/what-its-like-to-work-at-raydalio-bridgewater-associates-2019-4.

48. Ibid.

49. Amir Anwar, 'How Marx predicted the worst effects of the gig economy more than 150 years ago', *New Statesman,* 8 August 2018, https://tech.newstatesman.com/guest-opinion/karl-marx-gigeconomy.

50. Richard Partington, 'Gig economy in Britain doubles, accounting for 4.7 million workers', *Guardian*, 28 June 2019, https://www.theguardian.com/business/2019/jun/28/gig-economy-in-britaindoubles-accountingfor-47-million-workers; Siddharth Suri and Mary L. Gray, 'Spike in online gig work: flash in the pan or future of employment?', Ghost Work, November 2016, https://ghostwork.info/2016/11/spike-in-online-gig-work-flash-in-the-panor-future-of-employment/.

51. Thor Berger, Chinchih Chen, and Carl Frey, 'Drivers of disruption? Estimating the Uber effect', *European Economic Review* 110 (2018), 197-210, https://doi.org/10.1016/j.euroecorev.2018.05.006.

52. MIT의 스티븐 조프(Stephen Zoepf) 교수는 2018년 3월 우버 기사가 시간당 평균 3.37달러를 번다는 조사 결과를 발표해 큰 파장을 일으켰다. 우버의 수석 경제학자는 조프 교수의 방법론에 문제를 제기하며 그를 논박했고, 조프 교수는 이 비판을 수긍해 다시 계산한 결과 8.55달러라는 수치를 내놓았지만 이 역시 대단한 액수라고는 볼 수 없었다. 다음을 보라. Lawrence Mishel, 'Uber and the labor market', *Economic Policy Institute*, 15 May 2018, https://www.epi.org/publication/uber-andthe-labor-market-uber-drivers-compensation-wages-and-the-scale-ofuber-and-the-gig-economy/.

53. 물론 긱 이코노미 노동자가 아닌 수천 명의 노동자 역시 고객 평가에 상당히 의존하고 있다. 고객 서비스 직원과 통화한 후 설문 조사에 응해달라고 요청받은 경험을 떠올릴 수 있을 것이다. 설문 조사 결과에 따라 그들의 일자리가 위태로웠을 수도 있다. Rob Brogle, 'How to Avoid the Evils Within Customer Satisfaction Surveys', ISIXIGMA.com, https://www.isixsigma.com/methodology/voc-customer-focus/how-to-avoid-the-evils-withincustomer-satisfaction-surveys/. 특히 사용자 댓글과 개인적인 일화들을 보라.

54. Will Knight, 'Is the Gig Economy Rigged?', *MIT Technology Review*, 17 November 2016, https://www.technologyreview.com/s/602832/is-the-gig-economy-rigged/; Aniko Hannak et al., 'Bias in online freelance marketplaces: Evidence from Taskrabbit and Fiverr', *Proceedings of the 2017 ACM Conference on Computer Supported Cooperative Work and Social Computing* (2017), 13, http://claudiawagner.info/publications/cscw_bias_olm.pdf.

55. 그 예로 다음을 보라. Lev Muchnik, Sinan Aral and Sean J. Taylor, 'Social Influence Bias: A Randomized Experiment', *Science* 341, no. 6146 (9 August 2013), 647-51. 더 자세히 알고 싶다면 다음을 보라. Daniel Kahneman, *Thinking, Fast and Slow* (Penguin, 2011).

56. 이들 플랫폼은 평점이 '태스커'나 '워커(walker)'나 '운전기사'(결코 '독립 계약자'는 아니다)의 신뢰도를 표시할 유일한 방법이라고 주장한다. 하지만 명백히 평점은 유일한 방법이 아니다. 긱 이코노미가 출현하기 전에는 클라이언트나 고용주의 추천 같은 공식 및 비공식 메커니즘이 있었다. 평가의 주체를 고객으로 바꾸는 것은 사람들의 신뢰도를 대량으로 평가할 유일한 방법일 뿐이다. 온라인 플랫폼은 자사를 위해 일하는 사람들의 신뢰나 수준을 평가할 책임을 스스로 지지 않으려고 하기 때문이다.

57. Aaron Smith, 'Gig Work, Online Selling and Home Sharing', Pew Research Center, 17 November 2016, https://www.pewresearch.org/internet/2016/11/17/gig-work-online-selling-and-homesharing/.

58. 이 모든 것은 2010년대 많은 국가에서 내놓은 장밋빛 고용률 자료가 실상을 가렸기 때문이다. 그 예로 다음을 보라. Lawrence Mishel and Julia Wolfe, 'CEO compensation has grown 940% since 1978', Economic Policy Institute, 14 August 2019, https://www.epi.org/publication/ceo-compensation-2018/; Richard Partington, 'Four million British workers live in poverty, charity says', *Guardian*, 4 December 2018, https://www.theguardian.com/business/2018/dec/04/four-million-british-workers-live-in-povertycharity-says; Anjum Klair, 'Zero-hours contracts are still rife - it's time to give all workers the rights they deserve',

Trades Union Congress, 19 February 2019, https://www.tuc.org.uk/blogs/zerohours-contracts-are-still-rife-its-time-give-all-workers-rights-theydeserve; Nassim Khadem, 'Australia has a high rate of casual work and many jobs face automation threats: OECD', ABC News, 25 April 2019, https://www.abc.net.au/news/2019-04-25/australia-seesincrease-in-casual-workers-ai-job-threats/11043772; Melisa R. Serrano, ed., *Between Flexibility and Security: The Rise of Non-Standard Employment in Selected ASEAN Countries* (ASETUC, 2014), https://library.fes.de/pdf-files/bueros/singapur/10792.pdf; Simon Roughneen, 'Nearly one billion Asians in vulnerable jobs, says ILO', *Nikkei Asian Review*, 23 January 2018, https://asia.nikkei.com/Economy/Nearly-one-billion-Asians-in-vulnerable-jobssays-ILO; Bas ter Weel, 'The Rise of Temporary Work in Europe', *De Economist* 166 (2018), 397-401, https://doi.org/10.1007/s10645-0189329-8; Yuki Noguchi, 'Freelanced: The Rise Of The Contract Workforce', NPR, 22 January 2018, https://www.npr.org/2018/01/22/578825135/rise-of-the-contract-workers-work-isdifferent-now?t=1576074901406; Jack Kelly, 'The Frightening Rise in Low-Quality, Low-Paying Jobs: Is This Really a Strong Job Market?', *Forbes*, 25 November 2019, https://www.forbes.com/sites/jackkelly/2019/11/25/the-frightening-rise-in-low-quality-lowpaying-jobs-is-this-really-a-strong-job-market/. 다음도 보라. Martha Ross and Nicole Bateman, 'Meet the low-wage workforce', Brookings, 7 November 2019, https://www.brookings.edu/research/meet-thelow-wage-workforce/; Hanna Brooks Olsen, 'Here's how the stress of the gig economy can affect your mental health', *Healthline*, 3 June 2020, https://www.healthline.com/health/mental-health/gig-economy#6; Edison Research, 'Gig Economy', Marketplace-Edison Research Poll, December 2018, http://www.edisonresearch.com/wp-content/uploads/2019/01/Gig-Economy-2018-MarketplaceEdison-Research-Poll-FINAL.pdf.

59. 다음을 보라. Karl Marx, 'Economic and Philosophical Manuscripts of 1844', in *Karl Marx, Friedrich Engels: Collected Works*, vol. 3 (London: Lawrence & Wishart, 1975), 229-347.

60. 2008년 금융 위기가 지나간 후 많은 기업에서 정규직 직원을 해고하고 그 자리를 계약직 노동자와 무급 인턴으로 채웠다. 이들의 고용 조건은 더 불안정했으며 수당이 없거나 있다고 해도 적었다. 다음을 보라. Katherine S. Newman, 'The Great Recession and the Pressure on Workplace Rights', *Chicago-Kent Law Review* 88, no. 2 (April 2013), https://scholarship.kentlaw.iit.edu/cklawreview/vol88/iss2/13.

61. 다음을 보라. Michael Kearns and Aaron Roth, *The Ethical Algorithm* (Oxford University Press, 2019).

62. Joseph J. Lazzarotti and Maya Atrakchi, 'Illinois Leads the Way on AI Regulation in the Workplace', *SHRM*, 6 November 2019, https://www.shrm.org/resourcesandtools/legal-and-compliance/state-and-local-updates/pages/illinois-leads-the-way-on-airegulation-in-the-workplace.aspx; Gerard Stegmaier, Stephanie Wilson, Alexis Cocco and Jim Barbuto, 'New Illinois employment law signals increased state focus on artificial intelligence in 2020', *Technology Law Dispatch*, 21 January 2020, https://www.technologylawdispatch.com/2020/01/privacy-data-protection/new-illinois-employment-law-signals-increased-state-focus-onartificial-intelligence-in-2020/.

63. 이는 유럽 바깥에서 특히 그러하다. 유럽에서는 이러한 불균형을 바로잡으려는 노력으로 2018년 5월 개인정보보호규정(GDPR)이 도입되었다.

64. RFID(Radio-Frequency Identification, 전파 식별)는 신용카드와 직불카드에서 오이스터(영국 지하철 카드—옮긴이) 같

은 교통카드에 이르기까지 우리가 일상적으로 사용하는 거의 모든 '비접촉식' 카드에 내장되어 있다.

65. Maggie Astor, 'Microchip Implants for Employees? One Company Says Yes', *New York Times*, 25 July 2017, https://www.nytimes.com/2017/07/25/technology/microchips-wisconsin-companyemployees.html; John Moritz, 'Rules on worker microchipping pass Arkansas House', *Arkansas Democrat Gazette*, 25 January 2019, https://www.arkansasonline.com/news/2019/jan/25/rules-onworker-microchipping-passes-ho/. California, North Dakota and Wisconsin - Three Square Market's home state - already have similar laws against forcible chipping, though these are not workplace-specific; a ban had also been proposed in Florida though it failed to pass. 다음을 보라. Mary Colleen Charlotte Fowler, 'Chipping Away Employee Privacy: Legal Implications of RFID Microchip Implants for Employees', *National Law Review*, 10 October 2019, https://www.natlawreview.com/article/chippingaway-employee-privacy-legal-implications-rfid-microchip-implantsemployees.

66. Joshua Z. Wasbin, 'Examining the Legality of Employee Microchipping Under the Lens of the Transhumanistic Proactionary Principle', *Washington University Jurisprudence Review* 11, no. 2 (2019), 401, https://openscholarship.wustl.edu/law_jurisprudence/vol11/iss2/10.

67. European Parliament, 'Gig economy: EU law to improve workers' rights (infographic)', 9 April 2019, https://www.europarl.europa.eu/news/en/headlines/society/20190404STO35070/gig-economy-eu-lawto-improve-workers-rights-infographic; Kate Conger and Noam Scheiber, 'California Bill Makes App-Based Companies Treat Workers as Employees', *New York Times*, 11 September 2019, https://www.nytimes.com/2019/09/11/technology/california-gig-economy-bill.html. 아울러 2019년 11월 뉴저지주는 우버가 자사 기사들을 직원이 아닌 독립 계약자로 잘못되게 분류한 것과 관련해 체납 세금으로 6억 4,900만 달러를 부과했다. Matthew Haag and Patrick McGeehan, 'Uber Fined $649 Million for Saying Drivers Aren't Employees', *New York Times*, 14 November 2019, https://www.nytimes.com/2019/11/14/nyregion/uber-newjersey-drivers.html.

68. State of California, 'Assembly Bill no. 5', published 19 September 2019, https://leginfo.legislature.ca.gov/faces/billTextClient.xhtml?bill_id=201920200AB5; 'ABC is not as easy as 1-2-3 - Which independent contractor classification test applies to whom after AB5?', Porter Simon, 19 December 2019, https://www.portersimon.com/abc-is-not-as-easy-as-1-2-3-which-independent-contractorclassification-test-applies-to-whom-after-ab5/.

69. Kate Conger, 'California Sues Uber and Lyft, Claiming Workers Are Misclassified', *New York Times*, 5 May 2020, https://www.nytimes.com/2020/05/05/technology/california-uber-lyft-lawsuit.html.

70. '3F reaches groundbreaking collective agreement with platform company Hilfr', Uni Global Union, 18 September 2018, https://www.uniglobalunion.org/news/3f-reaches-groundbreakingcollective-agreement-platform-company-hilfr.

71. GMB Union, 'Hermes and GMB in groundbreaking gig economy deal', 4 February 2019, https://www.gmb.org.uk/news/hermesgmb-groundbreaking-gig-economy-deal. 다음도 보라. Robert Wright, 'Hermes couriers awarded union recognition in gig economy first', *Financial Times*, 4 February 2019, https://www.ft.com/content/255950d2-264d-11e9-b329-c7e6ceb5ffdf.

72. Liz Alderman, 'Amazon Loses Appeal of French Order to Stop Selling Nonessential Items', *New York Times*, 24 April 2020, https://www.nytimes.com/2020/04/24/business/amazon-france-unionscoronavirus.html.

73. 심지어 직원들이 이 키트를 받기까지는 몇 주가 소요되었고, 주문 절차도 복잡했으며, 수량도 부족했다. Arielle Pardes, 'Instacart Workers Are Still Waiting for Those Safety Supplies', *Wired*, 18 April 2020, https://www.wired.com/story/instacart-delivery-workers-still-waiting-safety-kits/.

74. Mark Muro, Robert Maxim, and Jacob Whiton, 'Automation and Artificial Intelligence: How machines are affecting people and places', Brookings, 24 January 2019, https://www.brookings.edu/research/automation-and-artificial-intelligence-how-machines-affectpeople-and-places/. 다음도 참조하라. Tom Simonite, 'Robots Will Take Jobs From Men, the Young, and Minorities', *Wired*, 24 January 2019, https://www.wired.com/story/robots-will-take-jobs-from-menyoung-minorities/.

75. Cate Cadell, 'At Alibaba's futuristic hotel, robots deliver towels and mix cocktails', Reuters, 22 January 2019, https://www.reuters.com/article/us-alibaba-hotels-robots/at-alibabas-futuristic-hotel-robotsdeliver-towels-and-mix-cocktails-idUSKCN1PG21W.

76. 정확한 수치는 47%다. Carl Benedikt Frey and Michael A. Osborne, 'The Future of Employment: How Susceptible are Jobs to Computerisation?', *Technological Forecasting and Social Change* 114 (2017): 254-280, https://www.oxfordmartin.ox.ac.uk/downloads/academic/The_Future_of_Employment.pdf.

77. Carl Benedikt Frey, 'Covid-19 will only increase automation anxiety', *Financial Times*, 21 April 2020, https://www.ft.com/content/817228a2-82e1-11ea-b6e9-a94cffd1d9bf.

78. PA Media, 'Bosses speed up automation as virus keeps workers home', *Guardian*, 30 March 2020, https://www.theguardian.com/world/2020/mar/30/bosses-speed-up-automation-as-virus-keeps-workers-home; Peter Bluestone, Emmanuel Chike and Sally Wallace, 'The Future of Industry and Employment: COVID-19 Effects Exacerbate the March of Artificial Intelligence', The Center for State and Local Finance, 28 April 2020, https://cslf.gsu.edu/download/covid-19-ai/?wpdmdl=6496041&refresh=5ea830afd2a471588080815.

79. Andrew G. Haldane, 'Ideas and Institutions - A Growth Story', Bank of England, 23 May 2018, 13, https://www.bankofengland.co.uk/-/media/boe/files/speech/2018/ideas-and-institutions-a-growthstory-speech-by-andy-haldane. 표 1(Table 1)도 참조하라.

80. Daron Acemoglu and Pascual Restrepo, 'Robots and Jobs: Evidence from US Labor Markets', *Journal of Political Economy* 128, no. 6 (June 2020), 2188-244, https://www.journals.uchicago.edu/doi/abs/10.1086/705716. "연구자들은 통근권에서 노동력으로 사용되는 로봇 한 대가 6.6개의 일자리를 대체한다는 사실을 발견했다. 그런데 여기에는 미묘한 반전이 있는데, 다른 산업이나 국가의 경우, 로봇을 제조업에 투입하는 것은 사람들에게 이익을 가져다주기 때문이다. 일단 물가를 낮춰준다. 이러한 국가 차원의 경제적 이익 때문에 연구자들은 나라 전체에서 보면 로봇 한 대가 3.3개의 일자리를 대체한다고 계산했다." Peter Dizikes, 'How many jobs do robots really replace?', *MIT News*, 4 May 2020, http://news.mit.edu/2020/how-many-jobs-robots-replace-0504.

81. 경제학자 헨리 시우(Henry Siu)는 2015년에 이렇게 말했다. "1980년대에도 개인용 컴퓨터가 있었지만 1990

년대까지 사무직과 경영지원직 일자리에 별다른 영향을 주지 않다가 지난 경기 침체기에 갑자기 엄청난 영향을 끼쳤다. 오늘날 우리는 스크린으로 체크아웃하고, 무인 자동차의 등장을 이야기하며, 드론을 날리고, 창고에서 로봇을 조금씩 사용하고 있다. 우리는 이러한 과제를 인간이 아닌 기계가 수행할 수 있다는 것을 안다. 하지만 다음 경기 침체기나 그다음 경기 침체기까지 그 영향력을 보지 못할 수도 있을 것이다. Derek Thompson, 'When Will Robots Take All the Jobs?', *The Atlantic*, 31 October 2016, https://www.theatlantic.com/business/archive/2016/10/ the-robot-paradox/505973/. 2008년 금융 위기가 지나가고 나온 일자리 목록에 새로운 기술이 필요한 일자리가 현저히 늘었다는 조사 결과는 시우의 직감을 뒷받침한다. Brad Hershbein and Lisa B. Kahn, 'Do Recessions Accelerate Routine-Biased Technological Change? Evidence from Vacancy Postings', The National Bureau of Economic Research, October 2016 (revised in September 2017), https://www.nber.org/papers/w22762.

82. Yuan Yang and Xinning Lu, 'China's AI push raises fears over widespread job cuts', *Financial Times*, 30 August 2018, https://www.ft.com/content/1e2db400-ac2d-11e8-94bd-cba20d67390c.

83. June Javelosa and Kristin Houser, 'This company replaced 90% of its workforce with machines. Here's what happened', World Economic Forum, 16 February 2017, https://www.weforum.org/agenda/2017/02/after-replacing-90-of-employees-with-robots-thiscompanys-productivity-soared.

84. Brennan Hoban, 'Robots aren't taking the jobs, just the paychecks – and other new findings in economics', Brookings, 8 March 2018, https://www.brookings.edu/blog/brookings-now/2018/03/08/robots-arent-taking-the-jobs-just-the-paychecks-and-other-newfindings-in-economics/; David Autor and Anna Salomons, 'Is automation labor-displacing? Productivity growth, employment, and the labor share', Brookings, 8 March 2018, https://www.brookings.edu/bpea-articles/is-automation-labor-displacingproductivity-growth-employment-and-the-labor-share/.

85. Carl Benedikt Frey, 'The robot revolution is here. Prepare for workers to revolt', University of Oxford, 1 August 2019, https://www.oxfordmartin.ox.ac.uk/blog/the-robot-revolution-is-hereprepare-for-workers-to-revolt/.

86. Jenny Chan, 'Robots, not humans: Official policy in China', *New Internationalist*, 1 November 2017, https://newint.org/features/2017/11/01/industrial-robots-china.

87. Carl Benedikt Frey, Thor Berger and Chinchih Chen, 'Political Machinery: Automation Anxiety and the 2016 U.S. Presidential Election', University of Oxford, 23 July 2017, https://www.oxfordmartin.ox.ac.uk/downloads/academic/Political%20Machinery-Automation%20Anxiety%20and%20the%202016%20 U_S_%20Presidential%20Election_230712.pdf.

88. Massimo Anelli, Italo Colantone, and Piero Stanig, 'We Were the Robots: Automation and Voting Behavior in Western Europe', IZA Institute of Labor Economics, July 2019, 24, http://ftp.iza.org/dp12485.pdf.

89. 'The Mini Bakery', Wilkinson Baking Company, https://www. wilkinsonbaking.com/the-mini-bakery.

90. Mark Muro, Robert Maxim, and Jacob Whiton, 'The robots are ready as the COVID-19 recession spreads', Brookings, 24 March 2020, https://www.brookings.edu/blog/the-avenue/2020/03/24/the-robots-are-ready-as-the-covid-19-recession-spreads/?preview_id=791044.

91. 버락 오바마의 경제 자문 위원회에서는 2016년에 시급 20달러 이하의 일을 하는 노동자의 83%가 대체

될 위험이 있지만 시급 40달러 이상의 일을 하는 노동자는 겨우 4%만이 대체될 위험이 있다고 추산했다. Jason Furman, 'How to Protect Workers from Job-Stealing Robots', *The Atlantic*, 21 September 2016, https://www.theatlantic.com/business/archive/2016/09/jasonfurman-ai/499682/.

92. Jaclyn Peiser, 'The Rise of the Robot Reporter', *New York Times*, 5 February 2019, https://www.nytimes.com/2019/02/05/business/media/artificial-intelligence-journalism-robots.html.

93. Christ Baraniuk, 'China's Xinhua agency unveils AI news presenter', BBC News, 8 November 2018, https://www.bbc.com/news/technology-46136504.

94. Isabella Steger, 'Chinese state media's latest innovation is an AI female news anchor', *Quartz*, 20 February 2019, https://qz.com/1554471/chinas-xinhua-launches-worlds-first-ai-female-newsanchor/.

95. Michelle Cheng, 'JPMorgan Chase has an AI copywriter that writes better ads than humans can', *Quartz*, 7 August 2019, https://qz.com/work/1682579/jpmorgan-chase-chooses-ai-copywriter-persadoto-write-ads/.

96. James Gallagher, 'Artificial intelligence diagnoses lung cancer', BBC News, 20 May 2019, https://www.bbc.com/news/health-48334649; Sara Reardon, 'Rise of Robot Radiologists', *Nature*, 19 December 2019, https://www.nature.com/articles/d41586-019-03847-z; D. Douglas Miller and Eric W. Brown, 'Artificial Intelligence in Medical Practice: The Question to the Answer?', *American Journal of Medicine* 131, no. 2 (2018), 129-33, https://doi.org/10.1016/j. amjmed.2017.10.035.

97. 'The Rise of the Robo-advisor: How Fintech Is Disrupting Retirement', *Knowledge@Wharton*, 14 June 2018, https://knowledge.wharton.upenn.edu/article/rise-robo-advisor-fintech-disruptingretirement/; Charlie Wood, 'Robot analysts are better than humans at picking stocks, a new study found', *Business Insider*, 11 February 2020, https://www.businessinsider.com/robot-analysts-better-thanhumans-at-picking-good-investments-study-2020-2?r=US&IR=T.

98. 'Robotic reverend blesses worshippers in eight languages', BBC News, 30 May 2017, https://www.bbc.com/news/av/worldeurope-40101661/robotic-reverend-blesses-worshippers-in-eight-languages.

99. 이 착상은 '옥스퍼드 리서치 그룹'의 가브리엘 리프킨드(Gabrielle Rifkind)와의 대화 중에 떠올린 것이다.

100. Daiga Kamerade et al., 'A shorter working week for everyone: How much paid work is needed for mental health and well-being?', *Social Science & Medicine* 241 (November 2019), 112353, https://doi.org/10.1016/j.socscimed.2019.06.006; 'One day of employment a week is all we need for mental health benefits', University of Cambridge, 18 June 2019, https://www.sciencedaily.com/releases/2019/06/190618192030.htm.

101. Kevin J. Delaney, 'The robot that takes your job should pay taxes, says Bill Gates', *Quartz*, 17 Debruary 2017, https://qz.com/911968/bill-gates-the-robot-that-takes-your-job-should-pay-taxes/.

102. David Rotman, 'Should we tax robots? A debate', *MIT Technology Review*, 12 June 2019, https://www.technologyreview.com/2019/06/12/134982/should-we-tax-robots-a-debate/.

103. House of Commons, Business - Energy and Industrial Strategy Committee, 'Oral evidence: Automation and the future of work, HC 1093', 15 May 2019, https://publications.parliament.uk/pa/cm201719/cmselect/cmbeis/1093/1093.pdf; House of Commons - Business, Energy and Industrial Strategy Committee, 'Automation and the future of work - Twenty-Third Report of Session 2017-19', 9

September 2019, http://data.parliament.uk/writtenevidence/committeeevidence.svc/evidencedocument/business-energy-andindustrial-strategy-committee/automation-and-the-future-of-work/ oral/102291.html Q303.

104. Eduardo Porter, 'Don't Fight the Robots. Tax Them.', *New York Times*, 23 February 2019, https://www.nytimes.com/2019/02/23/sunday-review/tax-artificial-intelligence.html; 'Robot density rises globally', International Federation of Robotics, 7 February 2018, https://ifr.org/ifr-press-releases/news/robot-density-risesglobally.

9장 — 알렉사와 섹스 로봇만이 웃게 한다

1. 'Gentle touch soothes the pain of social rejection', *UCL News*, 18 October 2017, https://www.ucl.ac.uk/news/2017/oct/gentle-touch-soothes-pain-social-rejection.

2. Allison Marsh, 'Elektro the Moto-Man Had the Biggest Brain at the 1939 World's Fair', *IEEE Spectrum*, 28 September 2018, https://spectrum.ieee.org/tech-history/dawn-of-electronics/elektro-the-motoman-had-the-biggest-brain-at-the-1939-worlds-fair.

3. *Time*, 24 April 1939, 61, http://content.time.com/time/magazine/ 0,9263,7601390424,00.html.

4. H. R. Everett, *Unmanned Systems of Worlds War I and II* (MIT Press, 2015), p.451; Justin Martin, 'Elektro?', *Discover Magazine*, 6 January 2009, http://discovermagazine.com/2009/jan/06-whatever-happened-to-elektro; Despina Kakoudaki, *Anatomy of a Robot: Literature, Cinema and the Cultural Work of Artificial People* (Rutgers University Press, 2014), p.9.

5. Library of Congress, 'The Middleton Family at the New York World's Fair', https://www.youtube.com/watch?v=Q6TQEoDS-fQ.

6. Noel Sharkey, 'Elektro's return', *New Scientist*, 20 December 2008; Marsh 'Elektro the Moto-Man Had the Biggest Brain at the 1939 World's Fair'.

7. Library of Congress, 'The Middleton Family at the New York World's Fair'.

8. Marsh, 'Electro the Moto-Man Had the Biggest Brain at the 1939 World's Fair'.

9. Ibid.

10. H. R. Everett, *Unmanned Systems of Worlds War I and II*, p.458.

11. Ibid.

12. J. Gilbert Baird, letter to *LIFE* Magazine, 22 September 1952.

13. Louise Moon, 'Chinese man buried in his car as dying wish is granted', *South China Morning Post*, 31 May 2018, https://www.scmp.com/news/china/society/article/2148677/chinese-man-buried-his-car-dying-wish-granted.

14. JaYoung Soung, Rebecca E. Grinter and Henrik I. Christensen, 'Domestic Robot Ecology: An Initial Framework to Unpack Long-Term Acceptance of Robots at Home', *International Journal of Social Robotics* 2 (July 2010), 425, https://doi.org/10.1007/s12369-010-0065-8.

15. 개인적인 대화, 2018년 12월.

16. Neil Steinberg, 'Why some robots are created cute', *Mosaic Science*, 13 July 2016, https://mosaicscience. com/story/why-some-robots-are-created-cute/.

17. Julie Carpenter, *Culture and Human-Robot Interaction in Militarized Spaces: A War Story* (Ashgate, 2016).

18. Ibid.

19. 'MARCbot', Exponent, https://www.exponent.com/experience/marcbot.

20. Paul J. Springer, *Outsourcing War to Machines: The Military Robotics Revolution* (Praeger Security International, 2018), p.93.

21. 'Soldiers are developing relationships with their battlefield robots, naming them, assigning genders, and even holding funerals when they are destroyed', Reddit, 2014, https://www.reddit.com/r/Military/comments/1mn6y1/soldiers_are_developing_relationships_with_their/ccat8a7/.

22. Christian J.A.M. Willemse and Jan B.F. van Erp, 'Social Touch in Human-Robot Interaction: Robot Initiated Touches Can Induce Positive Responses Without Extensive Prior Bonding', *International Journal of Social Robotics* 11 (April 2019), 285-304, https://doi.org/10.1007/s12369-018-0500-9.

23. 순수한 신체 반응이었다.

24. 'Value of social and entertainment robot market worldwide from 2015 to 2025 (in billion U.S. dollars)', Statista, May 2019, https://www.statista.com/statistics/755684/social-and-entertainment-robotmarket-value-worldwide/; Public Relations Office: Government of Japan, https://www.gov-online.go.jp/cam/s5/eng/; Abishur Prakash, 'China Robot Market Likely to Continue Rising, Despite Trade Disputes,' *Robotics Business Review*, July 2018, https://www.roboticsbusinessreview.com/regional/china-robot-market-stillrising/; Kim Sang-mo, 'Policy Directions for S. Korea's Robot Industry,' *Business Korea*, August 2018, http://www.businesskorea.co.kr/news/articleView.html?idxno=24394; Tony Diver, 'Robot "carers" to be funded by government scheme', *Telegraph*, 26 October 2016, https://www.telegraph.co.uk/politics/2019/10/26/robot-carers-funded-government-scheme/; 'Europe develops range of next-generation robots for the elderly', *Apolitical*, 30 January 2017, https://apolitical.co/en/solution_article/using-robots-ease-pain-old-age. 코로나19 위기 동안에 중국, 그다음은 인도에서 음식 전달과 병원 공간의 표면 소독 작업에 신속하게 로봇이 투입되었다. 'Robots help combat COVID-19 in world, and maybe soon in India too', *Economic Times*, 30 March 2020, https://economictimes.indiatimes.com/news/science/robots-help-combatcovid-19-in-world-and-maybe-soon-in-india-too/.

25. 'Sony's beloved robotic dog is back with a new bag of tricks', ABC News, 1 October 2018, https://www.nbcnews.com/mach/video/sony-s-beloved-robotic-dog-is-back-with-a-new-bag-of-tricks-1333791811671; Kate Baggaley, 'New companion robots can't do much but make us love them', NBC News, 23 June 2019, https://www.nbcnews.com/mach/science/new-companion-robots-can-t-do-much-make-us-love-ncna1015986.

26. A. J. Dellinger, 'Furhat Robots gives AI a face with its new social robot', Engadget, November 11 2018, https://www.engadget.com/2018/11/06/furhat-robotics-furhat-social-robot/.

27. Jamie Carter, 'Amazon could be set to redefine personal robots in 2019, as rumours fly at CES', *South China*

Morning Post, 12 January 2019, https://www.scmp.com/lifestyle/gadgets/article/2181642/amazon-could-be-set-redefine-personal-robots-2019-rumours-fly-ces; Chris DeGraw, 'The robot invasion arrived at CES 2019 - and it was cuter than we expected', *Digital Trends*, 11 January 2019, https://www.digitaltrends.com/home/cutest-companion-robots-ces-2019/; 'Top Tech Themes from the Consumer Electronics Show: 2020', Acceleration Through Innovation, 3 February 2020, https://aticornwallinnovation.co.uk/knowledge-base/top-tech-themes-from-the-consumer-electronics-show-2020/.

28. Ibid.; Nick Summers, 'Groove X's Lovot is a fuzzy and utterly adorable robot', Engadget, 7 January 2019, https://www.engadget.com/2019/01/07/lovot-groove-x-robot-adorable.

29. Baggaley, 'New companion robots can't do much but make us love them'.

30. 'Kiki: A Robot Pet That Grows With You', Zoetic AI, https://www.kiki.ai.

31. 'Hi, I'm ElliQ', ElliQ, https://elliq.com.

32. 2019년 기준 일본 인구의 28%가 65세를 초과했다. World Bank, 'Population ages 65 and above,' The World Bank, 2019, https://data.worldbank.org/indicator/SP.POP.65UP.TO.ZS.

33. '19 prefectures to see 20% population drops by '35', *Japan Times*, 30 May 2007, https://www.japantimes.co.jp/news/2007/05/30/national/19-prefectures-to-see-20-population-drops-by-35/; 'Statistical Handbook of Japan', Statistics Bureau, Ministry of Internal Affairs and Communications: Statistics Japan, 2018, https://www.stat.go.jp/english/data/handbook/pdf/2018all.pdf.

34. 'Japan is fighting back against loneliness among the elderly', *Apolitical*, 18 March 2019, https://apolitical.co/solution_article/japan-is-fighting-back-against-loneliness-among-the-elderly/. 원래 통계 수치 출처는 다음과 같다. Nobuyuki Izumida, 'Japan's Changing Societal Structure and Support by Families and Communities' (Japanese National Institute of Population and Social Security Research, 2017). https://fpcj.jp/wp/wp-content/uploads/2018/09/a1b488733565199b8c9c8f9ac437b042.pdf.

35. Emiko Takagi, Merril Silverstein and Eileen Crimmins, 'Intergenerational Coresidence of Older Adults in Japan: Conditions for Cultural Plasticity', *The Journals of Gerontology* 62, no. 5 (September 2007), 330-9, https://doi.org/10.1093/geronb/62.5.S330; Mayumi Hayashi, 'The care of older people in Japan: myths and realities of family "care"', *History and Policy*, 3 June 2011, http://www.historyandpolicy.org/policy-papers/papers/the-care-of-older-people-in-japan-myths-and-realities-of-family-care. 일본의 전국 인구 및 사회안전 조사연구소는 2040년 독거노인 수가 이미 높은 2015년 수치에서 43% 증가할 것으로 추산한다. 'Rising numbers of elderly people are living alone', *Japan Times*, 3 May 2019, https://www.japantimes.co.jp/opinion/2019/05/03/editorials/rising-numbers-elderly-people-living-alone/.

36. 이 사연은 2019년 여름에 발표된 기사에서 빌려온 것이므로 나이와 연도는 이 기사의 발표 연도를 고려해 판단하기 바란다.

37. 'Robots perking up the lives of the lonely elderly across Japan', *Straits Times*, 19 August 2019, https://www.straitstimes.com/asia/east-asia/robots-perking-up-lives-of-the-lonely-elderly-across-japan; Ikuko Mitsuda, 'Lonely? There's a bot for that', *Oregonian*, 18 August 2018, https://www.oregonlive.com/business/2019/08/lonely-theres-a-bot-for-that.html; Martin Coulter, 'Will virtual reality and AI help us to find love or make us lonelier', *Financial Times*, 12 September 2019, https://www.ft.com/

content/4fab7952-b796-11e9-8a88-aa6628ac896c.

38. 'Robots perking up the lives of the lonely elderly across Japan'; Ikuko Mitsuda, 'Lonely? There's a bot for that'.

39. Anne Tergesen and Miho Inada, 'It's Not A Stuffed Animal, It's a $6,000 Medical Device', *Wall Street Journal*, 21 June 2010, https://www.wsj.com/articles/SB10001424052748704463504575301051844937276.

40. Malcolm Foster, 'Ageing Japan: Robots' role in future of elder care', Reuters, 28 March 2018, https://widerimage.reuters.com/story/ageing-japan-robots-role-in-future-of-elder-care.

41. 2019년 6월 개인적인 대화. 다음도 참조하라. Shizuko Tanigaki, Kensaku Kishida and Akihito Fujita, 'A preliminary study of the effects of a smile-supplement robot on behavioral and psychological symptoms of elderly people with mild impairment', *Journal of Humanities and Social Sciences* 45 (2018), https://core.ac.uk/reader/154410008.

42. Malcolm Foster, 'Ageing Japan: Robots' role in future of elder care'.

43. 일본에서 병원의 안내 로봇 대여 사업은 수요가 적어서 2011년에 일찍이 사라진 적이 있다. 그러므로 지금의 우호적인 반응은 매우 갑작스러운 변화다. 'Over 80% of Japanese Would Welcome Robot Caregivers', Nippon.com, 4 December 2018, https://www.nippon.com/en/features/h00342/over-80-of-japanese-would-welcome-robot-caregivers.html.

44. 'Robot density rises globally', International Federation of Robotics, 7 February 2018, https://ifr.org/ifr-press-releases/news/robot-density-rises-globally.

45. Terry, 'Destroy All Monsters! Tokusatsu in America', Comic Art Community, 8 March 2013, http://comicartcommunity.com/comicart_news/destroy-all-monsters-tokusatsu-in-america/.

46. 일본의 '테크노-애니미즘'에 관해 더 알고 싶다면 다음을 보라. Casper Bruun Jensen and Anders Blok, 'Techno-animism in Japan: Shinto Cosmograms, Actor-network Theory, and the Enabling Powers of Non-human Agencies', *Theory, Culture and Society* 30, no. 2 (2013), 84–115, https://doi.org/10.1177/0263276412456564.

47. John Thornhill, 'Asia has learnt to love robots – the West should, too', *Financial Times*, 31 May 2018, https://www.ft.com/content/6e408f42-4145-11e8-803a-295c97e6fd0b.

48. Aaron Smith and Monica Anderson, '4. Americans' attitudes toward robot caregivers', Pew Research Center, 4 October 2017, https://www.pewinternet.org/2017/10/04/americans-attitudes-toward-robot-caregivers/.

49. Ibid.

50. 'ElliQ beta users' testimonials', Intuition Robotics, Youtube, 6 January 2019, https://www.youtube.com/watch?v=emrqHpC8Bs8&feature=youtu.be.

51. 제조사의 표현을 따른 것이다. Maggie Jackson, 'Would You Let a Robot Take Care of Your Mother?', *New York Times*, 13 December 2019, https://www.nytimes.com/2019/12/13/opinion/robot-caregiver-aging.html.

52. 'Amazon Alexa "Sharing is caring" by Joint', Campaign US, 29 May 2019, https://www.campaignlive.com/

article/amazon-alexa-sharing-caring-joint/1585979.

53.   Alireza Taheri, Ali Meghdari, Minoo Alemi and Hamidreza Pouretema, 'Human-Robot Interaction in Autism Treatment: A Case Study on Three Autistic Children as Twins, Siblings and Classmates', *International Journal of Social Robotics* 10 (2018), 93-113, https://doi.org/10.1007/s12369-017-0433-8; Hideki Kozima, Cocoro Nakagawa and Yuiko Yasuda, 'Children-robot interaction: a pilot study in autism therapy', *Progress in Brain Research* 164 (2007), 385-400, https://doi.org/10.1016/S0079-6123(07)64021-7; H. Kumuzaki et al., 'The impact of robotic intervention on joint attention in children with autism spectrum disorders', *Molecular Autism* 9, no. 46 (2018), https://doi.org/10.1186/s13229-018-0230-8.

54.   Alyssa M. Alcorn, Eloise Ainger et al., 'Educators' Views on Using Humanoid Robots With Autistic Learners in Special Education Settings in England', *Frontiers in Robotics and AI* 6, no. 107 (November 2019), https://doi.org/10.3389/frobt.2019.00107.

55.   Victoria Waldersee, 'One in five young Brits can imagine being friends with a robot', YouGov, 1 November 2018, https://yougov.co.uk/topics/technology/articles-reports/2018/11/01/one-five-young-brits-can-imagine-being-friends-rob. 원자료의 출처는 다음과 같다. 'Internal Robots and You', YouGov, 2018, https://d25d2506sfb94s.cloudfront.net/cumulus_uploads/document/0pta4dnee1/YG-Archive-RobotsAndYouInternal-220818.pdf.

56.   Elizabeth Foster, 'Young kids use smart speakers daily', *Kidscreen*, 28 March 2019, https://kidscreen.com/2019/03/28/young-kids-use-smart-speakers-daily-survey/.

57.   Jacqueline M. Kory-Westlund, 'Kids' relationships and learning with social robots', MIT Media Lab, 21 February 2019, https://www.media.mit.edu/posts/kids-relationships-and-learning-with-social-robots/; Jacqueline Kory-Westlund, Hae Won Park, Randi Williams and Cynthia Breazeal, 'Measuring young children's long-term relationships with social robots', *Proceedings of the 17th ACM Conference on Interaction Design and Children* (June 2018), 207-18, https://doi.org/10.1145/3202185.3202732.

58.   Jacqueline M. Kory-Westlund, 'Measuring kids' relationships with robots', MIT Media Lab, https://www.media.mit.edu/posts/measuring-kids-relationships-with-robots.

59.   Ibid.

60.   Natt Garun, 'One Year Later, Restaurants are Still Confused by Google Duplex', *The Verge*, 9 May 2019, https://www.theverge.com/2019/5/9/18538194/google-duplex-ai-restaurants-experiences-review-robocalls.

61.   Ibid.

62.   Hassan Ugail and Ahmad Al-dahoud, 'A genuine smile is indeed in the eyes – The computer aided non-invasive analysis of the exact weight distribution of human smiles across the face', *Advanced Engineering Informatics* 42 (October 2019), https://doi.org/10.1016/j.aei.2019.100967.

63.   Erico Guizzo, 'How Aldebaran Robotics Built its Friendly Humanoid Robot, Pepper', *Spectrum*, 26 December 2014, https://spectrum.ieee.org/robotics/home-robots/how-aldebaran-robotics-built-its-friendly-humanoid-robot-pepper; Alderaban/SoftBank, 'Pepper Press Kit', https://cdn.shopify.com/s/files/1/0059/3932/files/SoftBank_Pepper_Robot_Overview_Robot_Center.pdf.

64. Ibid.

65. Yoko Wakatsuki and Emiko Jozuka, 'Robots to cheer coronavirus patients are also helping hotel staff to keep a safe distance', CNN, 1 May 2020, https://edition.cnn.com/world/live-news/coronavirus-pandemic-05-01-20-intl/h_6df7c15d1192ae720a504dc90ead353c; '"I'm cheering for you": Robot welcome at Tokyo quarantine', Barrons, 1 May 2020, https://www.barrons.com/news/i-m-cheering-for-you-robot-welcome-at-tokyo-quarantine-01588319705.

66. '페퍼 기자회견 자료집(Pepper Press Kit)'.

67. Sharon Gaudin, 'Personal robot that shows emotions sells out in 1 minute', Computer World, 22 June 2015, https://www.computerworld.com/article/2938897/personal-robot-that-shows-emotions-sells-out-in-1-minute.html.

68. Simon Chandler, 'Tech's dangerous race to control our emotions', Daily Dot, 7 June 2019, https://www.dailydot.com/debug/emotional-manipulation-ai-technology/.

69. 도쿄 아이유니버시티(i-University) 교수 에이드리언 척(Adrian Cheok)과의 이메일 대화.

70. Hayley Tsukayama, 'When your kid tries to say "Alexa" before "Mama"', Washington Post, 21 November 2017, https://www.washingtonpost.com/news/the-switch/wp/2017/11/21/when-your-kid-tries-to-say-alexa-before-mama/.

71. 'How does sex feel with a RealDoll?', RealDoll, https://www.realdoll.com/knowledgebase/how-does-sex-feel-with-a-realdoll; 'How strong are the doll's joints?', RealDoll, https://www.realdoll.com/knowledgebase/how-strong-are-the-dolls-joints/.

72. 'Michelle 4.0', RealDoll, https://www.realdoll.com/product/michelle-4-0/.

73. Allison P. Davis, 'Are We Ready for Robot Sex?', The Cut, https://www.thecut.com/2018/05/sex-robots-realbotix.html.

74. 'Sex Robot Doll with Artificial Intelligence: Introducing Emma . . .', Smart Doll World, https://www.smartdollworld.com/ai-sex-robot-doll-emma; Emily Gaudette, 'There's a Heated Debate Over the Best Sex Doll Skin Material', Inverse, 9 August 2017, https://www.inverse.com/article/36055-best-sex-doll-robot-tpe-silicone.

75. 'Sex Robot Doll with Artificial Intelligence: Introducing Emma . . .'.

76. 그 예로 다음을 보라. David G. Cowan, Eric J. Vanman and Mark Nielsen, 'Motivated empathy: The mechanics of the empathetic gaze', Cognition and Emotion 28, no. 8 (2014), 1522-30, https://doi.org/10.1080/02699931.2014.890563.

77. Jenna Owsianik, 'RealDoll Releasing Intimate AI App That Will Pair with Love Dolls', Future of Sex, https://futureofsex.net/robots/realdoll-releasing-intimate-ai-app-will-pair-love-dolls/.

78. Jenny Kleeman, 'The race to build the world's first sex robot', Guardian, 27 April 2017, https://www.theguardian.com/technology/2017/apr/27/race-to-build-world-first-sex-robot.

79. Andrea Morris, 'Meet The Man Who Test Drives Sex Robots', Forbes, 27 September 2018, https://www.forbes.com/sites/andreamorris/2018/09/27/meet-the-man-who-test-drives-sex-robots/#419c304c452d.

80. Katherine E. Powers et al., 'Social Connection Modulates Perceptions of Animacy', *Psychological Science* 25, no. 10 (October 2014), 1943-8, https://doi.org/10.1177%2F0956797614547706.

81. 철학자 존 다나허는 이렇게 지적한다. "우리가 친구의 진짜 관심사와 가치관을 파악하려고 친구 머릿속을 들여다볼 수는 없다." 하지만 우리는 여전히 그들을 친구로 여긴다. 그러니 왜 로봇이 우리에게 친구가 될 수 없겠는가? 존 다나허의 논의는 다음을 참조하라. John Danaher, 'The Philosophical Case for Robot Friendship', *Journal of Post Human Studies* 3, no. 1 (2019), 5-24, https://doi.org/10.5325/jpoststud.3.1.0005.

82. Aristotle, *Nicomachean Ethics*, Book 8, (Cambridge University Press, 2000).

83. 'Drunken Kanagawa man arrested after kicking SoftBank robot', *Japan Times*, 7 September 2015, https://www.japantimes.co.jp/news/2015/09/07/national/crime-legal/drunken-kanagawa-man-60-arrested-after-kicking-softbank-robot-in-fit-of-rage/#.XeLHii2cZeM.

84. Tomasz Frymorgen, 'Sex robot sent for repairs after being molested at tech fair', BBC, 29 September 2017, https://www.bbc.co.uk/bbcthree/article/610ec648-b348-423a-bd3c-04dc701b2985.

85. Hunter Walk, 'Amazon Echo Is Magical. It's Also Turning My Kid Into an Asshole', HunterWalk.com, 6 April 2016, https://hunterwalk.com/2016/04/06/amazon-echo-is-magical-its-also-turning-my-kid-into-an-asshole/.

86. Mark West, Rebecca Kraut and Han Ei Chew, 'The Rise of Gendered AI and Its Troubling Repercussions', in *I'd Blush If I Could: Closing Gender Divides in Digital Skills Through Education* (UNESCO / EQUALS Skills Coalition, 2019), 113, 104, 107.

87. Ibid. 거센 비난이 따르자 시리의 대답이 변경되었다.

88. 이러한 조사에서 주된 초점은 아동의 외모를 띤 섹스돌의 급증에 있었다. 특히 오스트레일리아를 비롯한 전 세계 여러 정부에서 이것을 실제 아동에게 위험한 현상으로 판단했다. 다음을 보라. Rick Brown and Jane Shelling, 'Exploring the implications of child sex dolls', *Trends and Issues in Criminal Justice* (Australian Institute of Criminology, March 2019). 다음도 참조하라. Caitlin Roper, ''Better a robot than a real child'': The spurious logic used to justify child sex dolls', ABC Religion and Ethics, 9 January 2020, https://www.abc.net.au/religion/spurious-logic-used-to-justify-child-sex-dolls/11856284.

89. Xanthe Mallett, 'No evidence that sexbots reduce harms to women and children', *The Conversation*, 5 June 2018, https://theconversation.com/no-evidence-that-sexbots-reduce-harms-to-women-and-children-97694. 드몬트포트대 교수이자 '반 섹스 로봇 캠페인(Campaign Against Sex Robots)'의 설립자 캐슬린 리처드슨도 여기에 동의한다. 그는 섹스돌과 섹스 로봇은 바이브레이터 같은 섹스 장난감과 근본적으로 다르다고 강조한다. "그런 걸 구입하는 사람은 그걸 여자나 여자아이로 여깁니다. 섹스돌이나 섹스 로봇은 그게 여자이고 여자아이라고 생각하고 사용하라고 일부러 여자와 여자아이처럼 보이게 만든 겁니다. 여기에는 뚜렷한 차이가 있습니다. 여자와 여자아이의 형태를 띤 섹스돌이나 기계 인형은, 여자는 무언가를 집어넣는 구멍이라는 생각에 기반해 만든 물건입니다." Terri Murray, 'Interview with Kathleen Richardson on Sex Robots', *Conatus News*, 25 October 2017, https://conatusnews.com/kathleen-richardson-sex-robots/.

90. Jessica Miley, 'Sex Robot Samantha Gets an Update to Say "No" if She Feels Disrespected or Bored', *Interesting Engineering*, 28 June 2018, https://interestingengineering.com/sex-robot-samantha-gets-an-update-to-say-no-if-she-feels-disrespected-or-bored.

91. 'Amazon Alexa to reward kids who say: 'Please'', BBC News, 25 April 2018, https://www.bbc.com/news/technology-43897516.

92. 'Studying Computers To Learn About Ourselves', NPR, 3 September 2010, https://www.npr.org/templates/story/story.php?storyId=129629756.

93. 물론 나는 어느 종류의 기계적 사물을 보호해야 할지 결정하는 것이 몹시 어려운 도전 과제는 아니어서 무척 다행이라고 생각한다.

94. G. W. F. Hegel, *Phenomenology of Spirit*, trans. A. V. Miller with analysis of the text and foreword by J. N. Findlay (Clarendon Press, 1977); 예를 들면 다음을 보라. 111, paragraph 179.

95. Jacqueline M. Kory-Westlund, 'Robots, Gender, and the Design of Relational Technology', MIT Media Lab, 12 August 2019, https://www.media.mit.edu/posts/robots-gender-and-the-design-of-relational-technology/.

96. Nicholas A. Christakis, 'How AI Will Rewire Us', *The Atlantic*, April 2019, https://www.theatlantic.com/magazine/archive/2019/04/robots-human-relationships/583204/.

97. David Levy, *Love and Sex With Robots* (HarperCollins, 2007), p.132; Laurence Goasduff, 'Emotion AI Will Personalize Interactions', Smarter With Gartner, 22 January 2018, https://www.gartner.com/smarterwithgartner/emotion-ai-will-personalize-interactions/.

98. Anco Peeters and Pim Haselager, 'Designing Virtuous Sex Robots', *International Journal of Social Robotics* (2019), https://doi.org/10.1007/s12369-019-00592-1.

99. Brian Borzykowski, 'Truth be told, we're more honest with robots', BBC, 19 April 2016, https://www.bbc.com/worklife/article/20160412-truth-be-told-were-more-honest-with-robots.

100. Judith Shulevitz, 'Alexa, Should We Trust You?', *The Atlantic*, November 2018, https://www.theatlantic.com/magazine/archive/2018/11/alexa-how-will-you-change-us/570844/.

101. Adam Satariano, Elian Peltier and Dmitry Kostyukov, 'Meet Zora, the Robot Caregiver', *New York Times*, 23 November 2018, https://www.nytimes.com/interactive/2018/11/23/technology/robot-nurse-zora.html.

102. Kate Julian, 'Why Are Young People Having So Little Sex?', *The Atlantic*, December 2018, https://www.theatlantic.com/magazine/archive/2018/12/the-sex-recession/573949/.

103. Jean M. Twenge, 'Have Smartphones Destroyed a Generation?', *The Atlantic*, September 2017, https://www.theatlantic.com/magazine/archive/2017/09/has-the-smartphone-destroyed-a-generation/534198/.

104. 'British people "having less sex" than previously', BBC News, 8 May 2019, https://www.bbc.co.uk/news/health-48184848.

105. Klinenberg, *Going Solo*, p.15.

106. Chen Mengwei, 'Survey: Young, alone, no house and not much sex', *China Daily*, 5 May 2017, http://africa.chinadaily.com.cn/china/2017-05/05/content_29210757.htm.

107. 'Meet Henry, The World's First Generation Of Male Sex Robots', Fight The New Drug, 27 September 2019, https://fightthenewdrug.org/meet-henry-the-worlds-first-generation-of-male-sex-robots/.

108. Gabby Jeffries, 'Transgender sex robots are a thing now and apparently they're very popular', *Pink News*, 9 April 2018, https://www.pinknews.co.uk/2018/04/09/transgender-sex-robots-are-a-thing-now-and-

apparently-theyre-very-popular/.

109. 'Meet Henry, The World's First Generation Of Male Sex Robots'.

110. Realbotix, https://realbotix.com.

111. Eve Herold, 'Meet Your Child's New Nanny: A Robot', *Leaps* magazine, 31 December 2018, https://leapsmag.com/meet-your-childrens-new-nanny-a-robot/.

10장 ─ 외로움 경제, 접촉하고 연결하라

1. Lanre Bakare, 'Glastonbury tickets sell out in 34 minutes', *Guardian*, 6 October 2019, https://www.theguardian.com/music/2019/oct/06/glastonbury-tickets-sell-out-in-34-minutes. 입장권 구입에 약 200만 명이 몰렸다.

2. David Doyle, '12 things I learned as a Glastonbury virgin', 4 News, 23 June 2015, https://www.channel4.com/news/glastonbury-2015-festival-lessons-12-things-know-virgin.

3. Robyn Taylor-Stavely, 'Glastonbury Festival, the weird and the wonderful', *The Fair*, 23 July 2019, https://wearethefair.com/2019/07/23/glastonbury-festival-review/; Crispin Aubrey and John Shearlaw, *Glastonbury: An Oral History of the Music, Mud and Magic* (Ebury Press, 2005), p.220.

4. Jenny Stevens, 'Glastonbury's Healing Fields: festivalgoer wellbeing is not just for hippies', *Guardian*, 27 June 2015, https://www.theguardian.com/music/2015/jun/27/glastonbury-healing-green-fields-hippies-wellbeing.

5. 다음에서 원래의 트윗을 볼 수 있다. https://twitter.com/CNDTradeUnions/status/482469314831085568; https://twitter.com/WI_Glasto_Cakes/ status/600374352475992064.

6. Lisa O'Carroll and Hannah Ellis-Petersen, 'Michael Eavis laments muddiest ever Glastonbury festival', *Guardian*, 26 June 2016, https://www.theguardian.com/music/2016/jun/26/michael-eavis-laments-muddiest-ever-glastonbury-festival; Neil McCormick, 'A wonderful wet weekend', *Telegraph*, 27 June 2016.

7. 'Working at the Festival', Glastonbury Festival, https://www.glastonburyfestivals.co.uk/information/jobs/.

8. Stevie Martin, 'Shit-Covered Tents And Used Tampons: What It's Really Like To Clean Up After Glastonbury', *Grazia*, 4 August 2018, https://graziadaily.co.uk/life/opinion/shit-covered-tents-used-tampons-s-really-like-clean-glastonbury/.

9. Hannah Ellis-Petersen, '15,000 at Glastonbury set for record human peace sign', *Guardian*, 23 June 2017, https://www.theguardian.com/music/2017/jun/22/glastonbury-weather-to-cool-after-heat-left-dozens-needing-a-medic.

10. Akanksha Singh, 'Biggest Music Festivals on the Planet', Far & Wide, 10 June 2019, https://www.farandwide.com/s/biggest-musicfestivals-ca71f3346443426e.

11. Joey Gibbons, 'Why I Loved Coachella', *Gibbons Whistler*, 6 June 2016, https://gibbonswhistler.com/why-i-loved-coachella/.

12. 'The Largest Music Festivals in the World', Statista, 18 April 2019, https://www.statista.com/chart/17757/

total-attendance-of-music-festivals/; 2019년 도나우인셀페스트, 록 인 리오, 코스트신 나트 오드라 (Kostrzyn nad Odra)의 참가자 수는 각각 다음을 참조하라. '2,7 Millionen Besucher beim Donauinselfest', *Die Presse*, 24 June 2019, https://www.diepresse.com/5648670/27-millionen-besucher-beim-donauinselfest; Mark Beaumont, 'Rock in Rio: Brazil's Totemic Event That Brings the Entire Country Together', *Independent*, 17 October 2019, https://www.independent.co.uk/arts-entertainment/music/features/rock-in-rio-festival-brazil-lineup-roberto-medina-2020-a9160101.html; 'Record attendance and a global reach for the 18th edition of Mawazine', Mawazine Rabat, 30 June 2019, http://www.mawazine.ma/en/mawazine-2019-reussite-totale-et-historique-2/.

13.   Simon Usborne, 'Get me out of here! Why escape rooms have become a global craze', *Guardian*, 1 April 2019, https://www.theguardian.com/games/2019/apr/01/get-out-how-escape-rooms-became-a-global-craze; Will Coldwell, 'Escape games: why the latest city-break craze is being locked in a room', *Guardian*, 3 April 2015, https://www.theguardian.com/travel/2015/apr/03/room-escape-games-city-breaks-gaming.

14.   Simon Usborne, 'Get me out of here! Why escape rooms have become a global craze'.

15.   Malu Rocha, 'The rising appeal of board game cafes', *Nouse*, 21 January 2020, https://nouse.co.uk/2020/01/21/the-rising-appeal-of-board-game-cafs-.

16.   Tom Walker, '"Huge growth" in number of people doing group exercise', *Health Club Management*, 14 May 2018, https://www.healthclubmanagement.co.uk/health-club-management-news/Huge-growth-in-number-of-people-doing-group-exercise-/337501.

17.   Vanessa Grigoriadis, 'Riding High', *Vanity Fair*, 15 August 2012, https://www.vanityfair.com/hollywood/2012/09/soul-cycle-celebrity-cult-following.

18.   Tara Isabella Burton, '"CrossFit is my church"', *Vox*, 10 September 2018, https://www.vox.com/the-goods/2018/9/10/17801164/crossfit-soulcycle-religion-church-millennials-casper-ter-kuile.

19.   Tom Layman, 'CrossFit as Church? Examining How We Gather', Harvard Divinity School, 4 November 2015, https://hds.harvard.edu/news/2015/11/04/crossfit-church-examining-how-we-gather#; Tara Isabella Burton, '"CrossFit is my church"'.

20.   한 연구에서는 실내용 자전거 운동 기구로 30분씩 운동할 경우 혼자할 때보다 파트너가 있을 때 차분함과 긍정적인 심리적 효과를 더 많이 느끼는 것으로 밝혀졌다. Thomas Plante, Laura Coscarelli, and Marie Ford, 'Does Exercising with Another Enhance the Stress-Reducing Benefits of Exercise?', *International Journal of Stress Management* 8, no. 3 (July 2001), 201-13, https://www.psychologytoday.com/files/attachments/34033/exercise-another.pdf.

21.   Cynthia Kim, 'In daytime discos, South Korea's elderly find escape from anxiety', *Reuters*, 16 April 2018, https://af.reuters.com/article/worldNews/idAFKBN1HN01F.

22.   Émile Durkheim, *The Elementary Forms of the Religious Life*, trans. Carol Closman, ed. Mark Cladis (Oxford University Press, 2008). 온라인 커뮤니티에서도 집단 열광을 경험할 수 있지만, 그 정도가 훨씬 약하다. 그 예로 다음을 보라. Randall Collins, 'Interaction Rituals and the New Electronic Media', *The Sociological Eye*, 25 January 2015, https://sociological-eye.blogspot.com/2011/01/interaction-rituals-and-new-electronic.

html.

23. Charles Walter Masters, *The Respectability of Late Victorian Workers: A Case Study of York, 1867-1914* (Cambridge Scholars Publishing, 2010).

24. National Museum of African American History & Culture, 'The Community Roles of the Barber Shop and Beauty Salon,' 2019, https://nmaahc.si.edu/blog/community-roles-barber-shop-and-beauty-salon.

25. Ray Oldenburg, *The Great Good Place* (Da Capo Press, 1999), p.22. 이러한 '제3의 장소'에 '보편적' 접근성이 있다는 것은, 광범위하게 드러난 다양한 장애 요소를 고려하지 않은 이상적인 추정에 불과할 수도 있다. 이를테면 '제3의 장소'는 종종 인종주의로 인해 유색인종에게는 접근이 불편하고/하거나 불가능했다. 올덴버그에 대한 이러한 비판에 관해서는 다음을 참조하라. F. Yuen and A. J. Johnson, 'Leisure spaces, community, and third places', *Leisure Sciences* 39, no. 2 (2017), 295-303.

26. 'ANNOUNCING Mission Pie's 12th Annual PIE CONTEST', Mission Pie, 2018, https://missionpie.com/posts/12th-annual-community-pie-baking-contest-september-9-2018/; 'Join us on National Typewriter Day for typewriter art, poetry, stories, and letter writing - and of course, delicious pie!', Mission Pie, https://missionpie.com/posts/3rd-annual-type-in/.

27. 'PAN in conversation with Karen Heisler', Pesticide Action Network, http://www.panna.org/PAN-conversation-Karen-Heisler.

28. Joe Eskenazi, 'Last meal: Mission Pie will soon close its doors', *Mission Local*, 17 June 2019, https://missionlocal.org/2019/06/last-meal-mission-pie-will-soon-close-its-doors/.

29. J. D. Esajian, 'Rent Report: Highest Rent In US 2020', *Fortune Builders*, https://www.fortunebuilders.com/top-10-u-s-cities-with-the-highest-rents/.

30. Nuala Sawyer Bishari, 'Can the Mission Save Itself from Commercial Gentrification?', *SF Weekly*, 13 February 2029, http://www.sfweekly.com/topstories/can-the-mission-save-itself-from-commercial-gentrification/; Kimberly Truong, 'Historically Latino district in San Francisco on track to lose half its Latino population', Mashable UK, 30 October 2015, https://mashable.com/2015/10/30/san-francisco-mission-latino-population/; Chris Colin, '36 Hours in San Francisco', *New York Times*, 11 September 2008, https://www.nytimes.com/2008/09/14/travel/14hours.html; Joyce E. Cutler, '"Twitter" Tax Break in San Francisco Ends Amid Push For New Funds', *Bloomberg Tax*, 15 May 2019, https://news.bloombergtax.com/daily-tax-report-state/twitter-tax-break-in-san-francisco-ends-amid-push-for-new-taxes.

31. Carolyn Alburger, 'As Twitter Tax Break Nears Its End, Mid-Market Restaurants Feel Glimmer of Hope', *Eater San Francisco*, 19 September 2018, https://sf.eater.com/2018/9/19/17862118/central-market-tax-exclusion-restaurants-post-mortem-future.

32. James Vincent, 'DoorDash promises to change controversial tipping policy after public outcry', *The Verge*, 24 July 2019, https://www.theverge.com/2019/7/24/20708212/doordash-delivery-tip-theft-policy-change-tony-xu-tweets; Jaya Saxena, 'Delivery Apps Aren't Getting Any Better', *Eater*, 29 May 2019, https://www.eater.com/2019/5/29/18636255/delivery-apps-hurting-restaurants-grubhub-seamless-ubereats.

33. Joe Eskenazi, 'Last meal: Mission Pie will soon close its doors'.

34. 안타깝게도 이 페이스북 게시물은 미션 파이의 폐업 후 볼 수 없게 되었다.

35. 페이스북의 원게시물을 다음에서 볼 수 있다: https://www.facebook.com/131553526891752/photos/a.2
13721682008269/2380204862026596/?type=3&theater.

36. Melissa Harrison, 'We Must Be Brave by Francis Liardet review – a child in wartime', *Guardian*, 13 February
2019, https://www.theguardian.com/books/2019/feb/13/we-must-be-brave-frances-liardet-review.

37. 'One Community One Book', Kett's Books, https://www.kettsbooks.co.uk/onecommunity/.

38. 'Clarkes Bookshop Cape Town', Getaway.co.za, http://www.clarkesbooks.co.za/assets/docs/
GW1214p69%202%20(3).pdf.

39. June McNicholas and Glyn M. Collis, 'Dogs as catalysts for social interactions: Robustness of the Effect',
British Journal of Psychology 91, no. 1 (February 2000), 61–70, https://doi.org/10.1348/000712600161673.

40. Abha Bhattarai, 'Apple wants its stores to become "town squares." But skeptics are calling it a "branding
fantasy"', *Washington Post*, 13 September 2017, https://www.washingtonpost.com/news/business/
wp/2017/09/13/apple-wants-its-stores-to-become-town-squares-but-skeptics-call-it-a-branding-
fantasy/.

41. Andrew Hill, 'Apple stores are not "town squares" and never should be', *Financial Times*, 17 September
2017, https://www.ft.com/content/8c5d4aec-988f-11e7-a652-cde3f882dd7b.

42. Julia Carrie Wong, 'Pepsi pulls Kendall Jenner ad ridiculed for co-opting protest movements', *Guardian*, 6
April 2017, https://www.theguardian.com/media/2017/apr/05/pepsi-kendall-jenner-pepsi-apology-ad-
protest.

43. 다음에서 원래 트윗을 볼 수 있다: https://twitter.com/BerniceKing/status/849656699464056832?s=20pe
psi-kendall-jenner-pepsi-apology-ad-protest.

44. Wong, 'Pepsi pulls Kendall Jenner ad ridiculed for co-opting protest 372 movements'. 이 광고를 비판
한 많은 사람이 지적했듯 제너와 경찰의 구도는 흑인 여성 이이샤 에번스(Ieshia Evans)의 인상적인 사진
을 참조한 것으로 보인다. 루이지애나에서 경찰의 잔혹 행위에 항거하는 시위에 참여했던 이이샤 에번스
는 사진에서 하늘하늘한 긴 원피스를 입고 차분히 서서 경찰이 수갑을 채우도록 두 손을 내밀고 있다. 로
이터의 조너선 바크먼(Jonathan Bachman)이 찍은 사진을 다음에서 볼 수 있다. https://www.nytimes.com/
slideshow/2017/02/13/blogs/the-worlds-best-photo/s/13-lens-WPress-slide-JSQ0.html.

45. Keiko Morris and Elliot Brown, 'WeWork Surpasses JPMorgan as Biggest Occupier of Manhattan
Office Space', *Wall Street Journal*, September 18 2018, https://www.wsj.com/articles/wework-surpasses-
jpmorgan-as-biggest-occupier-of-manhattan-office-space-1537268401; 'WeWork Locations', archived
November 2017, https://www.wework.com/locations.

46. 'The We Company', United States Securities and Exchange Commission, 14 August 2019, https://www.
sec.gov/Archives/edgar/data/1533523/000119312519220499/d781982ds1.htm.

47. Rani Molla, '"Co-living" is the new "having roommates" – with an app', *Vox*, 29 May 2019, https://www.
vox.com/recode/2019/5/29/18637898/coliving-shared-housing-welive-roommates-common-quarters.

48. Henny Sender, 'Investors embrace millennial co-living in Asia's megacities', *Financial Times*, 28 January
2020, https://www.ft.com/content/c57129f8-40d9-11ea-a047-eae9bd51ceba.

49.　'Coliving is city living made better', Common, https://www.common.com; Society, http://oursociety.com; 'Join the global living movement', The Collective, https://thecollective.com; Winnie Agbonlahor, 'Co-living in London: Friendship, fines and frustration,' BBC, April 24, 2018, https://www.bbc.com/news/uk-england-london-43090849.

50.　Common, https://www.common.com/why-common/; 'The 4 Co's of Coliving', Ollie, https://www.ollie.co/coliving.

51.　Jessica Burdon, 'Norn: the offline social network reviving the art of conversation', The Week, 30 April 2018, https://www.theweek.co.uk/93266/norn-the-offline-social-network-reviving-the-art-of-conversation; Annabel Herrick, 'Norn rethinks co-living for a new generation of nomads', The Spaces, https://thespaces.com/introducing-norn-the-startup-taking-co-living-to-new-heights/.

52.　다음에서 댓글을 확인할 수 있다. https://news.ycombinator.com/threads?id=rcconf.

53.　다음에서 댓글을 확인할 수 있다. https://news.ycombinator.com/item?id=19783245.

54.　대니얼과의 대화.

55.　Agbonlahor, 'Co-living in London: Friendship, fines and frustration'.

56.　Will Coldwell, '"Co-living": the end of urban loneliness -or cynical corporate dormitories?', Guardian, 3 September 2019, https://www.theguardian.com/cities/2019/sep/03/co-living-the-end-of-urban-loneliness-or-cynical-corporate-dormitories.

57.　Peter Timko, 'Co-Living With Lefebvre: The Production of Space at The Collective Old Oak' (Radboud University, 2018), p.49, https://theses.ubn.ru.nl/bitstream/handle/123456789/7424/Timko%2C_Peter_1.pdf?sequence=1.

58.　Agbonlahor, 'Co-living in London: Friendship, fines and frustration'.

59.　Timko, 'Co-Living With Lefebvre'.

60.　Ibid.

61.　Coldwell, '"Co-living": the end of urban loneliness'.

62.　'Berlin Coliving Meetup: How Can Coliving Foster Thriving Communities?', Conscious Coliving, 30 July 2019, https://www.consciouscoliving.com/2019/07/30/berlin-co-living-meet-up-how-can-coliving-foster-thriving-communities/.

63.　Coldwell, '"Co-Living": The end of urban loneliness'.

64.　Venn, '2019 Semi Annual Impact Report' (Venn, 2019), https://39q77k1dd7472q159r3hoq5p-wpengine.netdna-ssl.com/wp-content/ uploads/2019/10/impactreport2019.pdf.

65.　'Your Amenities', Nomadworks, https://nomadworks.com/amenities/.

66.　Alessandro Gandini, 'The rise of coworking spaces: A literature review', Ephemera 15, no. 1 (February 2015), 193-205, http://www.ephemerajournal.org/contribution/rise-coworking-spaces-literature-review.

67.　'Doing things together', Happy City, https://thehappycity.com/resources/happy-homes/doing-things-together-principle/.

68.　Oliver Smith, 'Exclusive: Britain's Co-living King Has Raised $400m To Take On WeWork In America', Forbes, 27 March 2018, https://www.forbes.com/sites/oliversmith/2018/03/27/exclusive-britains-co-living-king-has-raised-400m-to-take-on-wework-in-america/.

69. Brad Eisenberg, 'Why is WeWork so popular?', *Medium*, 15 July 2017, https://medium.com/@eisen.brad/why-is-wework-so-popular-934b07736cae.

70. Hannah Foulds, 'Co-Living Spaces: Modern Utopia Or Over-Organised Hell?', *The Londonist*, 12 April 2017, https://londonist.com/london/housing/co-living-spaces-modern-utopia-or-over-organised-hell.

71. Marisa Meltzer, 'Why Fitness Classes Are Making You Go Broke', *Racked*, 10 June 2015, https://www.racked.com/2015/6/10/8748149/fitness-class-costs.

72. Hillary Hoffower, 'Nearly one-third of millennials who went to a music festival in the past year say they took on debt to afford it, survey finds', *Business Insider*, 1 August 2019, https://www.businessinsider.com/millennials-going-into-debt-music-festivals-coachella-lollapalooza-bonnaroo-2019.

73. 'City Reveals Selected Shared Housing Development Proposals', NYC Housing Preservation and Development, https://www1.nyc.gov/site/hpd/news/092-19/city-reveals-selected-shared-housing-development-proposals#/0.

74. Jane Margolies, 'Co-Living Grows Up', *New York Times*, 14 January 2020, https://www.nytimes.com/2020/01/14/realestate/co-living-grows-up.html; 'City Reveals Selected Shared Housing Development Proposals'.

75. The Common Team, 'Common and L+M Development Partners Win ShareNYC', Common, 8 October 2019, https://www.common.com/blog/2019/10/common-announced-as-winner-of-sharenyc-hpd/.

11장 — 흩어지는 세계를 하나로 모으다

1. 앞서 보았듯 외로움은 개인 안에서도 여러 형태를 띨 수 있다. 외로움을 역사적으로 발생된 '감정 다발(emotion cluster)'로 설명한 패이 바운드 앨버티를 참조하라. Fay Bound Alberti, 'This "Modern Epidemic": Loneliness as an Emotion Cluster and a Neglected Subject in the History of Emotions', *Emotion Review* 10, no. 3 (July 2018), 242-54, https://doi.org/10.1177/1754073918768876; 더 자세히 알고 싶다면 다음을 보라. Fay Bound Alberti, *A Biography of Loneliness: The History of an Emotion* (Oxford University Press, 2019).

2. 그 예로 다음을 참조하라. Corinne Purtill, 'Loneliness costs the US almost $7 billion extra each year', *Quartz*, 28 October 2018, https://qz.com/1439200/loneliness-costs-the-us-almost-7-billion-extra-each-year/; 'The cost of loneliness to employers', Campaign to End Loneliness, https://www.campaigntoendloneliness.org/wp-content/uploads/cost-of-loneliness-2017.pdf.

3. 나는 여기에 공동체의 몰락에 관해 쓴 저술가들도 포함하고자 한다. 이러한 노선을 따르는 보수주의자로는 로저 스크루턴과 메리 에버스탯이 있다. 각각 다음을 참조하라. Roger Scruton, 'Identity, family, marriage: our core conservative values have been betrayed', *Guardian*, 11 May 2013, https://www.theguardian.com/commentisfree/2013/may/11/identity-family-marriage-conservative-values-betrayed; Mary Eberstadt, *Primal Screams: How the Sexual Revolution Created Identity Politics* (Templeton Press, 2019). 제러미 코빈(Jeremy Corbyn)은 '모든 책임은 국가에 있다'라는 관점을 견지하는 좌파의 예가 될 수 있다. 닐 베일리

(Neil Vallelly)와 같은 정치이론가도 그렇다. 앨러스더 매킨타이어(Alasdair MacIntyre, *After Virtue: A Study in Moral Theory* [University of Notre Dame Press, 1981])와 크리스토퍼 래시(Christopher Lasch, *The True and Only Heaven: Progress and Its Critics* [W.W. Norton, 1991]) 같은 '좌파' 사상가도 공동체의 몰락에서 가족의 붕괴가 중심적인 역할을 했다고 썼다. 따라서 이 논쟁은 당파적 노선에 따라 특징지어지긴 하지만 분명한 예외도 있다.

4. 현대의 불평등, 그리고 불평등과 신자유주의적 자본주의의 관계에 관한 권위 있는 저작은 다음을 보라. Thomas Piketty, *Capital in the Twenty-First Century, trans. Arthur Goldhammer* (Cambridge, Mass.: Harvard University Press, 2014). 인종과 신자유주의에 관한 글은 다음을 보라. Darrick Hamilton and Kyle Strickland, 'The Racism of Neoliberalism', *Evonomics*, 22 February 2020, https://evonomics.com/racism-neoliberalism-darrick-hamilton/. 또는 이 주제에 관한 더 자세한 내용은 다음을 보라. David Theo Goldberg, *The Threat of Race: Reflections on Racial Neoliberalism* (Wiley-Blackwell, 2008). 젠더와 신자유주의에 관한 글은 다음을 보라. Andrea Cornwall, Jasmine Gideon and Kalpana Wilson, 'Reclaiming Feminism: Gender and Neoliberalism', *Institute of Development Studies Bulletin* 39, no. 6 (December 2008), https://doi.org/10.1111/j.1759-5436.2008. tb00505.x. 더 포괄적인 글은 다음을 보라. Nancy Fraser, *Fortunes of Feminism: From State-Managed Capitalism to Neoliberal Crisis* (Verso, 2013).

5. Adam Smith, *The Theory of Moral Sentiments*, ed. Ryan Patrick Hanley (Penguin Random House, 2010).

6. David J. Davis, 'Adam Smith, Communitarian', *The American Conservative*, 19 December 2013, https://www.theamericanconservative.com/articles/adam-smith-communitarian/; Jack Russell Weinstein, *Adam Smith's Pluralism* (Yale University Press, 2013); Jesse Norman, 'How Adam Smith Would Fix Capitalism', *Financial Times*, 21 June 2018, https://www.ft.com/content/6795a1a0-7476-11e8-b6ad-3823e4384287.

7. 그러면 미국 경제의 규모를 고려할 때 총액이 2,870억 달러 정도 될 것이다. OECD, 'Social Expenditure: Aggregated data', OECD Social and Welfare Statistics (database), https://doi.org/10.1787/data-00166-en (accessed 30 June 2020). socialexp/social-spending.htm.

8. 'Fauci, Governors Get Highest Marks For Response To Coronavirus, Quinnipiac University National Poll Finds; Majority Say Trump's Response Not Aggressive Enough', Quinnipiac University, 8 April 2020, https://poll.qu.edu/national/release-detail?ReleaseID=3658.

9. Luke Savage, 'The Coronavirus Has Created Record Support for Medicare For All', *Jacobin*, 2 April 2020, https://www.jacobinmag.com/2020/04/coronavirus-pandemic-medicare-for-all-support. 원래 설문 조사는 다음에서 볼 수 있다. Yusra Murad, 'As Coronavirus Surges, 'Medicare For All' Support Hits 9-Month High', *Morning Consult*, 1 April 2020, https://morningconsult.com/2020/04/01/medicare-for-all-coronavirus-pandemic/.

10. Laura Gardiner, 'The shifting shape of social security: Charting the changing size and shape of the British welfare system', Resolution Foundation, November 2019, https://www.resolutionfoundation.org/app/uploads/2019/11/The-shifting-shape-of-social-security.pdf.

11. Phillip Inman, 'Rightwing thinktanks call time on age of austerity', *Guardian*, 16 May 2020, https://www.theguardian.com/politics/2020/may/16/thatcherite-thinktanks-back-increase-public-spending-in-lockdown.

12. 'A New Deal For The Arts', The National Archives, https://www.archives.gov/exhibits/new_deal_for_the_

arts/index.html#.

13. 일부 국가는 이러한 재량을 발휘하기에 다른 국가보다 훨씬 더 여유가 있다.

14. Jonathan Nicholson, 'Tax "excess" profits of big money-making companies to fix coronavirus economy, scholar urges', MarketWatch, 30 April 2020, https://www.marketwatch.com/story/tax-excess-profits-of-big-money-making-companies-to-fix-coronavirus-economy-scholar-urges-2020-04-30.

15. Tommy Wilson, 'Budget wish list – look after those who look after others,' *New Zealand Herald*, 31 May 2019, https://www.nzherald.co.nz/premium/news/article.cfm?c_id=1504669&objectid=12235697.

16. 'The Wellbeing Budget', Budget 2019 New Zealand, 30 May 2019, esp. 10, 18, https://treasury.govt.nz/sites/default/files/2019-05/b19-wellbeing-budget.pdf.

17. 'Build Back Better', Wellbeing Economy Alliance, https://wellbeingeconomy.org.

18. Richard A. Easterlin, 'Well-Being, Front and Center: A Note on the Sarkozy Report', *Population and Development Review* 36, no. 1 (March 2010), 119-124, https://www.jstor.org/stable/25699039?seq=1#metadata_info_tab_contents; 'PM Speech on Wellbeing', Gov.uk, 25 November 2010, https://www.gov.uk/government/speeches/pm-speech-on-wellbeing; Emma Bryce, 'The flawed era of GDP is finally coming to an end', *Wired*, 3 August 2019, https://www.wired.co.uk/article/countries-gdp-gross-national-happiness.

19. Dan Button, 'The UK should stop obsessing over GDP. Wellbeing is more telling', *Guardian*, 10 June 2019, https://www.theguardian.com/commentisfree/2019/jun/10/uk-obsessing-gdp-wellbeing-new-zealand; 사르코지 위원회의 유산에 대해서도 더 알고 싶다면 다음을 참조하라. Paul Allin and David J. Hand, *The Wellbeing of Nations: Meaning, Motive, and Measurement* (New York: Wiley, 2014).

20. Noreena Hertz, *The Silent Takeover* (Random House, 2002), 17-20. 한국어판은 노리나 허츠 저, 『소리 없는 정복: 글로벌 자본주의와 국가의 죽음』(푸른숲, 2003), 35~38.

21. 이 분야를 다룬 다이앤 코일의 저작을 참조하라. Diane Coyle, *GDP: A Brief But Affectionate History* (Princeton University Press, 2014).

22. 'Business Roundtable Members', Business Roundtable, https://www.businessroundtable.org/about-us/members.

23. Milton Friedman, 'The Social Responsibility of Business is to Increase Its Profits,' *New York Times* magazine, 13 September 1970.

24. 'Business Roundtable Redefines the Purpose of a Corporation to Promote "An Economy That Serves All Americans"', Business Roundtable, 19 August 2019, https://www.businessroundtable.org/business-roundtable-redefines-the-purpose-of-a-corporation-to-promote-an-economy-that-serves-all-americans.

25. Julia Carrie Wong, 'Amazon execs labeled fired worker "not smart or articulate" in leaked PR notes', *Guardian*, 3 April 2020, https://www.theguardian.com/technology/2020/apr/02/amazon-chris-smalls-smart-articulate-leaked-memo.

26. Chris Smalls, 'Dear Jeff Bezos, instead of firing me, protect your workers from coronavirus', *Guardian*, 2 April 2020, https://www.theguardian.com/commentisfree/2020/apr/02/dear-jeff-bezos-amazoninstead-of-firing-me-protect-your-workers-from-coronavirus.

27. Julia Carrie Wong, 'Amazon execs labeled fired worker "not smart or articulate" in leaked PR notes'.

28. 'AG James' Statement on Firing of Amazon Worker Who Organized Walkout', Office of the New York State Attorney General, https://ag.ny.gov/press-release/2020/ag-james-statement-firing-amazon-worker-who-organized-walkout.

29. Brad Smith, 'As we work to protect public health, we also need to protect the income of hourly workers who support our campus', Microsoft, 5 March 2020, https://blogs.microsoft.com/on-the-issues/2020/03/05/covid-19-microsoft-hourly-workers/.

30. 이를테면 2019년 7월 상정된 공화당 상원의원 조시 홀리의 법안은 소셜 미디어 피드의 '무한한 스크롤'을 금지하고 개인의 소셜 미디어 사용량을 모든 기기를 통틀어 하루 30분으로 제한해 스마트폰 중독을 줄이는 것을 골자로 한다. Emily Stewart, 'Josh Hawley's bill to limit your Twitter time to 30 minutes a day, explained', Vox, 31 July 2019, https://www.vox.com/recode/2019/7/31/20748732/josh-hawley-smart-act-social-media-addiction). 아울러 EU 산업총국장은 2020년 2월 주요 기술 플랫폼 기업이 혐오 발언이나 허위 정보를 근절하기 위한 적절한 조처를 취하지 못하면 강도 높은 규제와 벌칙이 따를 것이라고 경고했다. 'EU threatens tougher hate-speech rules after Facebook meeting', DW, 17 February 2020, https://www.dw.com/en/eu-threatens-tougher-hate-speech-rules-after-facebookmeeting/a-52410851.

31. 'Camden Council tackles the climate crisis'. 다음에서 영상을 볼 수 있다. https://youtu.be/JzzWc5wMQ6s. 물론 참여에 제약이 따르기는 했다. 참가자는 참가에 들인 시간을 인정받아 150파운드(한화 22만 원 정도) 바우처를 받았지만, 근로시간이 불규칙하거나 그만한 시간을 낼 수 없는 사람에게는 가능한 조건이 아닐 수 있음을 안다. 하지만 아동 돌봄 서비스가 제공되고 영어 사용이 불편한 이들을 위한 통역사가 있었다는 점을 고려할 때 캠든 의회는 모두에게 열린 공동체 참여의 기회를 위한 첫걸음을 뗐다고 할 수 있다.

32. 이 계획은 2020년 여름에 승인될 예정이다. 'Camden Climate Action Plan', Camden Council, https://consultations.wearecamden.org/supporting-communities/camden-climate-action-plan/.

33. Carl Miller, 'Taiwan is making democracy work again. It's time we paid attention', Wired, 26 November 2019, https://www.wired.co.uk/article/taiwan-democracy-social-media.

34. 'VTaiwan: Using digital technology to write digital laws', The Gov Lab, https://congress.crowd.law/case-vtaiwan.html.

35. Liz Barry, 'VTaiwan: Public Participation Methods on the Cyberpunk Frontier of Democracy', Civic Hall, 11 August 2016, https://civichall.org/civicist/vtaiwan-democracy-frontier/.

36. 누구나 독립된 의견을 게시할 수 있지만 여기서는 직접 답변을 적는 것은 허락되지 않는다. 낚시꾼(남의 눈길을 끌기 위해 불쾌한 글을 쓰는 사람―옮긴이)들의 방해 작업을 막기 위해서다.

37. 'Camden Council tackles the climate crisis' 다음에서 동영상을 볼 수 있다. https://youtu.be/JzzWc5wMQ6s.

38. 엘렌 랑드모어의 민주적 이성에 관한 저작을 보라. 가령 다음을 참조하라. Helene Landemore, Democratic Reason: Politics, Collective Intelligence, and the Rule of the Many (Princeton University Press, 2012).

39. 하지만 우리가 앞서 보았듯 우리의 지리적 마을에서 포용성과 다양성이 부재할 수 있다. 그리고 일부 공동체는 그들이 누구를 배제하는가를 통해 그들 자신을 명확히 규정한다.

40. Thomas F. Pettigrew and Linda R. Tropp, 'A Meta-Analytic Test of Intergroup Contact Theory', *Journal of Personality and Social Psychology* 90, no. 5 (2006), 751-83; Bhikhu Parekh et al., 'The Commission on the Future of Multi-Ethnic Britain', The Runnymede Trust, 2000; Alejandro Portes and Julia Sensenbrenner, 'Embeddedness and Immigration: Notes on the Social Determinants of Economic Action', *American Journal of Sociology* 98, no. 6 (May 1993), 1320-50.

41. 이 수치는《디 차이트》에서 직접 보고했으며 2017년, 2018년, 2019년 등록자 수의 누적 수치다. Christian Bangel et al., 'Start debating!', *Zeit Online*, 9 March 2018, https://www.zeit.de/gesellschaft/2018-03/germany-talks-match-debate-politics-english.

42. Shan Wang, 'In Germany, a news site is pairing up liberals and conservatives and actually getting them to (gasp) have a civil conversation', Nieman Lab, 8 August 2018, https://www.niemanlab.org/2018/08/in-germany-a-news-site-is-pairing-up-liberals-and-conservatives-and-actually-getting-them-to-gasp-have-a-civil-conversation/.

43. Bangel et al., 'Start debating!'

44. '"You Are Rejecting an Entire Religion"', *Zeit Online*, May 2018, https://www.zeit.de/gesellschaft/2018-04/germany-talks-experience-report-meeting/seite-2.

45. Jochen Wegner, 'There Is No Mirko Here', *Zeit Online*, 22 June 2017, https://www.zeit.de/gesellschaft/2017-06/germany-talks-dispute-political-contention-english.

46. Bangel et al., 'Start debating!', 2.

47. 'Improving Social Cohesion, One Discussion at a Time', *Zeit Online*, August 2019, https://www.zeit.de/wissen/2019-08/armin-falk-germany-talks-behaviour-research-english/seite-2.

48. Ibid.

49. Elena Erdmann et al., 'The Issues Dividing Germany', *Zeit Online*, 18 November 2019, https://www.zeit.de/gesellschaft/2019-11/germany-talks-discussion-issues-democracy-english; Armin Falk, Lasse Stotzer and Sven Walter, 'Evaluation Deutschland Spricht', https://news.briq-institute.org/wp-content/uploads/2019/08/Technical_Report_Deutschland_Spricht.pdf. 서로 다른 사람들이 함께 모였을 때 서로를 인간적으로 느끼는 현상은 과소평가되어서는 안 된다. 이 현상의 중요성을 지지하는 수많은 연구 결과가 있다. 그 예로 다음을 보라. Thomas F. Pettigrew and Linda R. Tropp, 'A Meta-Analytic Test of Intergroup Contact Theory', *Journal of Personality and Social Psychology* 90, no. 5 (June 2006), 751-83.

50. '91 Ways', http://91ways.org/.

51. 'Public Works', The Public Theater, https://publictheater.org/programs/publicworks/; Richard Halpern, 'Theater and Democratic Thought: Arendt to Ranciere', *Critical Inquiry* 37, no. 3 (Spring 2011), 545-72, https://doi.org/10.1086/659358. 고대 아테네에서는 각 부족의 공연이 따로 올려지던 것을 통일된 공공 무대 축제로 바꾸어 여러 부족이 어울려 공동의 경험을 쌓을 수 있게 했다.

52. 'Public Works' *As You Like It*, The Public Theater, https://publictheater.org/productions/season/1920/sitp/as-you-like-it/.

53. Carl Worswick, 'Colombia's Farc guerillas turn to football as route back into society', *Guardian*, 11 October 2017, https://www.theguardian.com/football/2017/oct/11/colombia-football-farc-la-paz-fc.

54. 'Who's Doing What in Italy', Refugees and Football, https:// refugeesandfootball.org/whos-doing-what/in/italy.

55. Eytan Halon, 'Playing on the same team for a peaceful future', *Jerusalem Post*, 14 May 2019, https://www.jpost.com/israel-news/playing-on-the-same-team-for-a-peaceful-future-589575.

56. 'Umuganda', Rwanda Governance Board, http://www.rgb.rw/index.php?id=37; Amy Yee, 'How Rwanda Tidied Up Its Streets (And The Rest Of The Country, Too)', NPR, 18 July 2018, https://www.npr.org/sections/goatsandsoda/2018/07/18/628364015/how-rwanda-tidied-up-its-streets-and-the-rest-of-the-country-too. 우무간다에는 어두운 측면도 있다. 후투족의 극단주의 정부는 1994년 대학살 기간에 '우무간다'라는 단어를 자기들에게 유리하게 이용한 바 있다. 역사학자 페닌 우윔바바지의 글에 따르면 우무간다에는 "나무 심기가 아닌 '잡초 제거' 활동이 있었다. '잡초 제거'란 학살자들이 투치족과 온건파 후투족 살해를 뜻하는 말로 사용하던 문구였다." 이 역사에 대한 분석 및 통합적 견해에 관해서는 다음을 보라. Penine Uwimbabazi, 'An Analysis of *Umuganda*: The Policy and Practice of Community Work in Rwanda', University of KwaZulu-Natal, 2012, 47-9. 르완다의 학살 이후 재건의 역사에 관해서는 다음을 참조하라. Timothy Longman, *Memory and Justice in Post-Genocide Rwanda* (Cambridge University Press, 2017).

57. 'Umuganda', Rwanda Governance Board, http://www.rgb.rw/fileadmin/Key_documents/HGS/UMUGANDA_2017.pdf.

58. UNESCO, *Mapping Research and Innovation in the Republic of Rwanda*, ed. G.A. Lemarchand and A. Tash; GOSPIN Country Profiles in Science, *Technology and Innovation Policy* 4, (UNESCO, 2015), p.31.

59. Melanie Lidman, 'In once-torn Rwanda, fear of a fine molds a nation of do-gooders', *Times of Israel*, 27 March 2017, https://www.timesofisrael.com/in-rwanda-where-good-deeds-are-law/.

60. Ibid.

61. 공동체 회의는 수도 키갈리와 다른 대도시에서는 덜 흔하다.

62. Lidman, 'In once-torn Rwanda, fear of a fine molds a nation of do-gooders'.

63. Marie Anne Dushimimana and Joost Bastmeijer, 'Rwanda, part 4: The "reconciliation villages" where genocide survivor and perpetrator live side by side', *New Humanitarian*, 20 May 2019, https://www.thenewhumanitarian.org/special-report/2019/05/20/rwanda-reconciliation-villages-genocide-survivor-perpetrator.

64. Laura Eramian, 'Ethnic Boundaries in Contemporary Rwanda: Fixity, Flexibility and Their Limits', *Anthropologica* 57, no. 1, (2015), 93-104.

65. 이 시험 운영 사례에서는 자발적 참가를 기다렸지만 본 계획에서는 의무적 참여를 원칙으로 한다.

66. Angelique Chrisafis, 'Macron's national service sparks criticism from French left', *Guardian*, 19 June 2019, https://www.theguardian.com/world/2019/jun/19/rollout-of-compulsory-civic-service-for-young-people-in-france-sparks-criticisms.

67. Ibid.; 'France begins trial of compulsory civic service for teens', France 24, 16 June 2019, https://www.france24.com/en/20190616-france-trial-macron-new-compulsory-national-service-teen-military.

68. George Makin, 'Small acts of kindness helping lives in lockdown', *Express and Star*, 30 April 2020, https://www.expressandstar.com/news/health/coronavirus-covid19/2020/04/30/small-acts-of-kindness-

helping-lives-in-lockdown/.

69. Andy Devane, 'Acts of kindness: Italy helps the most fragile during crisis', Wanted In Milan, 14 March 2020, https://www.wantedinmilan.com/news/acts-of-kindness-italy-helps-the-most-fragile-during-crisis.html.

70. The Learning Network, 'What Students Are Saying About Random Acts of Kindness, Internet Habits and Where They'd Like To Be Stranded', New York Times, 16 April 2020, https://www.nytimes.com/2020/04/16/learning/what-students-are-saying-about-acts-of-kindness-internet-habits-and-where-theyd-like-to-be-stranded.html.

찾아보기

옮 긴 이
홍 정 인

연세대학교 심리학과와 이화여자대학교 통역번역대학원 한영번역학과를 졸
업하고 전문번역가로 활동 중이다. 옮긴 책으로 『메멘토 모리』, 『복스 포퓰
리』(근간)가 있으며 『제인 구달 평전』과 〈마스터스 오브 로마〉 시리즈를 공역
했다.

고립의 시대

초판 1쇄 발행 2021년 11월 19일
초판 9쇄 발행 2024년 9월 19일

지은이 노리나 허츠 **옮긴이** 홍정인

발행인 이봉주 **단행본사업본부장** 신동해
편집장 김예원 **책임편집** 정다이
교정교열 윤정숙 **디자인** [★]규
마케팅 최혜진 이은미 **홍보** 반여진 허지호 송임선
국제업무 김은정 김지민 **제작** 정석훈

브랜드 웅진지식하우스
주소 경기도 파주시 회동길20
문의전화 031-956-7362(편집) 02-3670-1123(마케팅)
홈페이지 www.wjbooks.co.kr
인스타그램 www.instagram.com/woongjin_readers
페이스북 https://www.facebook.com/woongjinreaders
블로그 blog.naver.com/wj_booking

발행처 ㈜웅진씽크빅
출판신고 1980년 3월 29일 제406-2007-000046호

한국어판 출판권 ⓒ㈜웅진씽크빅, 2021
ISBN 978-89-01-25451-7 03300